绿色金融理论体系与创新实践研究

环境金融新论：体系与机制

蓝　虹　著

中国金融出版社

责任编辑：丁　芊
责任校对：张志文
责任印制：陈晓川

图书在版编目（CIP）数据

环境金融新论：体系与机制（Huanjing Jinrong Xinlun：Tixi yu Jizhi）/
蓝虹著 . —北京：中国金融出版社，2018.5
　（绿色金融理论体系与创新实践研究）
　ISBN 978 - 7 - 5049 - 8167 - 7

　Ⅰ.①环… Ⅱ.①蓝… Ⅲ.①金融业—环境经济学—研究
Ⅳ.①F83②X196

中国版本图书馆 CIP 数据核字（2015）第 251065 号

出版
发行　　中国金融出版社

社址　　北京市丰台区益泽路 2 号
市场开发部　（010）63266347，63805472，63439533（传真）
网 上 书 店　http：//www.chinafph.com
　　　　　　（010）63286832，63365686（传真）
读者服务部　（010）66070833，62568380
邮编　　100071
经销　　新华书店
印刷　　北京市松源印刷有限公司
尺寸　　169 毫米×239 毫米
印张　　25.75
字数　　364 千
版次　　2018 年 5 月第 1 版
印次　　2018 年 5 月第 1 次印刷
定价　　58.00 元
ISBN 978 - 7 - 5049 - 8167 - 7
如出现印装错误本社负责调换　联系电话（010）63263947

中国人民大学重大科研项目《国内外绿色金融研究：理论体系、制度机制和创新实践（系列）》研究成果，项目批准号 17XNL013

序　言

　　近年来，绿色金融在国际国内发展十分迅猛。国家"十三五"规划纲要明确提出"构建绿色金融体系"的宏伟目标。李克强总理在 2016 年和 2017 年的《政府工作报告》中都要求"大力发展绿色金融"。2016 年 8 月，经国务院同意，中国人民银行等七部委共同发布了《关于构建绿色金融体系的指导意见》。2016 年 9 月，中国人民银行发布《G20 绿色金融报告》，作为 G20 的东道主，中国首次将绿色金融列入 G20 核心议题，并且通过 G20 领导人杭州峰会公报成为全球共识。2017 年 6 月，国务院第 176 次常务会议审议通过了浙江、广东、贵州、江西、新疆五省（区）的绿色金融改革创新试验区总体方案。2017 年 10 月，习近平总书记在党的十九大报告中明确提出发展绿色金融。至此，发展绿色金融成为中国生态文明建设的核心战略。

　　我从事绿色金融已经十几年了，是中国最早开始进行绿色金融研究的学者之一。在绿色金融日益昌盛的今天，想起十几年前，在寂寞中从事绿色金融研究，深深感受着学术就是要能坐得住冷板凳的意境，但是，心里始终是有信念的，即使在最冷寂的时候，我也坚信绿色金融一定会有光辉的未来。因为所有经济学新领域的拓展，都源于现实问题的产生，而绿色金融是现实问题产生后立足于解决这些问题必然会产生的学科。

　　最早对绿色金融的迫切需求产生于环境界。生态环境保护一直是作为公共物品由各国财政出资供给，然而，随着全球生态环境问题的日益加剧，生态环境问题由局域走向全球，由单一环境问题走向环境问题的综合出现，大气、水、土壤等污染物循环互相影响，环境治理资金需求飞速增长。与此同时，为了推进小政府大市场，更好地发挥市场手段的作用，全球兴起了公共事业民营化浪潮，财政全部支撑环境保护的局面被打破，因为环保资金需求的巨大性，已经不是财政可以完全支撑和承担的，必须寻求金融的帮助，毕竟金融资金总量要远远地大于财政资金总量。为了构建起环保和金融的桥梁，让金融机构和金融专家了解环境，联合国环境署率先成立了金融行动机构，聘请了大量金融界人士进入环保领域，为国际环境行动的融资出谋划策，或者直接制定融资方案进行融资。这一批绿色金融专家都有深厚的金融背景，大多数专家都有在金融机构工作多年的经验，所以，对于金融机构的运作模式和金融专家的思考关注焦点非常熟悉。他们在经受了环境知识的培训后被派到全球各金融机构，寻求金融机构对环保的支持，打通环境与金融沟通的桥梁，为环保融资奔走呼吁。

金融界对绿色金融的需求是与环保民营化紧密相连的。第一，环保民营化采取的一般是 PPP 模式，因为生态环保公共物品供给的属性，一般很难做到完全市场化自由供给，需要通过政府与社会资本的合作实现，但与政府合作并不仅仅意味着财政支持，还包括帮助收费、定价、授予特许经营权等多方面，其中有很多特许经营 PPP 项目是完全不需要财政支持的，完全靠金融手段融资无论何种 PPP 模式项目，都具有项目周期长且资金额度需求巨大的特点，很难用普通的贷款模式和风险管理模式开展贷款业务，但生态环保领域民营化所释放的巨大融资市场，以及生态环保民营化项目所具有的政府规划和天然垄断性特征，使其具有未来收益稳定的特点，金融机构认为这是一个新兴的投资领域。为此，世界各领先银行开始开拓该领域业务，并将其纳入主体业务之一。但大型基础设施的特点和项目融资无追索权和有限追索权的特征，使金融机构遭遇到由环境风险引致的金融风险，从而形成了对金融机构环境风险管理的需求。在这个领域最著名的就是赤道原则。

赤道原则是金融机构管理项目融资业务中环境与社会风险的国际行业标准，项目融资在全球范围内的兴起加快了金融机构参与环境风险管理的进程。项目融资最早兴起于欧洲，是欧洲公共基础设施融资的重要工具。伴随着公共事业民营化的浪潮，项目融资业务在全球领先银行不断推进。2002 年 10 月，荷兰银行和国际金融公司在伦敦主持召开了一个有 9 家国际领先商业银行参加的会议，讨论项目融资中的环境和社会风险问题。会上就以往项目中的案例因为环境或社会风险而引发争议，随后，花旗银行建议银行尽量制定一个框架来解决这些问题。最后决定在国际金融公司保全政策的基础之上创建一套项目融资中有关环境与社会风险的指南，这个指南就是赤道原则。

全球生态环境危机的加剧也导致环境法律法规的日益严格，污染者付费原则中的污染者定义，在生态环境利益相关者日益扩大的情况下，其概念也得到了延展，金融机构，如果曾经对污染项目提供资金，必然也享受了污染红利，因此，也在污染者付费定义的延展中纳入了污染者行列，需要和污染企业一起承担法律责任。金融机构需要承担污染的法律责任最早出现在美国的《超级基金法》中。

20 世纪后半叶，美国经济发生了深刻的变革，经济和工作重心经历了从城市到郊区、由北向南、由东向西的转移，许多企业在搬迁后留下了大量的"棕色地块"（Brownfield Site），具体包括那些工业用地、汽车加油站、废弃的库房、废弃的可能含有铅或石棉的居住建筑物等，这些遗址在不同程度上被工业废物所污染，这些污染地点的土壤和水体的有害物质含量较高，对人体健康和生态环境造成了严重威胁。1978 年，美国纽约州北部拉夫运河镇地区发生的由有害化学物质造成的严重危害居民健康的土壤污染事件，是其中影响最广的事件之一。拉夫运河位于美国加州，是一个世纪前为修建水电站挖成的一条运河，20 世纪 40 年代干涸被废弃。1942 年，美国一家电化学公司购买了这条大约 1 000 米长的废弃运河，当作垃圾仓库来倾倒大量工业废弃物，持续了 11 年。1953 年，这条充满各种有毒废弃物的运河被公司填埋覆盖好后转赠给当地的教育机构。此后，纽约市政府在这片土地上陆续开发了房地产，盖起了大量的住宅和一所学校。从 1977 年开始，这里的居民不断发生各种怪病，孕妇流产、儿童夭折、婴儿畸形、癫痫、直肠出血等病症也频频发生。这件事激起当地居民的愤慨，当局随后展开调查发现，1974—1978 年，拉夫运河小区出生的孩子 56% 有生理缺陷，住在小区内的妇女与入住前相比，流产率增加了 300%。婴儿畸形、孕妇流产的元凶，即是拉夫运河小区的前身——堆满化学废物的大垃圾场的"遗毒"。"棕地"中的有毒物质渗入地下后，可通过土壤、管道等，缓慢挥发、释放有毒物质，毒性持续可达上百年。当时的美国总统卡特宣布封闭当地住宅，关闭学校，并将居民撤离。

　　土壤污染事件的爆发具有以下特征，这些特征导致对金融机构的影响最为深远。第一，隐蔽性和滞后性。土壤污染从产生到出现问题通常会滞后较长时间，往往要通过对土壤样品进行分析化验和农作物的残留检测，甚至通过研究对人畜健康状况的影响后才能确定。比如日本的"痛痛病"，是经过了 10 ~ 20 年之后才逐渐被人们认识的。第二，累积性。污染物在土壤中并不像在大气和水体中那样容易扩散和稀释，因此会在土壤中不断积累而超标。第三，不可逆转性。重金属对土壤的污染基本上是一个不可逆转的过程，许多有机化学物质的污染也需要较长时间才能降解。如被某些重金属污染后的土壤可能需要100~200年的时间才能够逐渐恢复。第四，难治理性。积累在土壤中的无法降解污染物很难靠稀释和自我净化作用来消除。土壤污染一旦发生，仅仅依靠切断污染源的方法往往很难恢复，有时要靠换土、焚烧、淋洗等方法才能解决，也就是说土壤污染治理的资金耗费量是十分巨大的。

在拉夫运河事件发生后，美国政府对全国可能的棕色地块进行了勘察，发现潜在的棕色地块至少在5 000块以上，这是财政无法承受的。按照传统污染者付费原则，应该由污染企业承担修复费用，但由于土壤污染爆发，其潜伏期往往长达几十年，经过几十年，很多企业已经破产倒闭，作为经济责任主体已经消失了。在这种情况下，以拉夫运河（The Love Canal）事件为契机，1980年美国国会通过了《综合环境反应、赔偿和责任法》（CERCLA），该法案因其中的环保超级基金而闻名，因此，通常又被称为《超级基金法》。超级基金主要用于治理全国范围内的闲置不用或被抛弃的危险废物处理场，并对危险物品泄漏作出紧急反应。《超级基金法》将污染者付费原则中污染者定义进行了拓展，规定的潜在责任方包括：（1）泄漏危险废物或有泄漏危险废物设施的所有人和运营人；（2）危险废物处理时，处理设施的所有人或运营人；（3）危险物品的生产者以及对危险物品的处置、处理和运输作出安排的人；（4）危险物品和设施的运输者。

人们在那时已经普遍认识到，企业污染行为如果得不到金融机构的支持是很难形成的，而且金融机构的盈利中也包含着污染红利，开始意识到监管金融机构环境行为的重要性，在这种背景下，《超级基金法》将银行等金融机构也列入潜在责任方，规定：贷款银行是否参与了造成污染的借款公司的经营、生产活动或者废弃物处置，如直接介入借贷公司的日常或财务性或经营性管理活动；对污染设施的处置，贷款银行取消其赎取权；或者贷款银行通过订立合同、协议或其他方式处置有毒废弃物等。只要具备上述条件之一，且这些行为被证实是一种影响借贷公司处置有毒废弃物的因素，那么贷款银行就可能被视为"所有人"或者"经营人"而被法院裁定承担清污环境责任。

1986 年，美国法院根据《超级基金法》判定马里兰银行（Maryland Bank and Trust）负有清理污染场地的法律责任，因为它的一家客户，从事污染废弃物管理的公司破产了，而被其严重污染的厂址作为抵押品成为了该银行的资产。美国法院认为，贷款银行拥有充足的工具和方法进行尽职调查以避免该风险，这种对潜在环境污染风险的尽职调查是贷款银行的责任，法院没有义务保护贷款银行因为自身的失误而导致的资金损失。在 1990 年关于参与污染设施和项目管理的案例中，法院裁定 Fleet Factors 必须承担清理污染的环境责任，因为它的一个破产的客户斯恩斯德伯勒印花公司（Swainsbro Print Works Inc.）遗留下大量的环境污染问题。Fleet Factors 已经将斯恩斯德伯勒印花公司的库存、设备和厂房作为贷款的抵押品，当斯恩斯德伯勒印花公司申请破产时，Fleet Factors 介入进行设备清算。就在此时，危险化学物品发生了泄漏，从而大面积污染了厂地。法院据此裁定 Fleet Factors 是污染设施的运营人（Operator），因此需要承担清理污染的法律责任。

这一系列法律判决，使金融机构迅速对环境风险作出反应，开始建立绿色金融事业部等专门的绿色金融部门，负责在信贷审核流程中审核和管理环境风险，防止银行因为环境风险而导致资金的损失和业务的流失。无论是环境机遇还是环境风险，对银行来说都是真金白银的盈利或者损失，是与其经营绩效密切相关的。因此，金融机构推动绿色金融发展的动力是内生的，是核心业务的内在需求。

目前，以赤道原则为代表的金融机构环境风险管理已经在全球普及，而生态环境民营化推进，也为金融机构捕获环境机遇带来了更大的空间，生态环保领域的投融资已经成为全球金融界新的蓝海。

但是，在传统金融看来，生态环保投融资都具有强烈的公共物品属性，属于财政范畴，怎么可能开发为新金融的蓝海呢？

绿色金融是支撑生态文明建设和绿色发展的金融体系，是有别于传统金融的一种新型金融模式。从宏观上说，作为国家宏观调控的工具，绿色金融要求把资源环境的高度稀缺性在金融的资源配置系统中体现出来，帮助实现高度稀缺的生态环境资源的优化配置。从微观上说，绿色金融就是要为具有公共物品属性的生态环保项目融资。

传统金融与财政的边界是非常清晰的。在传统经济学理论中，由于公共物品供给的外部性特征，公共物品的融资一般只能由财政来承担，所以，为公共物品融资的 Public Finance 在中国直接就被翻译成了公共财政，其实应该是公共金融学，就是为公共物品融资的学科。传统金融一般只为私人物品融资。但是，伴随着全球公共物品的民营化浪潮，金融开始介入公共物品的融资。最经典的案例就是科斯的灯塔。

在 17 世纪初期的英国，灯塔是由领港公会负责建造的，这是一个隶属于政府的机构，专门管理航海事宜。航海业在英国占有重要位置，航海业的迅速发展导致了船只对建造足够多和质量足够好的灯塔以保障航运安全的急迫需求，但当时的英国财政面临困境，需要提供的公共物品很多，没有足够的资金建造很多灯塔，灯塔的维护修理也出现了问题。灯塔的质量对航运安全是十分重要的，这种灯塔公共物品供给的不足导致了航海中事故发生频率的上升，因此，从事航运的船商有动力出资修建更多灯塔以保障航运的安全。但是，航海中的灯塔，因为供给的强烈外部性特征，无法形成有效的收费机制，无法让私人投资者获得合理的回报。而通过对航海者增加税收来增加财政供给，又因为收支两条线使航海者对纳税是否可以增加灯塔供给产生疑惑，即使是采取专税的形式，也无法让纳税人与某一特定航线的灯塔建设紧密结合，导致航海者对增加税收的抵触情绪。航海者希望有新的收费模式将收费与其获得的灯塔服务更直接相连，他们希望看到自己的付费直接体现在更好的灯塔服务上。

最后的解决方案是由隶属政府的港口管理部门解决。港口公务人员根据船只大小及航程中经过了多少个灯塔来收费，不同航程收取不同的灯塔费用，港口公务人员将各航线的收费标准印刷成小册子，以正规化和完善收费机制，航海的船只可以在航海中对这些航线是否有这么多个灯塔以及这些灯塔的明亮度等质量问题进行监督。港口的公务人员代收灯塔费后，再转给各个灯塔的建设和运营商，作为他们投资建设运营和维护灯塔的收益回报。这样，公共物品的灯塔供给，就实现了由政府和财政供给向市场和金融供给的转型。我们需要关注的是，虽然灯塔的供给在港口公务人员的帮助下实现了市场化和金融供给的转型，但这并没有改变灯塔的公共物品特性：一是灯塔的供给仍然具有强烈的外部性特征，所以其收费机制的建立必须要依靠政府。二是各个航线到底需要安装多少灯塔，灯塔的亮度要达到怎样的程度，每个灯塔要收多少钱，都不是灯塔建设运营商可以自己决定的，必须是政府来规划。三是灯塔建设运营商并不能随意自由地进出该领域，其建设运营灯塔必须通过政府的资质考核和评估获得政府颁发的特许经营权。

灯塔收费机制的形成及金融供给的介入告诉我们，只要能形成合理的收费机制，金融也是可以参与公共物品的供给的。因为生态环境保护带有鲜明的公共物品特性，与传统私人物品的供给有着显著的不同。但是，随着全球生态环境问题的加剧，资金需求飞速增长，特别是很多生态环保产品还是全球性公共物品，例如二氧化碳减排等，目前并没有一个全球政府财政可以提供这些全球生态环境公共物品，绿色金融的作用就非常重要了。绿色金融技术，通过合理设计生态环境产品供给方和需求方都认同的收费机制，可以实现跨区域跨时间地沟通和连接生态环境产品的供给方和需求方，从而为推动生态文明建设提供可持续的资金支持。因此，绿色金融对生态文明建设和可持续发展来说是非常重要的，甚至是财政无法替代的。

金融是需要回报的，但金融需要回报仅仅是金融存在的条件，而不是金融的本质。金融的本质是什么，我很赞成陈志武教授在《金融的逻辑》里的定义，第一，金融首先是跨期价值交换；第二，金融可以跨区域地沟通供需双方。绿色金融就是要通过金融手段的跨期和跨区域交易特征，连接生态环境资源的需求方和供给方，实现生态环境资源的市场价值和最优资源配置。绿水青山不会自动地转化为金山银山，必须通过绿色金融手段，才能实现生态环境资源的市场化、价值化和产业化，才能让绿水青山不仅转化为金山银山，而且让供给绿水青山的产业成为重要的绿色产业，才能实现生态环境优化与经济增长共赢的可持续增长模式。

金融不是财政，金融是需要回报的，这是金融在市场中生存的基本条件。生态环保项目是公共物品，具有公益性特征，所以人们往往会认为只能由财政来供给。但是，随着生态环境危机的加剧，生态环境项目的公益性特征已经从区域性走向全国性甚至全球性，而且，生态环境项目所需求的融资总量也是财政无法承受的，在这种情况下，如何用市场的方式为生态环境项目提供充足的融资就成为公共金融学的新命题，因为市场中的金融资源总量显然是远远大于财政可以聚合的资金。所以，绿色金融技术作为金融技术中新生的内容，其最大的挑战就是如何运用金融手段为具有公共物品属性的生态环保项目融资，这就需要通过绿色金融技术为这些绿色项目设计合理有效的回报机制，就是要实现陈志武教授在《金融的逻辑》里说的金融的第二个职能，连接需求方和供给方，为绿色金融的需求者和供给者搭建交易的桥梁。

因为绿色项目具有公共物品的属性，所以绿色金融的需求往往是通过政府来体现的。因此，绿色项目即使由金融供给，也和供给私人物品是完全不同的形态和模式，是一定要和政府合作才能完成的。例如，经典案例中的科斯的灯塔，也是通过政府机构的领港公会负责定价和收费，才促成了金融介入灯塔公共物品的供给。因此，绿色项目的市场化设计，需要政府和金融人员的共同合作。

绿色项目的市场化设计有多种模式，从理论上说，一个顶级的绿色金融设计人员应该是可以把所有绿色项目设计成金融可以参与的项目。但这仅仅是理论上的，在现实中，要将绿色项目设计成金融可介入可开发的项目，不仅需要绿色金融技术专家的设计技术，还需要很多现实的支持条件，所以，现实中不是所有绿色项目都可以设计成金融可以介入和开发的项目。

在绿色金融技术设计的经典案例中，最著名的是《京都议定书》框架下的碳金融机制的形成。由于二氧化碳的全球流动性和输送性特征，碳减排是全球公共物品，但目前并没有全球公共财政来对其进行供给，最后是通过《京都议定书》框架下的碳交易机制来解决这种全球公共物品供给的资金机制。在国家级和地区级绿色公共物品供给中，市场化金融化设计目前最常用的有以下几种模式：

第一，地方政府以某种闲置资产来换取金融对绿色公共物品的供给，市场和金融投资者通过盘活这些闲置资产来获得绿色项目经营的回报。最经典的案例就是天津生态城建设。天津生态城的原址是盐碱地加垃圾和污水倾倒地，天津市政府要对其进行治理，但是财政资金有限，在这种情况下，天津市政府将这块盐碱地加垃圾和污水倾倒地的废弃用地三十年的经营权通过政府法令的方式转让给了中新天津生态城投资开发公司，其承担生态城内道路、交通灯、道路交通线喷涂、道路标识；道路照明；雨水收集系统；污水管网系统；中水管网系统等公共基础设施项目建设。天津市政府通过绿色指标体系对其进行严格监管，包括绿色建筑比例100%，绿色出行大于90%等。天津生态城总投资超过500亿元，全部来自金融资金，没有动用财政资金。中新天津生态城投资开发公司以项目资产和未来收益为抵押或质押，进行银行贷款、发行绿债等各种金融手段的融资，国家开发银行也对其进行了开发性金融的支持。目前天津生态城运行良好。这种政府以闲置资产换取市场和金融的公共服务供给的设计方式，在国际上非常普遍，例如美国福特岛区域绿色开发项目。

第二，通过受益者或者污染者付费的模式来获得绿色项目的盈利。在污水处理、垃圾处理、脱硫脱硝等领域，主要是通过污染者付费的方式，但是，定价及收费机制都需要地方政府帮助才能实现。我们从这里可以看到金融相对财政在供给公共物品方面的优势。金融的一个特点是服务与收费的直接对应，例如科斯的灯塔，虽然是公共物品，但是船商付多少费用，是直接与他享受了航线的多少盏灯塔的服务以及这些灯塔的质量直接对应和挂钩的，这体现了市场供给的特性，因此，船商的支付意愿较强。财政是收支两条线的，即使是专税，也无法做到服务与收费的直接和准确对应。但是，金融对公共物品的供给和对私人物品的供给是很不一样的。一是公共物品收益外溢的特性，使供给者无法直接收费，必须通过政府帮助代收费用。二是很多绿色公共物品具有自然垄断的特征，例如污水处理厂，因为地下管网的建设必须规划进行，所以在哪里建设运营以及到底建设运营多少公共物品，必须通过政府规划来规范。三是因为绿色公共物品的受益者是全体居民，包括富人和穷人，而且既然是公共物品，那一定是无论穷人和富人都应该享受的生活必需品，所以不能由供给者直接定价，必须是政府代表全体居民和市场主体协议定价，以保障穷人也能充分享受。

第三，通过政府采购的模式付费。这是争议最大的一种绿色金融设计技术。既然还是由财政全付费，那么，金融介入的价值体现在什么地方？笔者认为这种模式的优势有两点，一是给财政购买公共物品提供分期付款。假设一个大型公共绿地公园建设和运营的投资需要8亿元，政府以购买公共服务的方式20年分期付款，每年支付租赁费4000万元，再加上运营费和合理的保本微利，这样政府的财政负担就减轻了。尤其是，很多国家在经济下行时期开展大型公共设施的大规模投资，既增加国民福利，又拉动经济增长。但经济下行时期一般财政收入都不高，这种通过金融介入来分期购买公共服务的方式对于减轻当期的财政负担就格外重要。二是采取分期购买公共服务的方式，政府每年对社会资本提供的公共服务都要进行严格的检查，只有质量合格了才付费，可以提高公共物品的供给质量。如前面所说的大型公共绿地，如果草坪、树木、湖泊等出现质量问题，政府是可以不付费或者减少租赁费用的。

第四，通过财政与金融的联合供给。因为绿色项目一般具有公益性特征，收益外溢严重，因此财政与金融的联合供给设计模式就非常普遍。例如，很多地方的生物质能发电，其原材料是厨余垃圾，既可以清除垃圾，又可以供给新能源来替代化石能源，所以其绿色环保的公益性收益是很大的。但是，如果由社会资本全产业链供给，很多地方会因为成本太高导致收益无法达到金融资本介入的基础条件，这时可以采取财政与金融联合供给的模式，由财政负责前端的厨余垃圾收集和运输，由社会资本负责中后端的厨余垃圾转化为沼气及沼气置换天然气等。财政负责前端的厨余垃圾收集与运输，解决了生物质能供给中原材料不足的问题，而且大大降低了社会资本需要投入的成本，其收益得到很大提升，成为金融争抢的绿色项目。

第五，通过产业链延伸设计。例如，单纯的生态农业可能收益不够高，但是，如果进行产业链延伸设计，将生态农业、生态果业与生态教育、生态旅游、生态养生等相结合，进行产业链的延伸设计，收益就可以大幅提高。

绿色项目种类万千，因此绿色项目市场化的设计方案也是多种多样的，肯定不限于以上五种类型，但无论哪种设计方案，政府的参与合作是必需的。绿色金融是政府规范的市场，所以，金融可以介入何种程度，在很大程度上取决于地方政府的态度和积极性。绿水青山不会自动转化为金山银山，必须通过政府与金融机构的合力推进。

目前，很多银行已经开展了融资加融智的模式，将金融服务链延伸到绿色项目市场化设计前端，主动连接绿色金融需求端和供给端，这对绿色金融推进十分重要。

在全球可持续发展背景下，各国都加强了绿色标准和环境法规的管理，这就推动了一大批绿色产业的发展。如大家最熟悉的新能源、节能行业、污水处理、垃圾处理等。在全球气候变化倡议推动下，受各国的碳税政策等的影响，新能源获得了长足的发展，成为一个投资热点。中国为了推动新能源发展，也采取了一系列政策，例如环境税，因为煤电会释放二氧化硫和氮氧化物，而通过对这两种污染物的排放征收较高的环境税，必然会加大使用煤电的成本，从而使新能源的相对价格下降，这将有利于新能源产业的发展。最近国家又在推动煤炭使用许可证制度、总量控制下的全国碳交易制度等，必然进一步在市场中加大新能源使用的优势，使新能源产业成为金融机构的投资热点。

污水处理行业作为比较成熟的环保产业，在世界各国都已经成为金融机构的投资热点，例如全球水务巨头苏伊士、威利雅等。值得高兴的是，近年来，中国的水务公司也得到了飞速发展，*inDepth Water Year Book* 发布了全球前 40 水务公司排名，中国的北控水务、首创股份、上海实业、天津创业环保、桑德国际、中国水务、重庆水务、光大水务、康达国际、粤海投资、江西洪城水业、中信水务、国祯环保13 家环保公司位列其中。但是，与国际著名的水务公司相比，中国水务公司更多依托的是国内巨大的污水处理和再生水使用市场，而在国际市场的拓展中还有差距。苏伊士、威利雅等国际著名的水务公司，其本国业务在其总业务中所占比例较小，更多的业务来自国际市场的拓展，例如，中国第一批 PPP 模式的污水处理业务，基本上都是被苏伊士、威利雅等国际水务公司承包了，中国的水务公司是在学习了它们的商业模式和管理运营模式后才逐渐成长起来的。近年来，在绿色并购基金等金融工具支持下，中国环保行业成长迅速并将业务范畴扩展到国际，例如2014 年 6 月 30 日，首创集团收购新西兰固废公司 Transpacific New Zealand 公司 100% 股权，以及收购新加坡危废处理排名第一的 ECO 公司 100% 股权，将业务范围扩展到新西兰和新加坡。

绿色产业的公共服务特性决定了绿色产业有保本微利、收益稳定的特点。绿色产业的每个单项项目资金需求量都很大，这种保本微利对民营资本来说就转化为很大的业务，利润率虽然不太高，但利润总量十分可观。正是绿色产业的保本微利、收益稳定、资金额度巨大的特点，使其成为各国金融机构争抢的投资热点。

中国正处于向绿色经济的转型时期，大量的绿色产业崛起，成为新的经济增长点，给金融机构提供了大量的绿色投资机遇。及时抓住绿色投资机遇，是各个金融机构获得竞争成功的关键。但是，我们也必须认识到，绿色金融市场是典型的政策性市场，绿色金融市场的培育需要各方面政策强劲支持。因此，我国绿色金融的发展趋势和发展空间，还要依托于绿色金融相关政策的制定和严格执行。

2018 年，我国将生态文明建设写入宪法，预示着绿色金融将进入一个快速发展期。全面推进绿色金融需要对绿色金融更加全面的认识，作为一名已经从事绿色金融研究十几年的学者，我欣喜地看到绿色金融的迅猛发展，决定将自己十几年从事绿色金融研究的心得，撰写成绿色金融理论体系与实践创新丛书，为推进绿色金融发展贡献我的绵薄之力。同时这也是给一路陪我走来的师长朋友学生们的最好礼物，正是他们的支持和鼓励，才使我将绿色金融研究坚持了十几年，并最终熬过了冷寂期，迎接了绿色金融繁盛的春天。

蓝　虹
2018 年 4 月 8 日

目　　录

第一章 环境金融功能与体系

一、环境金融的内涵

环境金融是指金融业在经营活动中要体现环境保护意识，注重对生态环境的保护及对环境污染的治理，通过其对社会资源的引导作用，促进经济发展与生态的协调。它不仅要求金融业率先引入环境保护理念，形成有利于节约资源、减少环境污染的金融发展模式，更强调金融业关注农业生产过程和人类生活中的污染问题，为环境产业发展提供相应的金融服务，促进环境产业的发展。具体包括两层含义：一是从金融和环境的关系入手，重新审视金融，将环保理念引入金融，改变过去高消耗低产出、重数量轻质量的经济增长模式，形成有利于节约资源、降低消耗、增加效益、改善环境的金融发展模式；二是以环保理念关注产业发展，为环保产业发展提供相应的金融服务，促进环保产业的发展。环境金融是现代金融发展的一个重要趋势，是对传统金融的延伸和拓展。这一概念的提出，为21世纪金融业的发展提供了竞争的制高点。从金融活动过程来看，它和传统金融是一致的，但环境金融更强调维护人类社会的长期利益以及长远发展，它把经济发展和环境保护协调起来，减轻传统金融业对经济发展的负面效应，促进经济健康有序发展。

环境金融产生于19世纪末20世纪初，是研究运用金融手段提高环境质量和转移环境风险的一门学科。环境金融要求并已采取行动来应对环境挑战，它标志着现代工业社会解决过去产生的环境问题的方式和方向发生了根本转变。过去十年中，已有很多利用市场方法来解决环境问题的案例，这些市场方法在金融服务部门的变革中发挥着重要的作用。

二、环境金融的主要功能

（一）促进中国低碳经济的发展

对于中国环境而言，我国工业化、城市化、市场化和国际化交织并进，经济社会处于发展的关键时期，但也面临着经济快速增长与资源耗竭、生态保护之间的矛盾和挑战。中国一些领域和地区环境污染仍然较严重，生态环境恶化还没有得到有效控制。国内外的实践证明，高投入、高消耗、高污染的经济增长方式是不可持续的，我们不能走"先污染，后治理"的老路，而要立足于走新型工业化和科学城市化道路，依靠技术进步，把引进与消化吸收、创新相结合，形成具有自主知识产权的核心技术和主导产品，而发展环境金融是促进中国低碳经济又快又好发展的重要举措。

（二）促进国家政策对低碳经济的扶持

为支持哥本哈根会议取得积极成果，中国提出了到 2020 年单位国内生产总值二氧化碳排放比 2005 年下降 40% ~ 45%，作为约束性指标纳入国民经济和社会发展中长期规划，并制定相应的国内统计、检测、考核办法。我国还承诺，通过大力发展可再生能源、积极推进核电建设等行动，到 2020 年我国非化石能源（风能、太阳能、水能、生物质能、地热能、海洋能等可再生能源）占一次能源消费的比重达到 15% 左右；通过植树造林和加强森林管理，森林面积比 2005 年增加 4 000 万公顷，森林蓄积量比 2005 年增加 13 亿立方米。要实现上述目标，环境金融的发展将发挥重要推进作用。

（三）引导我国环境金融的发展

我国金融创新总体上落后于实体经济发展的需要，金融工具种类仍然偏少，品种体系不够完善，金融制度和组织结构创新力度不足，金融企业同质化的竞争比较突出，也影响了金融体系结构的改善。在这样的情况下，推动环境金融的发展可以更好地引导商业银行建立和完善中国环境金融体系，也为环保产业与金融机构的紧密结合指明发展方向。

（四）创新金融产品

环境金融旨在将低碳经济和金融创新的互动放在一个有机的系统里，着眼于两者之间的内在联系，探讨所有能够提高环境质量、转移环境风险、发展低碳经济和循环经济，以市场为基础的金融创新。金融机构、大型企业和机构投资者一方面要努力提高自己的环境与社会责任，另一方面要善于捕捉越来越多的低碳经济机会，在发展低碳经济的过程中，研究开发环境和金融互动下的金融工具创新，实现低碳经济与金融创新的双赢。

三、环境金融体系的构成

（一）环境财税政策

环境财税政策是促进绿色金融体系产生、发展的重要推动力。构建具有引导效力的财税政策体系，不仅可以利用优惠的财税政策为环保产业提供良好的发展平台，而且通过征税限制环境污染企业的发展，实现支持生态环境保护产业发展的目标。通过构建完善的绿色财税政策，可以保证环保产业至少可以达到市场的平均收益率。

（二）绿色信贷

在环保企业的建设期，需要持续稳定的资金支持，银行贷款是其主要融资渠道。通过建立绿色信贷，使资金流向环保产业，有利于保障环保企业可以获得充足资金顺利渡过建设期。

绿色信贷主要指通过在授信过程中，将环境友好型企业、损害环境的企业区别对待，限制高耗能、高污染及环保未达标企业的融资，支持环境友好型企业或环境保护相关产业发展的绿色金融手段。在相关政策的大力推动下，我国商业银行机构相继推出了大量的绿色信贷产品。例如，兴业银行开发了合同能源管理项目未来收益权质押融资、合同环境服务融资、国际碳产质押融资、国内碳产质押融资、排污权抵押融资、节能减排融资和结构化融资等多种新型特色产品；中国工商银行提出了"环保一票否决制"，对违反国家环保政策的企业不提供任何信贷支持，并建立了绿色信贷动态跟踪监测机制，对企业生产经营过程进行环境风险评价与监控。绿色信贷在规范企业环保行为、限制高污染高耗能企业的贷款以及促进环保企业获得融资方面，发挥着重要作用。

（三）绿色证券

当环境企业进入成熟期后，在证券市场实施上市融资就成为其主要的融资渠道。因此，构建完善的绿色证券体系是进入成熟期的环保企业获得发展壮大资金的重要保障。

绿色证券是一种形象的说法，指证券业的环保化。绿色证券最初的形成源于我国环保与证券相结合的一项政策，主要是指重污染行业的生产经营公司在上市融资和上市后的再融资等证券发行过程中，应当经由环保部门对该公司的环境表现进行专门核查，环保核查不过关的公司不能上市或再融资，所以初期的绿色证券制度单指上市公司环保核查制度。随着绿色证券制度的发展，其内涵不断扩大。

（四）绿色债券

绿色债券是债券的一种，是用于绿色环保领域的债券的统称。绿色债券是为了环境保护、可持续发展或气候减缓和适应项目而开展融资的债券。它是债券市场上的一个新品种。债券发行人可以是政府，也可以是银行或者企业，债券购买人（投资者）可以是各类投资机构或个人，募集到的资金一般投向可再生能源发展、改善供水环境投资、低碳运输、节能建筑等生态环保领域。

国际上已经发行绿色债券的机构包括：世界银行、亚洲开发银行、英国绿色投资银行、韩国进出口银行等。这些债券的承销商一般是国际主要投资银行，投资者包括大型的机构投资者和部分高净值的个人投资者。这些债券的平均期限为 5 ~ 6 年。2008 年，世界上第一只绿色债券由世界银行发行。此后，绿色债券市场发展迅速。据相关数据统计，2012年，世界范围内绿色债券的销售规模是 30 亿美元。2013 年起，近50%的绿色债券由公司发行，而此前大部分绿色债券由诸如世界银行这样的全球性金融机构出售。2014 年前 6 个月，绿色债券销售总额约为 200 亿美元，几乎是 2013 年全年销售额的两倍。

（五）绿色保险

绿色保险是指以企业发生污染事故对第三者造成的损害依法应承担的赔偿责任为标的的保险，可以分为强制性环境责任保险和任意环境责任保险。

在环保企业发展的整个过程中，不论是概念期、建设期，还是成熟期，都需要进行风险规避，提供更安全的行业发展基础环境，进而吸引更多的资金投入。因此，需要构建完善的绿色保险体系，以实现环保产业融资风险的降低。绿色保险通过引入风险共担机制，合理分散风险，能够减轻污染者负担，而且让受害者在污染事件发生后得到及时补偿，环境污染得到较快治理。

（六）绿色基金

绿色基金是指为了实现环境保护的目标而设立的基金。绿色基金是推动环保产业筹集更多资金的有效渠道，通过建立各种绿色基金，为环保产业的发展提供更加充实的资金流，以进一步提升环保产业市场的活力。国外的绿色基金分为政府引导型基金、风险投资基金、股票投资基金。国内绿色基金的实践主要是绿色政府信托基金和绿色信托基金两种。需要特别强调的是绿色风险投资基金又叫作绿色风投。在环保企业还处于概念期时，需要大量的启动资金，但因为此时环保企业没有任何资产做抵押，也没有获得未来收益保障的销售合同，所以无法通过贷款、上市等手段融资，只能依靠绿色风投。通过建设绿色风投体系，可以有效推动环保产业起步发展。

（七）绿色 PPP 项目融资

PPP 即 Public – Private Partnerships，指公共部门与私人部门的合作伙伴关系。近年来，在我国城市供水供电、污水处理、燃气供应等基础设施领域，PPP 模式的应用较多。绿色 PPP 指将 PPP 模式应用于环保领域，以公私合营的方式建设开展环境类公共事业和公共服务，以解决我国目前环保领域中投资回报期长、投资经费不足等问题。目前，绿色 PPP 项目融资在我国环境基础设施领域已经广泛开展，并极大地促进了我国环保产业的发展。绿色 PPP 项目融资对环保产业的发展具有如下优点：一是有利于拓宽环保产业的资金来源，减少环保财政的负担，加快环境基础设施的建设；二是有利于降低政府对基础设施建设的融资、设计、建造及经营过程中的风险，实现公共部门与私人部门共同分担风险；三是有利于发挥私有资本的能动性，提高环保基础设施的建设、经营、维护及管理效率；四是有利于充分利用专业化环保公司的专业技能。

（八）绿色 PPP 基金

绿色 PPP 基金是指为了实现环境保护目标，通过公私合作的方式所设立的基金。绿色 PPP 基金通过撬动资源和运用专业技能，在培养环境类 PPP 市场过程中起到催化作用。在绿色 PPP 项目中，绿色 PPP 基金首先承担中介的角色，代表潜在投资者，提供一个技术团队进行项目分类和考察；其次，培育关系和市场认知，根据投资者确立的标准开发项目投资组合；再次，实现投资者之间成本共担，相对单独投资而言，有利于降低投资成本；最后，整合投资者的资金，避免受到高投标成本、漫长的项目准备过程、大量的投资要求以及绿色 PPP 交易的断断续续影响。

四、国内外环境金融理论发展

总体来说，国内外对绿色金融发展的研究分为整体宏观层次和针对单个绿色金融工具的相关研究。

在整体宏观层次上，国外对绿色金融的研究主要集中在概念和内涵、作用和效果、政策措施、金融工具和评价体系等方面。例如，Labatt 和 White（1996）从实证模型分析的角度出发，系统地阐述了金融发展与环境之间的密切联系，提出了商业银行保护环境、发展绿色金融的必要性，而且对绿色金融进行了科学的界定，提出综合使用不同金融工具促进绿色产业的发展，将绿色产业发展及其相关的风险作为金融系统决策的重大参考条件之一。Salazar（1998）针对绿色金融创新进行了深入研究，提出了排放权交易、绿色贷款、绿色金融债券、绿色环保基金以及环境污染责任保险等绿色金融工具，指出"绿色金融是寻求环境保护路径的金融创新，是金融业和环境产业的桥梁"。Eric Cowan（1999）通过对绿色金融的界定，探讨了金融企业环境风险管理制度建设的有效途径。Graham 等（2000）通过引入环境风险因子对发行于 1990—1992 年的债券重新进行了信用评级，结果表明环境因素对债券信用评级有显著的负面效应。环境风险对债券交易的影响不容忽视，所以债券定价时必须考虑环境指标。

相比较来说，国内绿色金融的发展没有国外成熟，国内对绿色金融的研究主要集中在绿色金融的内涵、发展绿色金融的必要性及可行性研究、在中国发展绿色金融面临的困境以及相应的政策建议等。对于绿色金融的概念界定，还未有统一的定义，如张伟（2005）介绍和梳理了绿色金融理论的发展和学科特点，认为绿色金融是针对环境保护以及为推动环境友好型产业发展而开展的投融资活动。李小燕等（2006）对绿色金融及其相关概念——生态金融、可持续金融、金融可持续发展和金融生态进行了比较。安伟（2008）分析了绿色金融的内涵、作用机理和我国的实践，对绿色金融内涵的国内外代表观点进行了综述，表明了理论界对绿色金融宏观、微观的不同研究视角。曾冠（2009）认为绿色金融是指关于环境保护、生态多样性的货币资金信用活动。方翻（2010）认为绿色金融本质是基于环境保护目的的创新性金融模式。杨喜光等（2012）认为绿色金融是指金融部门将环境和生态的影响纳入日常的投融资决策过程中，在日常的经营活动中更加注重对生态环境的保护和治理，把与生态环境相关的潜在风险和回报都融入日常的业务经营中，通过金融业务的运作来实现对资金的引导，从而实现金融与自然的可持续发展。绿色金融是一种将金融发展和环境保护相结合的经济发展形式。

总体来说，多数学者认为绿色金融是指金融部门把环境保护作为一项基本政策，在投融资决策中要考虑潜在的环境影响，把与环境条件相关的潜在的回报、风险和成本都要融入银行的日常业务中，在金融经营活动中注重对生态环境的保护以及环境污染的治理，通过对社会经济资源的引导，促进社会的可持续发展。更广义上来说，绿色金融体系最终要实现的是金融体系的绿色化，从而通过其进一步促进所有产业的绿色化。

针对不同的绿色金融工具，国内外的理论研究进展如下。

（一）绿色信贷理论研究

绿色信贷在某种意义上可以说是信贷的"绿色化"，或者说是"绿色化"在信贷上的体现。国际上对绿色信贷的定义以赤道原则为标准，赤道原则也称国际绿色信贷政策。赤道原则被认为是实施绿色信贷制度的国际标准，是一套针对项目融资中有关环境与社会风险问题的信贷政策指南，是目前国际金融机构进行项目融资考虑环境问题的新标准。目前，赤道原则所涉及的业务遍及世界100余个国家和地区，截至2014年3月，共有35个国家共计79家金融机构接受了赤道原则，所提供的国际项目贷款超出新兴市场国家的70%。在我国，兴业银行是较早开始将环境因素纳入贷款决策、积极履行绿色信贷制度的银行，并在2008年宣布加入赤道原则，成为我国目前唯一的一家赤道银行。

我国关于绿色信贷最早的政策是1995年2月6日中国人民银行颁布的《关于贯彻信贷政策与加强环境保护工作有关问题的通知》。该通知要求各级金融机构在信贷的发放和管理过程中要审查项目对环境的影响，积极贯彻国家的环境保护政策。这是我国第一次将环保因素纳入信贷政策范围内，标志着我国开始建立绿色信贷制度。在此之后，一系列的绿色信贷政策相继出台。

2005年12月，国务院在《关于落实科学发展观加强环境保护的决定》中要求，商业银行对不符合国家环保标准的企业和项目不得提供贷款，要建立有利于环境保护的信贷政策体系。

2007年7月12日，国家环保总局、银监会和人民银行联合发布了《关于落实环境保护政策法规防范信贷风险的意见》，指出各级环保部门要与金融部门建立有关企业的环境信息沟通机制，积极对从事环境保护与建设的机构和企业给予信贷支持，限制高污染、高消耗以及产能过剩的新建项目的信贷申请。从此，绿色信贷制度已经逐渐成为我国环境保护的金融手段之一，并且被寄予了厚望。

2011年3月5日，在政府工作报告中，温家宝总理明确提出，要积极构建有利于产业升级的金融体系，优化当前的信贷结构，倡导银行业对国家环保产业进行信贷支持，并且限制资金流向"高污染、高消耗以及产能过剩"的行业。《国民经济和社会发展第十二个五年规划纲要》指出，要更好地利用绿色信贷、绿色证券和绿色保险等绿色金融手段，协调经济发展与环境保护之间的关系。2012年2月24日，银监会发布《中国银监会关于印发绿色信贷指引的通知》，要求商业银行进行绿色信贷的评估工作，并提出关于银行机构培养或引进有关绿色信贷人才的办法，该通知对于完善绿色信贷制度具有重要意义。

国外对于绿色信贷的研究主要集中在以下几个方面。

（1）对绿色信贷内涵的研究。在国外，绿色信贷是由可持续金融、环境风险管理和企业社会责任三部分构成。Patricia A. Mcgraw、Gordon S. Roberts、Sebouh Aintablian（2007）通过事件研究法认为银行可以通过对相应情况下有效的环境风险监控来达到对绿色信贷的完善处理。

（2）对绿色信贷相关规则的研究，主要集中于对赤道原则的研究。赤道原则是由国际主要金融机构为保障企业履行应尽的社会责任而提出的，用于确定、评估和管理项目融资过程中所涉及环境和社会风险的一套自愿性非官方规定的原则。在国际上对于赤道原则充满异议，一些学者认为其不能从根本上解决金融的可持续发展问题：Watchman（2005）认为赤道原则不可能长久支持低碳金融发展。Bert Scholtens 和 Lammertjan Dam（2007）认为实行赤道原则的银行与没有实行赤道原则的银行在企业社会与环境责任方面的政策存在明显区别，实行赤道原则的银行需要承担一些相关的社会责任。

（3）对与绿色信贷相关的政府激励政策制度等的研究主要有：Jeucken（2005）分别以全球 34 家知名银行为例，比较了其在进行绿色信贷过程中的自律行为、项目审批和环境管理体系等情况，总结归纳出了银行自身发展绿色信贷的激励机制。Oren Perez（2007）在"绿色信贷的新型监管模式"一文中，通过从分析历史形成的监管模式以及治理结构的角度出发，比较之前与现今的绿色金融的监管模式，指出绿色金融在监管与治理上激励主体所发生的转变，从之前的自我约束转变为多方监管。

与国外相比，国内的相关研究主要是从 2007 年 7 月国家环保总局与银监会、中国人民银行联合出台了《关于落实环保政策法规防范信贷风险的意见》后开始的。相关研究主要集中于以下几个方面。

（1）围绕政策激励和政府财政税收支持制度进行研究。大多数学者都认为我国绿色信贷无论是在法律政策层面还是技术层面上都缺乏激励机制，需要制定完善的法律法规来支持其激励机制（梁涵孟，2011；陈雁，2008 等）。从政策激励和政府支持的角度来说，可以通过如将环保指标纳入地方官员的政绩考核体系中，以及立法或明确的规章条例防止地方政府对商业银行绿色信贷发放的干预等措施来支持绿色信贷制度。此外，潘爱建（2008）等学者还提出政府部门实施的财税措施的激励客体除了商业银行以外，还应包括企业、居民个人等；从银行和企业两个方面来看，实施的财税政策应主要包括税收优惠和财政风险补贴。

（2）对国外经验进行研究，并对我国绿色信贷相关法律制度体系建设提出建议。马萍和姜海峰（2009）从分析实施绿色信贷履行社会责任对商业银行经营的影响入手，指出绿色信贷的战略地位、实施现状及存在问题，借鉴国外成功经验，强调商业银行要承担社会责任，采取切实有效措施推动绿色信贷全面展开，其中提出政府需要制定相关法律法规严格控制对"双高"行业信贷投放，支持绿色能源项目建设；构建绿色长效机制，推进制度建设，加强过程管理。郑冲（2009）主要从绿色信贷的环境风险分类、环境风险管理、市场机遇与创新等方面介绍了绿色信贷的国际实践状况，提出了我国商业银行发展绿色信贷的建议，其中包括对相关法律制度系统的完善。

（3）分析我国绿色信贷开展过程中存在的主要问题，探讨制约绿色信贷发展的主要原因，研究其对策。总体来说，基于已有的研究，制约我国绿色信贷发展的主要问题是信息传达问题、法律制度体系不完善、地方官员考核机制与粗放型增长下的经济考核矛盾、监督和激励措施不足等。李东卫（2009）介绍赤道原则理念及应用，指出我国现行绿色信贷机制存在诸多缺陷，主要表现为信息沟通联动机制严重缺失；配套政策及法规缺位，导致银行资金投向"三高"产业；行业标准和实施指南缺乏完备性，削弱银行控制手段；社会责任意识和激励机制缺失，降低了推进绿色信贷的标准；最后提出了完善我国绿色信贷政策的建议。张秀生和李子明（2009）研究认为，中国在转变经济增长方式的背景下开展的绿色信贷业务加大了对环保项目的扶持和对环境污染项目或企业的打击。但在粗放型增长模式下的经济核算体系与地方官员政绩考核体系的矛盾导致地方保护主义和地方政府在环境保护方面缺位；低效信息传导和环境监管制度体系存在缺陷，致使执行不力。杨小苹（2008）介绍了兴业银行能效贷款的运作模式，并对兴业银行开展能效贷款业务情况做了典型调查，发现能效贷款的开展在我国仍然面临一些制约因素，主要有政府制度安排不健全、统计口径和激励制度不完善、信贷人权利救济制度不足，当债务人恶意隐匿财产或拒不履行判决时，常常使执行陷入停顿和无奈，影响银行开展能效贷款的积极性等。为了推动银行能效贷款业务的良性发展，提出以下建议：强化激励机制，建议各级财政部门对银行在办理能效贷款过程中出现的政策性风险予以适当的风险补偿；试行尽职免责，规范能效贷款管理；加强能效贷款审慎监管，加强节能减排贷款或能效贷款的非现场监测，在进行高耗能、高污染行业贷款统计的同时，增加节能减排贷款或能效贷款的专项统计，以反映银行业贯彻节能减排政策的工作成效。

（二）绿色证券理论研究

绿色证券制度是环境保护制度和证券监管制度的一种交融，包括上市公司环保核查制度、上市公司环境信息披露制度和上市公司环境绩效评估制度三个方面的制度体系。具体而言，绿色证券是指针对企业的直接融资实行环保控制的相关措施、制度，包括绿色市场准入制度、绿色发行及配股制度和环保绩效披露制度，试图全方位抑制"双高"企业从证券市场获得资金。它要求政府在证券市场的监管中纳入环境保护的理念与方法，对拟上市的企业实施环境保护核查，对已上市企业进行环境绩效评估，促进上市企业环境信息披露，加强上市企业环境监管，综合运用多种手段，引导投资者投向"绿色企业"。张澄澄（2008）指出："所谓绿色证券是指上市公司在上市融资和再融资过程中，要经由环保部门进行环保审核。它是继绿色信贷、绿色保险之后的第三项环境经济政策。"季建邦（2009）认为："绿色证券是指环境保护主管部门和证券监管部门对拟上市企业实施环保审查、对已上市企业进行环境绩效评估并向利益相关者披露企业环境绩效内容，从而加强上市公司环境监管，调控社会募集资金投向，并促进上市公司持续改进环境表现的一系列行为和手段的总称。"吴永辉（2010）认为："绿色证券是指为促进上市公司持续改进环境保护与环境治理，通过建立上市公司环保核查制度、环保绩效评估制度和环境信息披露制度，调控社会募集资金投向，发展环境友好型产业，防范环境和资本风险的一系列调控手段的总称。"

绿色证券制度是在1992年联合国环境与发展会议以后，在可持续发展理念被广泛接受的背景下逐步发展起来的。随着发达国家上市公司越来越重视其社会责任，并有意地提高自身环境保护意识，部分发达国家已经开始通过立法或者标准，规范上市公司年报环境信息的披露，要求上市公司进行环境绩效报告。例如，美国证券管理委员会于1993年开始要求上市公司从环境会计的角度，对自身的环境表现进行实质性报告。之后，英国、日本、欧盟等各国政府和国际组织进行了多种证券市场绿色化的尝试和探索。

美国很早便要求上市公司对环境信息进行披露。在20世纪70年代已经出现环境信息披露的萌芽，到了90年代迅速发展扩大，主要表现是法律法规的明确规定以及资本市场发展的要求。美国的多部门、多组织机构配合机制是推动绿色证券制度顺利实施的主要动力，其中美国国会、美国国家环保署（EPA）、美国财务会计准则委员会（FASB）和美国证监会（SEC）联合对实施绿色证券制度负责和服务。

德国是非常重视经济与环境保护同步发展的国家，在20世纪80年代就已经开始广泛地采用市场机制来引导企业的环境行为。德国的环境经济政策遵循环境污染者付费、预防和合作三条原则，采取税费，以及银行不能为污染企业贷款及严格的资本市场准入制度共同控制污染源头的产生。德国在1994年出台了《环境信息法》对企业的环境信息披露进行了专门的规定。《环境信息法》明确赋予公众环境知情权以及公众申请获得企业环境信息的程序及方式，并且规定了企业需要进行披露的环境信息内容，包括水域、空气、土壤、动植物群落及自然栖息物的现状；企业活动对环境的压力，需要采取哪些措施来控制对环境的危害；企业保护环境的行动及举措、环境保护行政措施及计划等。

荷兰对于上市公司环境信息的披露和企业的环境会计成本研究起步很早，目前已经形成了相对成熟的体系。荷兰对于上市公司的环境信息披露采取的是强制性规定，企业必须就环境信息进行详细披露。1999年，荷兰环境部发布了《环境成本与收益的确认及计量方法报告书》，以此来辅助政府对宏观范围的环境成本和计量方法进行规范，提供技术指导。该报告书的目的主要在于通过计算宏观范围的环境成本来对企业的环境治理活动的费用进行推算。对于企业环境成本的确认、计量和披露由企业根据自身的具体情况作出决定。而且同年荷兰环境部还发布了《环境指南研究报告》，提出应该对企业的全部制造过程进行生命周期管理和控制，并且据此制定一系列指标，从人类健康、生态系统质量、资源消耗与可再生三个方面对企业损害环境的行为进行评价。

目前，国内对绿色证券制度的研究主要集中在对我国绿色证券制度存在问题的剖析以及提出相应的对策建议，多数学者都认为我国绿色证券制度的完善最重要的是法律法规制度的建立和加强，同时需要配套完善相关的核查制度。王小溪（2010）从法律建设方面对绿色证券制度进行了研究，提出必须从立法上对绿色证券进行规范，加大法律法规的制定力度，如进一步完善环保核查制度，制定上市保荐机构的问责制，对环境友好型企业进行激励。阳露昭等（2008）从建立完善我国绿色证券法律制度的必要性出发，提出我国应当从四个方面建立完善绿色证券法律制度：对绩优环保企业的上市采取减免手续费，建立环保企业股票风险担保机制等激励制度；上市公司的环保核查制度应当进一步明确核查主体、核查后的救济制度；上市公司的环境信息披露应当结合环境会计报告进行；逐步建立上市公司的环境绩效评估体系，发展环境绩效评估中介机构。宋莲花（2010）在对当年频发的上市公司污染违规事件进行分析的基础上，提出了五条完善我国绿色证券制度的措施建议，其中第四条提出要"加大执法力度，切实保护投资者的利益"，加大环境违法处罚成本，把相应信息明确传递到上市公司，让企业意识到破坏环境的责任后果，降低环境违法事件的发生。

（三）绿色债券理论研究

绿色债券是为了环境保护、可持续发展或气候减缓和适应等项目而开展融资的债券，是债券市场上的一个新品种。债券发行人可以是政府，也可以是银行或者企业，债券购买人（投资者）可以是各类投资机构或个人，募集到的资金一般投向可再生能源发展、改善供水环境投资、低碳运输、节能建筑等领域。

根据发行主体的不同，可以把绿色债券划分为银行绿色债券、地方政府绿色债券、市政绿色收益债券和企业绿色债券。

银行绿色债券是指由银行发行的用于环保投资的债券，也就是说，银行通过在市场公开或者以私募的方式发行债券，筹集资金，然后将所筹集到的资金以贷款方式投向环保领域。银行绿色债券是银行债券的一种，与银行其他债券的不同点在于资金投资方向为绿色环保领域。

地方政府债券是由地方政府发行并负责偿还的债券（简称地方债券），也可以称为地方公债或地方债。地方政府债券是地方政府根据本地区经济发展和资金需要状况，以承担还本付息责任为前提，向社会筹集资金的债务凭证。地方政府债券一般用于交通、通讯、住宅、教育、医院和污水处理系统等地方性公共设施的建设。地方政府债券概念与中央政府发行的国债相对应，地方政府债券一般也是以当地政府的税收能力作为还本付息的担保。地方政府绿色债券属于地方政府债券的一种，是指地方政府为了建设环境保护相关基础设施而发行的债券。

市政绿色收益债券是市政收益债券的一种，其中为环保领域所发行的债券即为市政绿色收益债券。收益债券是市政债券的一种，但与地方政府债券不同，收益债券与特定项目相联系，其还本付息来自投资项目自身的收益，比如自来水、城铁和机场的收费等，因此同样可以运用于诸如污水处理厂等环保基础设施的建设。

企业绿色债券是企业债券的一种，即以生态环境保护、节能低碳等为目的发行的企业债券。按照国务院 1993 年 8 月颁布实施的《企业债券管理条例》规定，企业债券是指企业依照法定程序发行、约定在一定期限内还本付息的有价证券。企业债券代表发债企业和投资者之间的一种债权债务关系，债券持有人是企业的债权人，企业债券持有人有权按照约定期限取得利息、收回本金，转让、抵押和继承企业债券，但是无权参与企业的经营管理。企业债券持有人对企业的经营状况不承担责任，但企业债券风险与企业本身的经营状况直接相关。如果企业发行债券后，经营状况不好，连续出现亏损，可能无力支付投资者本息，投资者就面临受损失的风险。

目前国内外关于绿色债券的研究还仅限于银行绿色债券，而在企业绿色债券、地方政府绿色债券和市政绿色债券上并未开展独立的相关研究，而仅在对企业债券、地方政府债券和市政债券的研究中略有提及。需要说明的是，我们定义的绿色债券是指所有以环境保护为目的而发行的债券，而国际上所谓的绿色债券主要是指用于减缓气候变化而发行的银行债券。

2008 年，世界银行发行了第一只绿色债券，作为一种融资手段用于减缓气候变化。自此之后，大多数绿色债券都是由 AAA 级的多边组织发行。自 2008 年以来，世界银行先后进行了 61 笔绿色债券交易，已筹集到超过 45 亿美元资金，国际金融公司（IFC）也已发行了 34 亿美元的绿色债券，其中包括 2013 年两次发行的 10 亿美元基准规模（Benchmark – sized）的绿色债券。IFC 在 2013 年 11 月发行的 10 亿美元绿色债券吸引了一批新投资者，包括福特汽车公司、微软公司以及巴西和德国中央银行等机构；世界银行在 2014 年 1 月发行的浮动利率绿色债券，除吸引了那些一直关注于此的投资者（Sustainable Investors）外，还吸引了多个其他大型机构投资者，如黑石集团（又称贝莱德集团，美国最大的投资管理公司，总部位于纽约）、美国教师养老基金 TIAA – CREF 以及高盛集团私人财富管理公司等。为进一步提升绿色债券对发行者和投资者的明确性和透明度，13 家商业银行和投资银行于 2014 年 2 月联合发布了一套自愿性绿色债券原则，介绍了绿色债券认定、信息披露、管理和报告流程。此原则是由 13 家银行在与 IFC、世界银行以及其他绿色债券发行者和投资者磋商的基础上制定的。

国内对于绿色债券的研究较少，且分散于企业债券、地方政府债券、市政债券的研究中，缺乏系统性研究。

在银行绿色债券方面，多数学者主要将绿色债券定义为可为清洁能源、大运量公交等低碳项目提供融资，以此帮助我国缓解并适应气候变化，同时还能为投资者带来可靠回报。在地方政府绿色债券方面，我国目前并无针对地方政府绿色债券的研究，而主要是针对范围更广的地方政府债券研究。在企业绿色债券方面，王娟（2011）认为环保企业可以凭借自身信誉和经营业绩发行债券，为环保项目筹集资金。相对于传统的银行贷款、发行国债而言，发行企业债券的融资方式效率更高，融资成本更低，股权结构和管理结构也不会因此而发生变化。需要按照国家产业政策来确定发行企业债券的项目，企业债券的发行规模应有额度限制。整体来看，企业债券市场的发展非常缓慢，企业债券融资规模也非常有限。在市政绿色债券方面，我国同样没有相关系统性分析，而只有针对市政债券的法律制度体系的相关研究。贾春辉（2006）认为我国市政债券应该根据偿债能力原则、效益原则、中央统筹控制原则、法治原则来对其法律制度进行设计构建。肖治（2009）认为市政债券可以为地方政府提供灵活的金融管理工具；降低市政建设融资成本；为投资者提供良好的投资选择；有利于改善地方经济和公共服务；有助于吸引投资，增加地方就业；完善金融体系，分散金融风险等，并认为中国应该借鉴美国的做法，允许地方政府发行市政债券，从而促进基础设施建设。

（四）环境保险理论研究

企业污染环境以及由于环境污染引发的事故频发，是每个国家在工业化发展过程中都会经历的过程。在污染事故频发的同时，由于环境责任的承担往往需要巨额赔偿，许多引起污染的企业并没有能力承担其污染导致的对应赔偿责任，从而使得公共环境损害和污染受害人损失得不到应有的赔偿。在这种情况下，环境责任保险应运而生，目的是帮助企业分散环境风险，保证污染受害人的损害得到赔偿，进而平衡经济发展与环境保护。

根据国家环境保护总局与保监会联合发布的《关于环境污染责任保险工作的指导意见》，环境污染责任保险是指以企业发生污染事故对第三者造成的损害依法应承担的赔偿责任为标的的保险。具体来讲，环境污染责任保险是指以因环境侵害行为而产生的财产损失、人体健康损害或对第三者赔付及支付污染治理费用的责任为标的，保险事故发生后，保险公司按照保险合同约定履行相应给付责任的一类保险业务。环境污染责任保险体现的是企业参与分摊少数企业因突发的特定危险事故所致经济损失补偿过程中形成的互助共济关系。

环境责任保险最早在美国实行。1966 年以来，环境污染受害者的投诉，以及监管部门支付大额污染清理费用的要求，迫使污染物排放者投保一般综合责任保险，并取得成功。20 世纪 70 年代以来，美国一边健全法律，一边实行强制责任保险，相继制定了保护环境的许多法律，有《空气清洁法》《水资源保护法》《有害物质控制法》《1980 年综合环境赔偿责任法》（又称《超级基金法》，1986 年和 1991 年对《超级基金法》审定修改），同时修订了《资源保护与勘探法》《安全饮用水法》《综合环境反应、赔偿和责任法》等。1988 年美国成立了专业的环境保险公司，承保保险人渐发、突发、意外污染事故及第三者责任保险。美国的环境责任保险制度发展主要可以分为三个阶段：（1）1966 年之前，环境责任由一般的公众责任保险单来承担，并且此时公众责任保险单承担的仅指突发的或者偶然的环境责任。（2）1966—1973 年，环境污染危害日益突出，公众责任保险单在承担突发性环境责任的同时，开始承担持续性环境污染导致的环境责任。（3）1973 年之后，公众责任保险单将故意造成的污染以及持续性污染导致的环境责任列入除外责任，保险人只接受突发性以及偶然性的环境责任。

从美国的环境责任保险相关立法来看，其环境责任保险制度以强制责任保险为原则，针对有毒物质和废弃物的处理、处置可能引发的损害赔偿责任实行强制保险制度。1976 年的《资源保全与恢复法》（*Resource Conservation and Recovery Act*，RCRA）授权国家环保署（Environmental Protection Agency，EPA）署长对毒性废弃物的处理、储存或处置制定管制标准，其中包括必要或可期待的财务责任。环保署署长在其依法发布的行政命令中，要求业主就日后对第三人的损害赔偿责任（包括对人身和财产的损害）、关闭估算费用以及关闭后 30 年内所可能引发的监测与维护费用必须进行投保，投保的额度因突发性事故或非突发性事故而有所区别：设施所有人或营运人必须就每次突发性事故投保 100 万美元，每年至少投保 200 万美元；同时必须就每一非突发性事故投保 300 万美元，每年至少投保 600 万美元。上述规定自 1980 年起对年营业额在 100 万美元以上者适用。

　　瑞典也是实行强制性环境责任保险的国家，该国的《环境保护法》和《环境损害赔偿法》中对于环境损害责任保险做了专门规定，其相关内容后来囊括在1999年通过的瑞典《环境法典》第33章"环境损害保险和环境清洁保险"里。瑞典的环境损害责任保险制度中最具特点的地方在于，受害人只有在通过其他方式不能得到赔偿的情况下，才能通过环境损害责任保险制度获得赔偿，因此环境损害保险制度只是环境损害赔偿制度的补充。1986年，瑞典出台《环境损害赔偿法》对环境损害赔偿的适用条件、司法程序等都做了具体的规定，"基于不动产的人为活动通过环境造成人身伤害、财产损害以及由此导致的经济损失，能够依据《环境损害赔偿法》获得赔偿"。此外，《环境保护法》第10章也对环境责任保险进行一系列规定。具体来说，第10章第65条规定，对于人身伤害和财产损失，由环境损害保险提供赔偿，政府或者政府指定的机构应当按照批准的条件制定保险政策（环境损害保险）。由此可以看出，瑞典的环境责任保险制度的公益救济性大于它的商业营利性，是一种通过政府强制规定或者命令的方式实现对受害人救济的途径，是一种强制环境责任保险模式。

　　从20世纪60年代中期，英国、法国和德国开始实行环境污染责任保险。

　　英国和法国实行强制和自愿相结合的污染责任保险，以自愿环境责任保险为主，以强制环境责任保险为辅。在英国，没有关于公司需要投保第三者公众责任保险的要求，其他组织投保或不投保是它们的选择权。1974年在伦敦保险市场首次对单独、反复性或继续性环境损害予以承保。但在这种条件下，是否投保环境责任保险仅仅是依投保人的自愿，法律和政府一般无权强制要求企业投保。当然，在法律强制规定必须投保的情况除外，如英国在1965年发布的《核装置法》要求安装者负责投保最低为500万英镑的责任保险；同时，英国作为《国际油污损害赔偿民事责任公约》和设立《国际油污损害赔偿基金国际公约》的成员国，在海洋油污损害赔偿领域也实行强制性环境责任保险。英国实行的强制性环境责任保险有油污损害责任保险、核反应堆事故责任保险。在法国，专业的环境污染责任保险始于 20 世纪 70 年代，在此之前，对企业可能发生的突发性事故，以一般的责任保险单承保。1977 年，由英国保险公司和法国保险公司组成污染再保险联营，制定了污染特别保险单，对环境损害事故的承保不再局限于偶然、突发事故，对于因单独、反复性或继续性事故所引起的环境损害也予以承保。由于法国是 1969 年《国际油污损害赔偿民事责任公约》和 1971 年设立《国际油污损害赔偿基金国际公约》的成员国，因此在油污损害赔偿方面采用强制责任保险制度。

德国兼用强制责任保险和财务保证或担保相结合的制度。1991 年，德国出台了《环境责任法》，对部分设施实施强制环境责任，要求国内相关工商企业提供环境风险担保，其中环境污染责任保险是主要的资金保障方式。德国《环境责任法》第 19 条规定了强制责任保险与财务保证或担保相结合的制度，其中还特别规定：特定设施的所有人必须采取一定的预先保障义务履行的预防措施，包括责任保险，由州、联邦政府免除或保障赔偿义务的履行，金融机构提供财务保证或担保措施。由于法律作出了强制性的规定，所以环境责任保险实质上就成了特定设施的企业法定强制性义务。德国在《环境损害赔偿法草案》中，以强制保险作为公害责任保险的一般性原则，第 5 条第一款规定："有害于环境的营运设施，其营运人有义务缔结并维持责任保险契约，以填补因发生第 1 条第一项的损害及同条第二项的侵害。"

当前，学者们普遍认为我国应该建立环境责任保险，并基于此基础上对于我国环境责任保险制度的模式选择、保费率计算、承保范围等都进行了相关研究。罗鸣和吴绍凯（2008）分析出在我国环境事故突发频繁的现状下，用环境责任保险制度来解决环境侵权所带来的损害，降低环境污染事故的发生率，是一个较好的选择。它有利于企业的健康运行，有利于受害人损失的赔偿，也有利于我国环境的改善以及促进我国经济的可持续发展。我国应立足于国情，借鉴西方国家相对成熟的环境保险机制，建立一套完备有效的环境责任保险制度。于斌（2012）认为，我们应从环境责任保险的基本理论入手，借鉴发达国家的经验，完善环境责任保险法律法规的建设，在投保方式、承保机构、投保范围、索赔时限等方面进行合理界定，是建立和完善环境责任保险的重要途径。王朝梁（2012）通过对环境责任保险制度构建的理论依据进行充分论证，以及在全球化背景下，对我国的环境责任保险制度现状进行分析，认为我国环境责任保险制度若能依法确立，无疑将有助于环境责任保险制度理论的进一步完善和发展，并且使得环境侵权法所追求的公平、正义之价值理念的最终得以实现。

总体来说，多数学者认为我国应该实行以强制性环境责任保险为主、任意险为辅的环境责任保险模式。同时，针对我国当前环境责任保险试点面临的问题，学者们提出了政策建议。周纪昌（2007）认为我国应该根据国情，对环境责任保险予以干涉，选择环境责任保险的实施模式，采取差别保险费率、强制责任保险以及由政府给予支持的模式。焦跃辉和李婕（2010）认为应当结合我国的国情创新现有的环境污染责任模式，如以财政支持型的强制责任险为主、设置弹性保险费率、适当扩大承保范围、延长索赔时效等。张丽、周茜和李志学（2010）通过对我国环境责任保险现状的分析，提出对策建议，如完善配套的法律制度、借鉴先进经验提高企业投保积极性、建立科学的风险评估体系、培养高科技人才、完善产品设计以及加强政府参与等。王晓东（2011）认为应该从立法、政府支持、保险行业产品的开发及技术的提高、参保企业、全体国民的环保素质的提高等角度，提出适合我国国情的政策建议。张伟（2011）建议加大对环境污染事故的处罚力度，提高赔偿金额，将环境污染发生情况纳入地方官员的考核体系，向排污企业收取排污费、治理费等，成立环境污染损失赔偿基金，通过增加环境责任巨灾保险来扩大承保能力。周道许（2011）认为，应该按照经济形势的变化，以及国家经济发展重心的转移，适度调整目前环境责任保险的发展策略，在环境责任保险试点工作方面，可保持现有试点的规模，集中在几个环境污染事故频发的区域和行业进行试点探索，积累经验和教训，逐步完善相关机制和政策，为今后全面推广环境污染责任保险奠定基础。黄小敏（2012）指出，我国应完善环境责任保险法律法规体系的建设，合理确定环境责任保险的保险费率，选择适合我国的环境责任保险承保方式，完善我国环境责任保险制度的效率保障机制。郭莲丽、郭立宏、李建勋和喜济峰（2012）认为制度建设和经济手段的实施不能一蹴而就，需要在后续工作中不断积累相关数据和经验，开展定量技术的探讨和研究，积极引进国外先进思路和产品，完善立法，加强政策指导和支持，鼓励企业参与，进而发挥环境责任保险制度对改善我国环境管理方式、优化经济增长的重要作用，为加快经济发展转型作出贡献。

（五）绿色基金理论研究

绿色基金是指包括绿色产业基金、绿色债券基金等所有支持生态环境保护的环境类基金的总称。绿色基金的种类很多。从政府资金参与程度角度，绿色基金可分为政府性环境保护基金、政府与市场相结合的绿色基金（PPP模式绿色基金）、纯市场的生态基金；从投资方式角度，绿色基金可分为绿色产业投资基金、绿色债权基金、绿色股票基金、绿色混合型基金等。不同类型的绿色基金，建立的目的不同，资金来源和投资方向不同，其运行机制、组织形式也会有根本区别。

政府性环境保护基金是目前世界上比较普遍的环境保护基金形式。按照财政部2010年发布的《政府性基金管理暂行办法》，政府性基金是指"各级人民政府及其所属部门根据法律、行政法规和中共中央、国务院文件规定，为支持特定公共基础设施建设和公共事业发展，向公民、法人和其他组织无偿征收的具有专项用途的财政资金。"中国的政府性基金总是与为实现某种政策目标的特殊收费联系在一起，比如三峡水库库区基金、南水北调工程基金等。目前，我国还没有真正意义上的政府性环境保护基金，与之有关联的是森林基金和森林植被恢复基金。

公私合作PPP（Public – Private Partnership）模式的环境保护基金分为很多类型。首先，从政府介入的程度来说，包括政府主导的PPP模式环境保护基金、政府和市场共同经营运作的PPP模式环境保护基金、市场主导的PPP模式环境保护基金。其次，从与市场结合的方式来说，有PPP模式股权环境保护基金、PPP模式债权环境保护基金、PPP模式混合型环境保护基金等。

政府主导的 PPP 模式环境保护基金，最经典的是财政资金加社会捐款的模式。因为财政资金和社会捐款都不需要利益回报，所以其运作主要是实现环境保护公共利益。但是在国际上，这种模式强调利益相关者对基金的管理权力，也就是政府主导下的基金民主管理制度，强调民众对基金的管理权力和资金使用的监管。PPP 模式股权投资环境保护基金，是一种财政资金与私募股权相结合运作模式的基金，一般强调要按照公司型基金的方式进行组织管理和运作。另外，因为要面向社会融资，且这种融资需要一定的市场回报，所以基金的运营需要平衡环境保护公共利益和市场盈利。PPP 模式产业投资环境保护基金，是指财政资金参与市场的环境保护产业基金，扶持和引导其投向环境保护的企业和产业。根据原国家计委的《产业投资基金管理办法》（征求意见稿），产业投资基金是指一种对未上市企业进行股权投资和提供经营管理服务的利益共享、风险共担的集合投资制度，即通过向多数投资者发行基金份额设立基金公司，由基金经理自任基金管理人或另行委托基金管理人管理基金资产，委托基金托管人托管基金资产，从事创业投资、企业重组投资和基础设施投资等实业投资。《产业投资基金管理办法》同时规定，产业基金只能投资于未上市企业，其中投资于基金名称所体现的投资领域的比例不低于基金资产总值的 60%，投资过程中的闲散资金只能存于银行或用于购买国债、金融债券等有价证券。按照该规定，PPP 模式产业投资环境保护基金只能投资于未上市的环保企业，另外基金资产总值的 60% 以上应该投资于环保领域。

目前，已有的纯市场的环境保护基金形态呈现出多样化，有绿色私募股权基金、绿色债权基金、绿色股票基金、绿色产业投资基金、绿色混合型基金。一个环保企业的发展一般要经历概念期、成长期、成熟期，绿色私募股权投资基金、绿色产业投资基金一般投资于概念期和成长期的环保企业，绿色债权基金和绿色股权基金一般投资于成熟期的企业。

绿色基金在美国等国家的相关研究与实践已经较为成熟。最为典型的是美国的《综合环境反应、赔偿和责任法》（*Comprehensive Environmental Response, Compensation, and Liability Act*，CERCLA），于 1980 年 12 月

11 日通过并签署成为法律。根据这个法规建立了第一个综合的联邦紧急授权和工业维护基金。该法案因其中的环保超级基金而闻名，因此，通常又被称为《超级基金法》（*The Superfund*）。该法案为政府处理环境污染紧急状况和治理重点危险废物设施提供了财政支持，对危险物质泄漏的紧急反应以及治理危险废物处置设施的行动、责任和补偿问题作出了规定。由于美国超级基金的典型性，国内外对其的研究很多。

美国以《超级基金法》为核心建立了污染场地修复法律框架，其中既包括国会制定的污染场地相关法律法规，也包括环保署和各级地方政府制定的行政法规和部门规章（见表 1 - 1）。

表 1 - 1　　　　　　　　　　美国污染场地修复法律框架

法律法规名称	制定年份	类型	制定机关
《土壤保护法》	1934	法律	国会
《固体废物处置法》	1976	法律	国会
《综合环境反应、赔偿和责任法》	1980	法律	国会
《超级基金修正和补充法》	1986	法律	国会
《石油污染法》	1990	法律	国会
《公众环境应对促进法》	1992	行政法规	国会
《财产保存、贷方责任与抵押保险保护法》	1996	行政法规	国会
《小商业者责任减免和棕色地带复兴法》	2002	行政法规	国会
《场地环境评价标准指南：执行筛选程序》	1993	部门规章	环保署
《棕地全国联合行动议程》	1997	部门规章	环保署
《国家应急计划》	2003	部门规章	环保署
《志愿者清洁计划》	1994	标准	各州政府
《国家标准土壤修复标准》	2004	标准	环保署
《土壤重金属环境治理标准》	2008	标准	环保署

美国的污染场地修复超级基金制度具有完整的法律体系保障，在法律法规、行政法规、部门规章到环境标准四个层次上都存在相应的规定，各层次之间具有相互的衔接性，能够保证各级地方政府都有法可依，同时还保证了超级基金制度实施的灵活性和可操作性。

《超级基金法》中确定了污染场地修复的两种主要行动类型——清理

行动（Removal Actions）和修复行动（Remedial Actions）。清理行动的时间周期比较短，主要是为了应对因为临时或意外出现的有害物泄漏问题而作出的应对工作。清理行动可以再详细划分为：紧急性行动、时间紧迫性行动和非时间紧迫性行动，这三种行动的差别在于具有不同的紧急性修复要求。修复行动一般需要的时间更长久，而且工作量和工作程序更为复杂，因此修复行动可以在长时间内或永远地降低污染场地有害物的危害。

《超级基金修正和补充法》《公众环境应对促进法》和《小规模企业责任减轻与棕色地带复兴法》等污染场地修复相关法律法规的颁布与实施，在增加了污染场地修复法律效力的前提下，弥补了超级基金资金使用、管理中的法律漏洞，扩大了超级基金的资金基础，促进了基金资金的规范化、合理化使用。

此外，还有根据《安全饮用水法》设立的州饮用水循环基金和根据《清洁水法》设立的州清洁水循环基金等。《安全饮用水法》1996年修订案第1452节，设立了州饮用水循环基金计划。州饮用水循环基金计划必须遵循《州饮用水循环基金暂行最终法规》《州饮用水循环基金计划指南》以及《美国联邦法规汇编》第40章第31条的EPA一般拨款条例所述的所有要求。

总体来说，国外在生态基金的法律制度体系建设上，除了出台法律直接规定其设立外，还制定配套的法律法规政策促进基金的发展，并在基金运作过程中给予激励，主要有以下几种类型：一是绩效奖励政策。对于支持大型可再生能源开发项目，美国一些州通过项目生产奖励措施按绩效进行奖励。例如，纽约州能源研究与开发署（NYSERDA）根据生产绩效安排补助发放，预先发放补助，但扣留25%，在项目按预计正常运转1年后再发放。二是用户激励政策。加利福尼亚州通过消费者信贷方案扶持对可再生能源市场的开发。三是政府和机构购买可再生能源。罗得岛州的公用事业公司制定方案鼓励并促进用电大户购买可再生能源。四是税收抵免。美国对风电和闭环生物质能源的生产税收抵免，对地热和太阳能的投资税收抵免。

从上述分析看，绿色基金在国外已有较为成熟的相关实践经验，但在国内，无论是理论研究还是实践都仍然处于起步阶段。国内对绿色基金法律制度体系建设的研究很少，仅有的少数文章主要集中于国外各绿色基金对我国绿色基金法律制度体系建设的经验启示，以及我国目前相关法律制度体系建设存在的问题。

陈建梅（2014）在分析美国超级基金的基础上，结合我国实际情况，认为我国相关部门在制定与污染场地相关的法律法规时，一定要以增进人民福祉为最基本的理念，早日制定基本的法律法规、技术标准。徐艳茹、刘文洁和路红光（2014）认为建立我国的环保基金，可以作为保证环境税收入专款专用的具体平台，环保基金不同于以营利为目的的市场性基金，以防治污染、保护环境的社会公益为目的。杜昀轩、姚瑞华和赵越（2014）根据对国外相关经验的总结研究，认为我国在环境保护基金制度体系建设中应该建立多级立体的清洁基金，完善基金的循环滚动和多渠道投入机制，明确集中投入对象，实行专业化资金管理。王皓（2013）认为我国应该建立有效的环保基金绩效评价体系，比较现实环境目标与实际环境目标的差距，分析相关环保基金使用效率，发现财政支出管理过程中的不足。曲国明和王巧霞（2010）认为我国应借鉴国外经验，通过设立政府引导型环保基金、制定环保基金的优惠政策、投资规范，以及扩展环保基金投资领域等方式，发展我国的环保投资基金。郭海洋（2004）着眼于对美国国家水污染控制周转基金的介绍，认为美国很多早期建成的污水处理厂已经不能满足当前的需要而必须进行改建和扩建，同时在很多人口快速增加的地方还需要建设新的污水处理厂，实施这类环保项目的资金来源主要是滚动基金，资金以低息或者无息贷款方式提供给那些重要的污水处理以及相关的环保工程，所偿还的本息再次进入滚动基金用于支持新的项目。姚慧娥（2008）在研究超级基金的法律责任制度后，认为我国应当尽快制定专门的环境修复法律，明确污染场地调查、治污和修复的法定程序，特别是应当通过立法确定适合我国国情的污染程度认定与修复标准，并参照美国超级基金的运作与管理模式，设立我国的"污染整治与修复专项基金"。黄真（2003）认为我国环境保护基金制度立法中的问题主要有立法层级不高、法定设立的环境保护基金的法律地位不明确等，需要将环境保护基金立法问题放到公益基金制度的大框架来解决，或是先制定环境保护基金制度的有关法律（指最高立法机关颁布的法律）。

在实践方面，我国从 2010 开始大力推行绿色基金的建立，出台了多个鼓励政策，尤其是对绿色产业基金的推动。绿色基金至此进入快速发展阶段。

2010 年，国务院先后发布了多个明确支持绿色产业基金发展的文件。2010 年 4 月发布《关于支持循环经济发展的投融资政策措施意见》，其中第四部分第二点明确鼓励绿色股权投资基金的发展，提出"发挥股权投资基金和创业投资企业的资本支持作用。鼓励依法设立的产业投资基金（股权投资基金）投资于资源循环利用企业和项目，鼓励社会资金通过参股或债权等多种方式投资资源循环利用产业。加快实施新兴产业创投计划，发挥各级政策性创业投资引导基金的杠杆作用，引导社会资金设立主要投资于资源循环利用企业和项目的创业投资企业，扶持循环经济创业企业快速发展，推动循环经济相关技术产业化。"

2010 年 10 月发布《国务院关于加快培育和发展战略性新兴产业的决定》，其中明确要"大力发展创业投资和股权投资基金。建立和完善促进创业投资和股权投资行业健康发展的配套政策体系与监管体系。在风险可控的范围内为保险公司、社保基金、企业年金管理机构和其他机构投资者参与新兴产业创业投资和股权投资基金创造条件。发挥政府新兴产业创业投资资金的引导作用，扩大政府新兴产业创业投资规模，充分运用市场机制，带动社会资金投向战略性新兴产业中处于创业早中期阶段的创新型企业。鼓励民间资本投资战略性新兴产业"。而其中提到的战略性新兴产业有节能环保产业、新能源产业、新能源汽车产业等。

2010 年 10 月发布的《关于加强环境保护重点工作的意见》明确指出"大力发展环保产业。加大政策扶持力度，扩大环保产业市场需求。鼓励多渠道建立环保产业发展基金，拓宽环保产业发展融资渠道"。

2012 年 6 月 16 日，国家发改委公布了《"十二五"节能环保产业发展规划》，提出要拓宽投融资渠道，"研究设立节能环保产业投资基金"。

（六）绿色 PPP 项目融资理论研究

PPP 即公私合作制，是指公共部门（通常是政府）与私营部门通过建立合作关系共同提供公共服务的运行机制。就 PPP 的定义而言，贾康和王泽彩（2013）认为公私合作伙伴是指"政府公共部门与民营部门合作过程中，让民营部门所掌握的资源参与提供公共产品和服务，从而实现政府公共部门的职能并同时也为民营部门带来利益。其管理模式包含与此相符的诸多具体形式。通过这种合作和管理过程，可以在不排除并适当满足私人部门的投资营利目标的同时，为社会更有效率地提供公共产品和服务，使有限的资源发挥更大的作用"。袁永博、叶公伟和张明媛（2011）认为，PPP 是指公共部门（通常是政府）与私营部门通过建立伙伴关系来提供基础设施产品/服务的一种运行机制。

1992 年，英国政府积极推进公共服务模式改革，最早提出了 PPP 的概念。目前，英国被公认为是最先进的 PPP 模式运用者，不仅将 PPP 模式成功应用于公用事业、社区建设中，而且在医疗、监狱及地方政府部门事业的建设应用中也同样取得了进展和成效。

PPP 模式虽然发展时间较短，但在国际上已经得到了广泛应用。智利在急需平衡基础设施投资和改善公用事业的背景下，于 1994 年引进了 PPP 模式，使得政府能够获得充足资金投入社会发展计划中去，大大提高了基础设施现代化程度。葡萄牙于 1997 年启动 PPP 模式，首先应用在公路网上。法国巴黎为 1998 年世界杯足球赛建设的法兰西体育场也采用了 PPP 模式。

国外对 PPP 模式的研究，大多是以本国实践为研究对象，主要研究领域为 PPP 模式的应用。虽然现代意义上的 PPP 模式诞生至今只有二十几年的历史，但国外一些学者很早就对公共部门和私人部门相互合作的模式进行了探讨。R. Scott Fosler 和 Renee A. Berger（1982）运用实证分析的方法，研究了美国七座代表性城市中政府吸引私人部门参与以更好地提供公共产品和服务的做法，提出应根据城市的自然条件、经济结构和政治体制特点，因地制宜地选择合适的公私协作模式。Harvey Brooks、Lance Liebman、Corinne S. Schelling 等（1984）主要从福利经济学的角度探讨了公私协作中公共部门和私人部门各应扮演什么样的角色以及如何恰当评估私人部门的合适参与程度以兼顾公平和效率。另外，他们还对跨国公司以公私协作方式参与不发达国家公共基础设施建设的问题进行了初步探索。2003 年，美国学者 M. A. Massoud、M. Eifadle 等对利比亚首都的黎波里的固体废物处理采用 PPP 模式前后的成本、员工薪水与绩效做了比较，得到的结论是：采用 PPP 模式进行固体废物处理能使用更少的成本，产生更大的绩效。

目前，国内关于 PPP 模式的研究主要集中在基础建设项目方面的应用，包括运作模式、风险分担模式等，对于 PPP 模式用于环保的研究尚处于起步的初级阶段。贾康和王泽彩（2013）认为，对于促进低碳发展的基础设施建设来说，PPP 是一种有效的融资模式。由于我国应对气候变化融资刚刚起步，构建科学的 PPP 融资体制机制面临着诸多问题，主要表现在：（1）PPP 气候融资制度安排的顶层设计亟待加快；（2）PPP 气候融资的"种子基金"管理亟待改进；（3）PPP 气候融资的财政政策推力亟待强化；（4）PPP 气候融资的金融政策引力亟待提升；（5）PPP 气候融资的碳交易市场主体亟待构建。袁永博、叶公伟和张明媛（2011）认为，虽然 PPP 作为一种新型融资模式得到了公共部门和私营部门的青睐，但是融资方案常常成为双方谈判和争论的焦点，直接造成了 PPP 融资模式前期费用和融资成本提高。袁竞峰、邓小鹏、李启明和汪文雄（2007）从研究各国的相关立法规制、立法体系和法律文本等入手，对照我国实际应用 PPP 模式的状况，分析我国立法中存在的问题：一是需要一个全国机构，如同美国的全国公私合营机构合作委员会和中国香港的效率促进组那样的机构，以对全国的 PPP 政策、方针、文本解释等给予全面、权威的管理与解释，并对 PPP 模式的发展提供全力支持。二是我国需要适用于 PPP 特许协议的国家级法规，目前多为部委规章和地方性的管理条例，以及针对具体项目而订立的专营管理办法。

PPP 模式项目融资的产生，是伴随着基础设施民营化的建设而发展的。环境保护领域的很多项目，都属于基础设施建设，最早的是污水处理厂。城市污水处理厂，最早是属于政府下属的事业单位，其建设和运营费用主要是由政府财政支持。随着基础设施民营化浪潮，污水处理厂建设转向招投标方式，实现市场化民营化。政府只是授予私人部门特许经营权，所有融资运营都由私人部门承担。因为这些环保基础设施都属于大型投资类项目，一个污水处理厂的投资经常高达十几亿元，所以需要采用项目融资方式，组建项目公司，专项管理项目投资资金并组织建设和运营，而投资回报也是基于项目本身产生的收益，与母公司没有关系，比如，污水处理厂主要是通过污水处理费来回收投资并获得利润。2002 年，建设部颁布《关于加快市政公用行业市场化进程的意见》，开始在市政公用领域推行特许经营。此后，《市政公用事业特许经营管理办法》《关于加强市政公用事业监管的意见》和《特许经营协议示范文本》相继出台，为 PPP 模式在这一领域的应用铺平了道路。总体来说，PPP 模式在环境保护中的应用分为三个层次：一是环保项目融资层次，如大型污水处理厂、垃圾焚烧发电厂 PPP 模式项目融资；二是环保产业融资层次，如 PPP 模式环保产业基金；三是区域或者流域环境保护融资层次，如 PPP 模式生态城市建设基金、PPP 模式流域水环境保护基金等。

PPP 模式的区域或流域环境保护基金，在国外已经运用，但在中国还在试点阶段。笔者近期参与了山东 PPP 模式云蒙湖水环境保护基金的建立。这种基金实际上是把整个区域或者流域的环境保护作为一个大项目，里面包含的各种产业链作为子项目，各个产业链互相呼应，使原来并不盈利的环保项目，通过财政的加入，复合产业链的设计，整个项目包的总收益达到可以吸引社会资本的水平。

（七）碳金融理论研究

在碳金融研究方面，由于低碳经济发展的现实需求，国内外学者都对其展开了研究，主要包括碳金融概念、发展路径、碳基金、碳排放权交易价格、碳金融衍生产品创新等。

碳金融的概念方面，Garcia 和 Roberts（2008）从三个方面概括了碳金融的特征，一是认为碳金融是一个包括两种新型"商品"的交易市场——碳配额及其类似产品（如碳补偿）；二是碳金融是与"投资"密切相关的，无论是风险资本，还是长短期的清洁能源资本，"投资"都是碳金融的一个关键组成部分；三是碳金融为私人企业提供一种新的评估生产能力的标准，从而影响他们在碳市场上的投资和交易选择。

在碳金融发展路径方面，Zhang 和 Folmer（1995）提出把可交易的碳许可证作为碳税的一种替代方案，那么通过在市场上买卖许可证就能促使二氧化碳的边际减排成本在各国间达到统一，从而使二氧化碳排放量在全球范围内实现最优的成本—效率分布。Labatt 和 White（2008）认为气候变化不仅在实体上更在金融资本层面上影响到许多经济部门的运行。Seeberg（2008）以印度尼西亚的一个小岛为例，指出如果碳信用是以建立更好的农林复合生态系统为目标，则不仅可以通过提高碳隔离率，而且可以为当地贫困家庭带来更多的收入。Chaurey 和 Kandpal（2011）指出碳金融可以有效地降低因印度政府提倡使用的太阳能家用系统给使用者带来的负担。

在碳排放权交易价格方面，Carmona（2009）等学者认为可以利用竞争性随机模型推导碳配额价格的形成机制，且模型的解服从于最优随机控制理论。他们还进一步通过数学方法确定碳配额价格的驱动机制。Benz 和 Trück（2009）采用马尔科夫机制转换和自回归条件异方差（AR - GARCH）模型，根据不同阶段碳配额价格和收益的波动行为，对欧盟碳排放交易体系（EU - ETS）中二氧化碳排放配额的短期现货价格及其报酬率进行分析。另外，在哪些因素与碳排放权交易价格之间存在相互影响关系的研究方面，Mansanet（2007）通过研究碳配额日价格的变动情况，指出能源是决定碳配额价格水平的主要因素，而气候变化只有在极端情况下才会对其产生影响。Wilfried（2008）等人指出如果在碳市场中将碳配额看作一种稀缺的输入变量，那么欧盟碳排放交易体系（EU - ETS）碳配额价格将在很大程度上受能源和气候变化的影响。关于碳排放权交易价格还涉及其波动行为和预期走势特点的研究。Seifert（2006）等学者通过一个易处理的随机均衡模型来反映 EU - ETS 的典型特征，然后根据此模型分析二氧化碳现货价格走势，指出整个二氧化碳的价格波动并不遵循任何季节性变化模式，而是具有鞅过程属性。

在碳金融衍生产品创新方面，Karl – Martin（2005）等人认为在欧洲碳交易市场中推出碳远期产品会促使碳排放权交易价格更加合理及可提高碳交易市场的有效性。2005 年欧洲能源交易所（EEX）碳排放权期货市场的建立，标志着碳金融衍生产品的正式问世。随后，Uhrig 和 Wagner（2006）认为如果在碳市场中引入类似以套期保值为目的的期权工具将会产生较高收益，为此他们还提出一种标准的碳期权产品设计方案。但引进碳期权市场是否会对现有的 EU – ETS 期货市场产生不稳定影响，Chevallier（2009）等人通过对 2005 年 4 月至 2008 年 4 月的日交易数据进行内源性断裂测验和滚动窗口估计，发现引入期权市场并不会对 EU – ETS 产生剧烈的波动性影响。另外，针对碳金融衍生产品的价格发现功能，Benz 和 Klar（2008）通过比较欧洲气候交易所（ECX）和北欧电力库（Nord Pool），并采用向量误差修正模型对 2005 年至 2007 年间的 EUAs 期货日数据进行价格发现机制的研究，发现尽管与 ECX 交易所相比，Nord Pool 的规模小、流动性低且交易成本高，但仍然存在显著的价格发现功能。

碳金融产品是系列产品，分为强制性减排市场和自愿性减排市场的碳金融产品。根据各自产生背景和审核标准的不同，国际碳金融研究的学者对各种不同的碳金融产品展开了研究。强制性减排市场的研究主要集中在：一是《京都议定书》框架下三种交易机制所产生的碳金融问题研究：国际排放贸易机制（International Emission Trading，IET）、联合履行机制（Joint Implementation，JI）、清洁发展机制（CDM）。在中国主要集中在 CDM 机制和项目分析的研究。二是对欧盟碳排放交易体系（EU – ETS）的研究。三是区域性碳减排市场研究，如美国区域温室气体倡议（RGGI），主要针对电力行业，目标排放源为该区域 2005 年后所有装机容量大于或等于 25 兆瓦且化石燃料占 50% 以上的发电企业。

自愿性减排市场根据不同的标准形成不同的碳金融产品，包括黄金标准认证下的碳金融产品、芝加哥气候交易所标准认证下的碳金融产品、气候行动储备方案标准认证下的碳金融产品、气候、社区和生物多样性标准认证下的碳金融产品。另外，还有中国本土认证的碳汇——中国绿色碳基金项目核证标准认证下的碳金融产品。各种不同标准认证下的碳金融产品，其认证标准、计划实现目标、市场供求、价格等都不相同，形成了碳金融的系列产品。

在对碳金融系列产品的划分方面，还有的研究者以各种不同的碳汇来源作为划分类别的依据。例如，土地利用变更和森林扩大产生的碳汇，可以通过不同的认证标准产生不同的碳汇产品。土地利用变更和森林面积的扩大，可以通过 CDM 标准认证获得 CDM 标准下的林业碳汇，也可以通过黄金标准 GS、芝加哥气候交易所标准 CCX、气候、社区和生物多样性联盟标准 CCBA、生物气候研究与发展组织标准 BR&D、绿色碳基金标准等标准认证来获得不同的林业碳汇产品，每种碳汇产品的审核标准不同，市场的需求者不同，价格差异也很大。因此，一块林地，到底通过怎样的标准认证，才可以使当地社区和农户获得最大化的利益增进并有利于气候变化，也成为研究的热点。这种根据碳汇来源为依据进行的分类，还包括甲烷回收利用、新能源与可再生能源、节能与提高能效等。

中国学者也对碳金融展开了全面研究。笔者在碳金融业务创新方面的研究处于国内前沿，出版的《碳金融与业务创新》分析了国内外领先金融机构开展的碳金融业务和产品案例，全面剖析了其操作流程、重点、难点，为我国金融机构创新碳金融业务提供了较好的范本，并发表了系列论文，包括《碳基金发展中的风险及其治理》（《中央财经大学学报》2012 年第 5 期）、《开发性金融推动我国碳金融发展的机理分析》（《上海金融》2012 年第 5 期）、《碳基金的发展与风险控制》（《中南财经政法大学学报》2012 年第 3 期）、《中国清洁发展机制的发展、面临的问题及解决对策》（《经济问题探索》2012 年第 4 期）、《奥巴马政府绿色经济新政及其启示》（《中国地质大学学报（社会科学版）》2012 年第 1 期）等。

其他中国学者对于碳金融的研究主要包括：一是碳金融的准金融属性研究。第一，认为碳排放权具有货币性，碳信用表现出了货币特性，碳交易市场也显露出货币交易市场的特性；碳排放权的出现将对全球货币产生深刻的变革，最终将建立碳货币（何诚颖等，2010；蔡博峰，2010；陆静，2010）。第二，伴随着碳交易市场规模的扩大和碳货币程度的不断提升，碳排放权进一步衍生为具有投资价值和流动性的金融资产，碳信用产品成为金融衍生品市场的重要组成部分（张茉楠，2009；王瑶，2010）。二是碳金融的动力机制研究。第一，认为碳金融是金融机构履行保护环境和促进可持续发展的社会责任的体现（阎庆民，2010；陆游，2009；尚永庆等，2010；陈柳钦，2010）。第二，认为碳金融是商业银行平衡义利、寓义于利的新社会责任观的具体体现（唐斌等，2008；黄丽珠，2008）。三是碳金融的国际定价权研究，认为我国作为碳减排资源的主要供应方，在实际交易中却没有话语权和主导权，实际定价权掌握在国际金融机构手中，从某种程度上讲，我国尚未真正参与到国际碳金融市场游戏规则的制定过程中（方虹等，2010；袁定喜，2010）。究其原因主要在于我国碳金融建设发展滞后，难以同国际金融机构抗衡（王修华等，2010；周伟军等，2010）。认为我国应该通过构建碳交易一级市场中初始碳排放权拍卖的定价机制、碳交易二级市场的供求定价机制、碳金融市场的衍生品定价机制，从而构建与国际接轨的多层次一体化碳交易定价机制，以争夺碳排放权市场的定价权（王丽娜等，2010；李增福等，2010；鄢德春，2010）。四是碳金融市场机制研究。第一，认为中国缺乏多元化、多层次的碳交易平台，应依托上海国际金融中心的定位，在北京环境交易所、上海环境能源交易所、天津排放权交易所等的基础上，加快构建中国国际碳排放交易市场（王元龙等，2009；陈柳钦，2010）。第二，认为我国碳交易市场缺乏统一的交易规则和测量标准。应以京津沪交易所各自的碳自愿减排标准——熊猫标准为基石，开发低碳指数和碳减排标准，启动碳强度标准的研究（王瑶，2010；李鹏，2007；李蕾，2009）。第三，认为熊猫标准是中国在全球碳交易领域中争夺话语权，继而争夺定价权的开始，完善了中国的碳排放交易市场机制（熊焰，2010；姬宪恒，2010）。

总体来说，中国在碳金融研究方面还处于初级阶段。大部分的研究处于环境科学研究与金融学研究分割的状态。但是碳金融是一种特殊的金融产品，其金融运行特点必然与其技术特征密切联系，需要环境科学与金融学的结合。

五、环境金融的理论基础

（一）外部性理论

1. 马歇尔外部性理论

马歇尔是英国剑桥学派的创始人，是新古典经济学派的代表。马歇尔并没有明确提出外部性这一概念，但外部性概念源于其 1890 年发表的《经济学原理》中提出的"外部经济"概念。

在马歇尔看来，除了以往人们多次提出过的土地、劳动和资本这三种生产要素外，还有一种要素，这种要素就是工业组织。工业组织的内容相当丰富，包括分工、机器的改良、有关产业的相对集中、大规模生产以及企业管理。马歇尔用内部经济和外部经济这一对概念，来说明第四类生产要素的变化如何导致产量的增加。

马歇尔指出：我们可以把因任何一种货物的生产规模之扩大而发生的经济分为两类：第一是有赖于这工业的一般发达的经济，第二是有赖于从事这工业的个别企业的资源、组织和效率的经济。我们可称前者为外部经济，后者为内部经济。这种经济往往能因许多性质相似的小型企业集中在特定的地方——即通常所说的工业地区分布——而获得。他还指出：本篇的一般论断表明以下两点：第一，任何货物的总生产量之增加，一般会增大这样一个代表性企业的规模，因而就会增加它所有的内部经济；第二，总生产量的增加，常会增加它所获得的外部经济，因而使它能花费在比例上较以前为少的劳动和代价来制造货物。换言之，我们可以概括地说：自然在生产上所起的作用表现出报酬递减的倾向，而人类所起的作用则表现出报酬递增的倾向。报酬递减律可说明如下：劳动和资本的增加，一般导致组织的改进，而组织的改进增加劳动和资本的使用效率。

从马歇尔的论述可见，内部经济是指由于企业内部的各种因素所导致的生产费用的节约，这些影响因素包括劳动者的工作热情、工作技能的提高、内部分工协作的完善、先进设备的采用、管理水平的提高和管理费用的减少等。外部经济是指由于企业外部的各种因素所导致的生产费用的减少，这些影响因素包括企业离原材料供应地和产品销售市场远近、市场容量的大小、运输通信的便利程度、其他相关企业的发展水平等。实际上，马歇尔把企业内分工而带来的效率提高称作内部经济，这就是在微观经济学中所讲的规模经济，即随着产量的扩大，长期平均成本的降低；而把企业间分工而导致的效率提高称作外部经济，这就是在"温州模式"中普遍存在的块状经济的源泉。

马歇尔虽然并没有提出内部不经济和外部不经济概念，但从他对内部经济和外部经济的论述可以从逻辑上推出内部不经济和外部不经济概念及其含义。内部不经济是指由于企业内部的各种因素所导致的生产费用的增加。外部不经济是指由于企业外部的各种因素所导致的生产费用的增加。马歇尔以企业自身发展为问题研究的中心，从内部和外部两个方面考察影响企业成本变化的各种因素，这种分析方法给经济学后继者提供了无限的想象空间。

首先，如上所述，有内部经济必然有内部不经济，有外部经济必然有外部不经济，从最简单的层面可以发展马歇尔的理论。

其次，马歇尔考察的外部经济是外部因素对本企业的影响，由此自然会想到本企业的行为如何会影响其他企业的成本与收益。这一问题正是由著名的经济学家庇古来完成的。

最后，从企业内的内部分工和企业间的外部分工这种视角来考察企业成本变化，自然会让我们想到科斯的《企业的性质》与《社会成本问题》这两篇重要文献是不是受到马歇尔思想的影响。

这类外部性最大的特点一方面是"间接性、紧密性和规模性"，即受影响的经济体是间接受到影响，受影响方虽然没有直接参与，但却是紧密联系的；另一方面，受影响方具有一定的规模，如公物悲剧中的村民（在公物悲剧模型中，当村民只有少数时，相当于古诺模型）。由于出现了规模效应，这类外部性呈现出系统的复杂性，即"整体不等于部分之和"，对相当规模的人的影响，不能按对个别人的影响简单叠加。

在环境污染损害方面，马歇尔外部性对应的是局域性环境污染事故，这类污染事故的发生往往由于污染过程复杂，难以确定明确的受害者与污染者。例如非常典型的癌症村，一方面，受害者，即癌症村村民中，不同的个体受害程度不同；另一方面，由于污染是当地范围内所有污染企业的污染综合作用后的结果，各个污染企业对该事故该负担的责任大小也无法确定。同时，污染的范围是确定的，并非全球性或者是全人类性的污染。

2. 庇古外部性理论

马歇尔的学生庇古（Arthur Pigou）在《福利经济学》中对外部性问题做了进一步分析，并对外部经济（正外部性）和外部不经济（负外部性）作出了区分。庇古的创新之处在于提出了"社会净边际产品"和"私人净边际产品"这两个重要的概念。庇古首次用现代经济学的方法从福利经济学的角度系统地研究了外部性问题，在马歇尔提出的外部经济概念基础上扩充了外部不经济的概念和内容，将外部性问题的研究从外部因素对企业的影响效果转向企业或居民对其他企业或居民的影响效果。这种转变正好是与外部性的两类定义相对应的。

根据庇古的定义，社会净边际产品是"任何用途或地方的资源边际增量带来的有形物品或客观服务的净产品总和，而不管这种产品的每一部分被谁获得"（《福利经济学》上卷第146页，本节后面提到的"上卷"均指本书）。私人净边际产品则是"任何用途或地方的资源边际增量带来的有形物品或客观服务的净产品总和中的这样一部分，该部分首先——出售以前——由资源的投资人所获得。这有时等于，有时大于，有时小于社会净边际产品"（上卷第147页）。庇古进一步指出，"一般来说，实业家只对其经营活动的私人净边际产品感兴趣，对社会净边际产品不感兴趣……除非私人净边际产品与社会净边际产品相等，否则，自利心往往不会使社会净边际产品的价值相等。所以，在这两种净边际产品相背离时，自利心往往不会使国民所得达到最大值；因而可以预计，对正常经济过程的某些特殊干预行为，不会减少而是会增加国民所得"（上卷第 185 页）。

也就是说，庇古通过分析边际私人净产值与边际社会净产值的背离来阐释外部性。边际私人净产值是指个别企业在生产中追加一个单位生产要素所获得的产值，边际社会净产值是指从全社会来看在生产中追加一个单位生产要素所增加的产值。他认为：如果每一种生产要素在生产中的边际私人净产值与边际社会净产值相等，它在各生产用途的边际社会净产值都相等，而产品价格等于边际成本时，就意味着资源配置达到最佳状态。但庇古认为，边际私人净产值与边际社会净产值之间存在下列关系：如果在边际私人净产值之外，其他人还得到利益，那么，边际社会净产值就大于边际私人净产值；反之，如果其他人受到损失，那么，边际社会净产值就小于边际私人净产值。庇古把生产者的某种生产活动带给社会的有利影响，称作边际社会收益；把生产者的某种生产活动带给社会的不利影响，称作边际社会成本。

适当改变一下庇古所用的概念，外部性实际上就是边际私人成本与边际社会成本、边际私人收益与边际社会收益的不一致。在没有外部效应时，边际私人成本就是生产或消费一件物品所引起的全部成本。当存在负外部效应时，由于某一厂商的环境污染，导致另一厂商为了维持原有产量，必须增加诸如安装治污设施等所需的成本支出，这就是外部成本。边际私人成本与边际外部成本之和就是边际社会成本。当存在正外部效应时，企业决策所产生的收益并不是由本企业完全占有的，还存在外部收益。边际私人收益与边际外部收益之和就是边际社会收益。通过经济模型可以说明，存在外部经济效应时纯粹个人主义机制不能实现社会资源的帕累托最优配置。

既然在边际私人收益与边际社会收益、边际私人成本与边际社会成本相背离的情况下，依靠自由竞争不可能达到社会福利最大，于是应由政府采取适当的经济政策，消除这种背离。政府应采取的经济政策是：对边际私人成本小于边际社会成本的部门实施征税，即存在外部不经济效应时，向企业征税；对边际私人收益小于边际社会收益的部门实行奖励和津贴，即存在外部经济效应时，给企业以补贴。庇古认为，通过这种征税和补贴，就可以实现外部效应的内部化。这种政策建议后来被称为庇古税。

庇古还指出："一种更极端的奖励金，是由政府提供所需的全部资金，此种奖励给予城市规划、警务、清除贫民窟等服务"（上卷第207页）。这说明，庇古已经对极端外部性（即公共产品）的公共提供进行了原创性的分析。庇古进一步写道，"当受影响的个人之间关系高度复杂时，政府会发现，除了给予奖励金外，还要运用某些官方控制手段"（上卷第208页）。从中可以看出，庇古当年对外部性问题，不仅提出了庇古税（补贴），还讨论了政府规制的方法，对外部性理论的公共政策研究作出了卓越的贡献。最后，庇古作出总结："根本不能依赖'看不见的手'来把对各个部分的分别处理组合在一起，产生出良好的整体安排。所以，必须有一个权力较大的管理机构，由它干预和处理有关环境美化、空气和阳光这样的共同问题"（上卷第208页）。

需要注意的是，虽然庇古的外部经济和外部不经济概念是从马歇尔那里借用和引申来的，但是庇古赋予这两个概念的意义是不同于马歇尔的。马歇尔主要提到了外部经济这个概念，其含义是指企业在扩大生产规模时，因其外部的各种因素所导致的单位成本的降低。也就是说，马歇尔所指的是企业活动受到外部影响，庇古所指的是企业活动对外部的影响。这两个问题看起来十分相似，其实所研究的是两个不同的问题或者说是一个问题的两个方面。庇古已经对马歇尔的外部性理论大大向前推进了一步。

庇古税在经济活动中得到广泛的应用。在基础设施建设领域采用的"谁受益，谁投资"的政策、环境保护领域采用的"谁污染，谁治理"的政策，都是庇古理论的具体应用。排污收费制度已经成为世界各国环境保护的重要经济手段，其理论基础也是庇古税。

庇古外部性就是平时所说的大环境，即社会和自然环境。在环境污染损害方面，庇古外部性主要对应于受害者范围广泛甚至全球范围内，社会性的损害。例如，污染企业排放 CO_2、SO_2 等，一旦溢入大气，则产生的是社会范围内的影响。

3. 科斯外部性理论

在外部性的内部化问题被庇古税理论所支配的理论背景下，科斯在《社会成本问题》中重新研究了交易成本为零时合约行为的特征，批评了庇古关于"外部性"问题的补偿原则（政府干预），并论证了在产权明确的前提下，市场交易即使在出现社会成本（外部性）的场合也同样有效。文中科斯论述到，一旦假定交易成本为零，而且对产权（指财产使用权，即运行和操作中的财产权利）界定是清晰的，那么法律规范并不影响合约行为的结果，即最优化结果保持不变。换言之，只要交易成本为零，那么无论产权归谁，都可以通过市场自由交易达到资源的最佳配置。从某种程度上讲，科斯理论是在批判庇古理论的过程中形成的。

科斯对庇古税的批判归纳主要集中在以下几个方面：

第一，外部性往往不是一方侵害另一方的单向问题，而具有相互性。例如化工厂与居民区之间的环境纠纷，在没有明确化工厂是否具有污染排放权的情况下，一旦化工厂排放废水就对它征收污染税，这是不严肃的事情。因为，也许建化工厂在前，建居民区在后。在这种情况下，也许化工厂拥有污染排放权。要限制化工厂排放废水，也许不是政府向化工厂征税，而是居民区向化工厂"赎买"。

第二，在交易费用为零的情况下，庇古税根本没有必要。因为在这时，通过双方的自愿协商，就可以产生资源配置的最佳化结果。既然在产权明确界定的情况下，自愿协商同样可以达到最优污染水平，可以实现和庇古税一样的效果，那么政府又何必多管闲事呢？

第三，在交易费用不为零的情况下，解决外部性的内部化问题要通过各种政策手段的成本——收益的权衡比较才能确定。也就是说，庇古税可能是有效的制度安排，也可能是低效的制度安排。

上述批判就构成所谓的科斯定理：如果交易费用为零，无论权利如何界定，都可以通过市场交易和自愿协商达到资源的最优配置；如果交易费用不为零，制度安排与选择是重要的。这就是说，解决外部性问题可以用市场交易形式即自愿协商替代庇古税手段。

科斯定理进一步巩固了经济自由主义的根基，进一步强化了"市场是美好的"这一经济理念，并且将庇古理论纳入自己的理论框架之中：在交易费用为零的情况下，解决外部性问题不需要庇古税；在交易费用不为零的情况下，解决外部性问题的手段要根据成本—收益的总体比较，也许庇古方法是有效的，也许科斯方法是有效的。可见，科斯已经站在了巨人——庇古的肩膀之上。有的学者把科斯理论看作对庇古理论的彻底否定，其实不然，科斯理论实际上是对庇古理论的一种扬弃。

随着现代环境问题的日益加剧，市场经济国家开始积极探索实现外部性内部化的具体途径，科斯理论随之被投入实际应用之中。在环境保护领域排污权交易制度就是科斯理论的一个具体运用。科斯理论的成功实践进一步表明，市场失灵并不是政府干预的充要条件，政府干预并不一定是解决市场失灵的唯一方法。科斯外部性理论只能在一种理想的状态下才能顺利执行，也就是说它本身也存在一定的局限性。

第一，在市场化程度不高的经济中，科斯理论不能发挥作用。特别是发展中国家，在市场化改革过程中，有的还留有明显的计划经济痕迹，有的还处于过渡经济状态，与真正的市场经济相比差距较大。例如，在上海市苏州河的治理过程中，美国专家不断推销他们的污染权交易制度，但试行下来效果不佳。

第二，自愿协商方式需要考虑交易费用问题。自愿协商是否可行，取决于交易费用的大小。如果交易费用高于社会净收益，那么自愿协商就失去意义。在一个法制不健全、不讲信用的经济社会，交易费用必然十分庞大，这样就大大限制了这种手段应用的可能，使得它不具备普遍的现实适用性。

第三，自愿协商成为可能的前提是产权是明确界定的。而事实上，像环境资源这样的公共物品产权往往难以界定或者界定成本很高，从而使得自愿协商失去前提。

在环境污染损害方面，科斯外部性对应的是污染者与受害者都明确，污染者产生的污染直接对受害者产生影响，且双方都数量不多的情况。

（二）广义的污染者付费理论

1. 传统的污染者付费理论

（1）传统的污染者付费原则提出的背景

在相当长的一段时期里，人们认为自然资源具有无限性，取之不尽，用之不竭，环境具有包容性，可以无限制地承纳人类的排放。因而，当工业企业将大量污染物排入环境中造成环境污染而需要处理时，传统的做法是造成环境污染的人只要没有对具体的人或财产造成直接损害就无须承担任何责任，由国家出资治理污染、由公民承受污染的危害。此外，污染企业的生产经营活动产生了环境污染的负外部性，却由其他社会主体承担这部分成本，导致了企业生产成本的不真实性，并对公司竞争产生了严重影响。为了保证国际贸易中自由竞争的实现，经济合作与发展组织（OECD）最早在 1972 年提出了污染者付费原则，目的是通过确定污染者在污染防治方面的责任与义务，保证环境成本的内部化，进而促进国际贸易的公平性和可持续发展目标的实现。污染者付费原则得到了欧美发达国家在政策和法律层面的响应和支持，并逐步发展成一项在国家、地区以及国际范围认可的环境原则。

污染者付费原则在我国环境领域的确立，是从 1979 年试行的《环境保护法》中规定的"谁污染，谁治理"原则开始的，1989 年正式实施的《环境保护法》将这一原则调整为污染者治理，直到 1996 年才正式形成了污染者付费的原则。

（2）传统的污染者付费中污染者的内涵

传统的污染者付费指的是一切向环境排放污染物的单位和个体经营者，应当依照政府的规定和标准缴纳一定的费用，以使其污染行为造成的外部费用内部化，促使污染者采取措施控制污染。污染者只要造成了环境污染或损害，无论有无过错，都应负赔偿责任，承担引起污染所导致的所有费用。污染者付费原则作为我国环境领域的基本原则之一，对企业的环境责任进行了严格的规定。企业造成了环境污染问题，就必须在"谁污染，谁治理"的前提下对其造成的污染事件和后果负责，进行相应的环境治理和保护工作。

因此,传统污染者付费中所说的污染者,是指对环境造成直接污染或损害的企业或个体经营户,是直接污染者。它既不包括相关污染者,如相关行业企业、银行等,也不包括社会和国家。

(3) 传统的污染者付费原则在污染场地修复领域面临的挑战

① 传统的污染者付费原则要求明确的责任主体和侵权对象。污染者付费首先要求必须有明确的污染主体,确定是谁造成了污染问题,应该对污染负责。没有确定的污染责任主体,付费就无从谈起。污染场地问题由于具有长期性、潜伏性和累积性等特点,造成了污染者难以确定,或污染者行为与环境损害之间因果关系的不明确。此外,污染者付费原则还要求必须有明确的侵权对象,污染责任主体对哪些人、哪些单位的利益造成的环境损害,而需要在多大的程度上进行付费,这些问题在污染场地修复方面还不够明晰。

② 传统的污染者付费在污染场地修复中具有滞后性。污染场地事故发生后,需要立即修复和救济。因为随着时间的推移,受影响和损害人群会增加、污染的严重性会加强、土地环境不可恢复的可能性也在提高,从而导致了损失的扩大。但是,政府和相关机构对污染场地的责任主体进行确认、对污染责任方的诉讼和资金追索过程都具有比较长的时间周期。

③ 传统的污染者付费在污染场地修复中存在实施困难。在污染场地问题中,国家要求污染企业付费进行污染场地的修复和治理,如果企业没有足够的资金能力出资开展治理行动,可能会导致企业的破产,而地方政府出于财政税收角度的考虑可能采取地方保护主义政策,对部分污染场地问题暂时地视而不见,国家和地方政府之间存在着部分利益冲突,导致了使用污染者付费原则难以完全解决污染场地问题。

传统的污染者付费在污染场地修复领域所面临的挑战,要求我们必须对污染者付费原则进行拓展,否则难以筹集污染场地修复所需费用。

2. 广义的污染者付费理论

(1) 对污染者的拓展定义

前文中已经分析了传统的污染者付费理论当前无法解决的一些问题,

我们需要对污染者的定义进行拓展。也就是说，不再将污染者的定义局限于污染企业，从而避免在无法确定污染企业，找不到污染治理及赔偿的责任承担人。

我们主张根据利益相关者理论来确定除了直接污染企业以外的其他污染责任人，即所有污染企业的利益相关者都具有一定的污染责任。这并不是否定污染者付费理论，而是扩充了污染者的定义范畴，从而使得污染者付费原理可以更好地符合当前社会的需求。

利益相关者的概念最早由1963年美国斯坦福大学研究所提出。1984年，美国学者Freeman出版了《企业战略管理：利益相关者方法》，这是利益相关理论发展史上的里程碑。利益相关者理论本身主要是用于企业管理，Freeman给出的利益相关者广义概念为"那些能够影响企业目标的实现或被企业目标的实现所影响的个体或群体。这种影响可能是单向的，也可能是双向的，包含了关系、交易或合约等形式在内"。1991年，Thompson给出的定义为"与企业存在关系的群体"。从管理学意义上来说，利益相关者主要是指"组织外部环境中受组织决策和行动影响的任何相关者"。在绝大部分情况下，这种影响是相互的，因此，利益相关者可以影响组织的决策。当然，不同利益相关者的观点可能不同，因此，组织需要综合考虑不同利益相关者的观点来进行决策。

利益相关者对于企业或者说组织的决策会产生影响，因此，我们认为污染发生时，除了作为直接责任人的污染企业，企业的利益相关者也存在一定的责任。这里需要注意的是，直接造成污染的主体必定是第一责任人，只有在无法确定第一责任人的情况下，才考虑由其他利益相关者来承担相关责任，并且不同的利益相关者也根据其与污染主体的关系密切程度以及影响力大小来划分责任大小。

将污染企业与其利益相关者都纳入污染者付费原则中污染者的定义范畴，我们将拓展后的污染者分为三个层次。

① 污染企业以及其他具有连带责任的相关者。第一层次主要包括作为第一责任人的污染企业，以及与其有连带责任的相关者。此处的连带责任相关者主要包括对污染企业进行了投资的银行、金融机构等，与污

染事故发生关系的运输企业，以及消费者等对污染发生需要负一定责任的相关者。

② 相关产业。当无法确定第一层次的污染责任人，或者他们都无法赔偿污染治理的所需资金时，就需要第二层次的责任人对污染治理提供资金。第二层次的污染责任人主要是污染企业所属的相关行业。由相关行业来对污染负责是合情合理的，而行业赔偿的资金应该来自行业内的所有企业，即环境风险由所有同行业企业共同分担。

③ 国家。在第一层次、第二层次的污染责任人都失效时，由国家作为第三层次的污染责任人来对污染进行治理。将国家作为第三层次的污染责任人的原因主要是考虑到国家在政策标准制定与监督方面的职能。

（2）拓展的污染者定义下的社会化分担理论

拓展后的污染者定义可以更好地实施污染者付费，从而有效解决传统的污染者定义下，污染者付费理论存在的局限性。具体来说，拓展的污染者定义下的社会化分担理论可以从以下两个角度来阐明：

① 当污染主体明确时。污染企业明确，且污染企业力所能及可以承担污染治理的费用时，则由企业自行承担污染治理所需费用。更多的情况下，虽然污染企业是明确的，但是污染事故一旦发生，造成的损失以及修复污染所需费用是数额巨大的，少有企业可以独自承担，大部分企业或是无力承担，或是一旦独自承担会导致其资金缺乏，严重影响正常营业。

在污染主体确定，但污染企业或者第一层次的污染责任人无力承担赔付所需金额时，则可以由行业通过环境保险对其进行分担。环境保险即环境责任保险，是指以被保险人因污染环境而应当承担的环境赔偿或治理责任为标的的责任保险。环境风险高的企业购买环境责任保险可以将单个企业的风险转移给众多的投保企业，从而使环境污染造成的损害由社会承担，分散了单一企业的经营风险，也能够使企业可以迅速恢复正常的生产经营活动。

环境保险本质上是将环境风险从污染企业付费转向全行业付费。原因是其资金来源为收取同行业自愿加入的企业的保费，一旦事故发生，虽然赔付者为保险公司，但是实际上赔付的费用为所收保费，因此是一个全行业的风险分担机制，实际付费者为整个行业。

当行业也无法承担污染修复所需费用时，则由国家作为第三层次的污染责任人出资进行污染的修复。

② 当污染主体不明确时。我国土壤污染的复杂情况决定了土壤修复是一个长期漫长的过程。鉴于土壤污染还会引起粮食安全问题，通过土壤影响到地下水质等问题，被辐射物污染的土壤还会对居住在此地域的人群造成辐射影响，对群众生命安全造成危害并可能爆发突发性环境公共事件。而污染主体很可能无处可寻，此时就需要政府性土壤修复基金立即拿出足够资金应对紧急事故，进行立即评估、立即治理修复、立即赔偿等工作。从而在拓展的污染者定义下，实施污染者付费原则。

对于那些可能造成土壤污染的高危行业，政府性基金以行政收费的方式聚集资金，一旦发生污染事故，可以使用聚集资金进行修复。通常是环境行政收费和相对应的环境税作为其基金收入，环境税作为基金来源具有长期稳定、可持续的特点。环境税税基范围广，可征收的对象包括与土壤污染相关的化工企业，石油行业以及废物处理企业等。这些行业所缴资金数额大，可以作为长期稳定的资金来源，符合土壤修复基金所需的资金来源特征。因此，土壤修复的资金形式应该以政府性基金为主要模式。

环境事故爆发时，首先确定是否可以找到污染企业，如果可以确定污染企业，主体明确时，可以进行合理地追偿；而在政府无法确认污染企业的情况下，基金则有效发挥作用，一方面从第一层次的污染责任人中寻找相关污染者并根据法律进行追偿，例如原污染企业改制，合并后的相关企业等；另一方面及时提供资金应对紧急事故，立即进行评估、治理修复、赔偿等工作。美国《超级基金法》中就列出了五类相关者，与污染企业有信贷关系的银行也列入其中。

由基金出资进行污染治理实际上是将环境风险在全行业中进行分担，基金的主要缴费者为现有的环境高风险行业，因此符合拓展的污染者定义中，行业作为第二层次的污染责任人。现有的环境高风险行业中各个企业虽然不是直接污染者，但是是强烈的利益相关者。而其上缴至基金的资金主要起两个作用，一方面是修复过去造成的污染主体不明确的污染，另一方面是预防将来发生的主体不清的情况。

国家作为第三层次的污染责任人，在前两个层次的污染责任人都无法治理场地污染时，出资进行污染产地修复。

由于环境污染具有负外部性，通过外部性理论揭示了不同环境污染事件的特点，需要建立不同的环境污染损害赔偿基金机制。马歇尔外部性理论最大的特点是"间接性、紧密性和规模性"，即受影响方是间接受到影响，受影响方虽然没有直接参与，但却是紧密联系的，同时，受影响方具有一定的规模。在环境污染损害方面，马歇尔外部性对应的是局域性的环境污染事故，这类污染事故的发生往往由于污染过程复杂，难以确定明确的受害者与污染者。因此，马歇尔外部性不适用于传统的污染者付费原则，也无法通过环境责任保险等资金机制或通过收税来筹措资金。

庇古外部性理论的特征是，污染侵权的企业很明确，但受害者由于分布广泛而难以确定。在环境污染损害方面，庇古外部性主要对应于受害者范围广泛甚至全球范围内社会性的损害。针对庇古外部性，可以通过征收相关环境税来集合环境损害赔偿资金。科斯的外部性特征在于伤害侵权的主体很明确，被伤害侵权的对象也很明确。在环境污染损害方面，科斯外部性对应的是责任主体与受害主体都明确，责任主体产生的污染直接对受害者产生影响，且双方都数量不多的情况。在这种情况下，法律诉讼的途径一定程度上可以解决谁污染谁赔偿的问题，但存在许多局限。科斯外部性不同于马歇尔外部性与庇古外部性，科斯外部性由于有明确的责任主体与受害主体，可以用传统的污染者付费理论进行分析，而马歇尔外部性和庇古外部性由于责任主体或者受害主体不明确，无法适用于传统的污染者付费理论，因此，我们通过扩展污染者内涵，设计了广义的污染者付费理论，并运用此理论设计其对应的环境污染损害资金机制。

第二章　环境财政

一、环保财政账户

环保财政账户主要是反映由各级财政预算内资金提供的环保支出账户。预算内资金是指中央财政和地方财政中统筹安排的基本建设拨款和更新改造拨款，以及财政安排的专项拨款中用于基本建设的资金和基本建设拨款改贷款的资金等，分为国家预算内和地方自筹两种。国家预算内的基本建设投资资金由中央政府确定数额，由财政部交国家发改委统一安排。地方自筹基本建设投资资金，是在国家规定的额度内由地方自筹资金安排的投资。"十一五"期间，用于环境保护的国家预算内基本建设资金达 820 亿元左右。在扩大内需的 4 万亿元投资中，国家也将节能减排和生态环境保护列为新增投资支持的重要方面。根据国家发改委测算，4 万亿元中有 2 100 亿元用于节能减排和生态工程项目，其中大部分用于城市和工业污染治理。国家预算内基本建设资金安排了部分城市环境基础设施、淮河工业污染防治项目等，同时也安排了国家环境保护行政机关和各直属单位的建设，部分双重领导单位的科研、监测、教育等基本建设项目的补助，以及国家环境监测网络站，国家重点自然保护区的建设补助。对环境保护建设项目也酌情给予建设补助，项目包括：各级环境保护部门主管的重点自然保护区和重点自然保护项目的建设；各省（含自治区、直辖市）级放射性废物设施的建设；各省级环境保护部门的宣传教育设施等的建设。对地方项目的基本建设补助主要用于环境保护系统各种业务用房建设和科研、监测设备和仪器的购置。

二、"211 环境保护"科目

2006 年 3 月，财政部制定的《政府收支分类改革方案》及《2007 年政府收支分类科目》将环境保护作为类级科目纳入其中，设立"211 环境保护"科目，并于 2007 年 1 月 1 日起全面实施。这是国家财政预算支出首次设立专门的环境保护科目，该科目的设置和实施是环境财政制度建设的重大进步，对环境财政制度建设具有里程碑式意义。

"211 环境保护"科目属于支出功能分类科目中的第 11 类科目，包括环境保护管理事务支出、环境监测与监察支出、污染治理支出、自然生态保护支出、天然林保护工程支出、退耕还林支出、风沙荒漠治理支出、退牧还草支出、已垦草原退耕还草支出等 10 大款 50 小项。

"211 环境保护"支出科目第一次以"类"级科目的形式出现，使环保在政府预算支出科目中有了户头，把各个部门分别管理、散落在不同科目、以不同形式存在的环境财政支出资金，如原来政府要从"基本建设支出""科技三项费用""工业交通事业费""行政管理费""排污费支出"等科目中划分的环保资金支出，统一纳入了环保科目，并细化了预算科目，较为全面、系统地反映了政府各项环境保护支出。

三、环保专项资金

环保专项资金是随着我国环境保护事业的不断发展，为加大环保执法力度、加强环境污染防治而逐渐形成的专项资金，大多采用拨款补助、贷款贴息、以奖代补等方式。其中，中央环境保护财政专项资金是指中央财政预算安排的，专项用于环境保护的财政资金；省级环保专项资金是指除行政事业经费以外由省级环境保护部门会同省级财政等有关部门安排的用于环境保护的专用资金。

环保专项资金是治理环境污染、加强生态保护、改善环境质量的重要保障，是落实环境保护基本国策、实施可持续发展的重要资金保障。中央财政环境保护专项资金是中央政府环境保护投入的主要渠道，对引导地方财政、企业、社会环境保护投入起到了积极作用。尤其是"十一五"期间，中央财政对环境保护的支持力度进一步加大，主要污染物减排专项、中央农材环保专项、重金属污染防治专项等专项资金相继设立，财政资金的投资渠道不断增加，"十一五"期间中央财政累计投入环境保护专项资金746亿元，用于解决重点领域、重点区域的重大环境问题，对筹措环境保护资金，实现环境保护目标，保障环境安全发挥了重要作用。

从中央财政环境保护专项资金支持的重点领域与范围来看，大体可以划分为三种类型：（1）综合性专项资金，是指多个区域、多个领域、包含多种要素的环境保护专项资金，如中央环保专项资金等；（2）特定区域性专项资金，是指支持范围为某个或某几个特定区域的中央环境保护专项资金，如"三河三湖"及松花江流域水污染防治专项资金；（3）特定领域与要素类专项资金，是指支持范围为特定领域或环境要素的专项资金，如城镇污水处理设施配套管网以奖代补资金、自然保护区专项资金、中央农村环境保护专项资金等。

四、生态补偿

生态补偿是以保护生态环境、促进人与自然和谐为目的，根据生态系统服务价值、生态保护成本、发展机会成本，综合运用行政和市场手段，调整生态环境保护和建设相关各方之间利益关系的环境经济政策。目前，我国建立生态补偿的重点领域有四个，分别为自然保护区的生态补偿、重要生态功能区的生态补偿、矿产资源开发的生态补偿、流域水环境保护生态补偿。2005年12月颁布的《国务院关于落实科学发展观加强环境保护的决定》提出：完善生态补偿政策，尽快建立生态补偿机制。中央和地方财政转移支付应考虑生态补偿因素。

2008年起，财政部开始实施重点生态功能区转移支付，增加对三江源等重点生态功能区的均衡性转移支付力度，提高生态功能区的基本公共服务水平。2009年，财政部制定《国家重点生态功能区转移支付（试点）办法》，完善了转移支付办法，着力研究建立资金分配与使用绩效的监控及评价体系。与此同时，地方政府也制定了生态转移支付的相关措施。为推动地方政府加强生态环境保护和改善民生，充分发挥国家重点生态功能区转移支持的政策导向功能，提高转移支付资金的使用绩效，2012年6月，财政部印发《2012年中央对地方国家重点生态功能区转移支付办法》，对《全国主体功能区规划》中限制开发的国家重点生态功能区所属县（县级市、市辖区、旗）和禁止开发区域、青海三江源自然保护区、南水北调中线水源地保护区、海南国际旅游岛中部山区生态保护核心区等生态功能重要区域所属县给予生态补偿。

2008—2014年，中央财政累计下拨国家重点生态功能区转移支付2 004亿元，其中2014年480亿元。

五、绿色能源示范县

国家能源局、财政部和农业部于2011年4月印发《绿色能源示范县建设补助资金管理暂行办法》，鼓励利用可再生能源改善农村生活用能，推进农村能源清洁化和现代化，规范绿色能源示范县建设财政补助资金管理。示范补助资金由财政预算安排，按照"政府引导、市场运作、县级统筹、绩效挂钩"的原则使用管理。中央财政示范补助资金支持范围及用途主要包括沼气集中供气工程、生物质气化工程、生物质成型燃料工程、其他可再生能源开发利用工程和农村能源服务体系。

中央财政示范补助资金与地方安排的补助资金统筹使用，采取财政补贴、以奖代补、贷款贴息等补助方式支持示范项目建设。

六、环境财政面临的挑战

中央财政环保资金对加强环保投资具有重要的引导功能。中央财政预算资金在对环保投资注入资金的同时，也对地方政府、企业、社会的环保投资具有积极的引导作用。一方面，国家财政预算资金对项目的投入多是补助性质，要求地方及企业具有一定的配套资金投入；另一方面，财政资金的使用方式本身具有一定的激励和引导作用，如采用以奖代补、基于污染治理效果的因素分配等方式，在很大程度上调动了地方加大环保投入和改善环境质量的积极性。以农村环保专项资金为例，2008—2009年农村环保专项资金累计投入15亿元，带动地方财政、村镇自筹等资金约为25亿元，推进了农村环境保护工作的开展。然而，中央环境保护投入在逐年增加的同时，存在以下问题。

1. 环保投资缺乏有效整合，未能形成合力

支持的重点领域各有侧重，且部分资金支持重点交叉，存在重复投资的可能性。环境保护专项资金较为分散，资金总量较小，难以形成有效的合力，国家环境保护工作的重点难以体现，导向性较弱。

2. 环保资金以应急为主，缺乏长期统筹考虑

目前，环保专项资金的设立和支持范围以应急为主，重点解决当前出现的重大环境问题。以"三河三湖"及松花江流域水污染防治专项资金为例，2005年11月松花江重大环境污染事件发生，2007年5月太湖蓝藻暴发，造成水体严重污染，为此财政部才设立了"三河三湖"及松花江流域水污染防治专项资金。在资金来源方面，未能形成稳定的资金渠道，缺少稳定的资金来源，导致环境保护专项资金具有应急性、临时性、孤立性等特点，对环境保护工作缺乏长期、系统的考虑，难以形成稳定的环境保护投入。

3. 缺乏有效监管，重投资轻效益

对于环保专项资金项目，缺少相应的绩效评估机制，项目执行过程中存在的问题难以及时有效地调整。环保投资实施后的环境效益缺乏相应的监管机制，环保投资的环境效益缺乏有效的评估，资金投入后，对污染治理设施的建设情况、建成后的运行情况等监管措施不到位，造成污染治理设施资金难以到位、建设滞后、不能有效运行等问题，资金效益的发挥还存在优化的空间。

第三章 绿色信贷

一、绿色信贷含义

绿色信贷的定义可以从两个方面来理解：一是严格限制向高耗能、高污染的环保不达标企业提供融资，二是要大力支持绿色环保、清洁能源和循环经济等行业、企业的发展。推行绿色信贷是建设资源节约型、环境友好型社会，深入贯彻科学发展观，实现可持续发展的必然要求。对绿色信贷的定义，笔者在第一章已经进行了详细界定，此处不再赘述。

二、我国绿色信贷的政策沿革

目前，我国绿色信贷制度仍处于政策阶段，在政策的演进过程中，我国绿色信贷制度的发展经历了形成、发展和完善三个阶段。

（一）形成阶段

中国人民银行于 1995 年 2 月 6 日颁布了《关于贯彻信贷政策与加强环境保护工作有关问题的通知》，目的在于督促金融部门在面向企业的信贷工作中有效落实国家的环境保护政策。该通知明确提出银行机构要择优扶持从事环境保护和污染治理的项目和企业，同时要将符合国家环保规定作为项目贷款的一个必备条件。这是我国首次将环境影响纳入信贷政策的范围，也标志着我国开始建立绿色信贷制度。在这一阶段，政策还不完善，没有细化措施，是一种象征性的政策条款。

（二）发展阶段

国务院在 2005 年 12 月发布的《关于落实科学发展观加强环境保护的决定》中提出，建立有利于环境保护的价格、信贷、税收、土地、贸易以及政府采购等经济政策，对那些不符合环保标准和产业政策的企业，停止办理信贷。2007 年 7 月 12 日国家环境保护总局、人民银行和银监会联合发布了《关于落实环境保护政策法规防范信贷风险的意见》，指出金融部门要与各级环保部门建立畅通有效的信息沟通机制，组织开展与环保政策法规相关的培训和咨询。同年，中国人民银行发布了《关于改进和加强节能环保领域金融服务工作的指导意见》，指出政策性银行和各大商业银行要积极推进信贷管理制度及金融产品的创新。2007 年 11 月 23 日，银监会发布的《节能减排授信工作指导意见》中指出，金融机构应当根据主要经营业务所属行业及其特点，制定行业的授信政策和操作细则。在这一阶段，我国对绿色信贷有了一定的重视，但仍未进入深层次研究。

（三）完善阶段

银监会于 2012 年 2 月 24 日发布了《中国银监会关于印发绿色信贷指引的通知》，要求银行进行绿色信贷的评估工作，并提出了关于银行机构培养或引进有关绿色信贷人才的办法，该通知对于完善绿色信贷制度具有举足轻重的意义。纵观我国绿色信贷制度的发展历程，尽管绿色信贷制度在逐步完善中取得了一定的成果，但依然缺乏有效的外部监督，没有细化执行措施，政策标准不统一。

三、我国绿色信贷的实践

（一）中国工商银行

中国工商银行 2007 年 9 月在国内率先出台了《关于推进"绿色信

贷"建设的意见》，提出了环保一票否决制，该制度的内容主要是对违反或者不符合国家环保政策的项目进行信贷制约，对有利于环境保护的企业和项目，提供信贷支持并实施一系列优惠政策。

1. 环保一票否决制

该制度是指银行在进行信贷投放时要关注国家的环保政策，依据国家环保政策，对信贷市场的准入进行严格把关，坚决不支持违反国家产业政策、环保政策，对环境保护有危害的项目。为保证制度得以有效实施，银行要将企业环保信息作为审查其授信度的核心内容之一，坚决降低有环保违法信息且尚未完成整改的企业的信用等级；对未经国家主管部门批准的新建、在建项目一律不予任何信贷支持；定期举办关于环保知识的讲座，要求员工全体参加，以此来加强员工和管理层的环保教育，增强员工的可持续发展意识。

工商银行自实施绿色信贷以来取得了较为可观的成果，主要包括制定了一套完整体系的绿色信贷政策和严格的环保准入机制。据统计，工商银行在2007年对绿色信贷产品的供给量提高了很多，全年对环保型企业和项目的贷款新增400多亿元。2008年，对节能环保项目发放贷款同比增长69.17%，为491.53亿元。另外，对国家明确规定的高耗能、高污染行业如钢铁（含铁合金）、铜冶炼、电解铝等制定了具体的行业信贷政策。2007年，从高污染、高能耗的企业中退出贷款达63亿元。2008年，共对高污染、高能耗的152户企业清退了35.22亿元贷款。

2. 建立绿色信贷动态跟踪监测机制

对信贷准入进行严格的管理是工商银行防范环保风险的基础，由于企业在日常经营中的环保状况是不断变化的，因此这也要求银行必须有更高的信贷管理水平。为防范绿色信贷风险，工商银行建立了相应的动态跟踪监测机制，在日常管理工作中纳入环保风险管理，并确定了整个过程，包括环保信息收集、分析、审核、预警，监督企业的各个生产经营环节，并且对全程进行评价和风险监控。

工商银行以全面监测分析的结论为依据，制定了风险预警提示制度，对绿色信贷黑名单企业进行了系统监测，并在监测之后及时向全行提示风险。

3. 加大信贷绿色产品供给

工商银行一方面推行环保一票否决制，另一方面提高信贷"绿色产品"的供给量。在改善和创新节能环保领域金融服务的基础上，建立信贷支持节能环保的长效机制。

2007 年，工商银行发放 400 多亿元贷款在环保型企业和项目方面。这种做法一方面重点支持了一批循环经济试点企业，包括淮南矿业集团的"瓦斯综合利用"项目和金川集团的"中水深度处理回用"项目等；另一方面也对临涣中利发电公司煤泥矸石发电项目和广东粤电油页岩发电公司矿电联营项目等新能源开发利用项目和资源综合利用项目加大了支持力度。同时，也支持了节能降耗，有助于改善居民生活环境和生态环境的项目。

（二）兴业银行

能效融资项目包括能源效率、温室气体减排、可再生能源的应用等。能效融资项目是 2006 年兴业银行与国际金融公司合作的融资项目，是以支持改变中国企业项目节能技术需求的一种新型贷款产品。节能项目产生的实际经济效益是贷款定价的依据，贷款利率和还款期限是根据项目内部收益率测算，以及实施后的净现金流来确定的。

1. 合作背景

兴业银行一直坚持的经营理念是与客户"同发展、共成长""服务源自真诚"，并且着力为客户提供全面、优质、高效的金融服务。兴业银行于 2008 年 7 月在由《经济观察报》主办的"2007 年度中国最佳银行"评选活动中荣获国内首个关于绿色银行和绿色金融的"绿色银行创新奖"，这对推动银行等金融机构参与环境保护具有重大意义。

国际金融公司选择兴业银行作为合作伙伴的主要因素之一，是因为兴业银行是在我国商业银行中最早关注节能减排并最先倡导绿色信贷的银行，并且在可持续金融方面也有较深的探究。2006 年 5 月，兴业银行与国际金融公司能效融资合作机制正式启动，标志是双方共同签署了

《能效融资损失分担协议》。该项目第一期就获得了明显的成效，所以紧接着兴业银行又与国际金融公司在 2008 年 2 月签订了第二期关于节能减排项目的合作协议，并把融资适用范围由原有的狭义能效效率扩大到现有的广义节能减排。截至 2008 年末，国际金融公司关于节能减排项目发放的贷款总金额为 33.04 亿元人民币，预计每年标准煤的使用量可减少 324.42 万吨，二氧化碳的排放量可减少 1 373.1 万吨。未来三年之内，国际金融公司会继续加大力度支持中国节能减排事业，并计划投入 100 亿元人民币贷款，该项目预计可使标准煤的使用量减少约 6 000 万吨，二氧化碳的排放量可减少近 2 亿吨。

2. 运作模式

兴业银行的能效融资模式主要包括企业技术改造直接贷款模式、合同能源管理模式、节能设备供应商买方信贷模式、公用事业服务商模式、融资租赁模式。企业技术改造直接贷款模式主要用于支持企业依靠自身科学技术实施的节能技术改革项目。合同能源管理模式是指对国内具有较强实力和稳定技术的合同能源管理服务公司提供信贷资金支持，使其可以开发更多的具备可供使用的节能减排项目。节能设备供应商买方信贷模式是指为购买节能设备的企业提供资金支持，对节能设备的推广起到一定的推动作用。公用事业服务商模式是指与公用事业服务商进行合作，并对下游的客户提供贷款，进而推广清洁能源的应用。融资租赁模式是指与租赁公司合作，通过支持租赁公司的项目来支持企业实施节能技术改革项目，从而拓宽业务模式。

3. 优势互补与损失分担

损失分担机制的核心是银行在审核企业申请能效项目贷款时，若该项目符合节能环保的要求，就可以被银行纳入该项目范畴，从而企业会获得很多优惠贷款条件如分期还款等。国际金融公司承诺对符合节能环保要求的贷款，按约定的分担比例弥补银行相关的贷款本金损失。这样一来就会涉及约定未来贷款怎样收回以及在何种情况下裁定贷款损失等一系列问题。国际金融公司与兴业银行最后达成一致意见，如果银行已经用了所有法律上的手段回收贷款也没有希望的话，即可认定为贷款损失。

四、绿色信贷融资的特点

绿色信贷是目前中国绿色金融的主要工具。根据中国银行业协会《2013 年度中国银行业社会责任报告》，截至 2013 年底，银行业金融机构"两高一剩"行业信贷规模 14 041 亿元，同比减少 4 634 亿元，同比降低 24.8%，节能环保贷款余额 16 045 亿元，共计支持 14 403 个节能环保项目，其中，21 家主要银行业金融机构绿色信贷余额 5.2 万亿元，占其各项贷款余额的 8.7%，相当于年节约标准煤 18 671 万吨、水 43 807 万吨，年减排二氧化碳当量 47 902 万吨[①]。以兴业银行为例，其开发了合同能源管理项目未来收益权质押融资、合同环境服务融资、国际碳产质押融资、国内碳产质押融资、排污权抵押融资、节能减排融资和结构化融资等新型特色产品，并提供了涵盖碳交易、排污权交易、节能量交易、水资源利用和保护、产业链综合服务、行业整合和特定项目融资等领域的多层次解决方案，以满足不同客户在节能环保领域的多种金融需求。同时，兴业银行的绿色团队也根据节能环保产业各细分行业的全产业链需求特征，制定个性化改造方案，为客户提供更专业的绿色金融服务。

由此可见，绿色信贷有效地支持了我国经济社会绿色、循环、低碳发展。绿色信贷把环境与社会责任融入到商业银行的贷款政策、贷款文化和贷款管理流程之中，通过在金融信贷领域建立环境准入门槛，从源头上切断高耗能、高污染行业无序发展和盲目扩张的经济命脉，有效地切断严重违法者的资金链条，遏制投资冲动，解决环境问题，通过信贷发放进行产业结构调整。

尽管绿色信贷为我国经济社会绿色、循环和低碳发展提供了巨大资金支持，但也有其局限性。对于具有良好的信用与有足够抵押物的企业来说，贷款融资是非常好的融资渠道。绿色贷款融资是贷款融资的一种，银行贷款适合处于相对成熟期的企业，因为银行贷款需要抵押担保、良

[①] 《2013 年度中国银行业社会责任报告》，2013 – 06。

好的企业财务报表、信用评级等，这对很多环保企业来说是很难满足的，可以从以下两个方面加以说明。

1. 对于中小型及新兴环保企业来说

环保领域的扩展和环保技术的发展十分迅速，使得大部分环保企业都是中小型企业或者新兴企业，这些企业往往没有抵押担保，更没有良好的财务报表，难以判断其金融风险，银行对它们融资的风险很大，因此很难获得银行贷款。由于启动资金不足，很多环保企业就无法成立，比如土壤修复行业、第三方治理后的脱硫脱硝行业等。中小型环保企业和新兴环保企业因为缺乏银行风险分析所依赖的抵押担保、财务报表和信用评级，很难获得贷款，这是绿色信贷面临的主要障碍。

2. 对于大规模环保企业来说

大规模的环保企业一般是基础设施类企业，例如污水处理厂、垃圾焚烧厂等，这些基础设施的投资主要集中在运营之前的建设期，且需求资金巨大，一般单个银行无法承担。由于处在建设期，缺少抵押担保和信用等级；同时，投资回收期长，导致银行回收贷款的期限很长。在这种情况下，银行也会谨慎考虑是否进行贷款。

五、我国绿色信贷实施中存在的问题

根据中国银行业协会统计，2013 年银行业金融机构积极推进电子化、信息化、低碳化的业务平台，创造性开发碳债券、碳基金、国际碳保理、低碳信用卡等"碳金融"产品，为应对气候变化贡献了力量；银行业金融机构始终将打造"绿色银行"作为节能减排的重点工作，从运营管理的每个细节入手，推行绿色办公、实施绿色采购，极大降低了自身运营对环境的影响。银行业通过实施绿色信贷、推广绿色环保文化等一系列工作，对我国绿色发展提供了坚实保障。但实践中仍存在一系列制约其发展的实际问题，这些问题主要体现在以下几个方面。

（一）配套法律制度薄弱

从贷款管理来看，一方面信贷从业人员对绿色信贷及环境和社会风险责任认识不充分；另一方面，目前国家对绿色信贷的政策规定大多是综合性和原则性的，商业银行在操作过程中，没有具体的参照目录和参照标准，无法准确作出对某些企业耗能、排污的环保评价，环境和社会风险贷前评估、贷后风险管理和风险防范与化解手段还十分薄弱，造成贷款流程不适应绿色信贷要求。加上当前相关配套法律制度建设滞后，缺乏有效的法律惩戒机制、环境保护的行业自律公约，造成银行若不遵守相关原则要求，也不会受到相应处罚，不执行绿色信贷政策的银行机构可能获得更强的竞争力，金融机构可能作出反向选择。

（二）缺乏有效的信息披露机制

不同银行对绿色和"两高一剩"行业都有各自的定义，导致不同银行信息缺乏可比性，也无法加总可信的绿色信贷总量数据。目前，我国环保政策和信息零散、缺乏统一管理与发布机制，加上环保专业性强，银行信息搜集成本高，从而在一定程度上制约了绿色信贷的推行。从企业能耗信息来看，地方能源监察管理体系不完善，对企业的能评工作刚起步，信息资料的真实性和时效性不强，银行无法获得有效信息。从环保信息来看，虽然目前国家环保部和人民银行已就征信系统环保信息共享达成协议，根据共享文件精神，环保部门每半月更新一次，但环保部门只在年终环保执法检查结束后才更新一次，环保部门信息报送滞后导致信息实用性打折，使得基层商业银行审查贷款时，在人民银行征信系统中难以查询到企业有用的环保信息，不利于金融部门对企业环保信息作出准确判断。

（三）缺乏激励机制

一方面，虽然实施了《节约能源法》，但对节能减排激励政策没有明确规定，仅限于如"国家实行有利于节能和环境保护的产业政策，限制发展高耗能、高污染行业，发展节能环保型产业"等概括性的规定，且节能标准、标志的制定和修订较为滞后，能效标准较少考虑未来的技术进步。《节能产品目录》尚未发布，无法对相关企业实施有效的政策补贴或税收优惠。另一方面，国家对金融支持节能环保企业可能出现的信贷风险也缺乏必要的财政贴息、所得税减免等相应的激励补偿机制，在一定程度上影响了金融机构信贷支持节能环保项目的积极性。

（四）绿色信贷政策适用范围的局限性

目前，《绿色信贷指引》及其配套统计制度均未提供绿色产业准入、技术、排放、能耗和循环利用的具体标准，金融机构在具体执行时面临很大困难。同时，现有政策既没有考虑事前的风险防范，只能借助环保部门关注企业环境违法行为的后果，也非覆盖全生命周期的授信决策机制，难以克服企业获得授信前后环境行为不一致的弊端。中国绿色信贷的国家政策导向性很强，并且依赖于环保部门和政府提供的数据资料。中国目前的绿色信贷政策仅适用于国内相关行业，而使国外融资暴露在环境污染的风险之中。相比之下，很多国际性银行制定了作为信贷管理工具的环境标准和政策。它们开发了内部环境政策、程序、标准和专业技能，而不仅仅依靠外部信息来进行授信审批。这有利于银行识别和避免一系列技术风险、法律风险或政治风险。另外，发展内部环保能力还增加了银行开发可持续性金融新产品和服务的可能。

（五）监管措施不到位

对绿色信贷的监管不力，缺乏充分有效的激励机制和评价系统。目前，绿色信贷的推进仍然主要依赖银行的"意识"和"社会责任"，并没有建立明确的赏罚机制。在做好节能减排工作过程中，中央银行未能与银监部门形成合力，还未建立起完善的监管激励与约束政策以及现场检查制度。虽然"两高"行业贷款呈逐步下降趋势，但增长的基数仍不容乐观。监管部门未将节能减排工作作为监管的重要内容，缺乏对未能落实节能减排政策金融机构的处罚措施，并且对金融机构尚未形成定期的专项检查，在一定程度上影响了金融支持节能减排工作的效果。主管部门之间的沟通协调不到位，疏于对各金融机构进行节能减排相关内容的培训。金融监管者与环保部门的协调沟通不足，未能及时完善和细化节能减排的行业目录、节能减排准入标准、重点项目和重点企业名录，也未对银行业金融机构有关人员开展培训，缺少各部门之间相互交流成功经验的平台。

另外，绿色产品种类不多，仍以传统流动资金贷款为主，缺乏量身定制的特色绿色金融产品。多重困难导致难以有效执行绿色信贷政策，一方面，在地方政府的压力之下，城市商业银行和农村合作金融机构往往被迫为非绿色项目发放贷款；另一方面，现有绩效考核机制下银行实现短期利润压力很大，而绿色信贷项目往往周期长、风险大、效益低，银行难有积极性。

六、发展绿色信贷的重要举措

完善绿色信贷制度，尽快将绿色信贷由指导性政策上升为一种约束性制度安排，进一步统一绿色信贷标准，规定绿色贷款指标，将银行和企业的环境、社会风险联系在一起，将环境、社会、气候风险评估纳入内部授信程序，强化环境利益相关者的联动，并强化对银行信贷人员违规行为的问责。具体而言，应做到以下几点。

（一）建立绿色信贷制度的激励机制

虽然从长远看，发展绿色信贷制度有助于商业银行改善信贷结构，但是会对商业银行的经营业绩造成一定的损失，因此需要利用各种激励措施以激励银行积极实施绿色信贷制度。

1. 政府提供税收减免优惠政策或提供财政贴息

银行践行绿色信贷制度，对从事循环经济、环境保护与建设的企业或机构提供信贷支持，并且实施低利率的优惠，或者放弃一些有环境风险的项目，会影响银行的盈利水平。为了激励银行业更好地实施绿色信贷制度，政府应该出台适当的税收减免优惠政策或提供财政贴息，以确保绿色信贷制度有效地执行。

2. 中央银行实施资金和价格倾斜

中央银行应该对积极履行绿色信贷制度的金融机构在再融资方面给予支持，适当降低再贷款、再贴现申请标准及利率。

3. 金融监管机构应在资本充足率等方面给予激励

金融监管机构可以考虑在资本充足率以及风险资产核定方面实施激励措施，将银行支持的环保产业项目的信贷资金不计入资本充足率的风险资产，或者降低这些贷款的计算权重。

（二）建立绿色信贷组织体系

建立以政策性金融为先导、商业银行为主体的绿色信贷组织体系，建立长效的绿色信贷投资机制。

1. 发挥政策性金融作用

利用中国农业发展银行、国家开发银行等对从事循环经济以及环境保护建设的企业或机构进行绿色信贷支持，突出其政策性金融的优势。通过建立支持绿色信贷的政策性金融组织，降低投入环保产业的金融资本的逐利性，突出其"绿色融资"功能。

2. 发挥商业银行支持绿色信贷的主渠道作用

在不断完善的社会主义市场经济体系中，政策性金融不应被视为支持绿色经济发展的金融主体，而应该以商业银行提供的绿色信贷业务的配套融资为主，这也是我国发展绿色金融的主要支撑力量。

3. 可仿照国外经验创建绿色银行

组建支持环保产业发展的新型绿色金融机构，如环保发展银行、绿色产业信托公司等金融机构，扩大环保产业融资渠道，促进绿色信贷制度的发展。

（三）建立绿色信贷制度执行标准

制定和完善绿色信贷业务指南、制定信贷产业指导目录，建立绿色信贷制度的实施标准。

1. 制定绿色信贷业务指南

借鉴赤道原则或者是国外先进经验，制定行业污染控制标准、环境绩效评估方法等绿色信贷业务指南。进一步开展特殊行业环境、健康和安全指南，为绿色信贷制度的实施提供技术支持。

2. 制定绿色信贷行业指导目录

从可能存在的具有高污染、高环境风险特征的行业入手，首先选择污染、环境风险负荷比重大的行业制定污染行业目录。组织环保系统专家、行业专家、生产企业专家等对相关目录进行研究、论证和评审。最终，建立污染行业目录。

（四）建立绿色信贷监督体系

为了促使金融机构健全项目融资环境影响调查和风险防范机制，需要强化外部约束，构建完善的绿色信贷监督体系。

1. 完善环保部门与金融部门的信息沟通和共享机制

环保信息的有效性和及时性是绿色信贷实施的重要前提，环保部门和金融部门应健全工作机构，明确职责分工，加强统筹协调，通过联席会议、企业征信系统、信息平台等方式，规范环保信息共享程序，完善环保部门与金融部门的信息沟通和共享机制。

2. 建立绿色信贷信息系统

在金融监管机构、政府环保部门、金融机构之间共享企业环保信息，借鉴个人征信系统，加强各部门之间的沟通，促进有关环境问题的金融决策的协调，减少决策风险。

3. 建立绿色信贷的监督检查机制

在立法的基础上，环保部门、人民银行和银监会对金融机构执行绿色信贷政策的情况进行监督检查，并且建立协调机制，进行有效的外部监督，严格信贷环保要求。

（五）开发和创新绿色信贷产品

我国应借鉴国外绿色金融工具的成熟经验，进行绿色信贷产品的开发，促进绿色金融市场的形成。

在国外，许多银行已经将环境因素作为投资、贷款和风险评价考虑的因素之一。企业可以凭借其"绿色"的形象获得绿色抵押贷款。美国银行按照对环境的影响对客户进行了评级，共分为5级，第3级、第4级、第5级的客户贷款需要抵押，而第1级、第2级的环境友好型企业一般不需要财产抵押。我国银行可以借鉴国外经验，逐步探索开发绿色抵押贷款业务。

第四章 绿色证券

一、绿色证券的内涵

绿色证券是一种形象的说法，指证券业的环保化。绿色证券最初的形成是我国环保与证券相结合的一项政策，主要是指重污染行业的生产经营公司，在上市融资和上市后的再融资等证券发行过程中，应当经由环保部门对该公司的环境表现进行专门核查，环保核查不过关的公司不能上市或再融资。所以初期的绿色证券制度单指上市公司环保核查制度。随着绿色证券制度的发展，其内涵不断扩大。2008 年 2 月，国家环境保护总局下发了《关于加强上市公司环境保护监督管理工作的指导意见》，明确提出要完善上市公司环保核查制度，探索建立上市公司环境信息披露机制和上市公司环境绩效评估制度。该指导意见为绿色证券内涵的基本确定提供了政策支持。

我们认为，绿色证券制度即是环境保护制度和证券监管制度的一种交融，是指针对企业的直接融资施行环保控制的相关措施，包括绿色市场准入制度、绿色发行和配股制度以及环保绩效披露制度，试图全方位抑制"双高"企业的无序发展。它要求政府在对证券市场的监管中纳入环境保护法的理念与方法，对拟上市的企业实施环境保护核查，对已上市企业进行绩效评估，促进上市企业环境信息披露，加强上市企业环境监管，综合运用多种手段，引导投资者投向"绿色企业"。

二、我国绿色证券的历史沿革

相比发达国家，我国的证券市场"绿色化"起步较晚。2001 年 9 月，国家环境保护总局发布《关于做好上市公司环保情况核查工作的通知》。文件中首次规定了股票发行人对其业务及募股资金拟投资项目是否符合环境保护要求应该进行说明，污染比较严重的公司还要提供省级环保部门的确认文件。这是绿色证券理念在我国政策中的最早体现。

2003 年 6 月 16 日，国家环境保护总局出台了《关于对申请上市的企业和申请再融资的上市公司进行环境保护核查的通知》，自此开展了重污染行业上市公司的环保核查工作，也可以算作绿色证券工作的正式开展。该通知要求对存在严重违反环评和"三同时"制度、发生过重大污染事件、主要污染物不能稳定达标排放或者核查过程中弄虚作假的公司，不予通过或暂缓通过上市环保核查。

2007 年，国家环境保护总局颁布实施了《关于进一步规范重污染行业生产经营公司申请上市或再融资环境保护核查工作的通知》以及《上市公司环境保护核查工作指南》，进一步推动了环保核查工作的进行。

2008 年 1 月 9 日，中国证券监督管理委员会发布了《关于重污染行业生产经营公司 IPO 申请申报文件的通知》，其中规定了"重污染行业生产经营公司申请首次公开发行股票的，申请文件应当提供原国家环保总局的核查意见；未取得环保核查意见的，不受理申请。"此通知被社会各界称作"绿色证券制度"，并备受重视。

2008 年 2 月 28 日，国家环境保护总局正式出台了《关于加强上市公司环保监管工作的指导意见》，标志着我国绿色证券政策基本建立完成。指导意见主要提出了四个方面的工作：进一步完善和加强上市公司环保核查制；积极探索建立上市公司环境信息披露机制；开展上市公司环境绩效评估研究与试点；加大对上市公司遵守环保法规的监督检查力度。

2008 年 5 月 14 日，上海证券交易所发布《上市公司环境信息披露指引》，规定在上海证券交易所上市的企业自愿或必须披露的环境信息的范围、披露环境信息的程序等。

2009 年 8 月 3 日，环境保护部下发《关于开展上市公司环保后督查工作的通知》，对 2007—2008 年通过该部门上市环保核查的公司开展环保后督查工作。2010 年 7 月，环境保护部发布的《关于进一步严格上市环保核查管理制度加强上市公司环保核查后督查工作的通知》也提出要建立完善上市环保核查后督查制度。

2010 年 9 月，环境保护部制定了《上市公司环境信息披露指南》（征求意见稿），用于规范上海证券交易所和深圳证券交易所 A 股市场的上市公司的信息披露。

2012 年 3 月 22 日，环境保护部发布《关于深入开展重点行业环保核查进一步强化工业污染防治工作的通知》，指出当时重点开展稀土、制革、钢铁、柠檬酸、味精、淀粉、淀粉糖、酒精行业环保核查工作，适时开展铅蓄电池和再生铅、多晶硅、焦炭、化工、石油石化、有色金属冶炼、铬盐等行业环保核查。

2012 年 10 月 8 日，环境保护部发布《关于进一步优化调整上市环保核查制度的通知》，指出要精简上市环保核查内容和核查时限，对首次上市并发行股票的公司、实施重大资产重组的公司，未经过上市环保核查需再融资的上市公司，将核查内容调整简化为五项，即建设项目环评审批和"三同时"环保验收制度执行情况；污染物达标排放及总量控制执行情况（包括危险废物安全处置情况）；实施清洁生产情况；环保违法处罚及突发环境污染事件情况；企业环境信息公开情况。对已经过上市环保核查仅再融资的上市公司，以及获得上市环保核查意见后一年内再次申请上市环保核查的公司，将核查内容简化为三项，即募投项目环评审批和验收情况、环保违法处罚及突发环境污染事件、企业环境信息公开情况。

从以上分析可以看出，我国绿色证券政策主要用于限制环境行为较差的企业的上市融资，很少用于促进环保企业的上市融资。

2011 年 12 月 15 日，国务院发布了《国家环境保护"十二五"规划》。规划提出，要鼓励符合条件的地方融资平台公司以直接、间接的融资方式拓宽环境保护投融资渠道。支持符合条件的环保企业发行债券或改制上市，鼓励符合条件的环保上市公司实施再融资。

2012年2月20日，环境保护部公布了《环境服务业"十二五"发展规划（征求意见稿）》。该稿指出，要加快环境金融服务发展。积极支持符合条件的环境服务企业进入境内外资本市场融资，通过股票上市、债券发行等多渠道筹措资金。鼓励金融机构加大对环保产业的投资，通过资源环境产权的交易与抵押等手段，实现环境产业与金融业的有机结合。

以上两项规划内容可以视为绿色证券用于促进环保企业上市的依据。但是，这方面具体的绿色证券政策尚未出台。

三、我国绿色证券的实践

绿色证券政策自2008年2月25日基本确立至今已经取得了阶段性的成果。为了保护广大投资者和公众利益，有效遏制高耗能、高污染企业的资本扩张，绿色证券政策中制定了上市公司环保核查、上市公司环境信息披露和上市公司绩效评估这三项制度，被人们称为拉动中国绿色证券发展的"三驾马车"。这三项制度分别从企业申请上市及上市后再融资的角度对企业进行了限制，取得了一定的效果。我国的《上市企业环保核查行业分类管理名录》当中对于重污染行业做了明确的界定：从事火电、发电、钢铁、水泥、电解铝行业的公司和跨省从事冶金、化工、石化、煤炭、火电、建材、造纸、酿造、制药、发酵、纺织、制革和采矿业公司。据我国环保部门统计，截至2008年底，我国境内A股上市公司超过1 600家。其中电力、钢铁、化工等行业的上市公司有490家，占上市公司总数的28%。申请上市的企业如果达不到环保核查的要求就无法拿到上市门票。尽管在这样严格的措施限制之下，近些年来"两高一资"行业中要求上市、再融资的企业数目并没有减少。越来越多的企业看到了上市的重要性，也意识到进行环保改革可以带来企业成本的降低，所以对上市前的环保核查工作表示理解并且积极的配合。可以说，企业上市前的环保核查工作不仅对企业自身的长远发展有益，同时也有助于对社会募集资金投资方向进行调控，遏制重污染企业的无序资本扩张，把环境污染降到最低。环保核查制度推行一年之后，环境保护部公布的资料显示，2009 年申请核查的公司共有 86 家，通过的有 40 家，扣除核查没有完成的企业仍有 9 家没有通过首轮环保核查。

2013 年 6 月，民间组织公众环境研究中心与绿色江南、绿色潇湘、商道纵横等多家机构共同发布绿色证券报告，从中国的大气环境污染问题入手，以水泥行业为突破口，揭示水泥上市公司违规排污、回避信息披露等问题，以此呼吁公众推动上市公司和它们的中外投资者承担责任。公众环境研究中心还设立了绿色证券数据库网站，投资者可以查询公司的环境表现、排放数据以及其关联方的相关数据，同时对部分金融投资者和实业型投资者在环境方面的表现进行评分。目前，该网站共收录近千余家上市公司的环境监管记录。

对于申请上市环保核查中出现问题的企业，环保部门本着预防的态度，对企业的环保问题进行判断进而给出建设性的意见，敦促企业进行环境整改行动，给所有要求上市的企业一次提高环境绩效的机会。对于通过上市核查或者已经整改合格的企业，国家会对其继续进行监督管理。绿色证券的出台对上市公司再融资环节进行了严格的环保行为限制。环境保护部 2010 年 5 月对 2007—2008 年已经通过了环保核查的上市公司进行复检，发现 58 家上市公司中有 11 家存在严重问题并且没有按期进行整改。但是很多公司对环境核查表现出了相当的不重视性，没有获得环保部门出具的正式环保核查复函就直接向监管部门提交再融资申请。这些状况都暴露出很多上市公司只重视自身的经济利润而忽视环境保护，对于环境核查存在轻视心态，不按照规定履行自身的环保义务。由于绿色证券不是在我国经济、法制等各方面非常成熟的情况下推出的，它在实施过程中必定会困难重重。但是制度建设是一项复杂而庞大的工程，只有各部门做好打持久战的准备、每个企业勇于承担起自己的社会责任，这项制度才能更好地推行下去。

四、绿色证券融资的特点

（一）绿色证券融资的优点

绿色证券是指政府在证券市场的监管中纳入环境保护的理念与方法，有机整合环境保护与证券监管制度的功能和优势，通过上市公司环保核查制度、上市公司环境信息披露机制和上市公司环境绩效评估制度，将资金引向"绿色企业"，防范环境和资本风险。绿色证券通过相关监管部门的激励和惩罚措施，为环境友好型上市企业提供各种融资便利和优惠待遇，对不符合环保要求的企业进行严格的限制。

相比于绿色信贷、绿色债券等其他融资方式，绿色证券的主要优点有：（1）因其长期性、稳定性的自身特点，能够为企业提供永久不必偿还的资本，对于环保企业资金的稳定性和降低财务支付风险有一定作用。（2）上市融资一次性可以为企业筹集大量的资金。（3）相对于债权融资，上市融资没有较多的用款限制，企业可以自由利用资金。（4）提高企业的知名度，为企业带来良好声誉。公司上市对企业知名度的提高毋庸置疑。上市公司能比同业中的非上市公司更容易被顾客知道，而市场上的需求者对上市公司的信用预期要高于非上市公司。经营同类产品的企业中，消费者在初次接触的情况下，对上市公司的信任度往往更高，使上市企业比非上市企业获得的市场机会更多，竞争力也就更强。（5）有利于帮助企业建立规范的现代企业制度。首先，股票的发行、企业的上市有一整套严格的审核程序，经过对资产价值、财务报告的客观评价，并要求企业实行全面的信息披露。这些都有力地促进了上市企业的规范化管理。其次，为了符合法律法规要求，达到上市标准，企业将自觉地转变经营机制，提高管理水平和技术力量，增强企业的市场竞争力。最后，经过股权的出让，投资者之间的关系产生变化，使企业的发展模式和管理方式也发生了相应变化。对于潜力巨大，但风险也很大的科技型环保企业，通过在创业板发行股票融资，是加快企业发展的一条有效途径。

（二）绿色证券融资的缺点

绿色证券也有其不足，这种不足主要体现在以下几个方面。

（1）融资成本相对较高，具有较高的融资费用，相对于其他融资方式，在企业准备上市的过程中，企业要承担例如评估、律师事务、上市的佣金等费用，而且企业上市增发股票还要承担股利等，由于股利并没有税盾效应，融资成本很高。而对于中小型以及新的环保企业来说，较高的融资成本并不太适合它们。

（2）我国企业上市具有一定要求，不适用于环保企业中的新企业和萌芽期的小中型企业。根据我国相关规定，上市融资的企业必须满足以下几个法定条件：最近3个会计年度净利润均为正数且累计超过人民币3 000万元，净利润以扣除非经常性损益前后较低者为计算依据；最近3个会计年度经营活动产生的现金流量净额累计超过人民币5 000万元，或者最近3个会计年度营业收入累计超过人民币3亿元；发行前股本总额不少于人民币3 000万元；最近一期末无形资产（扣除土地使用权、水面养殖权和采矿权等）后占净资产的比例不高于20%；最近一期末不存在未弥补亏损；国务院规定的其他约束条件。对于处于萌芽期的环保企业来说，以上要求很难达到。

五、我国绿色证券实施中存在的问题

（一）在技术方面存在的问题

绿色证券在实施过程中涉及环保部门、证券监督管理部门、地方政府及接受核查的企业。

1. 各部门之间的环境信息共享机制不够完善

绿色证券中规定企业上市须经过环保部门的核查工作之后才可以上市或者再融资。但是由于我国各部门之间的信息共享机制没有建立，就在很大程度上阻碍了环保部门和证券监管部门之间对于企业核准的效果。

由于信息不对称就容易造成企业虽然环境核查没有通过但蒙混过关，直接向证券监管部门申请上市。这样就大大地削弱了环境核查的意义。同时，省级环保部门和国家环保总局没有严格的同步环保核查机制，也给地方政府对污染企业进行保护提供了可乘之机。由于企业给地方政府带来大量的财政收入，地方环保部门直接给予企业绿灯放行，开出合格证送报国家环保部门批复，这样就给绿色证券政策的有力推行带来很大的阻碍。

2. 对于绿色证券的相关基础研究还不成熟

从绿色信贷、绿色保险到绿色证券的出台，国家环保工作组只用了半年多时间，一项制度的制定是非常耗费时间和需要大量调查研究的。绿色证券出台后虽然收到了一定的成效，但是对于涉及的相关细化因素的研究还不够透彻。其中，对涉及的双高行业的产品生产、消费过程中可能造成的损害环境的行为、造成的外部不经济成本都没有量化研究，从而导致对环境保护的成果难以准确估量。而且对制度规定的配套名录和相关的准则无法做到及时更新，制度的应急性难以得有效发挥。对可能不断出现的新的环境污染问题难以起到预防的作用，绿色证券也因此沦为滞后性制度。

3. 各部门的职能与权限有待准确划分

政策的推动需要各部门的协调合作。在绿色证券推出后，上市公司一次次发生重大污染事件也暴露出环保部门在制度监管中的尴尬地位。我国环境保护总局在 2008 年部委改制时升级为环境保护部，成为国务院的直属部门。这次调整说明了环境保护部可以有更多的机会参与环境工作的综合决策，也充分体现了国家对于环保工作的重视。但是在推行过程中，环保部门的权力只是有限权力。地方环保部门在核查出企业存在环境问题时，只是要求企业限期整改暂缓上市或者再融资，而地方政府的出面保护往往让企业得以顺利上市或再融资。环保部门在与地方政府在面对经济发展和环境保护的博弈中往往处于无力可施的尴尬境地。

4. 企业的环境绩效科学核算体系处于空白状态

企业的环境绩效指的是企业在其生产经营中在环境保护和治理污染

方面取得的成效。我国的绿色证券政策由上市环保核查、上市公司环境信息披露、上市公司环境绩效评估三项制度构成。环境绩效的准确核算可以直观地了解企业的环境行为、为相关部门提供监管信息、为投资者的投资方向提供准确的参考。企业的环境绩效核算包括企业在与环境有关的活动中发生的财务状况和企业主观意识上对环境和资源作出的利好行为或者对环境的损害行为。但是由于企业对于环境的贡献或是损害往往嵌在生产、经营的各个环节中，无法用具体的价格来表示，所以亟待建立一套科学的企业环境绩效核算体系。

（二）在政策方面存在的问题

绿色证券政策对于企业在申请上市和再融资方面的内容、程序、标准做了明确的规定。但是实施起来，由于各个利益部门的软性执行大大削弱了绿色证券政策的初衷，从而为很多上市公司的资本无序扩张提供了便利，对环境和资源造成了严重的损害。绿色证券制度在政策方面的问题主要体现在以下几个方面。

1. 上市前核查监管疏松

我国出台的《关于加强上市公司环保监管工作的指导意见》对申请上市的企业的环境核查内容、对象和程序做了要求。但是其中的"限期整改"成了很多高污染、高消耗企业和地方政府的折中方案。"限期整改"的含义就是申请上市的企业在环境核查中无法达标但是急于上市，所以通过地方政府出面，企业只要作出了限期整改的承诺，就可以拿到核查合格书先行上市。很多企业拿到上市许可证后，完全背弃了环境整改的承诺，急于大力募集资金扩大生产最终造成严重的环境污染。紫金矿业就是最典型的例子。在申请上市屡次因为环境核查不达标被拒后，签订了限期整改承诺书，于2010年的4月在A股上市，在生产过程中多次由于无法完成限期整改被曝光。可以说，限期整改使绿色证券中最关键的企业上市核查的限制作用大打折扣。无法通过核查的企业可以通过限期整改打出时间差，走迂回路线上市，绿色证券政策的效力被削弱。

2. 官员问责机制不够完善

制度不仅需要科学制定更需要刚性的执行。绿色证券制度由于涉及不同社会参与体的利益，所以实施起来更需要各部门宏观的指导、协调和配合以及以维护公众利益为目标加强监管。绿色证券政策制定初衷是好的，但是由于很多地方政府出于对财政收入的考虑而没有得到很好的执行。地方政府对于高污染高耗能企业的放行，也充分地暴露出某些官员无视群众利益、大搞政绩工程的错误理念。通过建立起完善的官员问责制度有助于绿色证券政策在实施过程中每个环节都得到有效地执行，防止权力寻租、腐败以及"上有政策下有对策"情况的出现。

3. 环境信息披露制度不完善

绿色证券政策出台后，我国环保部门就致力于对"上市公司环保信息披露制度"的研究和建设，并且出台了《环境信息公开办法（试行）》（国家环境保护总局令第 35 号）以及《关于进一步严格上市环保核查管理制度 加强上市公司环保核查后监查工作的通知》（环发〔2010〕78号）。环境保护部提出"要求各省级部门将上市公司主动披露环境信息和发布年度环境报告书的情况作为上市环保核查的内容"，从而使环境信息披露制度给上市后的企业以很好的长效压力。

然而，我国目前的环境信息披露制度并不完善，存在一些问题，主要体现在：一是对于披露的内容规定较为简单笼统，导致大部分企业在环境信息中只是介绍企业环境政策或是节能减排、环境方面财务状况等定性的描述，对于排放物的种类、污染程度、排放时间、排放量都没有进行具体披露。二是披露的相关主体责任界定不明确。三是我国将上市公司环境信息披露内容分为强制性披露和自愿性披露两种。对于强制性披露的信息，由于没有建立完善的监督核查体系，不能保证上市公司完全准确地对自己的环境信息进行披露。而自愿性环境信息披露主要依靠的是经营者的自觉性，而且披露形式没有具体要求。因此，导致企业往往只选择好的内容进行披露。

4. 尚无各部门协调机制

由于绿色证券政策的出台，上市公司将不再只受证监会单一监管，想要上市或者再融资的企业将受到证监会和环保部门的双重监管，而且绿色证券政策还涉及环境保护部、国家发改委、财政部、证监会等多个部门。一项政策只有每个部门都积极地参与其中，出现问题协调解决才能更好地执行和发展下去。环境保护部在各主体中处于非常重要的位置，不仅是各项环境政策的制定者，而且也是对企业环境保护方面的监管人，而其他制度参与部门及下属单位应该对环境保护部制定的政策严格执行。我国目前没有建立完善的各部门协调机制，导致了很多制度无法及时建立。公众一直热切期盼的环境信息披露制度迟迟没有建立，原因之一就是环境保护部和证监会在是否联合推出环境信息披露制度上没有达成协议。在我国上市公司的信息披露主要在《上市公司信息披露管理办法》中进行了规定，并且由证监会进行监督管理，而且证监会认为上市公司的环境信息披露同样可以隶属于此规定，这样就造成了环境保护部在上市公司信息披露方面没有监管权力。对于绿色证券政策来说，对于环境信息披露的监管特点之一就是跨部门性。如果没有完善的部门协调机制，绿色证券政策的作用难以得到很好的发挥。

此外，还有很重要的一点问题是，绿色证券目前仅被用于限制不符合环境条件的企业的上市融资，而未被用在促进环保企业的上市融资上。因此，想要更好地发挥绿色证券在环保融资中的作用，还需要促进环保友好型企业上市融资的具体政策的出台。

六、推动绿色证券发展的政策措施

由于绿色证券主要是政府部门行政推动的结果，目前尚处于政策性探索阶段，其在执行过程中不可避免地面临许多问题，只有正确认识并解决这些困难和问题才能更好地运用绿色经济杠杆，服务于我国经济社会的健康发展、经济结构的良好转型以及经济增长方式的实质转变。

（一）尽快完善立法，加大执法力度

好的制度需要立法来保障实施。西方很多国家都在立法中加入了经

济手段的规定。美国等国家在立法中关于企业环境信息披露制度的规定就充分体现了这一点。目前，我国绿色证券制度处于立法空白的阶段，对上市公司的环境行为没有明文的规定。环保部门在对上市公司进行环境行为和信息披露监察时无法可依，对相关政策的执法也缺乏力度。因此，我国应该针对上市公司的环境行为尽快完成立法，同时相关执法部门应该充分履行职责，提高执法力度。

（二）完善上市公司的环保核查制度

目前，国家对上市公司在申请上市和再融资两个时段要求进行环保核查，但证监部门的人员对环保知识了解很少，环保部门拿出的核查报告对企业能否申请上市或再融资成功具有一票否决的作用，此重要环节也缺少监督管理。因此，可以设立环保核查监管部门，并对证监人员进行一定的环保培训，对于重污染企业的主要污染物防治、排放标准、治理措施等做到一定的了解，有助于协助环保部门完成环保核查，同时对环保部门起到监督的作用。

（三）严格环境信息披露制度

环境信息披露制度对于督促企业切实履行社会责任，保护证券市场投资者的利益和防范环境风险都具有重要的意义。目前，我国已经建立起了以《公司法》《证券法》为主体，以证监会发布的一系列关于信息披露的内容和格式准则为具体规范的较为完善的上市公司信息披露基本框架，以及首次披露（招股说明书、上市公告）、定期报告（中期报告、年度报告）和临时报告（重大事项报告）三部分组成的信息披露制度。但是，令人遗憾的是，这一信息披露制度中尚未专门包含环境信息的披露。国家环境保护总局 2008 年 2 月 22 日发布的《关于加强上市公司环境保护监督管理工作的指导意见》，明确了上市公司重大环境事件的临时报告制度，对重大环境事件予以明确界定，这一临时报告制度也应纳入到环境信息披露制度中。在当前我国环境会计体系尚未建立起来的情况下，应当要求企业（主要是重污染行业的上市公司）定期编报企业环境报告，专门披露上市公司在报告期间内的环境信息，其报告内容可参考发达国家的环境会计报告制度。此外，还可借鉴上市公司的其他信息披露制度，要求上市公司在按照要求公开其财务报告的同时，披露其在该报告期间内发生的与环境有关的重大事项。环境监管部门应当加强与证券监管部门的进一步合作，及时向证监会通报并向社会公开上市公司受到环境行政处罚及其执行的情况，公开严重超标或超总量排放污染物、发生重特大污染事故以及建设项目环评严重违法的上市公司名单，由证监会按照《上市公司信息披露办法》的规定予以处理。对未按规定公开环境信息的上市公司名单，也应及时、准确地通报中国证监会，由中国证监会按照《上市公司信息披露办法》的规定予以处理。

（四）加强各部门协调机制

我国绿色证券制度的权力配置主要分为三个方面：中央环保部门和地方环保部门；地方环保部门和没有任何隶属关系的地方政府部门；环保部门和证监会。环保部门、地方政府和证监会之间的协调联动机制尤为重要。目前，我国绿色证券制度实施的障碍之一就是地方政府出于财政收入考虑对高污染企业进行保护，这样就大大削弱了绿色证券制度的效果。环保部门和地方政府之间虽然没有直接的隶属关系，但是由于地方环保部门的人事任免和财政都受制于地方政府，这样就无形中将地方环保部门的权力架空，使环保部门言之无力。对绿色证券进行立法时应该充分肯定环保部门的权力地位，避免地方政府的越权、职能错位现象的发生。同时，建立环保部门和证监会的联动机制，信息及时共享。对于环保部门提出警告的双高企业应该坚决中止其上市或融资。

绿色证券用于环保企业的上市融资或者上市企业的再融资，然而，目前我国大部分环保企业是新生的企业，还达不到上市的要求，这使得绿色证券在环保领域的应用有一定的局限性，因为它仅适用于那些已经上市的环保企业或者有一定实力能够上市的环保企业。

第五章　绿色债券

一、绿色债券的内涵与功能

　　绿色债券是债券的一种，是用于绿色环保领域的债券的统称。绿色债券是为了环境保护、可持续发展或气候减缓和适应项目而开展融资的债券。它是债券市场上的一个新品种。债券发行人可以是政府，也可以是银行或者企业，债券购买人（投资者）可以是各类投资机构或个人，募集到的资金一般投向可再生能源发展、改善供水环境投资、低碳运输、节能建筑等领域。

　　国际上已经发行绿色债券的机构包括：世界银行、亚洲开发银行、英国绿色投资银行、韩国进出口银行等。这些债券的承销商一般是国际主要投资银行，投资者包括大型的机构投资者和部分高净值的个人投资者。这些债券的平均期限为5~6年。从2007年开始，全球发行的绿色债券的总市值超过50亿美元，其中世界银行占了大约一半。

　　由于绿色债券是债券的一种，所以对一般债券的分析有助于加深我们对绿色债券的认识。

　　债券是政府、金融机构、企业等机构在直接向社会筹借资金时，向投资者发行，并且承诺按一定利率支付利息并按约定条件偿还本金的债权债务凭证。债券的本质是债的证明书，具有法律效力。债券的购买者与发行者之间是一种债权债务关系，债券发行人即为债务人，债券持有人（投资者）即债权人。因此，债券包含了四层含义：（1）债券的发行人（政府、金融机构、企业等机构）是资金的借入者；（2）购买债券的投资者是资金的借出者；（3）发行人（借入者）需要在一定时期还本付息；（4）债券是债的证明书，具有法律效力。

债券的种类有很多，但在内容上都包含一些基本的要素，这些要素是发行的债券上必须载明的基本内容。债券的基本要素包括：（1）票面价值。债券的票面价值，是发行人对债券持有人在债券到期后应偿还的本金数额，也是企业向债券持有人按期支付利息的计算依据。债券的面值与债券实际的发行价格并不总是一致的，发行价格大于面值称为溢价发行，小于面值称为折价发行。（2）偿还期。债券偿还期是指企业债券上载明的偿还债券本金的期限，即债券发行日至到期日之间的时间间隔。公司要结合自身资金周转状况及外部资本市场的各种影响因素来确定公司债券的偿还期。（3）付息期。债券的付息期是指企业发行债券后的利息支付的时间。它可以是到期一次支付，或1年、半年或者3个月支付一次。在考虑货币时间价值和通货膨胀因素的情况下，付息期对债券投资者的实际收益有很大影响。到期一次付息的债券，其利息通常是按单利计算的；而年内分期付息的债券，其利息是按复利计算的。（4）票面利率。债券的票面利率是指债券利息与债券面值的比率，是发行人承诺以后一定时期支付给债券持有人报酬的计算标准。债券票面利率的确定主要受到银行利率、发行者的资信状况、偿还期限和利息计算方法以及当时资金市场上资金供求情况等因素的影响。（5）发行人名称。发行人名称指明债券的债务主体，为债权人到期追回本金和利息提供依据。

债券作为一种债权债务凭证，与其他有价证券一样，是一种虚拟资本。债券作为一种重要的融资手段和金融工具，具有以下特征：（1）偿还性。债券一般都规定有偿还期限，发行人必须按约定条件偿还本金并支付利息。　（2）流通性。债券一般都可以在流通市场上自由转让。（3）安全性。与股票相比，债券通常规定有固定的利率。与企业绩效没有直接联系，收益比较稳定，风险较小。此外，在企业破产时，债券持有者享有优先于股票持有者对企业剩余资产的索取权。（4）收益性。债券的收益性主要表现在两个方面：一是投资债券可以给投资者定期或不定期地带来利息收入；二是投资者可以利用债券价格的变动，买卖债券赚取差额。

二、绿色债券的分类与历史沿革

根据发行主体的不同，可以把绿色债券划分为银行绿色债券、地方政府绿色债券、市政绿色收益债券和企业绿色债券。

（一）银行绿色债券

银行绿色债券是指由银行发行的用于环保投资的债券，也就是说，银行通过在市场公开或者以私募的方式发行债券筹集资金，然后再将所筹集到的资金投向环保领域。银行绿色债券是银行债券的一种，与银行其他债券的不同点在于资金投资方向为绿色环保领域。一般来说，银行可以通过发行债券来补充其附属资本。银行发行的债券可以分为三种类型。

1. 商业银行次级债券

根据《商业银行次级债券发行管理办法》（2004 年），商业银行次级债券是指商业银行发行的、本金和利息的清偿顺序列于商业银行其他负债之后、先于商业银行股权资本的债券。商业银行次级债券的发行人是依法在中国境内设立的商业银行法人，商业银行可以在全国银行间债券市场公开发行或私募发行次级债券，也可以以私募方式筹集次级定期债务。

商业银行公开发行或者私募次级债券是有一定条件的。根据《商业银行次级债券发行管理办法》（2004 年），商业银行公开发行次级债券应具备以下条件：实行贷款五级分类，贷款五级分类偏差小；核心资本充足率不低于5%；贷款损失准备计提充足；具有良好的公司治理结构与机制；最近三年没有重大违法、违规行为。商业银行以私募方式发行次级债券或募集次级定期债务应符合以下条件：实行贷款五级分类，贷款五级分类偏差小；核心资本充足率不低于4%；贷款损失准备计提充足；具有良好的公司治理结构与机制；最近三年没有重大违法、违规行为。

2. 商业银行公司债券

根据《关于商业银行发行公司债券补充资本的指导意见》，商业银行可以发行符合资本工具合格标准、经中国银监会认定可计入商业银行资本的公司债券。商业银行公司债券的发行人为在上海证券交易所、深圳证券交易所上市的商业银行，或发行境外上市外资股的境内商业银行，或申请在境内首次公开发行股票的在审商业银行，也就是上市或者拟上市的商业银行。

3. 商业银行混合资本债券

我国商业银行混合资本债券属于混合型证券，是针对《巴塞尔资本协议》对混合资本工具的要求而设计的一种债券形式，所募资金可计入银行附属资本。

我国混合资本债券的发行从一开始就是在《巴塞尔资本协议》的框架下，参照成熟金融市场的经验进行探索的。从 2004 年开始，监管部门和部分商业银行开展了对混合资本工具的有关研究，2005 年 12 月，中国银监会下发《关于商业银行发行混合资本债券补充附属资本有关问题的通知》，允许符合条件的商业银行发行混合资本债券，这些银行在满足若干规定的条件下可以将混合资本债券计入附属资本。2006 年 9 月，中国人民银行发布第 11 号公告，对商业银行在银行间市场发行混合资本债券行为作出具体规范。之后不久兴业银行即按照监管规范在全国银行间市场成功发行首只混合资本债券，发行总额 40 亿元，期限 15 年（经中国银监会批准发行人 10 年后可赎回）。混合资本债券的最突出特点是通过一定的利息递延条款、受偿顺序安排和暂停索偿权安排，使其具有一定的资本属性。

（二）地方政府绿色债券

地方政府绿色债券属于地方政府债券的一种。地方政府债券是指地方政府根据本地区经济发展和资金需要状况，以承担还本付息责任为前提，向社会发行的债券，是地方政府根据信用原则、以承担还本付息责任为前提而筹集资金的债务凭证。地方政府债券一般用于交通、通信、住宅、教育、医院和污水处理系统等地方性公共设施的建设。地方政府债券概念与中央政府发行的国债相对应，地方政府债券一般也是以当地政府的税收能力作为还本付息的担保。

地方政府债券的发行主体是地方政府，地方政府一般由不同的级次组成，而且在不同的国家有不同的名称。美国地方政府债券由州、市、区、县和州政府所属机关和管理局发行。日本地方政府债券则由一般地方公共团体和特殊地方公共团体发行。前者是指都、道、府、县、市、镇、村政府，后者是指特别地区、地方公共团体联合组织和开发事业团等。

地方政府债券的安全性较高，被认为是安全性仅次于国债的一种债券，而且，投资者购买地方政府债券所获得的利息收入一般都免缴所得税，这对投资者有很强的吸引力。

地方政府绿色债券是地方政府债券的一种，是地方政府为了建设与环境保护相关基础设施而发行的债券。

（三）市政绿色收益债券

市政绿色收益债券是市政收益债券的一种，其中在环保领域所发行的债券即为市政绿色收益债券。收益债券是市政债券的一种，但与地方政府债券不同，收益债券与特定项目相联系，其还本付息来自投资项目自身的收益，比如自来水、城铁和机场的收费等，因此同样可以运用于例如污水处理厂等环保基础设施的建设。

市政收益债券的发行人、发行目的及其投资项目均具有特定性，故而呈现以下几个方面的特征：（1）发行人必须是某级地方政府授权的代理机构（如市政建设公司）；（2）所筹集的资金用于公用设施的建设，而不是用于发放工资、弥补行政经费和社会保障资金不足等方面；（3）偿债资金来源于项目自身的收益（不排除政府给予一定限额的补助）；（4）享有特殊的优惠待遇，一般免缴或减收利息税；（5）采取市场化的运作方式。

（四）企业绿色债券

1. 绿色债券的特点

国务院 1993 年 8 月颁布实施的《企业债券管理条例》规定："企业债券，是指企业依照法定程序发行、约定在一定期限内还本付息的有价证券。"环保企业以环境保护为目的而发行的企业债券，即为企业发行的绿色债券。

企业债券代表着发债企业和投资者之间的一种债权债务关系，债券持有人是企业的债权人，企业债券持有人有权按照约定期限取得利息、收回本金，转让、抵押和继承企业债券，但是无权参与企业的经营管理。企业债券持有人对企业的经营状况不承担责任，但企业债券风险与企业本身的经营状况直接相关。如果企业发行债券后，经营状况不好，连续出现亏损，可能无力支付投资者本息，投资者就面临着受损失的风险。所以，在企业发行债券时，一般要对发债企业进行严格的资格审查或要求发行企业有财产抵押，以保护投资者利益。另外，在一定限度内，证券市场上的风险与收益呈正相关关系，高风险伴随着高收益。企业债券由于具有较大风险，所以利率通常也高于国债。

按照《企业债券管理条例》规定，企业债券的发行主体为中华人民共和国境内具有法人资格的企业，除此规定的企业外，任何单位和个人不得发行企业债券。按照《中华人民共和国企业法人登记管理条例》《中华人民共和国公司登记管理条例》等规定，企业法人是指依法成立的，具有符合国家法律规定的财产、经费、名称、组织机构和场所等法定条件，能够独立承担民事责任，经工商行政管理机关登记注册的社会经济组织。

按照《国家发展改革委关于进一步改进和加强企业债券管理工作的通知》（发改财金〔2004〕1134 号）规定，企业申请发行企业债券应符合下列条件：（1）所筹资金用途符合国家产业政策和行业发展规划。（2）净资产规模达到规定的要求，根据《中华人民共和国证券法》第十六条规定，企业在发行企业债券时，"股份有限公司的净资产不低于人民币三千万元，有限责任公司的净资产不低于人民币六千万元"。(3) 经济效益良好，近三个会计年度连续盈利。(4) 现金流状况良好，具有较强的到期偿债能力。(5) 近三年没有违法和重大违规行为。(6) 前一次发行的企业债券已足额募集。(7) 已经发行的企业债券没有延迟支付本息的情形。(8) 企业发行债券余额不得超过其净资产的40%。用于固定资产投资项目的，累计发行额不得超过该项目总投资的20%。(9) 符合国家发展改革委根据国家产业政策、行业发展规划和宏观调控需要确定的企业债券重点支持行业、最低净资产规模以及发债规模的上限、下限。(10) 符合相关法律法规的规定。

我国企业债券市场是随着我国经济改革和对外开放不断深入而不断发展的，其间经历了一波三折的复杂过程，有过20世纪90年代初的辉煌，也出现了1994年、1995年的低潮。但总体来看，我国企业债券市场从不规范到逐步规范，人们对企业债券的认识也在逐步提高，发行方式、利率设置等方面也正在向市场化方向迈进，信用评级、会计师和律师的作用也在进一步提高，正朝着健康有序的方向发展。

2. 绿色债券的实践

2010年5月25日至27日，国际排放贸易协会（IETA）与世界银行共同在德国科隆召开了一场商品交易会。会上，IETA正式提议发行"绿色债券"，以刺激投资，复苏当时丑闻缠身的碳交易市场。在IETA提议下，各银行及金融家购买了由国际机构进行担保的"绿色债券"，这些国际机构包括世界银行、亚洲开发银行、美洲开发银行等。绿色债券有低息的特点，发展中国家可以通过将本国的碳排许可卖入国际市场来支付部分利息，并偿还本金。同时，为确保碳减排目标实现，国际机构将对未完成目标的国家进行罚款，如提高以后借贷的门槛等。

2008年，世界银行发行了第一只绿色债券，将这一金融工具作为一种融资手段来减缓气候变化。自此之后，大多数绿色债券都是由AAA级的多边组织发行的。自2008年以来，世界银行先后进行了61笔绿色债券交易，已筹集到超过45亿美元资金，国际金融公司（IFC）也已发行了34亿美元的绿色债券，其中包括2013年两次发行的10亿美元基准规模（Benchmark - sized）的绿色债券。世界银行和 IFC 均具备 Aaa/AAA 级债券信用评级，这是吸引投资者的一大优势。

世界银行和 IFC 为绿色债券筹集的资金设立了单独账户，专门用于支持符合一定条件的项目。这两家机构拥有规模庞大的与应对气候变化相关的业务，其中世界银行年均批准 55 亿美元，用于支持开展减缓和适应气候变化行动的项目。2013 年，国际金融公司的"气候智能型"投资业务总额增长了 50%，达到 25 亿美元。

IFC 在 2013 年 11 月发行的 10 亿美元绿色债券吸引了新一批投资者，包括福特汽车公司、微软公司以及巴西和德国中央银行等机构；世界银行在 2014 年 1 月发行的浮动利率绿色债券，除吸引了那些一直关注于此的投资者（Sustainable Investors）外，还吸引了多个其他大型机构投资者，如黑石（Black Rock）集团（又称贝莱德集团，美国最大的投资管理公司，总部位于纽约）、美国教师养老基金 TIAA - Cref 以及高盛集团私人财富管理公司等。另外，苏黎世保险公司也宣布，将投资 10 亿美元认购世界银行、IFC 和其他开发银行发行的绿色债券。

世界银行和 IFC 的实践对推动全球绿色债券市场的发展发挥了关键作用。发行债券筹集到的资金有效地支持了应对气候变化的投资项目。值得分享的案例包括：在突尼斯地下水资源紧张的农村地区，世界银行使用发行的绿色债券帮助其提高了农业灌溉和民众供水效率；在中国，绿色债券所筹集的资金被用于开展防洪管理，建立预警系统，从而帮助了部分地区提高了应对自然灾害的能力；在哥伦比亚和墨西哥，绿色债券发行所得资金支持了城市地区建立了高效的、大运量的公交系统。

除此之外，在其他一些国家，绿色债券所筹资金还支持当地实施了一些非常有效的可再生能源项目。IFC 发行的绿色债券支持了可再生能源和节能领域的私营部门投资也同样值得分享。例如，绿色债券帮助南非从燃煤火电向太阳能发电转型工程，以帮助那里实现发电方式多样化；绿色债券还帮助了亚美尼亚一家银行引入节能住宅贷款业务，从而帮助了那里的居民降低了用电需求和电费。

由于时间短、无任何可借鉴模式，绿色债券市场固然存在不够成熟因素，但其巨大的发展潜力已经显而易见。目前，更多的发展态势都表明了这一市场主题对投资者所产生的价值。随着投资者对绿色债券的需求日益增大，北美洲、欧洲和亚洲地区的绿色债券发行方也逐渐增加，其中包括开发银行、地方政府、公司和公用事业企业等各种所有制形式的机构。

2013 年 12 月，法国 EDF 公司再新发行了一种绿色债券，自此次 14 亿欧元债券的发行之初起，投资者对该债券的认购量超出了发行量的两倍。这表明市场对发展气候融资有着强烈兴趣，也表明此类绿色债券的发行拥有推动气候融资的强大能力。

韩国进出口银行（KEXIM）成为亚洲第一家发行"绿色债券"的企业。投资者趋之若鹜的事实证明，市场对于绿色债券的需求确实很大。KEXIM 发行的首批 5 亿美元绿色债券一经上市便扫荡一空。投资者们趋之若鹜，需求量是供应量的三倍还多，达到 18 亿美元。KEMIX 绿色债券的发行并非全无风险。尽管信用评级机构给它的信用级别很高，但并不是最高级，债券的安全度也不及典型的超国家金融机构绿色债券。然而，投资者们趋之若鹜的热情表明了市场对绿色债券需求日益广泛。

继 KEXIM 之后，亚洲金融市场即将有几个以气候为主题的小规模债券陆续上市：一家印度尼西亚的地热能企业、一家印度的风能企业以及一家菲律宾的地热能企业，这些企业都寻求通过这种融资方式来为扩展经营或新项目融资。

为进一步提升绿色债券对发行者和投资者的明确性和透明度，13 家商业银行和投资银行于 2014 年 2 月联合发布了一套自愿性绿色债券原则，介绍了绿色债券认定、信息披露、管理和报告流程。诸项原则是由 13 家银行在与 IFC、世界银行以及其他绿色债券发行者和投资者的磋商的基础上制定的，其意义显而易见。世界银行行长金墉指出，这些原则的出台，是为可再生能源和清洁技术领域，尤其是绿色增长融资缺口较大的新兴市场国家吸引更多融资而迈出的关键一步。金墉行长在达沃斯论坛期间呼吁有关各方成倍扩大绿色债券市场规模，力争使其于 2015 年 12 月巴黎联合国气候变化谈判启动之前至少达到 500 亿美元。世界银行要抓住机遇，借助市场对绿色债券的兴趣和关注，扩大对绿色资产进行投资的投资者队伍。因为绿色债券原则上具有为新发行者和更多债券认购者提供指导的作用，市场对这些原则的反响相当积极，因而进一步扩大发行者和投资者队伍的预期非常看好。摩根大通董事总经理 Marilyn Ceci 表示："通过增加资本来针对性地解决严峻的环境问题是至关重要的。未来应该提高绿色债券市场的透明度与完整性，增强投资者的信心，绿色债券相关标准能够帮助扩大环保项目的资本配置，真正实现环境效益。"

根据"气候债券行动（CBI）"与汇丰银行联合发布的报告，2010 年到 2020 年全球会有 10 万亿美元与低碳能源相关的投资，其中 6 万亿美元为贷款和债券。据悉，亚洲和欧洲的投资者对绿色债券表现出极大热情，也表现出目前投资对于环境友好型金融产品的较高预期。

中国作为新市场，绿色债券市场的发展超乎想象。2012 年，绿色债券的销售规模是 30 亿美元。而 2014 年前 6 个月，绿色债券销售总额约为 200 亿美元，几乎是 2013 年全年销售额的两倍。所有绿色债券的评级都是投资级；许多被两倍或三倍超额认购；2013 年起，将近一半的绿色债券由公司发行，此前绝大多数是由诸如世界银行这样的全球性机构出售。

2014 年 5 月 12 日，由上海浦东发展银行和国家开发银行联席主承销的规模 10 亿元的中广核风电有限公司附加碳收益中期票据（以下简称碳收益债券）在银行间市场成功发行，利率为 5.65%，成为国内首只碳收益债券。其中，碳债券结构中包含的碳收益分享机制、跨市场要素属性、浮动利率与固定利率组合定价模式等对于有关部门的注册工作也是尝新与突破。作为国内首只与节能减排紧密相关的债券，其通过设计固定利率挂钩碳收益作为浮动利率的交易结构，填补了国内与碳市场相关的直接融资产品的空白。银行间市场债券产品正撬动国内碳交易市场的纵深发展，对未来以金融市场手段引导产业转型升级具有推广深意。

2014 年 6 月 17 日，世界银行旗下的国际金融公司伦敦市场成功发行了 3 年期的首只以人民币计价的"绿色债券"。该债券筹集了 5 亿元人民币（合 8 100 万美元），票面收益率为 2%，由汇丰银行（HSBC）担任独家主承销商。据悉，该债券开创了国际多边金融机构在离岸市场发行绿色债券的先河，且亚洲和欧洲的投资者需求强劲。

尽管中国"三高一低"经济的转型升级颇为艰难，但政策也为绿色融资开了口子，而"中国制造"充沛的节能、降耗、减污空间更是为绿色债券的蓬勃发展提供了机会。业内人士指出，到2030年，全球因能源使用排放的二氧化碳在300亿吨左右，其中，所有发达国家加起来100亿吨左右，其他发展中国家100亿吨左右，而中国一家100亿吨左右。如按人均计算，我国将是其他发展中国家的3~4倍。

未来应对气候变化，仅仅靠政府投资是远远不够的。发行的绿色债券主要用于与应对气候变化相关的融资。所谓与气候变化相关，一般指"减缓气候变化"以及"适应"的项目，包括能源结构调整、提高能效减少温室气体排放的项目，以及例如建设尼罗河三角洲洪水防护工程和大堡礁的气候变化等适应项目。日益严峻的应对气候变化挑战加剧了发展中国家和新兴市场的发展成本，对此，世界银行认为，面对巨大的资金需求，仅靠政府资金远不足以具备对极端天气的抵御能力，也不足以应对能源、粮食供应以及供水面临的挑战，因此私营部门投资者和机构投资者必须要参与其中。近期，世界银行发表文章指出，绿色债券给投资者带来一种创新的融资方式，可为清洁能源、大运量公交等低碳项目提供融资，以此帮助各国缓解并适应气候变化，同时还能为投资者带来可靠回报。通过发行绿色债券，既可以帮助满足发行方，无论是政府、机构，还是企业的可持续发展目标及融资需求，也可以满足投资方积极致力于环境保护、控制温室气体排放的愿望。

绿色债券未来的创新主要有以下几个方向：一是碳收益的资产支持票据，二是附加配额的债务融资工具，三是碳项目收益债，四是专项碳资产证券化的产品。对附加配额的债务融资工具而言，绿色企业一般都有配额，将未来的收益和配额挂钩，支付配额或者用配额来定价，到期用现金结算，这是一个很大的空间。节能减排产业里有很多项目在建时需要大量资金，一旦建成，技术评估若能够获得肯定，且再建风险不大，未来有关碳收益就相对稳定。这为发行项目收益债创造了基础，未来债券的还本付息就靠项目建成以后的收益、现金流来偿付。

三、绿色债券融资的特点

绿色债券作为债券的一种，具有一般债券融资的特点，同时又由于其针对环保企业的特点而具有其自身的特殊性。

（一）债券融资的特点

就企业而言，与股票融资相比，债券融资具有以下特点：

（1）企业进行债券融资，原有的管理结构基本不受影响，不会削弱企业股份持有者的相对平衡权利。而股票融资，企业的内部治理结构将因新股东的加入而受到很大的影响，由于所有权共享，因此可能会削弱企业创始人在决策和政策制定方面的控制权。

（2）在企业债券融资过程中，债务的利息计入成本，起到冲减税基的作用，而股票融资则存在对企业法人和股份持有自然人"双重课税"的问题。与银行贷款相比，债券融资的利率往往低于贷款利率，借款过程效率高、费用低，债券发行的成本也较低，债券的利息在税前支付。

（3）债券融资可使企业得到更多的外部资金来扩大规模，提高单位股份的净值，增加公司股东的利润。如果企业投资回报率高于债券利息率，则可提高股东收益，提高每股盈利率。而在股权融资条件下，新增股东固然可以增加可运用资金，但同时也扩大了分享公司利润的基数。

就企业而言，债券融资的优势也比较明显，体现在以下几个方面：

（1）债券融资成本较低。对于既通过发行企业债券吸收负债资金，又通过发行股票筹集股权资本金的企业来讲，其资本成本应该以负债成本和资本成本的加权平均数来测算。这就是加权平均资本成本的概念。资本成本是资本投资者所期望的必要收益率。企业债权人的必要收益率就是债券或债务的利息率，股东的必要收益率则是指股票的每股税后利润，即股利。在资本市场均衡的条件下，企业利用所筹集资金投资形成项目的风险越大，投资者所预期的必要收益率越高，反之则相反。这一投资成本的意义在于，随着企业投资项目的风险变动，企业从营运中获得收入流量的现值的折扣率也将随之变动，从而企业的资本成本也将变化。因此，企业的资本成本是联系资本市场和企业经营活动的关键环节。其中的投资者的预期必要收益率、企业收入流量现值的折扣率与企业的资本成本在这个意义上是一致的概念。不仅如此，分析企业加权资本成本的意义还在于，它与企业的行为目标是紧密联系的。企业的所有者（股东）都要追求企业的市场价值最大化，从而也使自己的权益最大化。当企业经营杠杆收益（现金流量现值）一定时，加权平均成本最小化也是股东所追求的目标。

在企业投资项目风险既定的条件下，企业通过发行债券等形式提高负债比率，可以降低企业的加权平均成本。因为在这种情况下，股东的预期收益不受负债比率变动的影响。企业利用债券等形式筹集资金被要求定期支付利息并按时还本，所以债仅人风险相对较小，从而使债券利率可低于股东的股利的状况为债权投资者所接受。这使得企业所寻求最低资本成本的实现具备了客观的资本市场环境和条件。

（2）债券融资具有杠杆效应。企业财务杠杆指的是企业的负债程度。它既可以用负债总额与企业资产总额比率来表示，也可以用负债总额与所有者权益比率来表示。由此可知，财务杠杆是企业资本结构的一种表示。因而，企业负债或不负债以及负债程度的大小，对企业的市场价值进而对所有者的权益有着直接的影响。有效地利用财务杠杆有益于企业实现其所有者所要求的经营目标。

在企业可控制的经营风险范围内，增加财务杠杆可以增加企业价值。假定企业的所有者权益不变，企业资产价值（或从账面上看到的企业价值）随企业负债程度的提高而增加。不仅如此，适当的负债还可以提高企业的每股权益，对此，企业所有者往往乐此不疲。

企业财务管理中的杠杆机制的存在，是企业甘于冒一定风险突破资本障碍、举债筹集长期资金的一个重要因素。凡是举债的企业，无不是在自觉或不自觉地利用这一机制。在这种意义上，企业债券尤其是长期债券成为企业筹资的常用方式的原因，就在于企业所有者运用杠杆机制得到了较多的回报。

然而，财务杠杆机制的这种效用是有条件的，这些条件主要是：企业经营收入流量现值稳定并超过临界水平，有适度的资本市场环境以保证企业的经营风险稳定在一定的水平之上（或者说是有效资本市场的利率稳定性）等。

（3）债券融资具有税收优势。债券可以形成税盾效应，可以降低融资成本。债券的税盾作用来自债务利息和股利的支出顺序不同，世界各国税法基本上都准予利息支出在税前列支，而股息则在税后支付。这对企业而言相当于债券筹资成本中的相当一部分是由国家负担的，因而负债经营能为企业带来税收节约价值。我国企业所得税税率为 25%，也就意味着企业举债成本中有将近 1/4 是由国家承担，因此，企业举债可以合理地避税，从而使企业的每股税后利润增加。

（4）债券融资可以促进企业管理机制的完善。现代企业所有权与控制权分离的特点，必然要求在所有者与经营者之间形成一种相互制衡的机制，依靠这套机制对企业进行管理与控制。这套机制被称为企业治理结构，它是现代企业运行与管理的基础，在很大的程度上决定企业的效率。

我国现有的企业治理结构存在着很大的缺陷，企业内部尚未建立起有效的激励和监督机制，管理层的收入与业绩联系不大，缺乏经营动力，同时也没能得到有效的监督，在国有企业的改制过程中出现了严重的短期行为，不考虑企业的长远发展；国家作为企业的出资者，使得企业治理结构中的所有者无法落实。作为企业外部机制的市场机制也不完善，债务市场存在许多不足，对债权人的保护不够，破产机制尚未建立，影响了在企业治理中的作用。

在企业治理机制完善的状态下，由于企业融资市场化，企业融资应更多地考虑成本的高低和市场风险等因素。企业债券融资显然对改善企业治理结构具有积极的作用。而企业治理结构的完善并不意味着要把企业债券作为融资首选，但企业债券作为一种重要的融资方式，必将得到更快的发展。

但是，就债券融资本身而言，也有其局限性，主要体现在：（1）财务风险较高。企业债券有固定的到期日和固定的利息费用，当公司不景气时，容易使公司陷入财务困境。（2）限制条件较多。企业债券的限制性条款较多，可能会影响公司资金的使用和以后的筹资能力。（3）发行债券的条件较为严格。《中华人民共和国证券法》第十六条规定："公开发行公司债券，应当符合下列条件：（一）股份有限公司的净资产不低于人民币三千万元，有限责任公司的净资产不低于人民币六千万元；（二）累计债券余额不超过公司净资产的百分之四十；（三）最近三年平均可分配利润足以支付公司债券一年的利息；（四）筹集的资金投向符合国家产业政策；（五）债券的利率不超过国务院限定的利率水平；（六）国务院规定的其他条件。"企业债券的限制性条款较多，可能会影响公司资金的使用和以后的筹资能力。（4）筹资数量有限。企业债券的发行必须考虑企业自身的情况，因此其筹资数量是有限的。

（二）绿色债券融资的特点

绿色债券能够吸引投资的原因主要体现在：（1）绿色题材、社会价值。（2）期限较短、高流动性。绿色债券的期限比其提供融资支持的项目短很多，一般为3~7年。具有二级市场的流动性，投资者卖出方便。（3）良好的投资回报，某些绿色债券享受免税优惠。（4）较低的风险。通过投资绿色债券，投资者避免了对单个环保类项目投资的风险。而且世界银行及其他发行机构本身会对所投资的项目进行严格筛选。

四、绿色债券实施中存在的问题

尽管绿色债券具有一定的社会价值，期限短、流动性高，有良好的投资回报和较低的风险，但就绿色债券的实践来看，还存在以下问题：

1. 很多市场细节还不够清晰和成熟，发行相关绿色债券的风险较大，需要宏观政策引导和微观层面企业的自身考量。目前投资者大部分无法在信托责任上妥协，接受绿色投资较低的回报或承担较高的风险期望，利用绿色债券当前面临的挑战是满足投资者在交易规模、流动性和预期风险以及回报方面的需求。很多市场细节目前来说太模糊了，很多企业也都是出于观望的态度，对于低碳减排方面的认知相对浅薄，意识虽有，但理解有偏差。

2. 绿色债券缺少有效的政策支持。当前我国企业对绿色债券的态度基本都是积极的，这当中很多国有企业会占据主动，例如中广核、华能等，这些央企具有相对优势，在碳减排方面涉猎较早，也较为深入，完全有条件去积极推进绿色债券的发行和扩展。

然而，最大的问题是目前的金融领域还没有相关的法律法规，从金融创新的角度来讲急需一些引导性政策的出台。首先要解决碳定价等问题，相关金融概念和风险系数怎么认定，发行主体要怎样才能顺利通过报批程序的条条框框，都需要相关法律法规的支撑。债券投资人和股东不同，没有投票权，也没有信评机构提供类似信用评级的环保评级，因此无法监督企业如何使用通过绿色债券筹得的资金。投资人无法确定发行绿色债券的企业是否把筹得的资金用在环保项目上，而且也没有契约规范企业履行环保责任。从微观层面来看，必须加大实际项目的落实，使得企业能感受到节能减排和应对气候变化能为它们带来切实的经济效益，这样才能增加企业的信心和动力。而从宏观层面来看，必须要有政策协调，帮助企业或者相关机构把这一投资渠道打通，方便企业发行绿色债券。

五、促进绿色债券发展的有效措施

绿色债券作为债券的一个新的业务品种，在推进初期可借鉴中小企业专项金融债的成功经验，采取试验、试点的形式，以银监会绿色信贷统计制度为投向范围要求，采取金融机构上报审批的形式实施，具体试点金额可依据商业银行自身的融资规模和业务体量进行个性化确定，并由银监会掌控总体规模总量。

（一）明确绿色债券投放边界

2013年7月8日，中国银监会办公厅下发《关于报送绿色信贷统计表的通知》（银监办发〔2013〕185号），该通知对绿色信贷相关统计领域进行了明确和划分，根据贷款资金的实际用途分为12个项目大类、几十个细项，是目前国内最具权威性的绿色信贷领域的划分标准。绿色债券是定向支持国内节能环保产业发展的金融工具，可以考虑以绿色信贷统计范围作为绿色债券资金使用的业务投放边界。

同时，建议绿色债券在资金投向和发行期限确定中，考虑各个金融机构在绿色信贷领域投放的行业分布和期限结构特征，在绿色信贷统计制度的范围内，允许各金融机构按照自身发展情况和行业集中度等因素，上报绿色金融债融资具体方案。可以对一些在特定绿色信贷领域进行过深入探索，对已经取得先发优势的金融机构，充分发挥其在该领域的专业服务能力，最大限度地体现金融债的拉动能力。

（二）建立对绿色债券发行的激励机制

以前，监管部门针对小企业、涉农贷款两个领域的专项金融债在存贷比、风险权重、不良率容忍度等方面给予发行银行较大政策优惠，特别是对符合小企业要求、"三农"领域贷款不纳入存贷比计算分子以及降低风险资产权重的政策，有效地化解了众多金融机构在资金投放当中的风险资产占用、存贷比限制等政策顾虑，切实提升了商业银行在小企业和"三农"领域的信贷投放动力，政策引导效果显著。绿色债券所投放的领域同样是《国务院办公厅关于金融支持经济结构调整和转型升级的指导意见》中明确重点资金支持的领域。但绿色信贷业务不同于小企业业务，在绿色金融涉及的产业中主要体现出项目贷款占比高，投资回收期长，项目收益率较低等特征，因此在正常的银行信贷投放中往往不具备竞争优势。为了更好地保障绿色债券的顺利推进，建议考虑对发行绿色债券提供以下几项政策激励。

（1）对风险成本计量到位、资本与拨备充足、绿色金融业务发展良好的商业银行，经监管部门认定，对绿色专项金融债项下发放的贷款不纳入存贷比分子的计算范围。（2）对符合金融机构风险资产比例要求且拨备计提充足的金融机构，可根据《商业银行资本管理办法》相关规定，适用75%的优惠风险权重和资本监管要求。（3）允许发行绿色债券的金融机构对绿色债券项下的相关信贷资产税前计提拨备。（4）允许发行绿色债券的金融机构对绿色专项金融债券项下符合一定要求的坏账进行自主核销。

第六章　绿色保险

一、绿色保险的作用

（一）绿色保险的定义

根据由国家环境保护总局与中国保监会联合发布的《关于环境污染责任保险工作的指导意见》，环境污染责任保险，即绿色保险，指的是以企业发生污染事故对第三者造成的损害依法应承担的赔偿责任为标的的保险。

在工业化过程中，企业污染环境以及由于环境污染引发的事故频发，这是每个国家在发展过程中都会经历的事情。而在污染事故频发的同时，由于环境责任的承担往往需要巨额赔偿，许多引起污染的企业并没有能力承担其引起的污染导致的对应的赔偿责任，从而往往使得公共环境损害和污染受害人损失得不到应有的赔偿。面对这种情况，环境污染责任保险是帮助企业分散环境责任，保证污染受害人的损害得到赔偿，进而平衡经济发展与环境保护的重要手段之一。

（二）绿色保险的作用

绿色保险对企业发展具有以下重要作用：

1. 绿色保险引入风险共担机制，合理分散风险，减轻污染者负担

环境污染事件一旦发生，带给我们的损失通常是巨大的。这一巨大

损失如果没有保险这一风险分摊和损失补偿的机制，可能会对责任者造成巨大压力。环境责任保险的保险标的是被保险人应该承担的对第三人的侵权赔偿。被保险人参保的目的乃是基于自身利益，避免因赔偿金额过大阻碍自身生存与发展的情形出现。可以借助保险的分散风险、分摊损失的功能，用少量的确定性支出减少未来的不确定性损失，使得意外发生后，自己不致遭受重创而导致从此一蹶不振。

2. 环保企业参保，提高了企业的资信等级，为企业提供融资便利

绿色保险提高了环保企业的资信等级，增加了环保企业的授信额度。在一般的融资方式下，银行的信贷部门或授信评审机构会根据企业的财务状况、有无担保等情况为企业核定一个授信额度。银行在提供融资业务时，会要求必须有融资授信额度。而在保险融资模式下，环保企业通过投保，将风险转嫁给保险公司，确保了应收账款的安全，这在无形中提高了自身在银行的资信等级，增强了企业信誉，可以取得最大程度上的信用支持，方便获得银行贷款。

（三）绿色保险的类型

根据不同的分类标准，可以将环境责任保险分为不同的类型。

1. 根据是否由法律强制规定保险合同的建立，分为强制环境责任保险和任意环境责任保险

强制环境责任保险又称法定环境责任保险，是指污染环境的企业依照法律的强制规定，对其污染环境所应当承担的环境责任必须投保的保险。强制责任保险具有一定的政策性目的，其带有社会保险的性质，因此，学者认为强制责任保险不应具有盈利性，业者不应从此项业务中获得利润，而只是从其中获得资金的运用或推广其他保险商品。基于此，强制责任保险应采用无亏无盈原则，即其保险费不应包含一般保费中所包含的业者预期利润。

任意环境责任保险又称自愿责任保险，是指投保人和保险机构在自愿、平等、互利的基础上，经协商一致订立保险合同的一种保险。强制环境责任保险和任意环境责任保险的区别见表6-1。

表 6 - 1　　　　　　　　强制环境责任保险和任意环境责任保险的区别

区别	强制责任保险	任意责任保险
投保自由	有	无
盈利性	无	有
道德风险	较高	较低
逆向选择	较低	较高

2. 根据环境损害索赔是否在保险合同的有效期内发生，可以分为事故型环境责任保险和索赔型环境责任保险

事故型环境责任保险以事故发生在保险期限之内作为保险人承担责任的基础，即承保保险期限内发生的事故，不考虑损失发现的时间或提出索赔的时间。从事故发生到提出索赔乃至理赔结案为未了期间，这一期间保险人的责任为未了责任，未了期间越长，未了责任越大，而由于环境污染的特点，其致人损害而发生索赔的时间往往是在保险合同失效若干年甚至几十年后，这使保险公司无法预计未来的保险给付责任，对保险人非常不利。

索赔型环境责任保险以在保险期限内提出赔偿要求为基础承担赔偿责任的方式，不论事故是否发生在保险期限之内。索赔型环境责任保险可以避免事故型环境责任保险的上述问题，因此，现代的环境保险已经由事故型责任保险发展为索赔型责任保险。

3. 根据对环境污染责任的约定不同，分为环境损害责任保险和自有场地治理责任保险

环境损害责任保险在美国被称为污染法律责任保险，是指对于被保险人因其污染环境造成的第三人的人身伤害和财产损失而发生的赔偿责任，保险公司承担给付保险金的责任。

自有场地治理责任保险，是指对被保险人因其污染自用的场地，依法负有治理污染的责任并因此而支出治理费用的，保险公司以保险合同约定的赔偿限额为基础，承担保险给付责任。

（四）单一绿色保险模式的优缺点

1. 强制环境责任保险的优缺点

单一的保险模式都会有各自的优点和缺点，强制环境责任保险也不例外。

（1）优点

强制环境污染责任保险与任意环境污染责任保险相比，在投保自由、盈利性、道德风险、逆向选择等方面存在很大的区别，总体来说有以下几个优势：

可避免逆向选择的发生。逆向选择是指交易双方拥有的信息不对称，拥有信息不真实或信息较少的一方会倾向于作出错误的选择，即污染概率大的企业，投保积极性高，而保险公司也接受其投保且保险费率较低。在环境污染责任保险成为强制性保险以后，规定范围内的污染企业不论损害发生机率的大小，都必须投保，只是各自的保费不同而已，这样逆向选择的问题会得到一定程度的缓解。

能及时保障受害人利益。对于高风险行业，发生环境污染事故的概率相对较高，而且一旦发生事故造成的环境损害也非常严重，适合立法强制实行环境污染责任保险制度，特别是针对无法独立承担赔偿责任的中小型企业。一旦对受害人造成损害，受害人的损失不必通过复杂的程序就能得到迅速补偿，达到保障受害人利益的目的。

可有效避免保险公司拒保。采取强制责任保险，不受风险和利润的影响，保险公司都不能拒绝潜在的环境侵权人的投保，实现了强制责任保险的目的。

可以赋予受害第三人直接请求权。一般的责任保险并非直接保障受害第三人，所以第三人没有直接请求保险给付的权利；由于强制责任保险的立法目的在于保障受害第三人以及被保险人，因此强制责任保险通过立法规定受害人可以在法定保险金额范围内直接向保险人请求给付保险金，使受害人得以迅速获得理赔。

（2）缺点

国家层面的环境责任保险的依据——《关于环境责任保险工作的指导

意见》尚未上升到法律法规的高度。强制环境责任保险在很大程度上是公益性质的，会给国家造成财政负担，也会在一定程度上诱发道德风险。强制环境责任保险制度往往会忽视各个主体由于自身风险状况和财务状况不同形成的对保险的不同需求，只提供统一的保险保障，必然会损害部分福利。在我国建立环境保险制度的探索阶段，已经暴露出了推行强制环境责任保险制度的一些现实阻碍，体现在以中石油、中石化为代表的大型企业对强制投保环境责任保险的反对态度，其理由是大型企业本身抗风险能力较强，完全可以通过建立企业内责任基金和加强风险预防的手段来完成。

2. 任意环境责任保险的优缺点

（1）优点

由于任意环境责任保险是保险合同双方基于其对自身的成本收益分析而形成的，且该模式体现了契约自由精神，是对双方当事人自由权利的维护，所以更容易被社会所接受。而强制责任保险是由政府强制推行的，如果法律依据不足，特别是在保单和保险费用的设计方面不甚合理，则极易造成投保人的普遍抵制。因此从社会的易于接受程度方面来说，任意责任保险模式具有明显的优势。

（2）缺点

若完全采用自愿环境责任保险模式，就可能发生逆选择的情形，即污染损害发生几率大的企业会选择投保，而污染损害发生几率小的企业会因为自身环境风险小而不愿投保。

3. 综合比较

环境责任保险无论是坚持自愿投保还是强制投保，其实质都是对环境责任保险发展路径的模式选择，即环境责任保险是依靠市场力量自然演进还是通过行政力量强行推动。通过上述分析发现，两种模式各有利弊，强制环境责任保险比任意环境责任保险具有更大的优势。然而，强制环境责任保险也会在一定程度上诱发道德风险，同时，强制责任保险是为了推进社会公共政策而规定的保险，体现的是国家宏观调控，并且以牺牲"契约自由"原则为代价，所以这项政策必须控制在合理范围内，不能任其泛滥，必须与国家的社会发展水平相吻合，而且如果不分污染程度一律实行强制责任保险，则污染较轻的企业也要分担污染大户的污染成本，这不但违背公平原则，还会阻碍企业的发展。任意环境责任保险模式要求建立在本国发达的保险市场基础之上，基于环境保护政策性要求和本国保险市场状况，目前没有国家完全采用任意环境责任保险的模式。目前，环境责任保险在我国尚处于起步阶段，我国企业投保意识普遍较低，积极性差，虽然环境责任保险有诸多优越性，但是在激烈的市场竞争中，企业为了实现利益最大化，减少经营成本而甘愿冒风险，不愿投保环境责任保险。由于环境损害赔偿数额一般较大，开办环境责任保险，将会使保险公司承受巨大的资金压力，风险较大，因此，保险公司从自身风险角度考虑，承保积极性也不高。仅仅依靠任意环境责任保险很难调动企业和保险公司的积极性，从而很难发挥环境责任保险分担风险的优势。

因此，考量强制环境责任保险和任意环境责任保险的互补性很重要，也很有必要。由于强制环境责任保险的特定人不能拒绝投保，基于保费负担的考量，此类保险多只有提供最低限度的理赔，无法完全理赔受害人的损害。对于其不足之处，可由政府引导的任意环境责任保险进行补充，尽可能地填补受害人的损害。

近些年，我国环境污染事故频繁发生，无辜受害者得不到及时有效的损害赔偿现象普遍，同时，由于我国企业环境污染责任保险意识还很薄弱，因此，如果在我国实行完全任意环境责任保险，将会出现受害者的损失得不到及时有效的赔偿的现象，容易引起社会不安定，被损害的环境也难以得到及时、有效的修复。一方面，强制环境责任保险设立的目的在于促进社会公益性，完善社会保障体系，确保受害第三人得到及时有效的赔偿，注重社会效益。有关保险逆选择以及道德风险防范问题只有采取强制环境责任保险模式才能有效解决。另一方面，我国不少中小企业经济效益较低，同时，由于缺乏全面实行强制环境责任保险的法律依据，在现行的法律框架下还不具备全面实行强制环境责任保险的基础。基于此，我国在起步阶段，可以对存在重大环境风险的行业和企业，通过先行试点推行强制环境责任保险，对于环境风险较低的行业企业实行任意环境责任保险。

二、绿色保险的国际经验

（一）绿色保险的模式选择

国际上对绿色保险的模式选择主要可以分为三种：以强制环境责任保险为主；强制责任保险与财务保证或担保制度相结合；以任意环境责任保险为主，强制责任保险为辅。

1. 以强制环境责任保险为主的美国、瑞典

（1）美国的绿色保险实践经验及其评析

美国虽然没有对环境责任保险制度的专门立法，但其环境政策十分重视成本效益分析和经济的合理性，在政府的干预下，广泛采用了各种经济刺激手段，也包括环境责任保险。

美国的环境责任保险制度发展主要可以分为三个阶段：（1）1966 年之前，环境责任由一般的公众责任保险单来承担，并且此时公众责任保险单承担的仅指突发的或者偶然的环境责任。（2）1966—1973 年，环境污染危害日益突出，公众责任保险单在承担突发性环境责任的同时，开始承担持续性环境污染导致的环境责任。（3）1973 年之后，公众责任保险单将故意造成的污染以及持续性污染导致的环境责任列入除外责任，保险人只接受突发性以及偶然性的环境责任。然而在大量相关诉讼中，关于"突发性和偶然性"的定义出现了纷争，部分法院认为即使是渐进性污染，但是如果其发生是无意识且不能预料的，那么也属于突发性和偶然性范畴。尤其到 20 世纪 70 年代末期，由于当时环境问题日益突出，大部分法院开始站在不利于保险人的立场，保险人不得不承担巨大的环境损害赔偿。于是，保险人将环境责任保险从公众责任保险中独立出来，成为独立的新保险种类，企业想要分散环境风险，则必须独立购买环境责任保险。此后，美国于 1988 年成立了专门的环境保护保险公司，同年，该公司开出了第一张环境责任保险单，该保险单的承保范围包括了被保险人突发的污染事故，同时也包括了持续性的污染事故，其责任限

额最高额为 100 万美元。随后，在 1989 年，美国保险服务业在综合一般责任保险单中加贴"有限污染责任扩展批单"，将污染责任扩展到被保险人的工作场所或操作过程之中。此外，"污染责任保险"和"有限污染责任保险"作为独立的责任保险单，在保险市场上可供被保险人选择投保。

经过半个世纪的发展，美国保险市场上与环境保险有关的保险涉及产品责任（Product Liability）保险、综合一般责任（Comprehensive General Liability，CGL）保险以及取代它的商业一般责任（Commercial General Liability）保险和专业环境损害责任（Environmental Impairment Liability，EIL）保险。EIL 保险因为有更高的责任风险，通常是索赔型保单，排除了故意破坏法律的情形，包含追溯限制条款。因为 EIL 保险所包含的除外责任和高费用，最初并未吸引美国市场，但是在 EIL 保险承保费用和保险费稳定并且保险险种拓宽后，这种保单开始变得很受欢迎。巩固环境规则刺激了人们对 EIL 保险险种的需求，一些保险人也感到有足够的自信在环境保险市场成熟的时候以事故型承保一些保单。除了 EIL 保险，超过 20 种责任保险产品相继呈现，对订约人、运输者和其他类型的经营人提供保险。

从美国的环境责任保险相关立法来看，其环境责任保险制度以强制责任保险为原则，针对有毒物质和废弃物的处理、处置可能引发的损害赔偿责任实行强制保险制度。1976 年《资源保全与恢复法》（*Resource Conservation and Recovery Act*，RCRA）授权国家环保署（Environmental Protection Agency，EPA）署长对毒性废弃物的处理、储存或处置制定管制标准，其中包括必要或可期待的财务责任。环保署署长在其依法发布的行政命令中，要求业主就日后对第三人的损害赔偿责任（包括对人身和财产的损害）、关闭估算费用以及关闭后 30 年内所可能引发的监测与维护费用必须进行投保，投保的额度因突发性事故或非突发性事故而有区别：设施所有人或营运人必须就每次突发性事故投保 100 万美元，每年至少投保 200 万美元；同时必须就每一非突发性事故投保 300 万美元，每年至少投保 600 万美元。上述规定自 1980 年起对年营业额在 100 万美元以上者才适用。

　　美国的环境强制责任保险有几大特点。第一个特点是美国的强制责任保险所涵盖的风险期间往往较长，通常将生产、存放有毒、有害物质的设施关闭以后若干年的时间也纳入其中。比如美国环保署根据美国1965 年《固体废物处置法》（*Solid Waste Disposal Act*）第 3004（t）条的"财政责任条款"中就保险事项制定条例的授权，对"危险废物"的污染责任保险做了相关的规定——建立了关闭保险（Closure Insurance）和关闭后保险（Post - closure Insurance），后者将保险期间延长到该设施关闭之后的 30 年期间。第二个特点在于在环境责任保险中逐渐取消原有保险单中的"日落条款"（Sunset Clause）规定。而索赔型环境责任保险中则没有"日落条款"的规定。因此，现代美国的环境责任保险已逐步发展成为索赔型环境责任保险，将整个保单的有效期限内发生的环境索赔事件纳入环境责任保险承保时限内。第三个特点在于司法实务中法院对于保险公司的除外责任普遍采用严格解释。第四个特点是美国式的专门政策性公办保险机构。美国在 1982 年成立了污染责任保险承保联合体——污染责任保险协会，1988 年又成立了一个专门应对污染风险而承保危险的新保险集团——环境保护保险公司。从性质上看，其是由政府出资设立并受政府实际控制与监督，因此在运营中具有公办特征，不以盈利为目的。第五个特点在于根据《综合环境反应、赔偿和责任法》成立了 The Hazardous Substance Response Trust Fund 基金（即超级基金），其主要解决的是被弃或者无人照管废物丢弃场所的废物问题，遵循的处理原则是谁污染谁负担。对于属于超级基金清理范围的垃圾场，首先确定潜在责任人并由这些人或者组织承担清理费用，直至依法确定了真正的责任人。该规定扩展了承担环境责任的主体，从而促使企业加大对环境责任保险的需求。第六个特点是美国的《综合环境反应、赔偿和责任法》制定了追溯责任、无过错责任和连带责任的理论原则，用以在最大程度保障受害者能够获得赔偿的同时，促使企业、银行等各方利益相关者必须提高对环境风险的重视。第七个特点是保险公司的突出作用得以体现，保险公司以低廉保费促使企业积极降低污染程度，而且通过环境专家对保险公司的风险预防与控制来使保险公司避免环境风险、监控企业活动，真正实现双赢的局面。

（2）瑞典的绿色保险实践经验及其评析

瑞典也是实行强制性环境责任保险的国家之一，该国的《环境保护法》和《环境损害赔偿法》中都对环境损害责任保险做了专门性的规定，其相关内容后来被1999年通过的瑞典《环境法典》第33章"环境损害保险和环境清洁保险"所囊括。瑞典的环境损害责任保险制度中最具特点的地方在于，受害人只有在通过其他方式不能得到赔偿的情况下，才能通过环境损害责任保险制度获得赔偿，因此环境损害保险制度只是环境损害赔偿制度的补充。

1986年，瑞典出台《环境损害赔偿法》，对环境损害赔偿的适用条件、司法程序等都做了具体的规定，"基于不动产的人为活动通过环境造成人身伤害、财产损害以及由此导致的经济损失，能够依据《环境损害赔偿法》获得赔偿"。此外，其《环境保护法》第10章也对环境责任保险做了一系列规定。具体来说，第10章第65条规定，对于人身伤害和财产损失，由环境损害保险提供赔偿，政府或者政府指定的机构应当按照批准的条件制定保险政策（环境损害保险）。由此可以看出，瑞典的环境责任保险制度的公益救济性大于它的商业盈利性，是一种通过政府强制规定或者命令的方式实现对受害人救济的途径，是一种强制环境责任保险模式。

2. 强制责任保险与财务保证或担保制度相结合的欧洲

为了确保环境侵权受害人的损失能够得到及时、合理的赔偿，德国采取强制责任保险与财务保证或担保相结合的制度。1991年，德国出台了《环境责任法》，对部分设施实施强制环境责任，要求国内相关工商企业提供环境风险担保，其中环境污染责任保险是主要的资金保障方式。德国《环境责任法》第19规定了强制责任保险与财务保证或担保相结合的制度；第19条还特别规定：特定设施的所有人必须采取一定的预先保障义务履行的预防措施，包括责任保险，由州、联邦政府免除或保障赔偿义务的履行，金融机构提供财务保证或担保三项措施。由于法律作出了强制性的规定，所以环境责任保险实质上就成了特定设施的企业法定强制性义务。德国在《环境损害赔偿法草案》中，以强制保险作为公害责任保险的一般性原则，第5条第一款规定："有害于环境的营运设施，其营运人有义务缔结并维持责任保险契约，以填补因发生第1条第一项的损害及同条第二项的侵害。"

美国和欧洲大部分国家对企业实行财务责任要求，企业可以选择不同的方式提供财务责任证明（证实有能力承担由于环境污染所造成的赔偿责任和清理费用），例如信托基金履约保证、信用证保险担保等。虽然相对于直接的强制性保险，财务责任要求更加具有弹性，但是大多数企业都会选择以环境责任保险的形式提供财务责任证明，因此财务责任要求对环境责任保险市场的影响与强制性保险类似。

使用强制性保险或财务责任要求，的确可以为环境保险市场带来充分的需求，促进市场的产生和发展，但是这种方法也存在缺陷。在强制责任保险的情况下，如果任由保险公司制定保费，会造成保险公司牟取暴利的冲动以及企业的环境保护成本过高。如果政府对保费进行限制，又会影响保险人根据投保人的环境风险特征灵活地制定保费，使投保人丧失风险防范和控制的动力。

3. 以任意环境责任保险制度为主，强制环境责任保险为辅的英国、法国

法国、英国等国家以任意责任保险为原则，在法律有特别规定的情况下实行强制责任保险。

在英国，没有关于公司和其他组织需要投保第三者公众责任保险的强制性要求。1974年在伦敦保险市场首次对单独、反复性或继续性环境损害予以承保。但在这种条件下，是否投保环境责任保险仅仅是依投保人的自愿，法律和政府一般无权强制要求企业投保。当然，在法律强制规定必须投保的情况除外，如英国在1965年发布的《核装置法》要求安装者负责投保最低为500万英镑的责任保险；同时，英国作为《国际油污损害赔偿民事责任公约》和设立《国际油污损害赔偿基金国际公约》的成员国，在海洋油污损害赔偿领域也实行强制性环境责任保险。英国实行的强制性环境责任保险有油污损害责任保险、核反应堆事故责任

保险。

在法国，专业的环境污染责任保险始于20世纪70年代，在此之前，对企业可能发生的突发性事故，以一般的责任保险单承保。1977年，由英国保险公司和法国保险公司组成污染再保险联营，制定了污染特别保险单，对环境损害事故的承保不再局限于偶然、突发事故，对于因单独、反复性或继续性事故所引起的环境损害也予以承保。法国是1969年《国际油污损害赔偿民事责任公约》和1971年设立《国际油污损害赔偿基金国际公约》的成员国，因此在油污损害赔偿方面采用强制责任保险制度。

（二）承保和赔偿范围

发达国家承保范围和赔偿范围经历了一个发展变化的过程，并且根据国家具体情况有所不同。随着环境风险评估能力的提高和经验的积累，承保范围不断扩大，保险类型也不断丰富。

美国承保范围包括事故型保险、渐进性污染所引起的环境责任。在1966年以前，以一般的公众责任保险单承保突发的、偶然的环境责任；1966—1973年，随着环境污染危害的突出与市场的需求，公众责任保险单开始承保有持续或渐进的环境污染所引起的环境责任；1973年以后，公众责任保险单将故意造成的环境污染及渐进的环境污染引起的环境责任排除于保险责任以外；1988年，美国成立了专门性的环境保护保险公司，同年7月，该保险公司开出了第一张环境污染责任保险单，承保范围包括被保险人渐进性、突发性、意外性的污染事故和第三责任及清理费用等；1989年，美国保险服务业在其综合普通责任保险单中加贴"有限污染责任扩展批单"，将污染责任扩展到被保险人的工作场所或操作过程之中，同时，还允许公众对于加贴内容单独保险。美国的环境改造保险单的承保范围包括人身伤害或死亡、财产损失、环境破坏损失及清理费用。

德国承保范围包括水体逐渐污染责任、大气和水污染造成的财产损失赔偿责任。德国政府一开始对"渐进性污染引起的损失"所产生的环境污染责任不予承保，并将其列为责任免除范围。然而，从1965年起，保险责任范围逐步扩大，保险人开始承保水体逐渐污染造成的污染损失赔偿责任；1978 年以后，保险人又对大气和水污染造成的财产赔偿责任承保，但如果责任事故发生在被保险企业域外，由可预见性的经常排放物引起的损失仍列为责任免除。

法国承保范围包括偶然、突发环境事故、反复性或持续性事故所引起的环境损害。法国政府在 20 世纪 60 年代将偶然性、突发性的环境损害事故作为一般的责任保险承保，将噪声、臭气、振动、辐射等环境损害造成的损失排除在外；从 1977 年开始，对因单独、反复性或持续性事故所引起的环境损害开始予以赔偿。

芬兰则要求所有可能对环境产生危害的企业都必须在保险公司购买环境保险。

对于赔偿范围，一般而言，各国关于环境责任保险一般采用有限赔偿制，即在保险金额范围内予以赔付，不可能赔偿被保险人致人损害的全部赔偿责任。下面以美国和德国为例。

美国的环境责任保险限额主要分为两类，即环境损害责任保险和自有场地治理责任保险。前者以约定的限额为基础，承担被保险人因其污染环境造成邻近土地上的任何第三人的损失赔偿责任；后者以约定的限额为基础，承担被保险人因其污染自有或者使用的场地而依法支出的治理费用。

德国《环境损害赔偿法》规定，保险金额不得低于 5 000 万马克（约 2 556 万欧元）。若干特定种类的营运设施，因其危险性高低有别，联邦政府可以规定不同的最低保险金额，但最低不得少于 1 000 万马克（约 511 万欧元）。

（三）承保机构

正如上文所分析的，环境责任保险具有复杂性，单纯依靠普通的保险公司进行承保，往往会面临评估环境风险的能力不足、缺乏精通环境知识的专业人才、提供保险形式单一、承保过程缺乏标准化和统一化、对风险的承担能力不足、保单数量过少无法盈利等诸多问题，再加上环境责任保险具有公益性，私人保险公司也缺乏在这方面投入巨大努力的动力。因此，各国设立了专门的承保机构。

环境污染责任保险的承保机构主要有三种模式。一是美国式的专门保险机构。1988年，美国成立了一个专业承保环境污染风险的保险集团——环境保护保险公司，承保被保险人渐发、突发、意外的污染事故及第三人责任。芬兰同样成立了专门的环境保险公司。通过成立专门的环境保护保险公司，克服了风险测算的难度，集中力量突破技术壁垒，并且由于将保单汇集到一个公司，公司承担风险能力更强，能更好地应对环境突发事件，同时实现盈利。

二是意大利式的联保集团，即1990年成立的由76家保险公司组成的联合承保集团。法国同样是成立了由外国保险公司和本国保险公司共同组成污染再保险联营集团。在把累积性的环境污染损害责任纳入赔偿中后，保险公司为了降低风险，开始寻求公司间的联合。组成联合承保集团后，将现存保险公司的相应部门进行联合，在不需要建立新的公司的情况下，利用现有资源，实现技术共享，同时承担风险能力更强。

三是英国式的非特殊承保机构，其环境侵权责任保险由现有的财产保险公司自愿承保。

（四）相关法律法规体系

为了更清楚地分析各国与绿色保险相关的法律法规体系，我们将其分为与绿色保险直接相关的法律法规以及配套支持但是并不直接规定绿色保险事项的法律法规，即直接对绿色保险进行规定的相关法律法规和对绿色保险起支持作用的配套法律法规。

1. 直接对绿色保险进行规定的相关法律法规

通过研究发达国家环境责任保险制度，我们发现，这些国家基本都有明确法律条款对于强制环境责任保险进行规定，包括哪些行业需要强制投保，以及理赔范围等。

美国通过法律规定对有毒物质和废弃物的处理所可能引发的损害赔偿责任实行强制保险制度。在1970年《清洁水法》中规定，所有进入美国的船只必须投保责任险,以防造成水域污染。1976 年,《资源保全与恢复法》授权国家环保局局长对毒性废弃物的处理、储存或处置制定管制标准,环保局局长在其依法发布的行政命令中,要求业主就日后对第三人的损害赔偿责任(包括对人身和财产的损害)、关闭估算费用以及关闭后 30 年内所可能引发的监测与维护费用必须进行投保。1980 年,在《综合环境反应、赔偿和责任法》中制定了追溯责任、无过错责任和连带责任的理论原则,用以最大程度保障受害者能够获得赔偿。

瑞典在 1969 年的《环境保护法》第 10 章对环境责任保险作出了一系列规定。具体来说,第 10 章第 65 条规定,对于人身伤害和财产损失,由环境损害保险提供赔偿,政府或者政府指定的机构应当按照批准的条件制定保险政策(也就是环境损害保险)。1986 年,瑞典出台《环境损害赔偿法》,规定基于不动产的人为活动通过环境造成人身伤害、财产损害以及由此导致的经济损失,能够依据《环境损害赔偿法》获得赔偿。以上法律内容在 1999 年通过的瑞典《环境法典》第 33 章"环境损害保险和环境清洁保险"中概括。1998 年的《环境法》中规定,从事纸浆生产、化工、冶炼加工、发电、核设施安置、危险物处置等的企业或个人,可能对水域、地下水源、陆地和空气造成污染,在正式营业前必须获得政府部门的许可,而获得许可证的一个重要条件是这些潜在的环境侵权人需要购买环境损害责任保险和环境清理保险。

德国在 1991 年出台了《环境责任法》,第 19 条规定了强制责任保险与财务保证或担保相结合的制度;第 19 条还特别规定:特定设施的所有人必须采取一定的预先保障义务履行的预防措施,包括责任保险,由州、联邦政府免除或保障赔偿义务的履行,金融机构提供财务保证或担保三项措施。同时,《环境损害赔偿法草案》中,以强制保险作为公害责任保险的一般性原则,第 5 条第一款规定:"有害于环境的营运设施,其营运人有义务缔结并维持责任保险契约,以填补因发生第 1 条第一项的损害及同条第二项的侵害。"

英国在 1965 年发布的《核装置法》要求安装者负责投保最低为 500 万英镑的责任保险。

芬兰在 1998 年 1 月生效的《环境损害保险法》规定，所有可能对环境产生危害的企业都必须在保险公司购买环境保险，根据企业的规模和可能产生的环境危害程度，保险金额从 1 000 万至 3 000 万芬兰马克不等。

除了各国家制定的法律外，从国际范围来看，也出现了大规模的跨国立法趋势。例如 1960 年《核能领域第三者责任公约》第 10 条规定：核设施的经营者应当按照主管机关规定的数额和类型，建立并保持保险或者其他财务保证，以便承担相关责任。1969 年《国际油污损害赔偿民事责任公约》第 7 条规定，载运 2 000 吨以上散装油品的船舶所有人，必须进行保险或取得其他财务保证，以便承担起对油污损害应负的责任。依据 1969 年《国际油污损害赔偿基金国际公约》成立国际油污赔偿基金，"对责任公约缔约国的领土，包括领海上由另一缔约国所登记的船舶以及挂该国国旗的船舶造成的油污损害，和因防止或减少这种损害而采取的预防措施进行补偿"。

2. 对绿色保险起支持作用的配套法律法规

（1）环境侵权相关法律

美国对于侵权行为发生后如何应对作出了明确规定。如《综合环境反应、赔偿和责任法》第 107 条（a）规定，环境侵权发生后，相关责任人应当采取反应行动，如果没有采取适当的反应行动，则政府采取适当的反应行动，并要求相关责任人承担政府采取的反应行动（清理措施、环境修复措施）的费用、自然资源损害以及政府为了应对污染所开支的额外行政费用。如果相关责任人，既不主动采取反应行动，又拒绝支付政府采取反应行动所支付的费用、自然资源损害以及政府为了应对污染所开支的额外行政费用，则需要通过诉讼途径。

在法国，环境侵权民事救济的重心是损害赔偿，以《法国民法典》的相关规定、一些特别法等作为环境民事侵权损害赔偿的法律依据，受害人根据环境受损害的具体情况，灵活选择对自己有利的法律依据，进行请求赔偿，法院也对这些法律依据加以混合、交错运用。例如《法国民法典》第 1382 条规定："任何行为使他人受损害时，因自己的过失而致行为发生之人对他人负赔偿的责任";第 1383 条规定："任何人不仅对其行为所致的损害,而且为其过失或懈怠所致的损害,负赔偿的责任";第 1384 条第 1 款规定:"物之所有人或使用人对因物造成的损害负赔偿责任",这些是环境侵权损害赔偿的一般性法律依据。法国还以特别立法的形式确立特殊活动所导致的环境污染损害的赔偿依据,如《民航法》等。

在德国环境侵权被称为"干扰侵害"或者"外物侵入"。《环境责任法》是德国的一部重要的环境法律,它的最重要的特点在于确立了因果关系推定、无过失责任原则、受害人的咨询请求权以及重要的责任保险制度,成为环境侵权责任认定方面的一部很重要的法律。比如,对于受害人的咨询请求权,根据《环境责任法》的规定,环境请求事件发生以后,设备所有人应当根据受害人的请求,提供关于设备、排放物质的种类、浓度,以及遵守环境行政法所规定的特别操作义务等方面的有关情况。同时,团体诉讼也是德国环境侵权相关法律中重要的部分,2002 年发布的《联邦自然保护法》第 61 条规定:"一个根据第 59 条联邦环境、自然保护和核安全不认可或根据第 60 条州认可的组织,可以根据《行政程序法》提起关于自然保护区、国家公园、生物圈保护区和其他的环境保护区内的禁令或许可的免责许可以及规划许可或项目批准等诉讼。"

(2)公益诉讼相关法律

根据国外经验,目前公益诉讼法主要是英美法系模式,这种模式主要依靠判例的形式形成和发展公益诉讼机制,并以适当的法律规定加以健全和完善。美国的环境法中关于公益诉讼已形成了一套完备的制度,公民提起诉讼不仅有法可依,而且有证据可举,有标准可查。

英美法系模式的公益诉讼法律特点:一是举证责任在被告方而非原告方,如 1970 年美国《密歇根州环境保护法》第 3 条规定,为减轻原告的举证责任负担,原告只需提出初步的表面证据,把实质性的举证责任转移给被告。又如德国《水利法》第 22 条规定:"所有排放有害物质的设备所有人,被视为连带债务人。"依据判例的司法解释,原告只需举证证明某一污染物已经造成水质的恶化,并且水质的恶化是由该物质造成,则可以推定所有排放水污染物质的企业，均是造成该水域污染的责任人。德国《环境责任法》第 6 条第 I 款明确规定，对单一设备所造成的个别环境污染事件实施因果关系推定：如果依照各个具体情形，某一设备很有可能引起既有的损害，则推定该损害是由该设备造成的。

二是对原告起诉资格不断放宽。美国《清洁水法》《濒危物种法》《资源保护和再生法》《清洁空气法》《水质污染管制法》《噪音管制法》等规定，如果有违反上述法律规范的行为，允许任何公民或公民团体请求法院审判环境污染者的违法行为和有关部门的环保失职行为，个人和政府机关都可能作为被告提起诉讼。在司法实践中，美国的环保组织成功地利用这项诉讼制度阻止或延缓了一些大财团的开发计划，如美国一些石油公司试图在阿拉斯加开发石油的计划由于环保主义者的反对一搁就是十年。英国的《污染控制法》规定："对于公害任何人均可起诉。"但同时也有一定限制，如美国 1972 年《清洁水法》将"公民"限定为其利益被严重影响或有被严重影响可能的人。

（五）经验总结与借鉴

不同国家采取不同的环境损害责任保险制度模式是由其法律传统、政府政策、国内环境问题状况、经济情况等因素综合决定的。总结西方发达国家环境责任保险的历史沿革和模式发展，从国际经验上看，强制环境责任保险制度在各国推行时，也是采取了逐渐推进的方式。不难发现，各国环境责任保险制度的发展呈现出一些共性。

1. 强制环境责任保险成为发展趋势

随着环境污染事件的频繁发生，为了减少污染者的经济赔偿负担，充分保护受害者的合法权益，保证社会公平正义，许多国家有加强强制性环境责任保险的趋势。分析美国的强制投保方式、德国的强制保险与财务保证或担保相结合的方式、法国的以任意责任保险为原则的方式，发现其实质上都带有一定程度的强制性，即以法律的形式规定某些或某类企业必须参加环境责任保险；区别仅在于是以强制保险为主还是为辅，或是否将这种强制保险与某些财务担保等附加条件相结合。

　　强制性保险的业务量在环境污染责任保险业务中所占的比例并不高，但由于它的承保范围是高污染、高环境风险的企业或设施，是产生环境问题的主要领域，对它们实施强制环境责任保险，无论是在风险预防还是在损害赔偿方面，都能够发挥重要作用。目前，实施强制性环境污染责任保险国家都是通过制定名录实现强制管理的，名录的对象主要根据各国的实际管理需求来界定，主要分为针对设备的名录、针对产品的名录和以环境风险评价为标准的名录。

　　2. 承保范围不断扩大

　　根据上文对于各国家承保范围和赔偿范围的分析可知，由于各国评测环境风险的能力提升、技术发展、经验积累，环境责任保险经历了一个从单一到全面的过程。不管是涉及的污染领域（包括水、大气等）还是环境损害类型（突发型、累积型等）都被逐渐纳入环境责任保险体系中。

　　3. 承保主体明确，趋于联合与统一

　　分析国外环境责任保险的承保主体我们可以发现，不管是美国、芬兰的专门成立环境保险承保公司，还是意大利、法国的联保集团，都体现了两个特点：首先，这些国家的政府对于承保主体有所选择与确定，而非放任自流。由于环境责任保险具有公益性和外部性，同时它的盈利性很难保证，若仅仅依赖私人保险公司对于环境责任保险的主动承担，很难建立起完善的环境责任保险机制。通过政府建立专门的环境责任保险公司，解决了这一问题。其次，承保主体趋于联合与统一。正如上文分析的，环境责任保险具有复杂性，受到技术制约，保险公司需要承担较大的风险，通过建立专门的环境责任保险公司或者建立联保集团，可以帮助保险公司突破技术障碍，快速提升环境风险评估能力，并且由于有了更大的平台，能够将业务量集中，这些公司或者联保集团抵抗风险的能力更强，从而能够提供更丰富的服务，也更容易获取利益，形成良性循环。

　　4. 法律规范明确

　　对国外相关法律的研究我们发现，这些国家的法律具有以下特点：首先，强制环境责任保险被纳入法律条款中，相较于中国并未在法律条款中对此进行详细规定，通过具体的法律条款，这些国家真正实现了强制环境责任保险的强制性。由于企业的趋利性，若非真正将强制环境责任保险落实于法律，很难实现避免环境风险的效果。其次，相关法律条款完善，且有利于受害者获得相应的赔偿。比如，美国《密歇根州环境保护法》规定，"允许个人即使没有证据来证明自己受到了环境污染而在某种程度上利益受损，也可以提起诉讼"。在环境侵权事件中，受害者往往是弱势群体，很难获得侵权主体的内部信息，因此也很难获得证据证明侵权主体应承担的法律责任。通过转移举证主体，维护了受害者的利益，也对侵权主体实现了监督。另外，德国《环境责任法》规定，"环境侵权事件发生以后，设备所有人应当根据受害人的请求，提供关于设备、排放物质的种类、浓度，以及遵守环境行政法所规定的特别操作义务等方面的有关情况"，据此可以要求企业提供信息。在环境责任保险建立过程中，我们往往会面临信息不对称的问题，这一法律规定为我们提供了解决信息不对称的思路。

三、我国绿色保险的历史沿革

我国的环境责任保险相较国外而言起步较晚。20 世纪 90 年代，我国环境污染事故发生频率开始增加，带来的损失日益增大，在企业无力承担治理费用的同时，污染受害人也无法得到补偿，环境责任保险开始在我国出现。

（一）1991—2006 年的起步阶段

1991 年，我国保险公司和环保部门首次推出环境污染责任保险，先后在大连市、沈阳市、长春市、吉林市等城市展开试点。具体开展时间与投保情况如表 6 - 2 所示。①

---

① 资料来源：朱庚申. 污染责任保险中的问题及对策研究［J］. 中国环境管理干部学院学报，1996（2）.

表 6-2   我国早期环境污染责任保险试点情况

城市	开展时间	承保主体	投保人数量（家）	保费收入（万元）	赔付金额（万元）	赔付率（%）
大连市	1991 年 10 月	人保大连分公司	15	220	12.5	5.7
长春市	1992 年 6 月	人保长春分公司	1	0.5	0	0
沈阳市	1993 年 9 月	人保沈阳分公司	10	95	0	0
吉林市	1995 年 10 月	太平洋保险吉林分公司	0	0	0	0

由表 6-2 可知，当时的几个试点投保效果不佳。总的来说，试点开展范围小、规模小，有的城市甚至没有企业投保；承保主体单一，大连市、长春市、沈阳市都是人保分公司承保；由于是环保部门与保险公司合作操作，存在为了与环保部门打好关系以谋求其他利益而投保的情况；赔付少，影响力小。此外，据了解，当时我国环境责任保险费率是按照行业划分的，最高为 8.0%，费率偏高。

随后，环保责任保险并没有预期中的良好发展，反而慢慢消失，退出了市场。退出的原因主要有以下几个。

1. 理论研究不足

20 世纪 90 年代，我国关于环境责任保险制度的理论研究处于刚刚起步阶段，对于环境责任保险制度的优势、局限、特点、需要的技术支持等研究不足，因此在开展试点后，并未衔接上后续的改进，缺少理论指导。

2. 相关制度不完善

环境责任保险制度的推行需要有相应的法律法规等制度支持，包括适当的强制保险规定，而当时各个试点城市的环境责任保险虽然由保险公司联合环境部门一起推行，但是属于完全的任意环境责任保险，全由市场来控制。此外，从法律制度上来看，相对应的法律制度也不健全，对于污染赔偿责任由谁承担、具体操作流程等都没有健全的法律法规规定；执法时普遍存在执法不严、罚款标准不高的情况，这使得污染企业承担的环境风险压力小，从而缺少对环境责任保险的需求。

3. 产品设计不足

从环境责任保险本身的角度来看，当时产品设计上仍然有很大缺陷，承保范围的确定、定价、相关数据统计等都不成熟，可以说这是其失败的直接原因。

4. 政策扶持力度不足

在试点后期，缺少相关政策的扶持，政府对于此方面的关注力度不够，同时社会对环境责任保险的整体关注度不足也是一个问题，缺乏政府支持使得投入环境责任保险制度建设及研究的社会资源不足。

（二）2006—2013 年发展任意责任保险

进入 2000 年以后，我国经济迅速发展，环境恶化明显。一方面，发生的污染事故明显增多，导致环境污染造成的损失严重。例如 2005 年 11 月 13 日发生的松花江污染事件，造成了 15 亿元的损失。另一方面，环境污染受害者却得不到相应的补偿。

在这样的背景下，环境责任保险制度再次回到人们的视野中。2004 年 6 月，中国保监会主席吴定富在"中国责任保险发展论坛"上指出，我国责任保险发展明显滞后，业务量仅占产险业务的 4% 左右，远远不及欧盟的 30% 左右、美国的 45% 左右。2006 年 6 月，国务院发布了《关于保险业改革发展的若干意见》，其中明确指出要大力发展环境责任保险。

在社会多方力量的大力推动下，我国环境责任保险制度开始建立起来。2007 年 12 月 4 日，国家环保总局和中国保监会联合出台了《关于环境污染责任保险工作的指导意见》。以该意见的发布为转折，全国各地环保和保险部门开始积极进行环境污染保险的推进。

2007 年 12 月 29 日，华泰保险公司正式向市场推出"场所污染责任保险"以及"场所污染责任保险（突发及意外保障）"，成为中资保险公司首家试水环境污染责任保险的企业，标志着我国再次大力推动环境责任保险的起点。这两种产品的承保范围同时包括了突发性和渐进性环境事故造成的环境责任。

2008 年 2 月 18 日，国家环保总局和中国保监会联合发布了《关于环境污染责任保险的指导意见》，正式确立了建立环境责任保险制度的计划，即在"十一五"期间，要初步建立起环境污染责任保险制度；在"十二五"期间，则基本完善环境污染责任制度。随后，在几个重工业发达、污染隐患较大的省份以及环境风险高的企业与行业进行了试点。试点省份主要有河北、湖南、浙江、江苏、辽宁、上海、四川、湖北、福建、重庆、云南、广东等。试点的企业和行业主要是危险化学品的生产、经营、储藏、运输和使用相关的企业，容易造成污染的石油化工业，以及危险废弃物处置行业。承保范围主要是突发性的环境污染事故造成的环境责任。在 2006 年到 2013 年期间，国家环保总局和中国保监会大力推动我国环境责任保险制度的建立与发展，但是实际上几个试点地区的情况并不太乐观，依然出现了参保企业数量少，参保的企业占实际应该参保的潜在环境污染可能性大的企业的比重低等问题。例如，2008 年深圳全市只有 8 家企业参与了环境责任保险，2009 年仅有 7 家续保。

从企业、保险公司、政府部门和普通民众四个方面来分析，主要有以下几个方面的原因：对于污染企业或潜在污染企业来说，投保意愿普遍不强烈。一方面，财力雄厚、抗风险能力强的大企业认为企业不会发生环境污染事故，即使发生了环境污染事故，自身也有能力应对，所以不愿意投保，况且一些大的排污企业往往都是当地的利税大户，地方政府出于本地区经济利益的角度出发也会对企业网开一面；另一方面，一些抗风险能力较差的企业社会责任感差，企业支付能力弱，也不愿主动投保环境污染责任保险。此外，保险赔付率过低、保险责任范围过窄、费率过高、险种设置不合理、保险免责条款复杂、赔付条件太过严苛、风险评估成本较高等也在一定程度上影响了企业参保积极性。

对于保险公司来说，它们一方面希望占领这一新业务市场，能够成为"第一个吃螃蟹的人"；另一方面又担心参保企业少则风险过大。保险企业要保持费率的充足性以建立稳定的赔付基金，但由于企业投保数量的限制，市场的有效需求不足，供需往往无法形成有效对接，不能符合保险的"大数法则"。参保企业不符合"大数法则"，从而提升了保险公司的承保风险，保险公司为了规避风险势必要制定更加严格的赔付条款并不断提高保险费率，形成了恶性循环的怪圈。同时，保险公司在经营中缺乏对于企业的历史污染事故损失、污染风险管控能力等真实数据，对于风险评估、标的定价、事故定损等专业环节的技术力量不足，保险公司顾虑重重，使得这一业务开展的实质性进展缓慢，更多像是为了完成某种政治任务。

对于政府来说，政府当然是积极推进当地的环境责任保险试点工作，一来可以保障区域环境质量，二来一旦发生污染事故，受害群众能够得到赔偿。环境责任保险不仅可以完成本地试点工作的任务并在全国形成带头示范作用，而且还可以降低大型环境责任污染事故中的政府买单成本，因为过往环境污染责任事故的绝大部分损失是由受害者、社会和国家承担的，但是政府的力量却显得很微小。一是由于我国的环保法规不够健全，执法也不严格，对排污者构不成压力，客观上形成"环境违法成本低、守法成本高"的不合理局面；二是由于试点的大部分地区采用的是任意环境责任保险，多数企业从追求自身经济利益最大化的角度出发，对环境风险的发生有侥幸心理，对环境污染责任保险持"观望"态度，不愿主动投保环境污染责任保险，而政府的支持力度又稍弱，没有体现出政策层面的引导和帮扶；三是由于环境责任保险法律制度滞后于环境责任保险工作的试点，造成事实上环境责任保险试点于法无据的状况。

从社会及民众角度来说，由于宣传不到位及专业性较强，普通民众对于环境责任保险普遍不了解也并不关注，他们只关心污染事故发生后受害者能否及时有效得到应有赔偿。这种"漠视"也间接导致了参保企业的参保意愿普遍不强烈。

（三）2013 年之后开始尝试发展强制责任保险

2013 年 1 月 21 日，环境保护部和中国保监会联合发布了《关于开展环境污染强制责任保险试点工作的指导意见》。我国环境责任保险制度建设开始往强制责任保险转型。其中，明确规定了强制责任保险的试点企业范围，包括涉重金属企业，按地方有关规定已被纳入投保范围的企业，以及其他高环境风险企业（包括石油天然气开采、石化、化工等行业，生产、储存、使用、经营和运输危险化学品的企业，产生、收集、贮存、运输、利用和处置危险废物的企业，以及存在较大环境风险的二恶英排放企业等）。

2014 年 4 月 24 日，《环境保护法》修订案经十二届全国人大常委会第八次会议表决通过，其中，强制环境责任保险已纳入法律，在第五十二条新增"国家鼓励投保环境污染责任保险"。

我国环境强制责任保险试点正在全国范围内陆续开始启动，而且我国对于推动建立环境污染责任保险制度的力度不断增加，环境保护部与保监会正在尝试推动环境责任保险制度的建立。

四、我国绿色保险的实践

（一）试点进展分析

1. 试点情况

我们选取江苏省无锡市、安徽省合肥市的环境污染责任保险试点情况进行了调研，听取了环保部门、保监部门及保险公司等代表的意见和建议。

（1）无锡市试点情况

在调研过程中了解到，无锡市环境污染责任保险在 2009 年投保企业为 17 家；2010 年评估 97 家企业，参保企业 212 家；2011 年评估 422 家企业，参保企业 685 家；2012 年评估 766 家企业，参保企业 663 家；2013 年投保企业已经发展到 1 028 家，参保覆盖面逐年扩大，累计承担责任风险 23 亿元，累计保费收入 3 900 多万元，全国地级市排名第一。自无锡市启动环境责任保险试点以来，共理赔 24 家企业，理赔金额达到了 226 万元。

无锡市政府部门高度重视，通过下发纲领性、规范性文件，加快推动指导环境责任保险工作。自从 2011 年下发《无锡市环境污染责任保险实施意见》以来，投保企业数量大幅增长。该意见明确三大类型的企业必须参保，同时鼓励其他行业的企业自愿参加环境污染责任保险，并对保险保障范围和赔偿限额、保险承保方式、投保工作程序、参与方工作职责等提出了明确的要求。与此同时，将环境责任保险试点工作列入各个区县的市长环保工作和目标责任书中，对市长进行考核，加强政策引导。

（2）安徽省试点情况

安徽省环保厅早在2009年就开始探索环境责任保险，尝试使用市场经济的措施和手段推动环境治理工作，2013年开始试点环境责任保险。截至2013年底，全省共有337家企业列入第一批试点计划（其中21家因停产或搬迁等原因不具备入保条件，实际为316家企业）。截至2014年6月30日，全省已投保企业209家，投保比例为66%，保险金额2.427亿元，保费1 168万元；共发生理赔案件5起，赔付金额42.2万元。

2. 试点存在问题及主客观因素分析

（1）存在的问题

① 政府层面

对于无锡市来说，推广绿色保险的依据主要是2011年无锡市政府办公室印发的《无锡市环境污染责任保险实施意见》。由于缺少相应的法律、法规支持，上级有关部门将指标下达到地级市，造成环保局的推广行为"无法可依"。对于没有参保的污染企业，并没有强制性要求，只能加强监管力度。

对于安徽省来说，2014年7月17日出台的《巢湖流域水污染防治条例》中第四十二条明确要求：县级以上人民政府应当根据国家规定开展环境污染强制责任保险，自2014年12月1日起施行。由于刚开始施行，实施效果有待观察。

从推广范围来看，实施意见中规定的参保企业范围较大，所有企业一次性到位存在一定的困难，可以采取循序渐进的方式，每年逐步推广。在推广的过程中，企业对于保险行业的误解，导致环保部门在推广的过程中遇到一定困难。

② 保险公司层面

无锡市和安徽省的环境责任保险仅针对突发性环境污染事故所致的人身和财产损失承保，不包括生态污染的损失以及累进式、渐变式污染造成的损失。在今后的工作中，可以适当加入对于生态修复的保险。

③ 评估公司层面

目前，无锡市和安徽省的企业环境风险评估均未形成规范性的评估标准，由于受到评估费用的限制，评估人员均不是具有一定资质的环保专业人员，如安徽省是保险公司自己做企业环境风险评估，出具的评估报告内容比较简单，缺少相应的专业、数据支持。

（2）主客观因素分析

① 主观因素

第一，企业投保意识差，投保意愿不足。在 2015 年 1 月 1 日新《环境保护法》正式实施之前，虽然从理论上说实施"污染者付费"，污染者要承担损害赔偿责任，但实际操作中，在环境污染损害赔偿责任方面的规定并不明确，环境污染事故的民事责任和刑事责任追究制度很不完善，责任追究主要依靠行政处罚，而法律赋予的行政处罚额度有限。在污染事件发生后，企业既缺乏环境风险防范的意识，也不承担全部污染损害的赔付责任，所以大多数企业不愿将环境风险管理纳入经营成本之中，从而导致环境污染责任保险的推广缺乏内在推动力。

第二，企业经营成本上升。目前，我国大多数企业生产经营模式相对粗放，投保环境责任保险无疑会增加企业成本，降低企业利润，从而降低企业短期的竞争力，因此，很多企业为了追求企业利润最大化，置环境损害于不顾，不愿投保环境责任保险。

② 客观因素

第一，缺少强制性法律及专项法规的保障。法律上的空白必然会带来司法实践无所适从。尽管我国已缔约的国际公约、国务院及地方政府颁布的法规条例都有涉及到环境污染责任保险的条款，但仅仅局限在某个行业或区域，在国家层面的法律文件中缺少明确的规定。尽管 2014 年新修订的《中华人民共和国环境保护法》中增添了"国家鼓励投保环境污染责任保险"条款，由于国家采用的是"鼓励"态度，地方政府在推行环境污染责任保险过程中缺少强制依据，只能靠行政手段推行。

第二，保险公司的经营成本及风险过高。目前，国内大部分企业对环境污染责任保险的了解度和认可度不高，参与投保的企业数量不多，成为环境污染管理和保险的盲区，试点工作也主要集中在一些重大污染风险源企业，如化工、石化、火电、钢铁、医药、造纸、食品、建材等污染较重行业，这既不符合保险业经营的"大数法则"，投保企业以风险相对集中的中小企业为主，也不符合保险投保人选取上相互补充的原则，从而导致保险的风险过度集中，不利于保险公司的稳健经营。

第三，保险产品的有效供给不足。由于环境污染责任保险涉及环保、保险及法律法规的内容比较广泛，条款的制定有其特殊性，目前保险公司缺乏这样的人才，同时，由于环境污染责任保险仍处于试点阶段，保险公司虽然结合实际情况逐渐增加保险种类，但仍处于摸索阶段，市场的保险产品很难满足实际需求。市场现有的环境责任保险险种非常少，这使得投保人因没有选择余地而丧失投保积极性。

第四，环境污染责任保险的适用范围较为狭窄。目前，我国环境污染责任保险的试点范围主要包括涉重金属企业、按地方有关规定已被纳入投保范围的企业和其他高环境风险企业。除此之外，还有海洋运输油污损害、危险废物运输、核能利用等方面。并且，我国目前只把突发性环境污染事故造成的民事赔偿责任作为保险标的，保险人一般只承保违反环境法律法规的社会经济活动、意外事故及不可抗力导致环境污染造成的人身和财产损失，将排污企业正常、累积性排污行为所致损害以及污染所致国家重点保护野生动植物、自然保护区损害排除在外。

第五，地方政府的重视、支持力度不够。环境污染责任保险是具有很强外部性的准公共产品。高赔付率、系统性风险、信息不对称等特点导致环境污染责任保险的"市场失灵"，必须得到税收优惠政策和信贷优惠政策的支持才能产生有效的制度供给。从 2007 年起，环境污染责任保险在国内已经试点 8 年有余，但就全国范围来看，保险试点覆盖面仍不全，仍有未开展试点的地方，究其原因是地方政府对于环境污染责任保险的重要性认识不够，支持力度不够，担心影响地方政府的财政收入。环境责任保险一般承担的赔付金额过大，为了使环境责任保险稳步发展，环境污染责任保险需要由专业的保险机构来承担，而且需要得到政府财政及银行信贷的有力支持，我国政府对环境责任保险的补贴非常有限，对环境责任保险的税收倾斜力度还非常不够。

第六，宣传力度不够。目前，我国环境污染事件发生后，受侵害人的维权意识仍相对较低，多数受害者仍没意识到环境污染责任保险对污染事件发生后维护自身合法权益的重要性。而我国现阶段环境责任保险仍处于试点阶段，在利用各种媒体加强宣传、教育，提高人们的环保和维权意识方面仍很不足。有些地方无论是排污者还是污染受害者对环境污染责任保险的认识都不足，不了解投保环境责任保险会对企业及污染受害人所带来的益处，甚至没听说过，这无疑严重制约了环境责任保险的试点推行。

（二）市场现状分析

1. 供求双方参与积极性不高

观察我国绿色保险历史，可以看到我国绿色保险起步实施并不理想，投保企业及保险公司的参与积极性都不高、保费过高较为普遍，而且环境污染责任保险相关制度不完善，环境责任保险制度的推行没有相应的法律法规等制度支持（包括适当的强制保险规定、前期市场保费制定规定）。同时，各个试点地区的环境责任保险虽然由保险公司联合环境部门一起推行，但开展的是完全的任意环境责任保险，全由市场来控制，过早让市场自由发展也是导致试点失败的重要原因。

目前，虽然强调开展强制环境责任保险，并在《关于开展环境污染强制责任保险试点工作的指导意见》第二条中明确指出强制环境责任保险试点企业范围为涉重金属企业、地方有关规定已经纳入投保范围的企业、其他高环境风险企业（石油开采、化工，生产、储存、使用危险化学品，产生、收集、贮存、运输、利用和处置危险废物，存在较大环境风险的二恶英排放，环保部规定其他高环境风险企业），但通过强制手段只是简单地建立环境保险市场，并未改变实际的企业投保意愿和保险公司的承保意愿，也就是说还没有为环境污染责任保险创造一个稳定的、理性的市场氛围。

2. 投保人不愿投保

环境污染强制责任保险的推行对于企业而言无疑是一笔不小的支出，尤其是对环境风险的发生几率不高、环境事件潜伏期长的企业。因为单就污染行为而言，企业是获益方，无管制的排污意味着企业可以采用成本最低的生产技术，不需要购买相对较贵却更先进、更环保的生产设备，同时也省去了为购买污染处理设备的投入成本，对于追求利润最大化的企业来说，能够实现成本最小化的无管制排污行为是最"理性"的选择。另外，也有企业环境风险意识淡薄的原因。很多企业直至损害发生必须要承担巨额的赔偿责任之时，才会明白环境污染强制责任保险的重要性。这些都严重制约了环境责任保险的推行和发展。

3. 保险人不愿意承保

保险公司是实现环境风险分担的重要环节，保险公司在判断市场收益时，其基础是建立在大数法则的背景下，其根本在于统计无数个具有相近风险特征企业的环境污染事故发生情况的频率，通过将看似随机的单个企业发生环境污染事故概率在一定规模上进行统计，研究环境污染事故发生概率的规律，由此确定相关保险的成本和保险公司的利润。与此同时，保险公司还需研究其中的规律并预算开展新业务所需的人力、物力、资金和时间，最终决策环境污染损害保险建设与否和其合理收费标准。环境污染风险具有明显的异质性，不同行业的企业面临的风险种类不同，需要的风险评估技术和评估方法也大相径庭，导致保险行业的展业成本居高不下，居高不下的成本和风险也导致了投保企业数目极少，而在这样的背景下，保险公司无法达到大数法则所需的大量企业来做概率支持，最后的结果只能是将风险由污染企业转移到保险公司，并没有达到环境污染风险内部化、市场化。根据规模经济效应，我们可以预测，当投保企业数量增多，保险产品的数量达到一定规模之后，保险产品长期平均成本将逐渐降低，即保险市场一旦扩展，就完全可以依靠市场手段实现环境风险外部性内部化,并将风险从单个企业转移到整体市场以实现企业规避风险的目的。

而现阶段,投保企业数量有限,依靠保费收入无法达到保护受害人利益的目的。同时在目前的强制环境污染保险政策规定下,往往导致保险公司一方面要承担很高的风险,另一方面又不能从保费中收益,造成强制责任保险的公益性和私人利益冲突,从而导致保险公司发展保险产品的积极性不足。

五、我国绿色保险法律法规体系

我国绿色保险相关法律法规可分为两大类:一是与绿色保险直接相关的法律法规,即由政府出台的直接规定了绿色保险相关标准或实施规范等的文件;二是绿色保险的配套法律法规,即并不明确规定绿色保险的事宜,但是为绿色保险的实施发挥基础支持作用,是绿色保险实施的必要环境基础。

(一) 绿色保险直接相关的法律法规

1. 国家层面

就国家层面的法律法规来说,我国虽然存在关于环境责任保险的法律法规,但是总体而言,仍然缺乏对强制性环境责任保险的法律规定。具体来说,我国关于环境责任保险的法律主要体现在《环境保护法》《海洋环境保护法》等法律中,其中《环境保护法》虽然已经有环境责任保险的规定,但是仍然停留在"鼓励"环境责任保险的投保,即鼓励任意性环境责任保险的推广,并没有对强制性环境责任保险进行规定。我国仅有的强制性环境责任保险的相关规定主要是从 20 世纪 80 年代起依据国际公约的有关规定,逐步在核污染、油污、危险废物等领域推行国家层面的强制环境责任保险,主要在《海洋石油勘探、开发环境保护管理条例》《海洋环境保护法》等法律法规中,但这些法律法规覆盖范围小,不能满足环境高风险行业对环境责任保险的实际需求,尤其对于环境风险高的区域和行业。

（1）法律层面

我国在法律层面对环境责任保险的相关规定较少，明确进行规定的只有 2014 年修订的《环境保护法》与 2000 年起实施的《海洋环境保护法》。其中《环境保护法》对其规定为"鼓励"投保环境污染责任保险，而未有强制性环境责任保险的相关规定。

表 6 - 3　　　　　　　　　　　　绿色保险直接相关法

实施时间	法律	相关条文
2015 年 1 月 1 日	《环境保护法》	第五十二条　国家鼓励投保环境污染责任保险。
2000 年 4 月 1 日	《海洋环境保护法》	第六十六条　国家完善并实施船舶油污损害民事赔偿责任制度；按照船舶油污损害赔偿责任由船东和货主共同承担风险的原则，建立船舶油污保险、油污损害赔偿基金制度。 实施船舶油污保险、油污损害赔偿基金制度的具体办法由国务院规定。

综上所述，相比于国际上发达国家都在法律中对强制性环境责任保险进行了规定，我国在法律层面仍然缺乏对强制性环境责任保险的规定。

（2）条例及政策文件

在条例及政策文件层面，我国共发行过三个关于环境责任保险的文件（如表 6 - 4 所示），其中两个由环境保护部和中国保监会联合发布的文件分别对任意性环境责任保险和强制性环境责任保险的具体承保范围、相关试点行业等都作出了规定。

表 6 - 4　　　　　　　　　　　　绿色保险直接相关条例

发行日期	文件名称	发行部门
2006 年 6 月 26 日	《关于保险业改革发展的若干意见》	国务院
2007 年 12 月 4 日	《关于环境污染责任保险工作的指导意见》	国家环境保护总局、中国保险监督管理委员会
2013 年 1 月 21 日	《关于开展环境污染强制责任保险试点工作的指导意见》	环境保护部、中国保险监督管理委员会

（3）国际公约下建立强制环境保险的行业

根据一些国际公约的明确规定，我国已在某些污染环境的行业建立环境责任强制保险，主要包括海洋石油开发与运输行业、核能行业和危险废物处理行业。

第一，海洋运输油污损害方面。我国环境污染责任保险最先进入的领域是国际海洋船舶运输业。1980 年我国加入了《国际油污损害民事责任公约》，该公约第 7 条规定："在缔约国登记的载运 2 000 吨以上散装货油的船舶所有人，必须进行保险或者作出其他财务保证"，而且就油污损害强制保险制度的适用范围、责任主体、责任限额及时效、民事赔偿责任和免责事项、管辖权以及判决的承认和执行等事项作出明确规定。为了与国际环境公约相衔接，1982 年我国制定的《中华人民共和国海洋环境保护法》第二十八条规定："载运 2 000 吨以上散装货油的船舶，应当持有有效的《油污损害民事责任保险或其他财务保证证书》，或《油污损害民事责任信用证书》，或提供其他财务信用保证。"

在程序方面，我国于 2000 年 7 月开始实施的《中华人民共和国海事诉讼特别程序法》第九十七条规定："对船舶造成油污损害的赔偿请求，受损害人可以向造成油污损害的船舶所有人提出，也可以直接向承担船舶所有人油污损害责任的保险人或提供财务保证的其他人提出。油污损害责任的保险人或提供财务保证的其他人被起诉的，有权要求造成油污损害的船舶所有人参加诉讼。"1999 年修订的《中华人民共和国海洋环境保护法》对油污责任保险作出了进一步规定："国家完善并实施船舶油污损害民事赔偿责任制度；按照船舶油污损害赔偿责任由船东和货主共同承担风险的原则，建立船舶油污保险、油污损害赔偿基金制度。实施船舶油污保险、油污损害赔偿基金制度的具体办法由国务院规定。"2002 年 8 月 1 日起施行的《中华人民共和国内河交通安全管理条例》第十二条规定："按照国家规定必须取得船舶污染损害责任、沉船打捞责任的保险文书或者财务保证书的船舶，其所有人或者经营人必须取得相应的保险文书或者财务担保证明，并随船携带其副本。"2009 年 3 月 9 日起《2001 年国际燃油污染损害民事责任公约》对我国正式生效后，航行于我国沿海水域的 1 000 吨以上的船舶全部需要办理强制油污责任保险。2010 年 10 月 1 日起实施的《中华人民共和国船舶油污损害民事责任保险实施办法》第二条规定："在中华人民共和国管辖海域内航行的载运油类物质的船舶和 1 000 总吨以上载运非油类物质的船舶，其所有人应当按照本办法的规定投保船舶油污损害民事责任保险或者取得相应的财务担保。"以上法律法规的颁布实施，为我国在船舶油污损害方面推行强制环境责任保险提供了充分的法律依据和制度保障。

第二，海洋石油勘探及工程建设方面。在海洋油气矿产勘探方面，我国也已推行环境责任保险。1983 年 12 月，国务院公布的《海洋石油勘探开发环境保护管理条例》第九条规定："企业、事业单位和作业者应具有有关污染损害民事责任保险或其他财务保证。"2006 年 1 月，国务院发布的《国家突发环境事件应急预案》指出：应建立突发环境事件社会保险机制。对环境应急工作人员办理意外伤害保险。可能引起环境污染的企业、事业单位，要依法办理相关责任险或其他险种。2006 年 9 月，国务院公布的《防治海洋工程建设项目污染损害海洋环境管理条例》第二十七条规定："海洋油气矿产资源勘探开发单位应当办理有关污染损害民事责任保险。"

第三，核能利用方面。尽管我国尚未加入国际《核能方面第三方当事者责任公约》和《关于核损害的民事责任的维也纳公约》，但为了加强核事故损害赔偿责任管理，1986 年 3 月，国务院就有关核电站发生核事故的责任问题作出批复，该批复的原则与《关于核损害的民事责任的维也纳公约》规定的基本原则大体相同。2007 年，国务院对国家原子能机构下发了批复要求，营运者应当对核事故造成的人身伤亡、财产损失或者环境受到的损害承担赔偿责任，核电站运行之前或者乏燃料贮存、运输、后处理之前，营运者必须购买足以履行其责任限额的保险。以上法律法规的颁布实施，为我国在核损害方面推行强制环境责任保险提供了充分的法律依据和制度保障。

第四，危险废物及危险货物运输方面。1989 年的《控制危险废料越境转移及其处置巴塞尔公约》第 6 条第 11 项规定，危险废物或其他废物的任何越境转移都应有保险、保证或进口或过境缔约国可能要求的其他担保。其后，《危险废物越境转移及其处置所造成损害的责任和赔偿问题议定书》第 14 条对保险和其他财务担保做了更详细的规定。国家环保总局联合国家发展改革委、卫生部、财政部、建设部于 2003 年发布的《关于实行危险废物处置收费制度促进危险废物处置产业化的通知》，指出危险废物处置收费中包含有环境污染责任保险收费。2003 年 11 月，交通运输部颁布的《中华人民共和国船舶载运危险货物安全监督管理规定》第二十条规定："载运危险货物的船舶应当按照国家有关船舶安全、防污染的强制保险规定，参加相应的保险，并取得规定的保险文书或者财务担保证明。"2004 年 7 月 1 日开始施行的《中华人民共和国道路运输管理条例》第三十六条规定："客运经营者、危险货物运输经营者应当分别为旅客或者危险货物投保承运人责任险。"

2. 地方层面

近年来，各地政府部门在国务院、环保部相关政策及指导文件的基础上，逐步在辖区内开展环境责任保险的试点。

（1）地方政府出台的法规

近些年，许多省市也在开展环境污染责任保险研究和立法的试点工作，已颁布实施的地方法规，为我国环境污染责任保险的发展创造了较好的条件，具体见表 6-5。

表 6-5　　　　　　　　　　部分省市出台的地方法规

实施时间	条　　例	相关条文
2000 年 3 月 1 日	《深圳经济特区海域污染防治条例》	第十七条规定：禁止载运二千吨以上散装货油，未持有油污损害民事责任保险或其他财务保证证书的船舶进行装卸作业。
2002 年 12 月 1 日	《福建省海洋环境保护条例》	第三条第二项规定：载运散装油类的船舶应当依法办理油污损害民事责任保险。第三十条第二项规定：在港内从事油料补给和残油、污油水接收处理的船舶，应当依法办理油污损害民事责任保险。

续表

实施时间	条　　例	相关条文
2009 年 1 月 1 日	《沈阳市危险废物污染环境防治条例》	第八条规定：支持和鼓励保险企业设立危险废物污染损害责任险种；支持和鼓励产生、收集、贮存、运输、利用和处置危险废物的单位投保危险废物污染损害责任险种。
2009 年 1 月 1 日	《江西省环境污染防治条例》	第四条规定：组织编制突发环境事件应急预案，逐步推行环境污染责任保险。
2009 年 7 月 1 日	《河北省减少污染物排放条例》	第二十六条规定：积极推进有毒有害化学品生产、危险废物处理等重污染排污单位参加环境污染责任保险。
2010 年 1 月 1 日	《江苏省固体废物污染环境防治条例》	第四十条规定：鼓励和支持保险企业开发有关危险废物的环境污染责任险；鼓励和支持产生、收集、贮存、运输、利用、处置危险废物的单位投保环境污染责任险。
2010 年 3 月 1 日	《河南省水污染防治条例》	第八条规定：鼓励单位和个人通过保险形式抵御水环境污染风险。
2011 年 1 月 1 日	《山西省减少污染物排放条例》	第十八条规定：鼓励有毒有害化学品生产、危险废弃物处理等重污染排污单位参加环境污染责任保险。
2011 年 4 月 1 日	《辽宁省辽河流域水污染防治条例》	第七条规定：鼓励有水污染物排放的工业企业办理环境污染责任保险。
2011 年 10 月 1 日	《重庆市长江三峡水库库区及流域水污染防治条例》	第二十三条规定：鼓励排污单位根据环境安全的需要，投保环境污染责任保险。
2012 年 2 月 1 日	《新疆维吾尔自治区环境保护条例》	第四十三条规定：鼓励从事有毒有害化学品生产、危险废物处理等环境风险大的单位参加环境污染责任保险。
2012 年 4 月 1 日	《江苏省通榆河水污染防治条例》	第二十七条规定：推行环境污染责任保险制度。鼓励和支持保险企业在沿线地区开发环境污染保险产品，引导排放水污染物的单位投保环境污染责任险。

续表

实施时间	条　例	相关条文
2012 年 10 月 1 日	《海南省环境保护条例》	第五十五条规定：鼓励危险化学品生产使用、危险废物处理、放射源使用等环境风险大的单位参加环境污染责任保险。
2013 年 4 月 1 日	《湖南省湘江保护条例》	第四十四条规定：鼓励湘江流域重点排污单位购买环境污染责任保险或者缴纳环境污染治理保证金，防范环境污染风险；湘江流域涉重金属等环境污染高风险企业应当按照国家有关规定购买环境污染责任保险。
2014 年 1 月 1 日	《青海省湟水流域水污染防治条例》	第二十七条规定：高环境风险企业推行环境污染责任保险制度，及时赔偿污染受害者损失，保护污染受害者权益。
2014 年 1 月 1 日	《陕西省大气污染防治条例》	第二十一条规定：逐步推行企业环境污染责任保险制度，降低企业环境风险，保障公众环境权益；省环境保护行政主管部门根据区域环境敏感度和企业环境风险度，定期制定和发布强制投保环境污染责任保险行业和企业目录；鼓励、引导强制投保目录以外的企业积极参加环境污染责任保险。
2014 年 12 月 1 日	《巢湖流域水污染防治条例》（修订）	第四十二条规定：县级以上人民政府应当根据国家规定开展环境污染强制责任保险、排污权交易，落实污水处理、污泥无害化处理、垃圾收集处理等方面优惠政策，实施有利于环境保护的经济政策。

　　总结表 6 – 5 可以发现，2009 年至 2014 年，短短 6 年时间陆续有 15 个涉及环境污染责任保险的地方法规正式实施，涉及江苏、陕西、青海、

新疆、重庆、辽宁等多个省、自治区和直辖市，这将为条例所适用的地方推行环境责任保险提供法律依据。

（2）地方政府试点中承保范围的确定

在《关于环境污染责任保险工作的指导意见》（环发〔2007〕189号）、《关于开展环境污染强制责任保险试点工作的指导意见》（环发〔2013〕10号）及表6-5中列出的地方法规的指导下，近几年，广东、陕西、河北、青海、湖北、四川、安徽、贵州、江西、无锡、深圳等多个省市在辖区内推行环境责任保险试点工作，具体情况见表6-6。

表6-6 部分省市试点行业

地区	模式	试点行业	指导文件
陕西省	强制	涉及重金属的企业； 石油、天然气、煤炭及其他矿产资源开发企业； 生产、经营（未设置仓储的除外）、运输、储存、使用危险化学品的企业；产生、运输和处理处置危险废物的企业； 污水处理厂、垃圾填埋厂（场）； 化工、冶金、制药、造纸、印染、酿造、建材、火力发电等企业； 饮用水水源地保护区内的所有工业企业； 处于环境敏感区域的污染企业； 曾经发生过环境污染事故的企业。	《关于印发〈陕西省环境污染责任保险试点工作实施意见〉的通知》（陕环发〔2012〕108号）
	鼓励	上述范围以外的单位。	
江西省	强制	重有色金属矿（含伴生矿）采选业：铜矿采选、铅锌矿采选、镍钴矿采选、锡矿采选、锑矿采选和汞矿采选业等； 重有色金属冶炼业：铜冶炼、铅锌冶炼、镍钴冶炼、锡冶炼、锑冶炼、汞冶炼等； 铅蓄电池制造业。	《关于印发〈江西省环境污染强制责任保险试点工作实施方案〉的通知》（赣环法字〔2013〕4号）
	鼓励	无	

续表

地区	模式	试点行业	指导文件
安徽省	强制	采矿业企业（黑色金属、有色金属、非金属矿采选业），重金属污染物排放企业； 生产、经营（未设置仓储的除外）、储存、使用危险化学品的企业； 使用Ⅰ、Ⅱ、Ⅲ类放射源的单位； 从事危险废物收集、贮存、处置经营活动的单位； 化学原料及化学制品制造，黑色金属冶炼，有色金属冶炼，金属表面处理，炼焦，化学药品原药制造，皮革加工（皮革鞣制、毛皮鞣制），酒精制造等企业； 国控、省控重点污染企业，近三年内发生过严重污染事故的企业。	《关于推进环境污染责任保险试点工作实施意见的通知》（皖政办秘〔2012〕165号）
	鼓励	鼓励其他企业自愿投保。	
贵州省	强制	涉及重点防控的重金属污染物产生和排放的企业：重有色金属矿（含伴生矿）采选业；重有色金属冶炼业；铅蓄电池制造业；皮革及其制品业；化学原料及化学制品制造业。 高环境风险企业：生产、储存、使用、经营和运输危险化学品的企业；产生、收集、贮存、运输、利用和处置危险废物的企业，以及存在较大环境风险的二噁英排放企业；化工、电力、造纸、沿江沿河沿湖等环境污染风险高的企业；省环保厅确定的其他高环境风险企业。	《关于印发〈关于开展环境污染强制责任保险试点工作的指导意见〉的通知》（黔环通〔2013〕220号）
	鼓励	无	
四川省	强制	石油化工企业； 危险废物处置企业； 生产、经营、储存、运输、使用危险化学品的企业； 钢铁生产、有色金属冶炼、机械制造、电镀、制革、制药、印染、造纸、酿造等行业的重点企业； 涉重金属污染的重点工业企业； 容易发生环境污染事故或处于环境敏感区域的重污染企业。	《关于继续开展环境污染责任保险试点工作的通知》（川环函〔2012〕376号）
	鼓励	无	

续表

地区	模式	试点行业	指导文件
河北省	强制	涉重金属企业：重有色金属矿（含伴生矿）采选企业；重有色金属冶炼企业；铅蓄电池制造企业；涉重金属铬的皮革鞣制加工企业；涉重金属的基础化学原料制造和涂料、油墨、颜料及类似产品制造企业。 其他重污染高风险企业：使用有毒、有害原料进行生产或者生产中排放有毒有害物质的企业；危险废物处理、处置企业；石油化工、化学制浆造纸、印染、制药、酿造、味精、淀粉、钢铁、矿山采选、煤化工、建材等重污染高环境风险企业。	《关于印发〈关于开展环境污染强制责任保险试点工作的实施意见〉的通知》（冀环〔2014〕3号）
	鼓励	饮用水水源地上游未排入集中式城镇污水处理设施进行二级处理的工业企业； 使用沟渠、坑塘等输送或者贮存污水的企业； 近三年来发生过环境污染事故的企业； 位于环境敏感区内的排污企业。	
青海省	强制	重有色金属矿（含伴生矿）采选业：铜矿采选、铅锌矿采选、镍钴矿采选、锡矿采选、锑矿采选和汞矿采选业等； 重有色金属冶炼业：铜冶炼、铅锌冶炼、镍钴冶炼、锡冶炼、锑冶炼和汞冶炼等； 皮革及其制品业：皮革鞣制加工等； 化学原料及化学制品制造业：基础化学原料制造和涂料、油墨、颜料及类似产品制造等。	《关于印发青海省环境污染强制责任保险试点工作方案的通知》（青环发〔2013〕389号）
	鼓励	石油天然气开采、石化、化工等行业企业； 生产、储存、使用、经营和运输危险化学品的企业； 产生、收集、贮存、运输、利用和处置危险废物的企业，以及存在较大环境风险的二噁英排放企业； 环保部门确定的其他高环境风险企业。	

地区	模式	试点行业	指导文件
湖北省	强制	涉重金属企业：涉及重金属污染物产生和排放的企业；高环境风险行业：石油天然气开采、石化、化工等行业企业。生产、储存、使用、经营和运输危险化学品的企业。产生、收集、贮存、运输、利用和处置危险废物的企业，以及存在较大环境风险的二恶英排放企业。对饮用水源地构成潜在威胁的高排放企业。其他高环境风险企业。	《关于印发〈湖北省环境污染强制责任保险推动方案〉的通知》（鄂环办〔2013〕111号）
	鼓励	无	
广东省	强制	生产、储存、运输、使用危险化学品的企业；储存、运输、处理处置危险废物的企业；铅蓄电池和再生铅企业；广州、深圳、汕头、韶关、佛山、中山、东莞、清远、惠州、江门、肇庆、云浮12个国家和省重金属污染防控重点区域内涉重金属企业；钢铁、有色金属冶炼、矿山采选、石油化工、电镀、印染、鞣革、化学制浆造纸及味精、酒精生产企业中被列为国家和省重点监控的企业。	《转发环境保护部中国保险监督管理委员会〈关于开展环境污染强制责任保险试点工作的指导意见〉的通知》（粤环〔2013〕46号）
	鼓励	鼓励其他行业企业积极投保。	
无锡市	强制	太湖流域一级保护区范围内存在环境污染风险的所有工业企业，饮用水源地二级保护区范围内的所有工业企业；医院、学校、大型居民住宅区等环境敏感区300米范围内的所有工业企业；化工、污水处理厂、垃圾填埋厂（场），生产、经营（未设置仓储的除外）、储存、使用危险化学品的企业，危险废物经营、处置企业，冶金、钢铁、电镀、焦化、制药、皮革、造纸、制浆、印染、酿造、铸造、柠檬酸、塑料制造（加工）、水泥制造、机械制造、橡胶制品加工、火力发电、垃圾焚烧发电、电池生产等企业。	《关于印发无锡市环境污染责任保险实施意见的通知》（锡政办发〔2011〕48号）
	鼓励	前款规定范围以外的企业。	

地区	模式	试点行业	指导文件
南通市	强制	重有色金属矿（含伴生矿）采选业； 重有色金属冶炼业； 铅蓄电池制造业； 皮革及其制品业：皮革鞣制加工等； 化学原料及化学制品制造业：基础化学原料制造和涂料、油墨、颜料及类似产品制造等。	《市政府办公室关于转发市环保局财政局〈南通市环境污染责任保险工作实施方案〉的通知》（通政办发〔2013〕203号）
	鼓励	生产、储存、使用、经营和运输危险化学品的企业； 产生、收集、贮存、运输、利用和处置危险废物的企业； 污水处理厂、垃圾填埋厂（场）、垃圾焚烧发电企业； 印染、化工、制药、造纸、钢铁、水泥、火电、造船等环境风险较大的企业； 学校、大型居民住宅区等环境敏感区300米范围内的工业企业。	
深圳市	强制	生产、储存、运输、使用危险化学品的企业； 储存、运输、处理处置危险废物的企业； 铅蓄电池和再生铅企业； 污水处理厂、垃圾填埋厂（场）、垃圾焚烧发电等提供环境公共服务的企业； 电镀（包括含电镀工序）、印制线路板、印染、镉镍电池生产企业； 其他涉重金属企业。	《关于印发〈深圳市环境污染责任保险工作实施方案〉的通知》（深人环〔2012〕167号）
	鼓励	鼓励其他行业企业自愿参加环境污染责任保险。	
东莞市	强制	储存、运输、处理处置危险废物的企业； 铅蓄电池和再生铅企业； 重金属污染防控重点区域涉重金属企业； 石油化工、电镀、印染、化学制浆造纸等生产企业中被列为国家和省重点监控的企业； 信用评价红牌企业。	《关于印发〈东莞市环境污染责任保险试点实施方案（试行）〉的通知》（东环办〔2014〕26号）
	鼓励	无	

地区	模式	试点行业	指导文件
昆明市	强制	滇池流域 2 920 平方公里范围内从事生产、经营、储存、运输、使用危险化学品的企业，危险废物收集、运输及处置企业，以及钢铁、有色金属冶炼、电镀、化工、焦化制气、制药、皮革、造纸、制浆、印染、酿造、铸造、电石、铁合金、柠檬酸、矿山开发、火力发电、食品加工、烟草制品加工、塑料加工、机械制造、橡胶制品加工、垃圾焚烧发电企业； 滇池流域以外从事生产、经营、储存、运输、使用危险化学品的企业，危险废物收集、运输及处置企业，以及钢铁、有色金属冶炼、电镀、化工、焦化制气、制药企业。	《昆明市人民政府关于推行环境污染责任保险的实施意见》（云府登〔2009〕634号）
	鼓励	滇池流域以外从事皮革、造纸、制浆、印染、酿造、铸造、电石、铁合金、柠檬酸、矿山开发、火力发电、食品加工、烟草制品加工、塑料加工、机械制造、橡胶制品加工、垃圾焚烧发电企业。	

注："无"表示在相关文件中未涉及此条信息。

由表6－6可知，我国绝大多数省市在环境污染责任保险的试点过程中，主要实行以强制环境责任保险为主，以任意环境责任保险为辅的保险模式。政府及环保部门通过综合考虑，筛选出存在重大环境风险的行业及当地环境敏感区域开展强制环境责任保险的试点工作，同时，鼓励存在较低环境风险的企业投保环境责任保险。各地区要求投保强制环境责任保险的行业大同小异，主要包括：涉重金属企业，如重金属冶炼、电镀等；高环境风险企业，如石化、化工、垃圾焚烧发电等。大部分省市的试点工作是在整个辖区内开展的，昆明市、无锡市分别针对滇池流域、太湖流域的相关企业提出了强制投保环境责任保险的要求。实践表明，根据地区行业分布制定该区域的强制环境责任保险的实施办法和细则，是符合环境责任保险的发展趋势的。

在实际的试点过程中，各地方政府及环保部门主要依靠行政推进模式强制执行，试点地区的环保部门对辖区内从事高度危险、易燃易爆、有毒、易于发生环境侵权的行业或废弃物处置的企业强制其缴纳保险费投保，这种强制保险的费用应依据企业的污染程度、污染地区的范围以及企业所在地区的环境敏感程度来确定，甚至有不少地区制定了《强制投保环境污染责任保险行业和企业目录》，若此类企业拒绝投保该险种，则政府部门不予核发相关文件，比如环保部门可以将企业已经投保并能提供有效的环境污染责任保险投保证明作为审批环境影响评价、验收环保设施、核发排污许可证、审查有毒化学品登记申请、企业上市和再融资环保核查意见以及企业获得环保补助资金等行政许可的基本条件。

（二）配套支持的法律法规及政策

环境责任保险的实施需要有环境侵权赔偿责任等相关配套支持的法律规定为基础。我国在《民法通则》等民事法律，以及《环境保护法》等综合性的环境保护法律和《水污染防治法》等环境保护单项法律对此均有规定。

具体来说，《环境保护法》第六十四条规定了因污染环境和破坏生态造成损害的，应当依照《侵权责任法》的有关规定承担侵权责任，第五十八条规定了环境公益诉讼的主体范围。《民法通则》从基本法的角度规定了环境侵权民事责任。《侵权责任法》第八章从调整范围、归责原则、举证责任的分配等方面对环境侵权民事责任做了进一步的规定。《水污染防治法》第八十五条、第八十八条和第八十九条，《大气污染防治法》第七条和第九十七条都规定了造成不同环境损害类型的行为人承担的环境侵权民事责任。

表 6 - 7   配套支持法律法规及政策

实施时间	法律名称	条　文
2015 年 1 月 1 日	《环境保护法》	第五十八条　对污染环境、破坏生态，损害社会公共利益的行为，符合下列条件的社会组织可以向人民法院提起诉讼： （一）依法在设区的市级以上人民政府民政部门登记； （二）专门从事环境保护公益活动连续五年以上且无违法记录。 符合前款规定的社会组织向人民法院提起诉讼，人民法院应当依法受理。 提起诉讼的社会组织不得通过诉讼牟取经济利益。 第六十四条　因污染环境和破坏生态造成损害的，应当依照《中华人民共和国侵权责任法》的有关规定承担侵权责任。 第六十五条　环境影响评价机构、环境监测机构以及从事环境监测设备和防治污染设施维护、运营的机构，在有关环境服务活动中弄虚作假，对造成的环境污染和生态破坏负有责任的，除依照有关法律法规规定予以处罚外，还应当与造成环境污染和生态破坏的其他责任者承担连带责任。
2016 年 1 月 1 日	《大气污染防治法》	第七条　企业事业单位和其他生产经营者应当采取有效措施，防止、减少大气污染，对所造成的损害依法承担责任。 第一百二十五条　排放大气污染物造成损害的，应当依法承担侵权责任。

141

续表

实施时间	法律名称	条　文
2008 年 6 月 1 日	《水污染防治法》	第八十五条　因水污染受到损害的当事人，有权要求排污方排除危害和赔偿损失。 由于不可抗力造成水污染损害的，排污方不承担赔偿责任；法律另有规定的除外。 水污染损害是由受害人故意造成的，排污方不承担赔偿责任。水污染损害是由受害人重大过失造成的，可以减轻排污方的赔偿责任。 水污染损害是由第三人造成的，排污方承担赔偿责任后，有权向第三人追偿。 第八十八条　因水污染受到损害的当事人人数众多的，可以依法由当事人推选代表人进行共同诉讼。 环境保护主管部门和有关社会团体可以依法支持因水污染受到损害的当事人向人民法院提起诉讼。 国家鼓励法律服务机构和律师为水污染损害诉讼中的受害人提供法律援助。 第八十九条　因水污染引起的损害赔偿责任和赔偿金额的纠纷，当事人可以委托环境监测机构提供监测数据。环境监测机构应当接受委托，如实提供有关监测数据。
1987 年 1 月 1 日	《民法通则》	第一百二十三条　从事高空、高压、易燃、易爆、剧毒、放射性、高速运输工具等对周围环境有高度危险的作业造成他人损害的，应当承担民事责任；如果能够证明损害是由受害人故意造成的，不承担民事责任。 第一百二十四条　违反国家保护环境防止污染的规定，污染环境造成他人损害的，应当依法承担民事责任。

续表

实施时间	法律名称	条　文
2010 年 7 月 1 日	《侵权责任法》	**第八章　环境污染责任** 第六十五条　因污染环境造成损害的，污染者应当承担侵权责任。 第六十六条　因污染环境发生纠纷，污染者应当就法律规定的不承担责任或者减轻责任的情形及其行为与损害之间不存在因果关系承担举证责任。 第六十七条　两个以上污染者污染环境，污染者承担责任的大小，根据污染物的种类、排放量等因素确定。 第六十八条　因第三人的过错污染环境造成损害的，被侵权人可以向污染者请求赔偿，也可以向第三人请求赔偿。污染者赔偿后，有权向第三人追偿。

从表 6－7 中各法律及其相关条例的分析可以得出以下观点：

（1）随着诉讼主体范围的扩大，环境公益诉讼的数量将大大增加，污染企业的环境风险也随之增加，因此将会提高污染企业投保环境责任保险的积极性。2014 年新修订的《环境保护法》中扩大了的环境公益诉讼的诉讼主体，明确了各 NGO 组织等有权对污染环境、破坏生态、损害社会公共利益的行为提起诉讼。这将使企业在营业过程中不得不重视环境影响，一旦造成污染事故，即有可能会被提起诉讼，从而会提高企业投保环境责任保险的积极性。

（2）我国环境损害侵权赔偿责任的相关制度目前已经成立，仍然存在一些问题。环境侵权的范围仍然不明确，《侵权责任法》第六十五条规定："因污染环境造成损害的，污染者应当承担侵权责任。"但是，并未明确责任范围是公民人身财产伤害、精神伤害以及环境破坏等。在对环境侵权进行因果关系认定时，我国法律并未明确规定因果关系的推定，而规定了举证责任倒置。根据《侵权责任法》第六十六条规定："因污染环境发生纠纷，污染者应当就法律规定的不承担责任或者减轻责任的情形及其行为与损害之间不存在因果关系承担举证责任。"即一旦侵权行为

143

人无法证明其行为与损害之间不存在因果关系或当诉讼结束时，该因果关系的事实尚处于不明状态，则由被告承担败诉或不利后果。虽然举证责任倒置与因果关系联系密切，但是如果能够更加明确完善因果关系必将有助于环境侵权诉讼开展。

综上所述，我国对强制性环境责任保险的规定仍然主要停留在部门规章与地方性规章的层面，在法律层面虽然有少量强制性责任保险的规定，但是仍然处于十分缺乏的状态。仅有的少量强制性责任保险的规定是在危险行业国际公约下建立的，覆盖范围很小，主要涉及海洋石油运输与开发、核能等环境风险极高的领域，而在其他高环境风险行业却没有强制性环境责任保险的法律。

另外，在配套支持绿色保险的法律法规上，我国已经建立了环境侵权配套法律体系，且随着环境公益诉讼主体放宽，我国环境公益诉讼案件数量将会大大增加，这将使高危行业的环境风险上升，促使其投保环境责任保险的积极性提高。

六、绿色保险实施中存在的问题

（一）当前绿色保险供需双重不足，发展缺乏推动力

通过分析投保人与保险公司行为和发展现状我们发现，一方面，投保人缺乏投保的动力。由于追求利益最大化，再加上目前绿色保险除外责任多，企业违法成本低，投保人不愿意付出保费或其他提升环境安全性的支出（如更换更安全的设备等），所以，在任意保险或是强制保险的强制力度不够的情况下，企业投保积极性不足。另一方面，保险公司缺乏承保的动力。正如前文所分析的，由于环境风险评估难度大，且保险公司需承担较高的风险，若保单数量过少，则不满足保险大数原则的应用，无法合理计算保费率，难以保证盈利。投保人的投保意愿低迷和保险公司承保动力的不足，使得我国绿色保险在缺乏政府强制推动的情况下难以良好发展。

（二）环境责任保险仍然缺乏法律层面的有力支持

目前，我国环境责任保险相关的法律法规虽然已经存在，但是法律中的条文仍然主要停留在原则性的层面，缺少明确的规定。《环境保护法》中虽然明确提到环境责任保险，但仍然只在"鼓励"层面，而未有强制责任保险的相关规定。另外，已有的较为明确的规定主要停留在部门规章层面。而与此同时，国际上发达国家都将环境责任保险明确纳入国家法律层面。相对于法律来说，部门规章的实施效力与范围等都要小得多，给环境责任保险的支持力度不足。

（三）环境责任保险参保名录需明确界定

强制责任保险作为政府行政行为，其行业范围过宽对于经济是有负面影响的，而如果行业范围过窄，则一些应该要实施强制责任保险的高危行业会被漏掉，也会对环境带来很大危害。一方面，需要对开展强制环境责任保险和任意环境责任保险的行业进行界定，尤其是处于环境污染事件边缘行业，如果不进行详细、明确的界定，在实际操作过程中就会出现部分行业借政策漏洞谋求私利的现象。另一方面，明确界定了强制环境责任保险和任意环境责任保险的范围，也对政府前期引导环境责任保险市场以及采取何种政策优惠措施等指明了方向。

（四）强制责任保险基准费率的厘定缺乏科学性

从本质上来讲，保险费率是保险标的风险的买卖价格，所以厘定绿色保险费率需要体现投保企业的环境风险大小，尤其是在强制环境责任保险中，企业环境风险的大小应该反映在保险基准费率上。目前，我国对于包括强制责任保险在内的绿色保险的基准费率完全由保险公司制定，因为《关于开展环境污染强制责任保险试点工作的指导意见》规定："保险公司应当综合考虑投保企业的环境风险、历史发生的污染事故及其造成的损失等方面的总体情况，兼顾投保企业的经济承受能力，科学合理设定环境污染责任保险的基准费率。"

这种制度存在两个问题：第一，保险公司为了追求自身的利益，提高保费，可能会存在高估企业环境风险问题；第二，保险公司由于自身保单数量有限，且不同保险公司之间存在竞争，在评定企业环境风险时，很难作出准确的判断，往往会选择保守估计，从而对企业的环境风险评定缺乏客观，存在高估的可能。

保险公司缺乏科学厘定绿色保险基准费率的能力，尤其是对于强制性责任保险这种风险与费率紧密相连的绿色保险，就更需要政府加强科学指导。

七、我国绿色保险模式选择分析

根据国际保险模式的发展趋势和特点以及我国国情，我国应选择以强制环境责任保险为主、自愿环境责任保险为辅的发展模式，并由强制保险开始，打开环境责任保险发展道路。

（一）选择以强制为主、自愿为辅发展模式的原因

不同国家采取不同的环境污染责任保险制度模式，是由其法律传统、政府政策、国内环境问题状况、经济情况等因素综合决定的。我国环境责任保险应采取何种模式，也必须由我国具体国情来决定。研究认为，我国应尽快建立以强制环境责任保险为主，以政府引导的任意环境责任保险为辅的发展模式，即对高环境风险行业的企业采取强制投保方式，对环境风险不高或一般的行业企业采取政府引导的自愿投保方式。具体原因概括为以下三个方面：

1. 国内试点经验借鉴

近些年，我国通过缔约国际公约、颁布国务院条例，在船舶运输、海洋油污损害、核能利用和石油勘探开发等领域已实施了强制环境责任保险，证明了我国在重点行业实行强制环境责任保险的可行性，也为我们进一步推行环境责任保险提供了重要经验借鉴，即以高环境风险行业为突破口实行强制环境责任保险。

国内部分省市的试点经验也值得借鉴。2009 年至今，短短 6 年时间陆续有 15 个涉及环境污染责任保险的地方法规正式实施，涉及安徽、陕西、江苏、青海、新疆、重庆、辽宁等多个省、自治区、直辖市，为条例上述地区推行环境责任保险提供了法律依据，而且大多推行强制环境责任保险试点工作，取得较好成效，强制投保领域包括涉重金属企业、按地方有关规定已被纳入投保范围的企业、其他高环境风险企业。尤其以安徽省最为典型，在颁布多项行政文件的同时，修订了《巢湖流域水污染防治条例》，其中第四十二条明确要求："县级以上人民政府应当根据国家规定开展环境污染强制责任保险。"

2. 发达国家的经验借鉴

实施强制环境污染责任保险的代表性国家包括美国、瑞典、芬兰等。例如，美国目前在石油、化工、印染、采矿、水泥、造纸、皮革、火力发电、煤气、核燃料生产、有毒危险废弃物的处理等产生环境污染和危害比较严重的行业，都实行了强制责任保险。分析美国的强制投保方式、德国的强制保险与财务保证或担保相结合的方式、法国的以任意责任保险为原则的方式，发现其实质上都带有一定程度的强制性，即以法律的形式规定某些或某类企业必须参加环境责任保险；区别仅在于是以强制保险为主还是为辅，或是否将这种强制保险与某些财务担保等附加条件相结合。发达国家环境责任保险的发展趋势表明，强制环境责任保险成为发展趋势，同时，投保范围也在逐步扩大。

3. 我国当前环境保险市场不发达

强制环境污染责任保险与任意环境污染责任保险相比，两种模式各有利弊，但前者比后者具有更大的优势。实践证明，环境污染责任保险单靠自愿保险行不通。20 世纪 90 年代初，我国保险公司和当地环保部门合作推出污染责任保险，于 1991 年在大连试点，之后推广到沈阳、长春、吉林等城市，当时试点地区实行任意环境责任保险，试点成效并不理想，只有几个或几十个企业投保且投保呈下降趋势，有的城市因无企业投保，已陷入停顿状态。之所以如此，是因为任意环境责任保险模式要求建立在发达的保险市场基础之上，但就我国国情而言，企业的保险意识普遍较低，抱有侥幸心理，单纯依靠任意环境责任保险很难调动企业投保的积极性。

（二）强制购买环境责任保险的行业范围

我们在考虑当前试点地区强制环境责任保险范围的基础上，结合实际环境污染事故频发行业，最终筛选确定强制环境保险的范围。

通过对遴选的 1952—2010 年国内近 700 件环境污染事故进行分析，我们发现环境污染事故主要集中在化学原料及化学制作品制造业、道路运输业、水上运输业、冶炼业、采矿业、石油和天然气开采业六大行业。化工及其相关行业发生环境污染事故的比例较大，占污染事故总数的66%，道路运输业紧随其后，占22%。

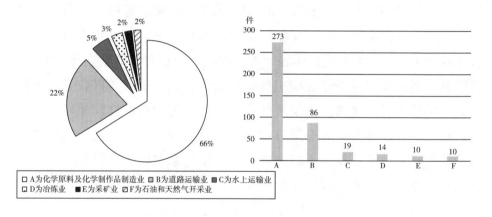

图 6 - 1　环境污染事故所涉及的行业分析

综合上述分析，我国环境污染强制责任保险的行业范围具体为：涉及重金属的企业［重有色金属矿（含伴生矿）采选业、重有色金属冶炼业、铅蓄电池制造业、皮革及其制品业、化学原料及化学制品制造业］；石油、天然气、煤炭及其他矿产资源开发企业；生产、经营（未设置仓储的除外）、运输、储存、使用危险化学品的企业；产生、运输和处理处置危险废物的企业，以及存在较大环境风险的二恶英排放企业；污水处理厂、垃圾填埋厂（场）；化工、制药、造纸、印染、酿造、建材、火力发电等企业；饮用水水源地保护区内的所有工厂址处于环境敏感区域的污染企业，医院、学校、大型居民住宅区等环境敏感区 300 米范围内的所有工业企业；国控、省控重点污染企业，近三年内发生过严重污染事故的企业；环保部门确定的其他高环境风险企业。

八、我国环境责任保险的理赔范围

目前，在各国的理论及实践中，对于突发性环境污染事故属于承保范围已成定论，难点在于对于渐进性或累积性污染是否应该承保的问题，并且经历了从突发型向渐进性、累积性污染扩展的过程。突发性环境污染事故在发生前没有明显的征兆，一旦发生损害立刻显现，受害人的受损程度的认定也较为容易。持续性环境污染事故侵权持续时间长，侵权原因复杂，往往是多种因素复合累积的结果。

（一）强制环境责任保险资金理赔范围

强制环境污染责任保险是指基于国家社会政策或经济政策的需要，通过法律法规的形式实施的，所有符合规定的企业或个人必须投保的保险制度。最高人民法院于 2013 年 6 月公布的《关于办理环境污染刑事案件适用法律若干问题的解释》第九条规定：本解释所称"公私财产损失"，包括污染环境行为直接造成财产损毁、减少的实际价值，以及为防止污染扩大、消除污染而采取必要合理措施所产生的费用。作为全国试点环境强制责任保险指导性文件《关于开展环境污染强制责任保险试点工作的指导意见》规定的环境强制责任保险赔偿范围包括：第三方因污染损害遭受的人身伤亡或者财产损失；投保企业（又称被保险人）为了救治第三方的生命，避免或者减少第三者财产损失所发生的必要而且合理的施救费用；投保企业根据环保法律法规规定，为控制污染物扩散，或者清理污染物而支出的必要而且合理的清污费用；由投保企业和保险公司约定的其他赔偿责任。我国各地发布的环境责任强制保险办法，如陕西省发布的《关于印发〈陕西省环境污染责任保险试点工作实施意见〉的通知》、贵州省发布的《关于印发〈关于开展环境污染强制责任保险试点工作的指导意见〉的通知》、深圳市发布的《关于印发〈深圳市环境污染责任保险工作实施方案〉的通知》等，都对环境强制责任保险的赔偿范围进行了明确，主要包括：第三者因污染损害遭受的人身伤亡或者直接财产损失；第三者根据环境保护相关法律法规对污染物进行清理发生的合理必要的清理费用；发生意外事故后，投保企业为了控制污染物扩散，尽量减少对第三者的损害，或者为了抢救第三者的生命、财产所发生的合理必要的施救费用；发生意外事故后，事先经保险公司书面同意的诉讼费、律师费、调查取证费等相关法律费用；保险合同中约定赔偿责任范围内的其他损失。

上述环境强制责任保险资金赔偿范围的共同性体现在以下几个方面：

1. 财产损失

财产损失是指因环境污染而造成受害人财产利益的减少或丧失。通常包括直接损失和间接损失。直接损失是指因环境侵权直接造成的受害人财产的损失，如种植的农作物减产；间接损失是指因环境侵权使得受害人失去的预期利益。如有害气体造成农民的农作物死亡，农民购买种苗、化肥费用为直接损失，而因农作物死亡造成的可得的出售作物收益的损失则为间接损失。

从现有政策及各保险公司推出的保险产品来看，所有环境责任保险产品都负责承保范围内的环境风险所导致的财产损失，但具体论及财产损失的赔偿范围，条款中仍有区别，例如平安保险和人保开发的环境责任保险保单将损失的赔偿范围局限在"由于侵权责任导致第三者的直接经济损失"，而华泰保险推出的环境责任保险范围相对更广泛，其将财产损失定义为第三者所有的有形财产的物理损伤或破坏，包括所有由此所致的该财产使用价值的损失。

2. 人身伤亡

人身伤亡的赔偿责任历来是传统责任保险的保障范围。强制环境责任保险也不例外，对于人身伤亡应该提供保障。但在人身伤亡中，对精神损害赔偿是否给予保障各保险公司态度不一，其中平安保险的环境污染责任保险保单中明确将精神损害赔偿规定为除外责任，而人保和华泰保险的条款中未有此项规定。

3. 清污费用

环境污染事故发生后，通常需要对污染状况进行检测，并进行清除，该类费用并非直接经济损失，但是确实是环境污染事故发生后必然费用，故在环境责任保险中均对该类型费用给予赔偿。

4. 施救费用

施救费用在财产保险中属于传统的保障内容。在环境责任保险中，一旦环境事故发生，首先对环境载体造成损害，并在一定的时空条件下不断向外扩散。因此，污染事故发生后应采取及时有效措施，防止损失扩大，避免更多环境遭受污染和破坏，施救费应当获得赔偿。我国新《保险法》第五十七条规定，保险事故发生后，被保险人为防止或者减少保险标的的损失所支付的必要的合理费用，由保险人承担。

总之，目前开办的环境责任保险仍然局限于对突发性污染事故提供保障。在我国推行强制环境污染责任保险制度的过程中，为减少企业负担，提高企业的接受度，从企业风险意识较强的突发污染事故强制保险产品入手，也有利于该保险业务的推进。

（二）任意环境责任保险的理赔范围

任意环境污染责任保险是指合同当事人双方在自愿、平等、互利的基础上，经协商一致订立责任保险合同的保险。按照任意环境污染责任保险的定义及合同签订原则，我国任意环境责任保险模式下的适用赔偿范围，应在现有环境责任保险理赔范围的基础上根据合同当事方的意愿来决定。

九、我国绿色保险保费估算

（一）试点地区保费的计算

1. 试点情况汇总

自环境保护部与中国保监会出台《关于环境污染责任保险工作的指导意见》（环发〔2007〕189号）、《关于开展环境污染强制责任保险试点工作的指导意见》（环发〔2013〕10号）等文件以来，多个省市已经在环境污染责任保险试点过程中制定了环境污染责任保险实施细则或实施方案，其中对环境污染责任保险保费的计算作出了明确规定。表6-8对环境保护部以及陕西省、山东省、辽宁省等15个省、自治区、直辖市对环境污染责任保险责任限额、保险费率以及调整系数的确定情况进行分析汇总。

2. 典型案例分析

我们选取青海省、湖南省和无锡市环境污染责任保险保费的计算方法进行详细分析，以期借鉴其在保费计算方面的经验。

（1）青海省

青海省于2013年开始实施环境污染强制责任保险，并纳入《青海省湟水流域水污染防治条例》（2014年1月1日开始实施）。为了配合环境污染责任保险制度的实施，使环境污染责任保险具有可操作性，青海省环保厅于2013年8月发布《青海省环境污染强制责任保险试点工作方案》，明确确定责任限额是保险人承担赔偿责任的最高额度和计算保险费的依据。企业参加环境污染强制责任保险，责任限额由投保企业和承保公司共同协商确定，对在保险期内的污染事故，单次责任赔偿限额不得低于100万元、累计责任赔偿限额不得低于400万元。在此基础上，投保企业可根据该企业环境风险等级、发生污染事故可能造成的损害范围和程度等因素，追加责任限额或购买环境污染责任保险的相关附加险种，以确保足以承担环境污染对第三者造成的损失。

在制定保险费率方面，承保公司应当综合考虑投保企业的环境风险等级、历史发生的污染事故的频率及事故所造成的损失等方面情况，兼顾投保企业的经济承受能力，科学合理设定环境污染强制责任保险的基准保费费率。承保公司在企业环境风险评估结果的基础上，综合考虑投保企业的环境影响评价文件审批、建设项目竣工环保验收、排污许可证核发、环保设施运行、清洁生产审核、事故应急管理等环境法律制度执行情况，结合投保企业的行业特点、工艺、规模及所处区域环境敏感性等方面的情况，在基准费率的基础上适当调整，合理确定适用于投保企业的保费费率。承保公司应严格执行经中国保监会备案或审批的保险条款费率。

表6-8 环境保护部及部分省市环境污染责任保险保费确定情况

序号	环境保护部及试点省市	责任限额（万元）	费率（基准值±调整系数）	责任限额确定依据	保险费率调整依据	文号
1	环境保护部	—	保险公司综合考虑投保企业的环境风险、历史发生的污染事故及其造成的损失等方面的总体情况，兼顾投保企业的经济承受能力，科学合理设定环境污染责任保险的基准费率	投保企业根据本企业环境风险水平、发生污染事故可能造成的损害范围等因素	保险公司根据企业环境风险评估结果，综合考虑投保企业的环境守法状况，结合投保企业自身行业、工艺、规模，所处区域敏感性等方面情况，在基准费率的基础上，合理确定费率	环发〔2013〕10号
2	陕西省	100、200、300、500、800、1 000、2 000、4 000、6 000	≤2.3% ±50%	企业生产经营规模和环境风险等级	依据企业规模、行业特点、风险等级等因素，在该档次的基准费率基础上进行调整	陕环发〔2012〕108号
3	山东省	100、200、500、800、1 000	≤2% ±50%	—	环境风险、发生环境污染事故可能造成的损害、保险责任赔偿范围	—
4	辽宁省	200、300、400、500、600、1 000、2 000、2 000以上	—	企业环境风险水平，发生污染事故可能造成的损害范围	承保单位根据企业环境风险评估结果，兼顾投保企业的事故经历和承受能力，在基准费率的基础上，合理确定适用于投保企业的费率	辽环发〔2013〕32号

续表

序号	环境保护部及试点省市	责任限额（万元）	费率（基准值±调整系数）	责任限额确定依据	保险费率调整依据	文号
5	安徽省	小型企业：30、50、100；中型企业：100、200、300、400、500；大型企业：200、400、600、800、1 000	—	—	企业规模、行业类型、地域特点、是否靠近水源、企业管理水平、历史理赔情况	—
6	新疆维吾尔自治区	—	—	企业的经营情况、规模、环境污染风险管理水平、可能造成的环境污染等	企业的经营情况、规模、环境污染风险管理水平、可能造成的环境污染等	新环法发〔2013〕260号
7	贵州省	50、100、200、500、800、1 000、2 000、4 000	≤2.2%±50%	投保企业应照按生产经营规模和环境风险等级选择相应责任赔偿限额	企业规模、行业特点、风险等级、周边敏感区、环境行为评级、上年出险情况等因素	黔环通〔2013〕220号

续表

序号	环境保护部及试点省省市	责任限额（万元）	费率（基准值±调整系数）	责任限额确定依据	保险费率调整依据	文号
8	青海省	单次责任赔偿限额不得低于100万元，累计责任赔偿限额不得低于400万元，在此基础上，追加责任限额或购买附加险种	—	企业环境风险水平、发生污染事故可能造成的损害范围	企业环境影响评价文件审批、环境保护设施竣工验收、排污许可证核发、清洁生产审核、事故应急管理等环境法律制度执行情况；投保企业的行业特点、工艺、规模，所处区域环境敏感性等方面情况	青环发〔2013〕389号
9	广东省	赔偿限额以100万元为起点，设置若干档	—	企业环境风险评估结果和生产经营规模	试点期间，原则上全省实施相对统一的环境污染责任保险费率	粤环〔2012〕47号
10	四川省	100、200、300、450、600	—	企业环境风险评估结果和生产经营规模	企业生产性质、规模、管理水平及危险等级等要素合理确定费率	川环办函〔2014〕79号
11	湖南省	300、400、600、800、1 000	—	生产经营规模和环境风险等级	—	湘环办〔2013〕111号

155

续表

序号	环境保护部及试点省市	责任限额（万元）	费率（基准值±调整系数）	责任限额确定依据	保险费率调整依据	文号
12	重庆市	100、200、500、800、1 000、2 000、4 000及以上	—	企业生产经营规模和环境风险等级	由各保险公司根据企业规模、行业特点、环境风险等级、环境信用评级情况、理赔情况自行确定，并向保险监管部门报备	—
13	南通市	100、200、500、800、1 000、2 000、4 000	≤2% ±20%	风险评估结果和企业状况	行业特点、排污总量、企业规模、治污设施年限、环境风险等级、环境信用评级确定，并向环保部门报备	通政办发〔2013〕203号
14	青岛市	100、200、500、800、1 000	—	生产规模和环境风险等级	—	—
15	深圳市	100、200、500、800、1 000、2 000、4 000及以上	—	生产经营规模和环境风险等级	由保险公司根据企业规模、行业特点、环境风险等级、守法状况、环境信用情况、理赔情况自行确定	深人环〔2012〕167号
16	东莞市	—	—	企业环境风险评估结果和生产经营规模	原则上全省实施相对统一的环境污染责任保险费率	东环办〔2014〕26号

（2）湖南省

湖南省 2013 年 6 月开始推行环境污染强制责任保险试点，将环境污染责任保险纳入《湖南省湘江保护条例》（2013 年 4 月 1 日开始实施）。《湖南省环境污染强制责任保险试点工作实施细则》和《湖南省环境污染强制责任保险承保方案》中对湖南省环境污染强制责任保险保费的确定进行了明确。其中，每次赔偿限额共设 300 万元、400 万元、600 万元、800 万元、1 000 万元五档，企业应当按照生产经营规模和环境风险等级选择相对应的赔偿限额。

湖南省环境污染强制责任保险保费计算公式如下：

总保险费 ＝（主险基础保险费 ＋ 附加险保险费）×行业调整系数 ×规模调整系数 ×承保区域调整系数 ×环境敏感区系数 ×企业风险管理调整系数 ×续保调整系数。

（3）无锡市

无锡市环境污染责任保险每次／累计责任限额分别是 70 万元、100 万元、200 万元、700 万元、800 万元、1 000 万元、2 000 万元、4 000 万元，共八种档次。投保企业可根据自身行业特点、环境风险等级、环境敏感程度、历史出险情况等，选择等于或者高于生产经营规模的赔偿档级。

无锡市环境污染责任保险保费计算方法如下：

企业年度保险费 ＝标准保费 ×续保系数 ×风险整改系数 ×特殊行业系数 ×责任限额系数

综上所述，我国环境污染责任保险制度推行过程中，各地区保费的确定流程基本可以概括为：

① 承保单位（保险公司）在企业投保或续签保险合同前，委托具备相关资质的单位对拟投保企业进行环境风险评估，确定企业的环境风险等级。企业环境风险评估过程中主要考虑企业所属行业、生产工艺、生产规模、厂址所在区域环境敏感性、企业环境风险管理水平和事故应急救援能力等方面的内容。

② 投保企业根据企业环境风险评估结果和生产经营规模，选择对应

的保障标准（责任限额），不同试点地区对责任限额的划分档次和额度不同。

③ 保险公司综合考虑投保企业的环境风险等级、历史发生的污染事故及其造成的损失等方面情况，科学合理地设定环境污染责任保险的基准费率，并向保险监管部门报备。

④ 保险公司根据企业环境风险评估结果，综合考虑投保企业的环境守法状况、投保企业所属行业特点、工艺、规模、所处区域环境敏感性和企业上一年度出险理赔情况等方面情况，在基准费率的基础上适当调整，合理确定适用于投保企业的具体费率。

（二）保费的计算

根据传统保险保费的计算经验，影响保险费计算的因素包括保险金额、保险费率和保险期限，且三个因素均与保险费成正比关系。保险金额，即责任限额，是保险人承担赔偿责任的最高额度和计算保险费的依据；保险费率是指单位保险金额应交付的保险费；保险期限是指根据保险合同，保险公司在约定的时间内对约定的保险事故负保险责任，这一约定时间即为保险期限。

1. 保费计算的原则

环境污染责任保险应本着"高风险、高保费、高赔付，低风险、低保费、低赔付"的原则。目前，考虑到我国的实际情况，环境污染责任保险保费的计算在实际操作过程中应针对不同地区、不同行业企业风险状况实行不同的责任额度和差别费率、浮动费率，具体如下：

（1）责任额度方面。根据企业环境风险评估等级、企业生产经营规模以及企业所在区域环境敏感程度的不同，制定和选取不同档次的责任额度。

（2）保险费率方面。对属于重污染、一般污染、轻度污染行业的排污企业实行有差别的环境污染责任保险费率；按每个行业环境风险等级的不同，实行有差别的环境污染责任保险费率；根据不同企业风险防范程度，实行有浮动机制的环境污染责任保险费率；根据企业历史索赔记录、保单责任限额的高低、免赔额的大小等因素适当调整环境污染责任保险的费率（投保企业若当年无事故发生，在续保时可给予适当的优惠。机动车辆第三者责任险的实践经验表明无赔款优待在促进投保人减少事故发生、降低环境风险等级方面有着显著的作用）。

2. 保费计算的关键步骤

环境污染责任保险保费的计算应该包括以下步骤：

（1）承保单位（保险公司）在企业投保或续签保险合同前，可委托具备相关资质的单位对拟投保企业进行环境风险评估，确定企业的环境风险等级。

（2）投保企业根据企业环境风险评估结果和生产经营规模，选择对应的保障标准（责任限额）。

（3）保险公司应当综合考虑投保企业的环境风险、历史发生的污染事故及其造成的损失等方面情况，科学合理地设定环境污染责任保险的基准费率。

（4）保险公司根据企业环境风险评估结果，综合考虑投保企业的环境守法状况，投保企业所属行业特点、工艺、规模，所处区域环境敏感性等方面情况，在基准费率的基础上适当调整，合理确定适用于投保企业的具体费率。

（5）环境污染责任保险保费 = 保障标准（责任限额）× 保险费率 = 保障标准（责任限额）× 保险基准费率 × 费率调整系数。

第七章 绿色基金的模式

一、绿色政府信托基金

（一）绿色政府信托基金的功能

政府信托基金是指受法律限制，使用于指定的项目和用途的专项基金。政府信托基金的设计是对政府的政治承诺提供保障，政府承诺一旦作出，就必须践行。政府信托基金的信用托付体现为公众支付特定税收和费用来交换政府在公共管理领域的某些服务。信托基金的主要收入来源是一些特定的专项税收，其他收入来源包括其他相关行政费用转移，以基金未来收益为基础所发行的国债等。绿色政府信托基金即是以环境保护为目标设立的政府信托基金。

（二）我国设立绿色政府信托基金的必要性

1. 我国环境污染日益严重，最基础的环境保障需要稳定的财政资金支持

近年来我国进入环境污染事件多发期，水、大气、土壤污染等事件频发。一些重大环境污染事件影响范围广、持续时间长、处置难度大，严重威胁人民群众生命健康和财产安全，处理不当很容易引发环境群体性事件。

目前，我国的环境保护财政资金来源于中央、地方支出预算中的环境

保护账户。环保账户需要遵循预算的机动性，根据财政收入的增减和国家对财政的统筹安排，以决定环境保护投入的资金。但是，一些环境保护项目需要几十年长期稳定的财政支出，不应受财政收入的变动而变动。污染防治尤其是大气、水、土壤污染等方面防治作为最基础的环境保障，是社会关注的重点，应通过设立绿色信托基金对其进行稳定的资金支持。

绿色政府信托基金代表的是政府对一些最关键、最基本、最关系国计民生且无法完全通过市场运作来解决环境问题的一种长期的政治承诺和保障。此基金类似于社会保障基金，可以给民众以长期稳定的心理预期，以保障社会安定。

2. 支撑环境公共服务市场化

（1）在环境责任人不清晰的情况下，政府付费以支撑环保公共服务市场

环境污染治理通常遵循"谁污染，谁治理"原则。但是，对于某种特定污染治理问题，可能既包含责任主体明确的污染，也包含责任主体不明确的污染。对于责任主体不明确的，难以让污染者为环境损害埋单，因而市场无法自行解决，只能由政府介入。以土壤污染治理为例，由于我国历史上土壤环境标准模糊、固废技术的局限以及土壤污染具有长期性和潜伏性特点，我国在城镇化进程中出现了污染责任不明确的棕色地块和农业耕地污染。污染责任不明确的土壤污染不能仅仅依靠"污染者付费"原则解决，需要政府性资金介入进行土壤修复。

（2）用于突发环境事故应急处理

在应对突发性环境事故时，绿色政府信托基金比财政拨款程序简便、反应更快，能迅速参与到环境治理过程中，使受害者及时得到赔偿。在这种情况下，不论污染责任人不清晰还是清晰，都需要财政支持。即使污染责任人购买了保险，污染责任认定和保险理赔往往需要经过法律程序来确定，有一定的时滞性。环境突发事件由于涉及公众健康和社会安定，需要立即处理。因此，要建立能够立即支付、应对突发环境事件的环境保护基金。

目前，国际上发达国家大多建立了政府性的应对突发性环境事故的

基金。而我国在部分重大污染事件之后，例如渤海湾漏油事件，也建立起了政府与企业合作的污染治理基金。但是，一般性的、大范围的环境基金尚未建立。我国迫切需要建立绿色政府信托基金来应对日益增加的环境污染事故。

（3）可以运用多种金融手段促进环境公共服务市场发展

目前，投资不足严重制约着我国环保产业的发展。污染治理项目由于初期投入大、回报率低、回收期长的原因，往往难以获得市场资金，因此市场无法解决这类公共服务市场的问题，需要政府介入。例如，目前我国中小城镇污水处理主要靠国家投资、地方运行。国家投资后，地方运行所需的资金要由当地政府解决，这造成了难题。在很多地方，特别是中西部地区，依靠传统的收费和筹资途径，根本不能维持污水处理厂的运营，而以地方的财政体制和财政能力，使污水处理设施建设和管理也十分困难。中小城镇的很多污水处理厂日处理能力低，采用 BOT 运营方式，企业几乎无利可收。因此，在中小企业污水处理方面，需要绿色信托基金的支持。

从各类环保行业的发展来看，对于政府重点支持的，发展状况普遍较好，财政在促进公共服务市场发展中起到了很大的作用。并且，从环保产业收益率较低、建设成本高、技术问题难等特点来看，不少环保产业仍需财政的支持。由此，急需建立绿色政府信托基金，利用多种金融手段为新兴环保产业提供支持。

（三）绿色政府信托基金的资金来源分析与设计

绿色政府信托基金的资金来源，一方面来源于政府对环境相关税费的征收，另一方面来源于社会热心环保的企业、NGO 或公众的捐款。还有一部分来自基金自身运作取得的收入。其中，政府对环境相关税费的征收是最主要的来源，可以分为以下几个部分。

（1）全部排污费。排污费的征收涉及很多行业，主要有煤炭开采、石油、火力发电企业、水泥、钢铁、印染等。污染物包括的范围也很广，如污水、废气、噪声、固体废弃物等都属于污染物，都要缴纳排污费。

由于排污费针对超标排污行为征收，是污染者责任履行的体现。将排污费用于建立环保信托基金，是"谁污染、谁治理"原则的体现。

（2）消费税的1%。我国消费税的税目众多，包括烟、酒、化妆品等14种。近年来，我国国内消费税征收金额逐年增加，到2012年征收总额已近8 000亿元。如将其中1%注入绿色政府信托基金，每年能保证约80亿元的资金来源。

（3）车船税的1%。由于现今的机动车和船舶大都燃烧油料，车船的使用也涉及资源的使用和环境保护，车船税收资金理应部分用于绿色政府信托基金建设。

（4）车辆购置税。该税的征收与环境保护的相关性相对较弱。税额并不与汽车的排量相关，而主要与车辆的价格相关。购买价格高的车辆所应缴纳的车辆购置税税额较高，但未必产生更高的环境污染。相反，在一些情况下，价格高的车辆造成的环境污染可能更轻。所以，车辆购置税的税收资金不应作为绿色政府信托基金来源之一。

（5）耕地占用税和城镇土地使用税的1%。耕地占用税在一定程度上抑制了耕地资源的胡乱占用行为，但是仍然存在一些需要改进的地方，例如征税范围不够广泛，对于林地、湿地和滩涂资源的占用没有被包括进去。另外，税额的确定并未考虑环境因素。现行通常按人均耕地面积规定不同税额，而未考虑到占用后土地的利用方式以及原有耕地的生态价值等。我国2012年地方财政耕地占用税和城镇土地使用税分别为1 620.71亿元和1 541.71亿元。将两者之和的1%提取出来用于绿色政府信托基金建立，每年可以获得约30亿元的资金收入。在国家调整各项税收规定、增加更多的环保因素之后，可以适当增加这两个税种中的提取比例。

（四）绿色政府信托基金管理模式设计

1. 可借鉴美国超级基金管理模式

美国超级基金计划由美国环保署的固体废物与应急办公室管理。其中紧急管理办公室负责超级基金授权下的短期治理项目；超级基金补救和技术革新办公室与联邦设施反应和再利用办公室负责超级基金计划下的长期项目。这些专业部门管理保证了基金的评估、审核、投资、监督工作，提高了基金的利用效率。

超级基金的使用采用联邦和州、部落结合的方式，即联邦在治理州土壤污染项目时与州合伙出资，超级基金负责部分治理资金，州政府负责剩余部分资金。此外，超级基金的支出审核由专业土壤修复机构进行审核，美国陆军工程兵团（USACE）为美国环保署提供工程和建设管理服务，协助美国环保局实施超级基金计划。

2. 我国绿色政府信托基金管理模式设计

（1）绿色政府信托基金管理委员会

绿色政府信托基金管理委员会由环境保护部、财政部的工作人员组成，负责审批基金管理计划，具有拨款和项目审批的最终裁决权，并对基金的运行情况进行监督和指导。

（2）绿色政府信托基金管理技术中心

绿色政府信托基金管理技术中心主要负责基金日常管理与基金项目的实施，制定具体基金管理计划。下属子基金管理办公室、应急管理办公室、长期项目办公室和环保信托基金运作办公室。子基金管理办公室负责管理环境损害赔偿基金和环境污染防治基金。环境损害赔偿基金下又可建立环境损害赔偿政府信托基金、环境损害赔偿行业基金、环境损害赔偿产业基金和环境损害赔偿 PPP 基金。环境污染防治基金下建立大气污染治理基金、水污染治理基金、土壤污染治理基金，各基金又根据实际需求可以进一步建立各自的政府信托基金、行业基金、产业基金或 PPP 基金。

应急管理办公室负责子基金未能包括的重大突发性环境问题的应急处理。办公室下属事故受理部、审核评估部和应急响应部。同样，长期项目办公室负责子基金未能包括的重大渐进性环境问题的处理，下属项目受理部、审理部、计财部和监理部。环保信托基金运作办公室负责基金的保值增值和风险规避，下属基金风险管理办公室和基金投资运营办公室。

（五）绿色政府信托基金案例分析

1. 美国超级基金机制

美国超级基金属于绿色政府信托基金，是美国为解决危险物质泄漏的治理及其费用负担而制定的。1950 年以后，美国经济的重点区域从城市转向农村。在此过程中，大量搬迁企业遗留下了污染场地，包括废弃工业用地、加油站、垃圾场、有毒物质库房等，这些污染物质对在此区域附近居住的人群的健康造成了损害。20 世纪 70 年代的拉夫运河事件和密苏里的时代海滩二恶英泄漏成为了建立美国超级基金计划的原因。这两起事件都是由于土壤污染导致居民居住地迁移，致使地区环境、经济严重受损，变成荒地。经过这两起事件后，美国经过调查发现境内有成千上万个危险废物污染场地，严重威胁公众健康和环境安全；地区民众也掀起了反对有害产业废物污染的环保活动。为了应对这类污染问题，美国国会于 1980 年 11 月批准《综合环境反应、赔偿和责任法》（CER-CLA），依据该法案，设立了超级基金。

建立超级基金的主要目的有：①对人类健康、环境造成了或者可能会造成严重危害的有害物质污染场地进行识别，并按照危害级别建立国家级综合性应对程序；②采取适当的措施对这些污染场地进行修复；③明确各责任主体对污染场地问题的责任并由其支付清理和修复费用，对联邦政府基金的反应行动进行再支付；④建立 16 亿美元的有害物质反应信托基金——超级基金，用于污染的修复和清理；⑤提升有害废弃物管理、治理和处理等各方面的科技能力。美国围绕超级基金计划制定了多种法律和管理条款规定来保证超级基金计划的顺利运行。

超级基金建立的目标十分具体，并且各个目标之间具有相互的连续性和系统性，保证了在超级基金实施的过程中各个目标能够连续实现，不会出现目标之间的断层。但是对于超级基金目标的具体时间点上没有清晰的说明，比如建立 16 亿美元的超级基金没有考虑到基金来源停止后供给不足的可能性，导致从 1996 年后超级基金的逐渐萎缩。

（1）资金机制中的资金来源分析

为应对已有的和潜在的危险废物管理和清除所带来的环境问题，《超级基金法》主要建立了两大基金。第一项是危险物质反应信托基金（Hazardous Substance Response Trust Fund），即 1986 年的补充法案后危险物质超级基金（Hazardous Substance Superfund），建立该基金的主要目的是向具有急迫性的污染事件和废弃的污染设施处理提供资金保障。第二项就是关闭后责任信托基金（Post - Closure Liability Trust Fund），按照《超级基金法》中的规定，在危险废物处理设施停止运行的五年后经调查发现没有潜在的严重污染泄漏的可能性，设施的所有者支付的污染物治理资金转到这一基金之中，为未来可能发生的污染事件提供资金保障。关闭后责任信托基金因为在具体的实施中具有多种困难，自 SARA 制定后停止了使用。

① 危险物质反应信托基金

危险物质反应信托基金是在 1954 年美国《国内税收法》中的石油和列入表内的 42 种化学制品所强行收取的税费之基础上，重新修正征收的用于污染场地修复的基金。

这一基金的资金来源主要包括从 1980 年起对石油和 42 种化工原料征收的原料税；从 1986 年起对相关污染公司收入征收的环境税；一般财政中的拨款、赠款；对与危险废物处置相关的环境损害负有偿还责任的公司及个人追回的费用；基金贷款利息以及对不愿承担相关环境责任的公司及个人的罚款；土壤污染修复项目相关国债发行收益。最大的比例来自于对石油和其他化学物质所征收的税费，这一部分占到了基金的 87.5%，剩余的 12.5% 主要来自于美国政府的财政拨款。

危险物质超级基金的支出范围包括：政府对计划中突发土壤污染项目的支出；其他相关者所要求的贷款支出；对受到损害的自然资源和生态环境进行补偿、恢复以及评价管理等所产生的相关支出；州、部落和其他政府机构在对生态环境进行相关修复活动所需的支出；为了预防类似事件的发生而进行提前规划的支出；对污染场地潜在暴露危险下的群体进行补偿和相关研究的支出；反应所需的相关设备的购买和修护费用；反应规划中对相关工作人员的健康保护和预防支出。

② 关闭后责任信托基金

关闭后责任信托基金主要资金来源于对那些向具有有害废弃物处理设备和处理资质的单位所征收的税费。为了建立宣告关闭相关法律责任的信托基金，从 1983 年 9 月开始强行向全部污染废弃物处理单位进行税费征收，目的在于补偿这些污染废弃物处置场所和设备停止运行后，存留在废弃物处理厂内的污染物中潜在的污染危害和责任。当该基金不需平衡的部分达到两亿美元以上时，可以停止这一项税收的征收。宣告关闭资金具有特定的使用方向，主要用于具有污染废弃物处理设备和资质的单位，为了填补因《资源保护与回收法案》而进行合理关闭后的污染物质处理问题所需支付的款项。

（2）超级基金中的利益相关者分析

在美国超级基金制度中的利益相关者，包括国会、环保署、污染责任者、联邦机构、州级政府和地方政府、地方社区和社会公众。其中，污染责任者自身的行为而导致了场地污染问题的发生，可以看作是超级基金制度主要的利益相关者。

① 资金责任

在超级基金制度下，污染场地修复的资金责任主要由两个方面承担。一方面，在利益相关者责任明晰的情况下发生的污染物清理所需资金由污染责任主体承担。对于有多个潜在责任主体（Potential Responsible Party，PRP）场地的清理和修复资金由各责任方共同承担，除非各责任主体能够证明自己确实与污染危害无关，否则都必须在"连带责任"（Joint and Several Liability）下进行清理和付费。另一方面，在利益相关者责任难以界定，或责任人无法支付清理和修复费用的情况下，可以先从超级基金信托基金中进行资金支出开展修复行动，之后再通过环保署进行相应的资金回收与追索。

② 履行责任

超级基金是建立在"谁污染、谁治理"的原则之下的。造成污染问题的各责任主体有义务对其行为造成的损失进行补偿，提供资金开展修复行动，履行法律责任。如果责任主体不履行修复和治理责任，可以由超级基金提供资金进行修复，《超级基金法》规定了美国环保署对这些主体具有永久追索权，由这些责任主体提供修复费用和环保署的反应行动费用三倍以上的成本补偿。

（3）资金机制的实施手段

美国《超级基金法》在资金使用的实施手段方面采取了多种手段组合的方式保证污染场地修复资金的合理使用及修复工作的顺利完成。

① 命令控制手段

命令控制手段由于具有法律法规作为强大的执行背景，能够保证最强大的执行能力和最严厉的处罚与制裁。所以，美国超级基金制度主要以命令控制手段为主。在污染事件发生前，《超级基金法》对可能产生污染的潜在责任主体进行强制性规定，必须对污染物质严格看管，在发生超过泄漏标准的事件时必须及时向环保署和各州政府报告，政府作出回应后采取必要的措施进行污染的治理。

污染事件发生后，为了保证超级基金制度的有效性，美国国会赋予了美国环保署对污染场地污染责任主体的责任追索权，这种追索权是一种严格责任，即责任主体即便对污染物质的泄漏没有直接关系，仍要根据《超级基金法》的规定为污染事件负责。

超级基金的强制执行程序的基本原则是"污染者付费"，责任人必须为清理污染场地的反应行动进行支付并承担相应的法律责任和义务。《超级基金法》第101部分（25）对污染场地的反应行动进行了定义，其中就包括强制执行行动，这种强制执行的法律保障在《超级基金法》的104、106、107和122部分中进行了明确。强制执行程序的两个原则性目标是：（a）通过自愿方式、单方规定或法律诉讼来实现潜在责任方完成清理工作。（b）对潜在责任方的清理活动进行监督，确保修复和治理按照相关协议执行，并对人类的健康和环境起到保护作用。（c）如果潜在责任方的反应是非自愿的，或不足以完成清理行动，环保署可以下发一道命令强迫各潜在责任方开展修复行动，或者由环保署亲自进行污染场地的修复，并从超级基金中获得资金资助，在这种情况下，强制执行程序的任务就变为向潜在责任方追责并要求对环保署的修复相关成本进行支付和赔偿。

② 劝说鼓励手段

为了降低超级基金的使用，避免更多成本的产生，《超级基金法》利用了具有良好预防性和长期性特点的劝说鼓励手段对污染进行防治。对于从事可能产生有害废弃物并对环境产生污染的企业和个人，环保署要求这些企业尽可能选取距离城市较远的场地进行生产活动，并且对所有污染物排放或泄漏超过定值的事件及时向环保署通知和备案，防止污染的扩大化。此外，环保署和地方政府还鼓励这些企业和个人采用先进的清洁生产技术，降低污染废弃物的产生，同时采用循环设备，提高资源的利用率降低污染物排放的数量。

综上所述，美国超级基金在使用资金进行污染场地修复的过程中，采取了命令控制手段和劝说鼓励手段相结合的组合形式。以强制执行程序为核心的命令控制手段能够利用法律效力强制完成超级基金污染场地的修复，并在法律权威下实现资金的回收和循环使用。劝说鼓励手段能够在一定程度上对强制执行程序进行补充，促进资金使用效率的提高。超级基金的实施手段中比较少应用到经济刺激手段这一具有良好效果的手段。近年来，美国国会和环保署试图通过税费等形式对污染责任主体进行刺激和约束，但还没有形成具体规定，因此损失了一定的经济效益，在经济效率上可以有比较大的提升空间。我国的污染场地修复的融资过程中可以充分利用三种实施手段，三管齐下，相互配合，加大排污收费等形式的经济刺激手段应用，提高污染场地修复的资金使用效率。

（4）超级基金的使用条件与程序

① 超级基金的使用条件

《超级基金法》对超级基金使用情形进行了严格的规定：责任主体不能确定或责任主体无力承担修复费用时，才由超级基金来支付污染场地的修复费用；对于不愿支付修复费用或责任主体不能确定的场地，由超级基金先行支付修复费用，再由美国环保署向责任者追讨。《超级基金法》通过"潜在责任人"的无限连带追溯及既往的制度，保障了这种资金制度的法律效力。

同时，《超级基金法》也对基金的使用范围进行了明确规定：联邦政府采取应对危险物质的必要费用；任何个人实施的为配合国家应急计划完成所支付的费用；对申请人无法从责任方得到救济、危害物排放造成损害进行补偿的费用；对危害物损害进行评估、相应项目调研等费用；对地方政府治理进行补偿及奖励所需费用；对公众参与技术性支持的资助费用；试验性恢复或清除所需费用。

针对大量待修复污染场地的资金需求，《超级基金法》还通过建立《国家优先名录》（NPL）的程序进行基金的分配使用，确保超级基金能投入污染最严重场地的修复中，以提高资金的使用效率。美国政府首先通过环境部门监测、公民举报和行业搬迁时检测等途径，发现污染场地；随后，通过对污染场地的调查评估，确定是否将其纳入 NPL；接下来便针对纳入 NPL 的污染场地安排修复基金，进行修复方案的设计与修复工程的开展；最后，在污染场地修复达标后进行五年跟踪监测，确认场地持续稳定则将其从 NPL 中移除。这项程序实施使优先的超级基金得到了持续高效的使用。

② 各阶段的具体制度

土壤修复工作涉及前期的土壤污染调查评估、中期的修复工程实施以及后期的项目效果评估及监测三个阶段，而每一阶段都需要有具体的制度保障和指导相应工作的进行，这样才能保证土壤修复各环节实现有序衔接。美国超级基金修复制度体系对土壤修复各阶段的具体制度进行了较为详细的安排（见图 7 - 1）。

调查制度：土壤污染调查的目的是了解土壤污染具体数据，确定其污染程度及范围，是土壤修复治理的基础制度。美国对调查的启动原因、义务人、调查机构、调查流程等都进行了细致的规定。启动原因包括三种：环境管理部门定期或不定期的监测，特定行业开业、停业或土地使用权转让，土地购买者进行尽职调查；调查的义务人与机构主要以国家行政机构为主①；最为细致的是调查的程序性规定，包括调查阶段划分和

---

① 行政机关作为调查人，对正在或可能发生的污染物泄露进行场地调查，可以通知潜在责任主体进行协助，参与相关调查事宜。

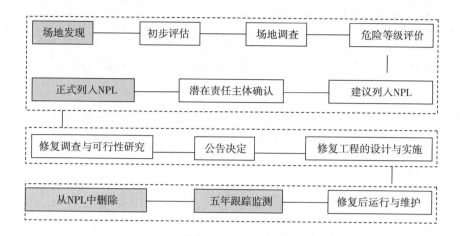

图7-1 美国土壤修复具体制度的管理流程

信息公开制度两大部分，其中信息公开制度尤为重视，通过这一制度建设，政府能及时掌握所需资料，调查者的行为受到了一定的约束，而公众也能及时了解土壤污染信息，通过公众参与有效地督促政府和企业的土壤调查与修复治理工作。

评估制度：在调查完成后，需借助污染物暴露与风险等评估手段，了解修复优先级、范围、适用技术与标准，因此评估在土壤修复中处于承上启下的地位，决定了后续修复工作能否有效进行；通过风险评估制度的建立，美国避免了单一治理标准带来的修复时间漫长与资金耗费过多的弊端，在保证达到健康安全的修复目标的同时促进修复工作更加经济有效地开展。美国现行风险评估制度①包含四个步骤：危害识别、剂量效应识别、暴露识别以及风险度评估。

监测制度：土壤污染的积累性与长期性，使得其危害潜伏期长，因此很有必要进行长期的监测，基于监测对潜在危害严重的地区发出预警。美国建立起NPL，对污染场地数据进行动态维护，目前每年更新两次，通过对污染场地的发现、列入删除的一系列过程，达到对可能产生重大损害场地的长期监测目的。

---

① 参考1983年国会公布的《风险评估之运用于联邦政府相关事务》（NAS – NRC）而建立。

（5）超级基金资金机制的实施效果

超级基金制度实施以来，为美国的污染场地、地下水等修复活动提供了大量的资金支持，表 7 - 1 为 1993—2004 财年美国超级基金的收支情况，可见通过联邦财政拨款和专门税等渠道资金的吸收，超级基金为美国每年提供数十亿美元的修复资金；另外，据统计，超级基金建立以来，通过基金本身支付了 15％ 的污染场地修复费用，通过对责任主体费用与罚款的追索，使有潜在责任人支付了 80％ 以上的污染场地修复费用。

表 7 - 1　　　　1993—2004 财政年度美国超级基金的收入与支出

单位：百万美元

财年	收入			支出
	常规拨款	超级基金托管基金拨款	总计	
1993	205	1 323	1 528	1 329
1994	250	1 247	1 497	1 473
1995	250	1 104	1 354	1 460
1996	250	1 063	1 313	1 305
1997	250	1 144	1 394	1 361
1998	250	1 250	1 500	1 337
1999	325	1 175	1 500	1 512
2000	700	700	1 400	1 502
2001	634	636	1 270	1 406
2002	635	635	1 270	1 344
2003	633	633	1 266	1 501
2004	1 258	0	1 258	1 389

在超级基金资金机制为核心的修复制度下，截至 2012 年美国的 NPL 中已达到 1 600 多项纪录。图 7 - 2 显示了 2011 年及以前 NPL 下各类修复的进展情况。可见其中已进行修复的项目中有一半以上属于或包含污染场地的土壤修复工作。在修复效果方面，环保局累计治理和清除 1 亿立方米以上的污染土壤及废弃物，以及 15.5 亿立方米水体，完成了大量的

土壤修复工程项目；通过土壤与水体修复实现了土壤与水环境的净化，带来了巨大的生态效益和健康效益；同时，通过修复治理也通过土地增值、劳工雇用等带来不小的社会经济效益。

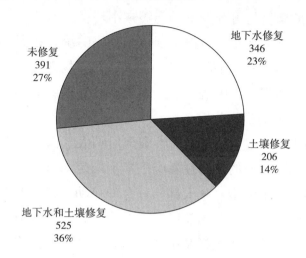

图 7 - 2 1982—2011 年 NPL 各类修复数目与占比统计

美国环保署在 2012 年 9 月以"构成重大公共健康风险"为依据在 NPL 中加入了 12 个来自不同州的污染场地，至此 NPL 中的总污染场地数量达到了 1 676 个。

超级基金通过提供资金进行污染场地修复，解决了美国 15% 的超级基金污染场地修复费用，通过强制执行程序、追责行动和资金的追索行动，由污染场地的潜在责任方出资解决了超过 80% 的超级基金污染场地的修复问题。

从 1980 年《超级基金法》制定到 2012 年的 32 年内，超级基金为美国公众的生命健康和环境保护起到了显著的作用。在超级基金的支持下，环保署累计治理和清除了 1 亿立方米以上的有害土壤和污染废弃物，并治理了 15.5 亿立方米的水源①，向多达百万的居民提供了清洁的饮用水。

从生态环境和群众的生命健康角度来看，《超级基金法》从 1980 年

---

① 蒋莉. 美国环保超级基金制度的实施及问题 [J]. 安全、健康和环境. 2004 (10)：23 - 24.

到 2008 年总共清理了 1 亿立方米以上的污染土地和有害物质，处理了超过 12.9 亿立方米的水体，相应减轻了清洁饮用水的供应问题，避免群众因饮用了污染水体而产生的健康问题。

污染场地的修复与再开发不仅能够减小环境方面的压力，还能够在社会领域产生一定的效果。根据美国市长会议的统计数据，超级基金项目从 1993 年到 2010 年施行的 17 年中，通过污染场地修复和治理实现的土地再开发税收达到了 3.09 亿美元，总共为社会提供了 16 万份工作[①]。

（6）超级基金的优势分析

第一，超级基金制度注重政府性资金对私人部门资金在公共管理领域中的引导作用。我国的政府性基金基本上均是采取补贴和拨款的形式投资于公共领域，不注重对私人部门资金的拉动，这就加大了政府治理公共问题的财政负担。而美国超级基金在公共领域，特别是环境领域的投资方式除了补贴外，还包括基于环境项目的贷款，贷款是以私人部门未来的偿还为保证所支付的。在超级基金来源方面除了税费收入还包括债券，债券则是以基金未来收益为保证发行，吸收私人部门资金，未来收益包括基金贷款的偿还和基金投资利息收入。债券可以增加基金的现期收入，贷款可以保证超级基金拥有未来的资金收入，减轻了政府治理环境问题的财政负担。超级基金的贷款不同于商业银行贷款，其贷款有着比商业贷款更为严格的审批标准和程序，但利息较商业贷款低。

第二，在美国超级基金计划中，其确立的责任制度是基于污染者付费原则建立的。特别是对于直接认定污染责任和追索污染责任并要求企业支付修复费用的责任制度直接体现了污染者付费的原理；而对相关工业企业和行业征收特殊税来治理污染土地则是一种扩大化的"污染者付费"原则的应用。

第三，超级基金的资金机制实行单独的核算体系，其目的就是投资治理土地污染相关项目，采取专业的土地污染修复会计审计制度。这就保证了基金的使用效率，保证基金资金不会用于其他用途。

---

① US Conference of Mayors. US Conference of Mayors Resolution. 2010.

第四，超级基金制度是建立在"现收现付"制基础上的，当下的税收用于换取当下的获益，注重基金的时效性。对于土壤修复基金而言，这种基金制度就保证了基金的立即支付功能，保证了对特殊突发情况救济和赔偿的及时性。

第五，由于《综合环境反应、赔偿和责任法》《超级基金修正案和再授权法》对于美国超级基金制度的立法保障，超级基金制度的执行有法可依，这保证了超级基金对于污染土壤修复的追索权利和执行力度。

第六，超级基金由专业部门进行利用和管理。美国的超级基金计划由美国环保署的固体废物与应急办公室管理。其中的紧急管理办公室负责超级基金授权下的短期治理项目，短期项目是指需要立即进行修复的土壤污染项目；超级基金补救和技术革新办公室与联邦设施反应和再利用办公室负责超级基金计划下的长期项目，长期项目是指存在于 NPL 上的具有潜在土壤污染的项目。这些专业部门管理保证了基金的评估、审核、投资、监督工作，提高了基金利用效率。

（7）超级基金在资金方面存在的问题

超级基金计划中的严格责任制度阻碍了污染土地的开发利用，过高的惩治费用和过重的连带责任是阻碍对棕色地块成功进行再开发的首要因素。超级基金的明显的不合理之处，在于其中所涉及的棕色地块是以前的工商业者遗弃的污染土地，不应由后来的开发者来承担清洁有害物质的责任和费用。除非有人愿意冒险去购买这些污染的土地，并有财力对其进行勘察和清洁，否则这些土地将永远被闲置。从 20 世纪七八十年代的情况来看，事实恰恰如此，很多污染土地由于开发成本过高而被闲置浪费。然而，土地作为稀缺的经济开发资源，对于一个城市来说，清洁和再开发这些棕色地块，将为私人投资创造有利的条件，进而增强这些地区基础设施的建设，增加地方政府的税源，创造新的商业和工作机会，促进城市社区的复兴和地区经济的增长。采取实质性的措施以推动这方面目标的实现，是 20 世纪 90 年代棕色地块治理进程的重点。

在缺少税收收入作为重要资金来源后，为了维持污染场地的修复计划正常进行，国家必须加大财政拨款，这大大加重了政府的财政负担。

由于超级基金是以国内石油生产和石油产品进口税、化学品原料税和环境税作为主要的资金来源，并且征收年份截至 1995 年即停止。1996 年的超级基金资金收入比 1995 年减少了 4 100 万美元，2004 年超级基金信托基金拨款下降为零，表示三项税收收入已彻底用尽。在缺少税收收入作为重要资金来源后，为了维持污染场地的修复计划正常进行，国家必须加大财政拨款，2004 年常规拨款数比 2003 年多了 62 500 万美元，这就极大地加重了政府的财政负担。同时对于污染场地修复工作的管理费用上升而修复费用下降的问题也亟待解决。

目前已投入治理的超级基金项目回收情况不乐观。据统计从 1998 年超级基金实施以来美国环保署投入的用于超级基金场地修复项目的 160 亿美元中有 50 亿美元已确认不可能收回，而剩下的 110 亿美元资金中，只有 24 亿美元得到了责任方的偿还承诺①。虽然美国环保署对污染责任主体具有永久的追索权，但是在修复完成后向责任主体进行资金追索的过程中，由于责任主体没有足够的资金赔偿能力还是无法保证资金的完全收回。因此，美国在实施超级基金的模式下，缺少其他形式的环境损害赔偿社会化形式，对污染责任主体的赔偿能力进行担保。

美国环保署在《超级基金法》上得到了过大的权力，对污染企业和个人的责任判定有一定的不公平性。一旦企业被判定为污染的潜在责任方，美国环保署就可以不通过常规的议会拨款程序而开展场地的修复工作。很多情况下都缺少相应的预算估计和审查过程，对成本问题的考虑上也不够全面，导致了在超级基金的使用中大范围的资金浪费。

2. 美国旧金山普雷西迪奥信托基金

美国旧金山普雷西迪奥国家公园属于美国加州金门国家生态娱乐区（世界上最大的都市生态公园）的一部分，位于美国西海岸。该地区 1846 年至 1994 年是美国重要的军事要塞，1962 年被收录为美国历史名胜，1994 年美国陆军第六集团军离开后，由美国国家公园管理局接管该地区。1996 年国会设立美国旧金山普雷西迪奥信托基金（Presidio of San

---

① 孟春阳，田春蕾. 对美国《超级基金法》的一点思考 [J]. 安阳工学院学报，2010（3）.

Francisco Trust，以下简称信托基金）正式进行园区商业运营。直到今日，普雷西迪奥国家公园被认为是全美最大规模的历史文化名胜保护项目，信托基金设立之初，园区内居住不过几百人，截至 2012 年信托基金管理园区面积达 1 100 英亩，园区内居住 7 000 人，建筑面积占园区面积的 80%。园区已成功移除百吨废弃物，园区内现在具有上千种的动植物资源、各种地形地貌、历史遗迹完成全面修缮，成为当地居民和外地游客休闲娱乐、社会实践、科学研究的重要场所。

（1）普雷西迪奥信托基金的管理目标

普雷西迪奥信托基金授权经营普雷西迪奥园区内资产，按照有利于自然资源保护和合理利用的原则，对普雷西迪奥园区行使行政管辖权，管理、维护、修复和改善园区内资产，达到降低联邦政府行政管理成本、保护环境及合理开发的目的，因此属于绿色政府信托基金。

基金经营管理的目标是减少政府行政开支，保护环境并合理利用资源，并非经营园区资产经济利益最大化。设立该基金的目的是强调经济利益与社会利益并重，在实现经济利益的同时增进社会福祉。公共利益是目的行为，具有第一性；经济利益为实现公共利益服务的，是手段行为，具有第二性。

（2）普雷西迪奥信托基金的法律框架

1996 年 11 月 12 日，美国国会依据《信托基金法》（*Presidio Trust Act*），设立具有公共事务管理职能的政府独资公司——信托基金。

目前，其相关的法规主要有三类：（1）美国国会颁布的信托基金单行立法——《信托基金法》；（2）美国国会颁布的园区管理条例及公司董事会颁布的《信托基金章程》；（3）信托基金制定的园区各项管理办法、实施细则。

根据《信托基金法》第 103（c）条（c）款（10）项（A）分项规定，信托基金属于《政府公司控制法案》（*Government Corporation Control Act*）规定范围内的政府公司。

《信托基金法》规定，信托基金是具有公共管理事务职能的政府独资公司（Wholly – Owned by Government），为实现其公共管理职能，法律赋予信托基金行政管辖权、立法权、财政支持请求权、向财政部发债权、司法专属管辖权、税收豁免权等特殊权力。

（3）普雷西迪奥信托基金的管理模式

① 管理部门及职责

基金不设股东会、监事会，董事会就是信托基金的权力机关，同时也是经营决策机构、业务方案的执行机构和管理机构，信托基金的一切权力由董事会行使。董事会由 7 名成员组成，其中一名由内部部长或其指定人员担任；其余 6 名由总统任命。6 名董事每届任期 4 年，均应在城市规划、金融或房地产开发与利用、资源保护方面具备一种或多种专业知识或丰富经验。其中至少有 1 名是资深退伍军人，3 人居住于旧金山海湾区域。董事会任命一名执行董事，负责信托基金日常事务，以信托基金名义对外签署协议、行使权利、承担义务。

董事无薪制。法案明确规定董事应尽到合理注意义务，按照有效履行职责的方式行使董事职权，履行董事职务，董事不得从信托基金获取任何报酬，但因执行业务、履行职务发生的必要费用得向信托基金求偿。从董事任职情况看，董事会组成人员是兼职董事，并非全职董事。

② 经营模式

信托基金虽为政府机构的一部分，但该信托基金实行独立经营，并对经营成果的好坏及盈亏承担全部经济责任。法案设置经营失败接管制度，规定信托基金运营效果不佳，不能实现自负盈亏的，国会有权最终解散信托基金，再按照《国防授权法》（*National Defense Authorization Act*）规定，将园区所有财产及其管辖权移交国家总务管理局（General Services Administration，GSA）管理。该项制度作为运营失败的最后且最严厉的惩罚，体现权力与制约并重，权力与责任并举。目前基金一直运营良好，国会并未启动运营失败接管程序。

（4）普雷西迪奥信托基金的监督机制

运营良好的信托基金离不开合理的内部治理结构，更离不开透明系统的外部监督系统。因基金为实现公共利益被赋予大量的公法特权，美国政府对信托基金施以透明、规范和系统的监督。虽然美国联邦政府不参与园区的日常经营和管理，但是美国政府的监督无处不在。根据监管主体的不同，信托基金的外部监管分为预算监督、年报监督、监察机关监督及舆论监督四个部分，共同作用于信托基金的日常监管：

① 美国管理及预算委员会预算监督

信托基金的执行董事每年拟定年度预算，提交董事会审议，草案根据董事会预算要求获得批准后，报送美国管理及预算委员会进行审核通过或再修改。

② 美国国会的年报监督

信托基金的执行董事负责拟定年报，并提交董事会审议。董事会批准通过后由董事会主席报送美国国会审议。年报中包括审计师出具的内控报告意见、内部控制实施方案和实施结果，并将结果报告给总统和国会审议。

③ 美国审计总署调研监督

董事会召开第一次会议之后三年内，美国政府审计总署对信托基金业务实行全面调研，评价其实施计划的成果和履行职责的情况以及停止联邦拨款的计划及实施过程。在此基础上形成调研报告，提交美国参议院能源与自然资源委员会和众议院资源委员会审议，报告内容包括但不限于任何与信托基金行使职权相关的任何细节。

④ 公众社会监督

基金适用美国《信息公开法》及 Section 508 规定。法律强制性要求信托基金应向公众公开除法律规定的国家机密、个人隐私等以外的其他信息，包括行政管理信息（管理层会议、员工会议）、运营信息（销售记录、存货信息、客户）、人力资源信息（员工合同、规则及程序）、财务信息（会计及审计报告）。每年至少向社会公开举行 2 次董事会和 30 次公众会议，以保障公众与信托基金保持信息畅通。

（5）普雷西迪奥基金的优势

作为混合管理模式的代表，信托基金为满足社会公共需求目的而设立，以实现公共利益为根本价值追求，这与商业社会中普通公司追求公司利益最大化、股东利益最大化有本质的区别，同时信托基金有利于克服行政管理模式代理的管理僵化、无序管理、绩效分离等严重问题，能够从社会公共目的社会定位出发，又回到社会利益，实现了市场主体权利义务和行政机关职权责任的合理配置。它从私营管理方法中汲取营养，从公共权力中获得保障，打破政府居于上位的行政管制传统思想，妥善处理国家、社会、企业、个人与环境之间的关系。

简言之，美国旧金山普雷西迪奥信托基金的园区管理方式是将原本属于国家行政管理的公共事务，作为特殊事业授权委托一家信托基金——非政府组织进行财产管理，法律赋予其私人经营权与公法特权的同时，施以国家特别监督，课以完成公共事务之目的。

这种管理模式使得生态园区能够吸收更多的社会资金和力量，获得更多的社会关注度，从而能减少美国政府的行政管理成本，并能够有效运用社会私人力量保护自然资源。在信托管理模式中，政府不干预园区内的任何管理事务，又因为信托基金的决策程序，能够有效打破在美国长期以来存在的联邦土地资源和地方水资源利益冲突而产生诉累的局面，发掘地方参与的力量和积极性，消除联邦滥用决策程序作出违法的行政管辖行为对联邦的土地管理和经济利益所造成的不利影响。以信托基金为代表的将社会资源引入环境市场的生态园管理，组建社会与政府共同管理的生态园管理模式，能够克服环境市场失灵和政府行为失范，建立环境友好型社会，促进人类、自然环境和经济增长的协调发展。

二、绿色私募股权投资基金

（一）私募股权投资基金的类型

私募股权投资（Private Equity，PE）主要是指通过私募形式投资于非上市企业的权益性资本，或者上市企业非公开交易股权的一种投资方式。从投资方式角度看，私募股权投资是指通过私募形式对私有企业，即非上市企业进行的权益性投资，在交易实施过程中附带考虑了将来的退出机制，即通过上市、并购或管理层回购等方式，出售持股获利。

广义的私募股权投资为涵盖企业首次公开发行前各阶段的权益投资，狭义的私募股权投资主要指对已经形成一定规模的，并产生稳定现金流的企业进行私募股权投资。

国际上，广义的私募股权投资基金根据投资方式或操作风格，一般可分为三种类型：一是风险创业投资基金（Venture Capital Fund），投资于创立初期的企业或者高科技企业；二是成长型基金（Growth – oriented Fund），即狭义的私募股权投资基金（Private Equity Fund），投资处于扩充阶段企业的未上市股权，一般不以控股为目标；三是收购基金（Buy-out Fund），主要投资于成熟企业上市或未上市的股权，意在获得成熟目标企业的控制权。

（二）私募股权投资基金的特征

私募股权投资基金最主要的特征是投资的高风险和专业性，具体表现为以下几个方面。

1. 流动性低

私募股权投资基金是一种进行投资的基金，是私募投资运作的载体。它具有一般基金的特点和属性，本质是一种信托关系的体现，但是它的投资期限长、流动性差，主要投资于非上市企业的股权，实现股权的价值增值需要时间，而且往往不存在公开的股权交易市场，投资者只能通过协议转让股份，投资缺乏流动性。

2. 非公开发行

不同于公募基金的公开销售，私募股权投资基金的出售是私下的，只有少数特定投资者参加。在美国，法律规定私募股权基金不得利用任何传媒做广告宣传。这样私募股权基金的参加者主要是通过获得所谓投资的可靠消息，或者直接认识基金管理者的形式加入。同时，私募所受到的监管程度也比公募低得多，相关的信息披露较少，一般只需半年或一年私下对投资者公布投资组合和收益，投资更具有隐蔽性。

3. 发行对象仅限于满足相关条件的投资者

这些条件通常比较高，把投资者限定在一定范围的人群中，人数是有限的。但这并不妨碍私募股权投资基金的资金来源广泛，如富有的个人、风险基金、杠杆收购基金、战略投资者、养老基金、保险公司等。

4. 投资风险高

私募股权资本所投资的企业，不管是初创阶段的中小企业还是需要重组的大型企业，或是处于快速发展阶段急需资金的企业，都蕴含着较大的风险和不确定性。伴随着高风险的是私募股权投资的高回报率。在我国，私募股权基金的投资项目年平均回报率高于20%，有的甚至超过30%。

5. 专业性强

私募股权基金发起人、管理人的素质要求较高，须对所投资企业所处行业有深入了解，而且还必须具备企业经营管理方面的经验。同时，基金管理者一般要持有私募股权投资基金2%~5%的股份，一旦发生亏损，管理者拥有的股份将被优先用来支付参与者，故私募基金管理者必须利用自身的专长、经验和资源实现所投资企业的价值增值，同其他投资者分享企业价值增值的收益。

（三）私募股权投资基金的参与主体和方式

1. 社保基金

社保基金可通过两个渠道进入私募股权市场，一个渠道是将资金投给已经兴起和即将兴起的其他私募股权基金及该基金的管理公司上，如社保基金投资的产业投资基金、渤海产业基金等；另一个渠道是直接运作资金投资未上市公司的股权，这个渠道进行的投资需要经过一套严格的内部和外部程序，内部要经过合规选择和投资委员会、风险委员会的严格把关，外部要聘请国内外一流的财务顾问和法律顾问进行尽职调查。

2. 保险公司

2006年6月《国务院关于保险业改革发展的若干意见》发布，鼓励保险公司开展创业投资企业试点，尽管时至今日具体的操作细则尚在保监会和其他部委协调商讨中，但这并不妨碍保险公司对于涉足PE的热情。许多保险公司在旗下的资产管理公司内设立专门的机构，有的已在政策层面允许的范围内曲线涉足私募股权投资市场，如在国内外大型企业上市前利用自身富余资金进行 Pre—IPO 投资，也就是类似于收购基金的操作；未来还将投资专门的私募股权投资基金，充当有限合伙人。

3. 信托公司

2007 年 3 月开始实施的《信托公司管理办法》和《信托公司集合资金信托计划管理办法》允许信托公司以股权方式来运用信托资金，也就是说信托公司可以通过集合资金信托计划设立私募股权投资基金。近期，银监会下发《关于支持信托公司创新发展有关问题的通知》，对信托公司从事 PE 等股权投资业务进行了规范，信托方式日益成为 PE 募集资金的利器。

4. 证券公司

2007 年 9 月中信证券和中金公司取得了直接股权投资的试点资格，这种直接股权投资类似于私募股权投资，只是不用向其他有限合伙人融资，而是证券公司以不超过净资本 15% 的自有资金设立直接投资专业子公司，实现母、子公司之间的法人隔离，专业子公司以自有资金进行直接投资，其业务与私募股权投资中的收购基金业务相似，对拟上市公司进行投资，投资期限不超过三年。未来，证券公司此类直投业务形成一定市场知名度后，即可向外招募有限合伙人参与其中，而其自身资产也将成为 PE 资金来源的重要组成部分。

5. 商业银行

国内的商业银行由于分业经营的限制，目前不能直接参与私募股权投资这个市场。但无论是监管层还是商业银行本身都非常看好中国资本市场的长期发展，监管层对商业银行参与这个市场持积极的态度，只是具体的操作方式和风险隔离措施还在商讨中；而各大商业银行认为监管层开闸也不会太远，私底下都在为将来参与市场积极准备，其中中国邮政储蓄银行就于 2006 年底通过出资 10 亿元投资渤海产业投资基金进入这个市场。

（四）私募股权投资基金的运行模式

1. 公司制

公司制私募股权投资基金就是法人制基金，主要根据《公司法》
（2005 年修订）、《外商投资创业投资企业管理规定》（2003 年）、《创业
投资企业管理暂行办法》（2005 年）等法律法规设立。投资者购买公司
股份成为股东，可以参加股东大会，行使表决权。公司设有理事会或董
事会，理事会或董事会对股东大会负责，总经理对理事会或董事会负责。
公司的每股净资产值定期公布，出资人可在此时申购（但也有许多随时
公布每股净资产值，份额可随时申购）。投资者的份额不能赎回，但可以
转让。

公司型基金可以采取开放式或封闭式两种形式，依发起人和投资者
协商决定。开放式公司的注册资本每年在某个特定的时点重新登记一次，
进行名义上的增资扩股或减资缩股，如有需要，出资人每年可在某一特
定的时点将其出资赎回一次，在其他时间，投资者之间可以进行股权协
议转让或上柜交易。封闭式公司一般要封闭运作较长的时间，在这段时
间里，投资者与基金管理者之间不进行基金单元的买卖。

事实上，基金的开放程度可以弹性变动，比如基金章程中规定，当
基金规模达到基金经理所能有效运作的规模时，基金可以封闭一段时间，
不再进行基金的扩募，但允许赎回。公司式私募基金有完整的公司架构，
资金账户有固定的金融机构托管，公司的交易平台和资金划拨平台彼此
分离，以防止内部操纵。

采取该模式的案例有：国内上市的首家创业投资公司鲁信创投。其
中，山东省鲁信投资控股集团有限公司（由山东省国资委全资持股）为
鲁信创投的最大股东，持有 73.03% 的股权。鲁信创投则直接或通过子公
司间接投资于先进制造、现代农业、海洋经济、信息技术、节能环保、
新能源、新材料、生物技术、高端装备制造等产业。

（1）公司制私募股权投资基金的优点

在公司制私募股权投资模式下，公司拥有更宽松的法律环境，如公

司的经营权范围可由公司章程规定，股东的退出机制有保障等。在目前的商业环境下，由于公司这一概念存续较长，所以公司制模式清晰易懂，也比较容易被出资人接受。在这种模式下，股东是出资人，也是投资的最终决策人，各自根据出资比例来分配投票权。

（2）公司制私募股权投资基金的弊端

首先，人数上的限制。按照《公司法》的规定，有限责任公司股东人数需在50人以下，股份有限公司发起人数量需在200人以下。这样，投资人的数量就受到了严格的限制，尤其是有限责任公司。其次，关系的复杂化和操作的繁琐化。一旦出现增资（增加投资人或者投资人增加投资）或者减资（投资人赎回或者退出）时，都需要股东的多数表决，使得本来只应存在于投资人和基金管理人之间的关系，扩展为各投资人之间的关系。而股东会的召开、公司的变更手续都造成操作的烦琐。再次，税收的折损。投资所得的收益需要缴纳公司的各种税费，将导致投资人的收益有较大折损。最后，分配上的限制。尽管《公司法》更加尊重公司的意思自治，全体股东可以约定不按照出资比例分取红利，但是，相比较合伙制或者契约制，缺少一个赔偿机制，或者说缺少一个连带责任机制。

2. 信托制

信托制私募股权投资基金也可以理解为私募股权信托投资，是指信托公司与某个投资管理公司或投资咨询公司进行合作，将信托计划下取得的资金进行权益类投资。其设立的主要依据为《信托法》（2001年），银监会2007年制定的《信托公司管理办法》《信托公司集合资金信托计划管理办法》（以下简称信托两规），《信托公司私人股权投资信托业务操作指引》（2008年）。

由于我国法律规定，金融信托必须由信托投资机构办理，具有资质限制。因此，私募基金采取信托方式，就需要委托信托投资机构，通过出售资金信托份额来实现基金的募集。按照2007年3月1日起正式实施的《信托公司管理办法》和《信托公司集合资金信托计划管理办法》规定，首次取消单个信托计划200份信托合同的限制，并首度引入合格投资者制度。

合格投资者应当符合下列条件之一：（1）投资一个信托计划的最低金额不少于 100 万元人民币的自然人、法人或者依法成立的其他组织；（2）个人或家庭金融资产总计在其认购时超过 100 万元人民币，且能提供相关财产证明的自然人；（3）个人收入在最近三年内每年超过 20 万元人民币或者夫妻双方合计收入在最近三年内每年超过 30 万元人民币，且能提供相关收入证明的自然人。同时，新办法在不限制合格的机构投资者数量的基础上，规定单个集合资金信托计划的自然人人数不得超过 50 人。取消了对于开办异地信托业务的严格管制，由核准制变更为报告制。

信托制私募股权投资基金，实质上是通过信托平台发起新的信托计划，并将信托计划募集到的资金进行相应的信托直接投资。号称国内的第一只信托股权投资计划——中信锦绣一号股权投资基金信托计划，主要投资于中国境内金融、制造业等领域的股权投资、IPO 配售和公众公司的定向增发项目。该信托计划集合资金总额达到 10.03 亿元。委托人则是由 7 个机构和 7 个自然人组成。同时，该信托计划对受益人进行了"优先—次级"的结构分层，其中，优先受益权 9.53 亿元人民币，次级受益权 0.5 亿元，次级受益权由中信信托认购。这种对受益人分层的设计，削减了投资人对于风险的担忧，从而使该信托计划的发行变得十分顺畅。

（1）信托制运行模式的优点

私募股权投资基金采取信托制运行模式，可以借助信托平台，快速集中大量资金，起到资金放大的作用；由于信托机构的加入，购买人与基金经理之间已经被信托公司隔离，整个信托计划成为投资资金，信托公司取代购买人（真正的投资人）行使投资者权利，增加了一层法律关系。同时，因为信托机构的介入，费用增加，对投资人的收益有所折损。总体上讲，这是一种比较好的操作模式，目前，私募基金公司与信托投资公司的联系日益紧密。

（2）信托制运行模式的弊端

目前信托业缺乏有效登记制度，信托公司作为企业上市发起人，股东无法确认其是否存在代持关系、关联持股等问题，而监管部门要求披露到信托的实际持有人。此外，监管部门在受理信托持股的 IPO 项目时也非常慎重，这样一来，通过 IPO 退出时就存在较大障碍。

3. 有限合伙制

有限合伙制私募股权基金的法律依据为《中华人民共和国合伙企业法》（以下简称《合伙企业法》）（2006 年）、《创业投资企业管理暂行办法》（2006 年）以及相关的配套法规。

在《合伙企业法》2007 年 6 月 1 日正式实施之前，私募基金在我国运作的模式一直沿用代理账户管理、信托计划两种主体模式。国外司空见惯的有限合伙制私募基金却因受制于我国当时的《合伙企业法》对有限合伙的限制无法开展。根据修订后的新法，法人可以是有限合伙人，基金、商业银行等机构都可以作为私募股权投资基金的有限合伙人进行股权投资。修订后的《合伙企业法》还增设了合伙企业破产的规定。无疑，新《合伙企业法》的上述修订，消除了我国私募基金发展的最大法律障碍，特别是有限合伙责任制度的建立、重复征税问题的解决，为我国的私募基金的合伙制经营提供了很好的法律制度支撑。

有限合伙企业作为一种新的企业形式将开始登台亮相，有限合伙的组织形式本身就是为风险投资而设。有限合伙型基金是一种特殊的合伙企业，在该组织中存在两类合伙人，一般合伙人和有限合伙人。一般合伙人对该合伙企业负无限责任，并负责该企业的日常经营活动；而有限合伙人以自己的出资额为限，对该合伙企业负有限责任，且不干预企业的日常经营活动。

按照《合伙企业法》的规定，有限合伙企业由 2 ~ 50 个合伙人设立，由至少一个一般合伙人（GP）和有限合伙人（LP）组成。一般合伙人对合伙企业债务承担无限连带责任，而有限合伙人不执行合伙事务，也不对外代表有限合伙企业，只以其认缴的出资额为限对合伙企业债务承担责任。

同时《合伙企业法》规定，一般合伙人可以劳务出资，而有限合伙人则不得以劳务出资。这一规定明确地承认了作为管理人的一般合伙人的智力资本的价值，体现了有限合伙制"有钱出钱、有力出力"的优势。

而在运行上，有限合伙制企业不委托管理公司进行资金管理，直接由一般合伙人进行资产管理和运作企业事务。

（1）有限合伙制私募股权基金的优点

一是财产独立于各合伙人的个人财产，各合伙人权利义务更加明确，激励效果较好；二是仅对合伙人进行征税，避免了双重征税。

（2）有限合伙制私募股权基金的缺点

一方面，有限合伙的概念新兴不久，出资人作为有限合伙人经常参与一般合伙人的工作，参与合伙事务的执行，给专业管理人进行投资决策带来困扰，从而不能将有限合伙制度的优越性充分体现出来。另一方面，有限合伙制度对于一般合伙人有无限责任，这对于自然人的一般合伙人来说，风险就变得很大。由自然人担任一般合伙人的合伙制基金，在美国较为普遍，这与商业社会的发展程度有关。而国内只有部分早期股权投资基金、天使投资基金，是以自然人作为一般合伙人的，像这类自然人担任 GP 的私募基金，需要 LP、GP 彼此较为熟悉才能得以操作。尽管最新修订《合伙企业法》允许法人作为一般合伙人，但是按照《公司法》的规定，除法律另有规定外，公司不得成为对所投资企业的债务承担连带责任的出资人。这样，在没有明确的法律规定下，基金公司不能成为一般合伙人。因此，目前国内逐渐转向了"公司 + 有限合伙"的模式，以降低 GP 面临的风险。

4. "公司 + 有限合伙"模式

由于自然人作为 GP 执行合伙事务风险较高，加之目前私人资本对于有限合伙制度的理念和理解都不尽相同，无疑都增强了自然人 GP 的挑战。同时，目前《合伙企业法》中，对于有限合伙企业中的一般合伙人，是没有要求是自然人还是法人的。于是，为了降低管理团队的个人风险，采用"公司 + 有限合伙"模式，即通过管理团队设立投资管理公司，再以公司作为一般合伙人与自然人、法人 LP 们一起，设立有限合伙制的股权投资基金。由于公司制实行有限责任制，一旦基金面临不良状况，作为有限责任的管理公司则可以成为风险隔离墙，从而使管理者的个人风险得以降低。

在该模式下，基金由管理公司管理，LP 和 GP 一道遵循既定协议，通过投资决策委员会进行决策。目前国内的知名投资机构多采用该操作方式，主要有深创投、同创伟业投资、创东方投资、达晨创投等旗下的投资基金。比如，成立于 2000 年的达晨创业投资有限公司，其旗下管理的合伙制基金就有达晨财富等 10 余只基金。而达晨财富基金就是有限合伙制基金，由达晨创业投资有限公司管理，规模 2 亿元人民币，个人的出资额不低于 200 万元，机构的出资额不少于 1 000 万元，单笔的投资规模不高于总募集金额的 20%，典型的投资案例有数码视讯、网宿科技、太阳鸟等。

5. "公司 + 信托"模式

"公司 + 信托"的组合模式综合了公司和信托制的特点。即由公司管理基金，通过信托计划取得基金所需的投入资金。在该模式下，信托计划通常由受托人发起设立，委托投资团队作为管理人或财务顾问，同时管理公司也可以参与项目跟投。《信托公司私人股权投资信托业务操作指引》第二十一条规定，"信托文件事先有约定的，信托公司可以聘请第三方提供投资顾问服务，但投资顾问不得代为实施投资决策。"这意味着，管理人不能对信托计划下的资金进行独立的投资决策。同时，管理人或投资顾问还需要满足几个重要条件：（1）持有不低于该信托计划 10% 的信托单位；（2）实收资本不低于 2 000 万元人民币；（3）管理团队主要成员股权投资业务从业经验不少于三年。

目前采用该模式的，主要为地产类权益投资项目。此外，一些需要通过快速运作资金的创业投资管理公司，也常常借助信托平台进行资金募集。新华信托、湖南信托等多家信托公司都发行过此类信托计划。

一个最著名例子则是渤海产业投资基金：渤海产业投资基金于 2006 年 9 月正式成立，为中国第一只在境内发行的、以人民币募集设立的产业投资基金，基金存续期 15 年，首期金额 60.8 亿元。渤海基金作为信托制基金，出资人是全国社会保障基金理事会、国家开发银行、国家邮政储汇局、天津市津能投资公司、中银集团投资有限公司、中国人寿保险（集团）公司、中国人寿保险股份有限公司。首期资产委托渤海产业基金管理公司管理，托管行为交通银行。渤海产业基金管理公司的股权则由中银国际控股公司持有48%，天津泰达投资控股有限公司持有22%，剩下的股权由六家基金持有人各持有5%，主要的投资案例有：奇瑞汽车、红星美凯龙、天津银行、三洲特管等。

6. 母基金（FOF）

母基金是一种专门投资于其他基金的基金，也称为基金中的基金（Fund of Fund），其通过设立私募股权投资基金，进而参与到其他股权投资基金中。母基金利用自身的资金及其管理团队优势，选取合适的权益类基金进行投资；通过优选多只股权投资基金，分散和降低投资风险。

国内各地政府发起的创业投资引导基金、产业引导基金都是以母基金的运作形式存在的。政府利用母基金的运作方式，可以有效地放大财政资金，选择专业的投资团队，引导社会资本介入，快速培育本地产业，特别是政府希望扶持的新兴产业。

2010年12月，首只国家级大型人民币母基金——国创母基金成为母基金运作的焦点。该母基金由国开金融和苏州创投集团有限公司分别依托国家开发银行和苏州工业园区发起设立，总规模达600亿元，首期规模为150亿元，分为PE母基金和VC母基金两个板块。其中，PE板块名称为国创开元股权投资基金，首期规模100亿元，主要投资于专注产业整合、并购重组的股权投资基金；VC板块名称为国创元禾创业投资基金，首期规模50亿元，主要投资于专注早期和成长期投资的创投基金。正是因为同时具有政府背景、银行和开发区资源的巨大优势，国创母基金从诞生之日起就受到了各方面的关注和热议。

（五）私募股权投资基金的收益分配和管理费提取方式

1. 保底式

保底式收益分配方式主要是一些机构或个人通过各种关系筹集资金，以自己的名义开户，期望从股票投资中谋取暴利所采取的方式。资金管理人往往许诺远高于同期银行存款利率保底，超过"底部"的投资收益归个人所有，从本质上说是一种"高息揽储"的民间借贷行为，而不能简单地归结为私募基金的范畴，一旦投资失败，将会存在极大的信用风险。例如，德隆为了融资长期开出 10% ~ 15% 年息甚至更高的回报率，而在有些地方融资的成本甚至在年息 20% ~ 30%。

2. 分成式

分成式收益分配方式是指双方约定一个分配比例（如 20%），如果分配日投资组合亏损，管理人不为投资者承担损失；若投资组合盈利，则管理人分走利润的 20%，其余的归投资者所有。也有的同时约定收益分配线（如基金净值的 15%）及分成比例（如 20%），如果分配日投资组合的盈利超过基金净值的 15%，双方按照利润扣除基金净值的 15% 后进行二八开分配；若投资组合的盈利低于 15%，管理人不分配利润，也不必为投资者承担损失，即管理人的收益情况为 Max［0，20% × （投资组合利润 − 基金净值×15%）］，而投资者的收益情况为：①组合利润（当投资组合利润 = 基金净值×15% 时）；②基金净值×15% + （组合利润 + 基金净值×15%）×80%（当投资组合利润 > 基金净值×15% 时）。

3. 保底分成

保底分成式收益分配方式是目前私募基金业存在的一种比较普遍的和容易被客户接受、介于前两种分配形式之间的一种分配方式。具体做法是基金管理人许诺一个投资收益的底（如基金净值的 8%），当组合收益低于 8% 时，投资者也能（不存在违约风险的情况下）得到基金净值 8% 的分配。当组合的收益率超过 8% 时，8% 的收益归投资者，余下的部分由双方按约定比例（如五五开）分配。在这种情况下，基金管理人的收益情况为：①组合利润 − 基金净值×8%（当组合利润 > 基金净值×8% 时）；②（组合利润 − 基金净值×8%）×50%（当组合利润 > 基金净值×8% 时），而投资者的收益情况为 Max［基金净值×8%，基金净值×8% + （组合利润 − 基金净值×8%）×50%］。

（六）一般的私募基金需要提取相应的管理费

有些管理人只提取一定比例的管理费，但更普遍的是提取管理费的同时也约定相应的利润分配方式，比如分成。对于投资于不同类型的资产，基金管理者往往会进行细分提取不同比例的管理费，如上市资产按1.75%的比例提取，非上市资产按2.5%的比例提取。在实际运作过程中，究竟采取什么样的收益分配和管理费提取方式是由基金管理人和投资者相互协商的结果，往往受委托资金量的大小、期限的长短及行情的好坏和基金公司在同行业的竞争地位等因素的影响。

（七）PPP模式私募股权投资基金

在政府支持引导和融资平台正面临转型的压力下，PPP模式（公私合作模式）成为减轻地方债压力、推动社会资本融入市政建设的良好平台。北京和上海部分私募基金看到了PPP模式的发展潜力，开始逐渐介入。

1. PPP模式的私募股权投资基金的优势

（1）PPP模式基金的投资方式可以满足私募基金的要求

PPP模式基金的投资方式有两种，一种是直接投资于PPP项目，另一种是投资于PPP项目的运营公司。直接投资于PPP项目的基金投资范围与PPP项目的范围类似，主要是一些市场化程度较高、投资规模需求大、长期合同关系清楚、具有长期稳定需求的项目，如市政供水、供暖、供气、医疗和养老服务设施，以及污水处理、保障房、轨道交通等。参与PPP项目的运营公司，可以通过进行股权投资，间接投资于PPP的运作项目。这样做的优点是可以通过公司一次性投资多个项目，分散项目风险；以股权方式对企业投资，回报率较高。但同时，由于是对企业的股权投资，其整体的投资风险较高。

PPP基金管理的一个关键问题是是否要主动参与项目的运营管理。在国外，参与管理与不参与管理的情况都存在。是否参加管理主要取决于以下几个方面：基金投资占项目投资的比例、项目收益的分配方式及顺序、项目运营结果与预测结果的偏离以及项目运作的规范性和资金监管的情况等，这需要多方面考虑。

PPP基金的运作模式很多，其中的夹层基金模式将是一种发展潜力较大的模式。夹层基金是私募股权投资基金的一种类型。夹层基金起源于杠杆收购，但在中国的应用得到了形式和范围上的拓展，目前已成为政府基建项目、中小企业融资的重要工具，是介于股权与优先债权之间的投融资形式，或者是一种同时结合了股权和债权优点的形式；相较于传统融资，资金安排形式灵活、期限较长，相对于股权投资对企业的控制程度低；对股权人而言，通过固定利率获得收益，其费用低于股权融资，对股权人体现出债权的特点；对债权人而言，权益低于优先债权，对原有的债权人体现出股权的特点。夹层基金同样适合 PPP 项目。目前，国内夹层基金主要的资金来源是金融机构自有资金、部分私人高端客户、企业投资基金等。自 2013 年开始，越来越多的机构投资者开始逐步向夹层基金注资。目前，已有保险机构和 FOFs 参与投资了一些著名 PE 机构旗下的夹层投资基金，这一合作方向为 PE 与保险资金的合作提供了有益参照。

（2）PPP 模式可以提升私募股权投资基金盈利

首先，国家大力推广 PPP 模式必然要使社会资本获得合理回报。国务院在 2014 年下半年连续推出了《国务院关于加强地方政府性债务管理的意见》（国发〔2014〕43 号）、《关于创新重点领域投融资机制鼓励社会投资的指导意见》（国发〔2014〕60 号），明确了未来政府主要依靠政企合作（PPP）解决城镇化的建设和运营管理资金问题。要想引入社会资本参与，则必然需要合理的资金回报。以目前通过的 30 个国家级 PPP 示范项目为例，PPP 项目的收益率普遍都在 6% 以上，基本位于 6% ~8% 之间，以此为起点，可以使社会资本获得合理回报。

其次，结构化设计可以将部分投资者的回报率提高到基础设施回报率之上。PPP 基金的投资对象一般会有较为明确或者可预期的现金流，通过对这些现金流进行划分、结构化设计，可以形成不同的结构化产品和结构化基金份额，供不同的投资人进行选择，PPP 基金可以按照风险收益划分成优先级和劣后级。通过交易结构的设计，可以灵活调整风险和收益的关系，使金融配置更加有效，从而使部分投资者获得远超过其基础资产收益，甚至超过其风险溢价的超额回报。以澳大利亚的麦格理基金为例，其 2006 年的基础设施类基金的管理规模为 990 亿美元，人员超过 1 000 人，而其管理的麦格理机场基金和澳大利亚基础设施基金的回报率分别为 24.7% 和 18.1%，远超于作为基础资产的回报率。中国市场的鼎晖夹层投资基金一期也获得了超过 15% 的回报率。

PPP 基金退出时产生超额收益。基础设施投资存在超额退出的可能性，其原因：一是通过专业的判断能力识别出收益前景超过项目预测的项目，二是利用项目在建设期和运营期的风险差异造成的折现率差异以及私募与公募市场上的资金成本差异。对于一般项目，在建设期风险越高，所取的折现因子也就越高，而运营期风险低，项目所取的折现因子也就随之降低，在项目进入运营期后，就存在通过资产证券化等手段向公开市场发行，而公开发行的成本远低于私募成本。以 7 年 AAA 级的企业债为例，其在 2014 年前 9 个月的平均收益在 5.7% 左右，远低于同期 9% 左右的信托融资，甚至低于同期 5 年期贷款利率 6.55%。同时，基础设施的现金流跨度很长，如果基金在建设期以较高的折现率进行投资，而在退出期以较低的收益率退出，就会获得较好的超额回报。例如，一个建设期 3 年，运营期 30 年，每年产生 1 亿元现金流入的项目，如果在建设期以 8% 的必要收益率计算，其在投资时点上的投入为 8.68 亿元，而如果在 3 年建设期结束进入运营期后，并且可以以 6% 的收益率将项目到公开市场出售，则此时项目的价值为 13.21 亿元。相对初始投资的收益率为 52.2%，折合年化收益率为 15.0%。

（3）政府引导型 PPP 模式的私募股权投资基金

政府引导基金一般是由各级政府或者具有政府背景的大型企业共同发起，出资人一般包括政策性银行、各大国企、社保基金、保险资金等，政府部门主要在资金的筹集和资金的战略性布局上起主要作用，关于其具体的投资方向和平时的运作则完全按照市场化的方式运作。

政府出资参与基金设立，对于 PPP 融资来说具有非常重要的意义。第一，政府资金可以更加有针对性地进行投资。政府投资体现了国家的意志，可以将资金投资到国家认为的具有战略意义的产业。同社会资本最大的区别是，政府资金不会仅仅追求利益最大化，更要考虑社会的整体价值。例如，在新型城镇化的过程中，更多地将资金投放到用于改善民生的项目上去。或者将资金投资到可能经济效益短期稍差，但有更高环保标准的项目上来。第二，政府资金投入可以起到增信的作用。政府资金对项目的投入，在一定程度上体现了项目的优质性，特别是在中国当前的国情下，社会资本对政府信用还是比较信赖的。同时，如果资金的投向符合政府的整体方向，政府资金完全可以以劣后级的方式进入基金，这将大大降低社会融资的成本，也能为政府带来更高的收益。第三，政府资金投入是政府之间相互融资的一个方式。通过基金的方式，政府提供的资金并不仅仅只投向于本辖区内的项目，而是可以跨地区、跨部门进行投放。对于一些经济较为发达、基础设施建设已经达到一定阶段的地区来讲，可以将部分资金通过基金的方式投向基础设置建设较为薄弱、缺乏资金的地区。同样，中央资金也可以以这种方式投资到地方项目。这样，不仅解决了地方发展的资金问题，也有效地提高了资金效率，并对社会的发展有所裨益。第四，基金方式投资是市场化的运作手段。同财政拨款不同，基金的投资是一种市场化的方式。通过专业的基金管理公司进行运作，避免了复杂的财政投资流程，可以更好地提高资金的使用效率。

政府引导基金多数采用 FOF 模式，FOF 是私募股权投资基金市场越来越细分的产物，由于大量的机构投资者缺乏管理能力，无法胜任对所发行的数目众多的子基金的统筹管理，往往会采用一次性成立母基金，同时委托专业性团队来发起、管理子基金以及筛选基金经理。FOF 所具备的分散投资、降低非系统性风险的作用将使得机构投资人更容易实现总体收益的稳定增长。FOF 在海外也是许多国家进行主权投资的一种方式。最典型的就是新加坡政府投资公司（GIC），该公司管理着新加坡国库的外汇储备，于 1981 年成立，由具有投资专业背景的人员运营。GIC 主要有两个投资主体，GIC SI 和 GIC Real Estate。前者作为集团公司的创业投资部门，以 FOF 模式参与投资了大量世界知名私募股权投资基金，如 Sequoia Capital、Matrix Partners、Summit Ventures 和 TA Associates。目前，GIC SI 的投资组合已经变得非常庞大。其参与的子基金类别包括收购基金、早期创业基金、后期成长基金、夹层融资、危机证券投资以及其他特别基金。GIC SI 已经成为世界上最大的基金之一。新加坡政府投资运用了现代投资理论中的多元化投资和资产配置理论，采用 FOF 的投资模式并实现了多年来稳定的回报。

政府成立 PPP 基金，特别是在初期，往往带有一定的公益性。成立基金的目的是发挥杠杆作用，借助政府引导作用，运用多种金融手段，并以专业和市场的角度选择最优的项目进行投入，提高资金的使用效率，促进国内 PPP 项目健康有序地发展。在当前，政府引导的 PPP 基金可以起到两个重要作用：一是加快 PPP 模式的推广速度，对 PPP 的重点项目加大支持力度，并通过全过程参与项目，解决协调相关问题，从中积累相关经验、完善相关制度。二是降低 PPP 项目的启动难度，在 PPP 项目前期还不具备融资条件时通过债权、担保、股权等形式为项目垫付前期资金，在项目条件改善可以获得市场融资时退出。对于以公益性为主的基金，可由政府持有劣后级，而由社会资本投资优先级，从而在一定风险条件下保护社会资本的利益，使其获得满意的回报。

从未来的趋势来看，PPP 模式不仅有助于减轻政府财政压力，同时有助于提高项目运营效率，降低运营成本。目前，PPP 模式正在从应用较为成熟、广泛的水务、交通、固废处理等行业逐渐扩展至医疗、卫生、教育、信息基础设施等行业，未来将会在更多行业被加以运用。PPP 模式将成为未来基金投资的一个新亮点。

2. PPP 模式私募股权投资基金发展面临的限制

PPP 具有的经济周期性和流动性风险是目前 PPP 模式下的私募基金发展的主要限制。PPP 项目存在诸多问题，比如流动性较差和收费权的长期风险定价难以确定等。PPP 项目投资资金规模大、期限长、利润相对稳定，适合风险偏好比较低的机构参与。对私募股权投资基金而言，PPP 模式最大的风险是超长期，这将面临经济周期风险和政策风险。这就需要一方面完善 PPP 项目的监管、发行、承销、估值认定和管理，完善 PPP 项目的全流程控制；另一方面，国家要做好商业担保平台、政策担保平台的建设，尤其是政策性战略保险和再保险建设。此外，也要完善地方资本市场，丰富地方参与 PPP 建设的做市主体，进而化解此类项目的周期性风险。目前，私募股权投资基金投资 PPP 面临的主要困难还有缺乏具体的实施规则，当前只有鼓励性的宏观政策，具体如何参与和操作仍需要有关实施细则出台。

三、绿色产业投资基金

(一) 绿色产业投资基金的及特点

绿色产业投资基金是目前国务院公开发文要求推动的一种绿色基金。绿色产业投资基金将投资者对社会以及环境的关注和它们的金融投资目标结合在一起。它追求的不是纯粹物质利益的最大化，而是整体社会福利的最大化。绿色产业投资基金不仅仅从经济角度出发，而且还要考虑投资对象对自然和环境的影响。

2011 年国务院发布的《关于加强环境保护重点工作的意见》明确指出，鼓励多渠道建立环保产业发展基金，拓宽环保产业发展融资渠道。按照该规定，绿色产业投资基金应投资于未上市的绿色企业，另外，基金资产总值的 60% 以上应该投资于环保领域。绿色产业投资基金属于产业投资基金的范畴。国外并没有专门关于绿色产业基金的概念，比较通用的说法是 Green Venture Capital 或 Environmental – related VC，即绿色风险投资。

结合产业投资基金的概念界定可知，绿色产业投资基金是向环保企业或项目提供投融资的一种新兴工具。通过发行基金份额或收益凭证，将投资者资金集中起来，为环保产品、技术研发及环保企业发展提供资金和管理支持，并在适当时机抽回资本，以获得资本增值。

(二) 绿色产业投资基金的分类

1. 根据政府财政参与程度分类

根据政府财政参与与否，绿色产业投资基金可分为纯市场绿色产业投资基金和政府与市场合作的绿色产业投资基金。

（1）纯市场绿色产业投资基金

对于那些市场效益良好、能给投资者带来较大收益的环保产业和项目，总是不缺乏市场资金的扶持。目前我国已经有纯市场绿色产业投资基金。纯市场绿色产业投资基金的出现，说明一些环保产业已经逐渐走向成熟，具有较强的盈利能力。

（2）政府与市场合作的产业投资基金

一般来说，在PPP模式产业投资环境保护基金的构成中，财政资金的投入所占比例不高，所以，政府一般并不作为主要合伙人（GP）进入基金的管理机构，而只是作为有限合伙人（LP）。财政资金以较低比例进入产业投资基金的原因在于，这种基金只能投资于未上市的企业，而且主要投资还在概念期的企业，这就极大地增加了投资风险。产业投资基金是典型的风投，通过投资于高风险的未上市企业，在该企业上市后抛售股票来实现退出。财政资金在其中主要是起到引导的作用，扶持更多的风投资金投向环境保护相关产业。

尽管产业投资基金的市场盈利动机非常大，但是，中国环境保护市场的完善很需要这样不惧市场风险的产业投资基金。中国大部分的环保企业都属于没有上市的中小企业，特别是新型环保技术，很多都属于不成熟项目，对这些企业和技术投资具有较大的市场风险，银行等金融机构都不愿意提供贷款。启动资金的缺乏，经常是中国环保技术和环保产业无法发展的重要障碍。政府投入一些财政资金，引导市场建立更多的环境保护产业投资基金，可以在一定程度上解决环保技术和环保企业启动资金缺乏的问题。

2. 根据投资对象分类

从投资对象角度，绿色产业投资基金可分为区域复合绿色产业投资基金和某一单纯产业的绿色产业投资基金。这两类绿色产业投资基金都需要政府的扶持，但政府财政资金的介入程度是不同的。

（1）区域复合绿色产业投资基金

区域复合产业投资绿色基金主要投资于区域环境保护，包含很多行业，比如天津生态城建设基金和正在试点的流域水环境基金。一般来说，对于有明显地域性质的绿色产业投资基金，政府会在资金筹集和投向等方面起主导作用。首先，这类基金需要政府更深入地参与，因为这类基金的投向在建立之初就已经明确规定，基金的投资计划往往就是该区域的环境保护规划的实施，因此，不可能是完全的市场化运作，需要制度创新，建构政府与私人资本之间契约清晰、责任明确、利益共享、风险分担的合作关系。另外，因为该类基金是以区域环境保护为投资对象，区域内存在多种产业链，各种产业链之间通过项目规划设计可以实现互相扶持和风险控制。政府财政是厌恶风险的，这种以区域环境保护目标为投资对象的基金风险更小，也为政府财政更多进入提供了可能。

（2）某一单纯产业的绿色产业投资基金

某一单纯产业的绿色产业投资基金是投资于某一环保行业，比如土壤修复产业基金。在投资对象为某一单纯环保产业的绿色产业投资基金中，财政资金所占比例一般不高，政府并不作为主要合伙人进入基金的管理机构，而只是作为有限合伙人。其原因在于，这种基金有较大的投资风险，所以财政资金在其中主要发挥引导作用。政府投入一些财政资金，引导市场建立更多的环境保护产业投资基金，就可以在一定程度上解决环保技术和环保企业启动资金缺乏的问题。但因为这种产业投资基金风险很大，财政资金进入后要有被牺牲的准备，所以财政资金不适宜在基金中占较大份额，能起到引导作用就达到目的了。

（三）发展我国产业基金的政策背景

1. 环保资金与环保投融资机制改革的压力

我国大力提倡发展绿色产业投资基金的背景，主要是来自于环保投融资体制改革和环保资金缺乏带来的巨大压力。在 20 世纪 90 年代之前，大部分环保产业的资金是来自于政府的财政资金，比如污水处理厂，原来是属于政府下属的事业单位。但随着环境保护所需资金的急剧增加，财政已经无力负担，再加上公共事业民营化浪潮，环保产业的投融资被推向了市场。

　　最初环保产业的资金来源主要是通过银行贷款，所以，在绿色金融政策体系中，绿色信贷是最早推出的。但是，银行贷款适合处于相对成熟期的企业，因为银行贷款需要抵押担保或者良好的企业财务报表，这对很多环保企业来说是很难满足的。因为环保领域的扩展和环保技术的发展都十分迅速，导致大部分环保企业是新生的企业，企业往往是拿着政府的一纸合同去融资，没有抵押担保，也没有良好的财务报表，难以判断其经营风险，因而对它们融资的风险很大，所以就很难获得银行贷款。由于启动资金不足，很多环保企业就无法成立，比如土壤修复行业、第三方治理后的脱硫脱硝行业等。

　　2. 环境保护对大型投资的资金需求

　　推动绿色产业投资基金发展还来自于环境保护对大型投资的需求。各类环保产业对资金需求额度差别很大，比如，目前的土壤修复行业，大多数企业的资金需求是在500万元至5 000万元之间，但污水处理行业的资金需求一般要达到几十亿元，而且城市污水处理厂要求有一定的垄断性，一个区域一般不允许出现两个或者数个竞争性的污水处理厂，这会导致地下管网建设的混乱。在这种天然垄断需求下，污水处理企业需求大规模的投资，仅仅依靠银行是难以满足的，需要集合多种融资渠道。另外，中国的银行出于规避风险的需求，一般只提供贷款，不参与股权融资，而股权融资对大型融资是十分重要的，否则公司会背上巨大的负债，不利于进一步的融资扩张。

　　在这种背景下，产生了对绿色产业投资基金的强烈需求。绿色产业投资基金对环保产业投资的优势在于：第一，绿色产业投资基金投资期限较长，属于中长期投资，基金存续期一般在10年以上，这就能给环保产业以长期稳定的资金支持。第二，绿色产业投资基金具有较高的抗风险性，不会畏惧环保产业的技术风险和投资风险。第三，绿色产业投资基金关注的是企业的未来收益，使环保产业获得资金支持的可能性大增。其实，如果风险的分析立足于企业现状，那么环保产业肯定是高风险的，但如果风险的分析立足于未来收益，那么环保产业的风险就大大降低，因为环保行业属于公共服务的提供者，企业运营一般都需要获得政府的特殊许可，伴随着这种特殊许可的是长期的合同，比如污水处理厂，一般在建设之时，就获得了政府至少 10 年以上的合同，政府合同的承诺，使项目未来收益十分稳定。目前我国银行的风险分析主要立足于抵押担保、财务报表、信用评分等角度，显然都是立足于现状，而产业投资基金的运作特点就是发现有潜力的企业并培育它，在它上市后退出，所以其分析一定是立足于企业未来的收益和发展前景，这就给环保企业创造了更多的机会。

中国的第一只环保产业基金是 2009 年中国通用技术集团成立的环境产业基金，主要投资于水务、固废处理、可再生能源和节能减排等领域。

（四）绿色产业投资基金的筹集方式

按照组织形式分，绿色产业投资基金的筹资方式分为公司型基金和契约型基金。

1. 公司型基金和契约型基金的特点

（1）公司型基金（Corporate Fund）

依《公司法》成立通过发行基金股份将集中起来的资金投资于各种有价证券的基金。公司型投资基金在组织形式上与股份有限公司类似。基金公司资产为投资者股东所有，由股东选举董事会，由董事会选聘基金管理公司。基金管理公司负责管理基金业务。基金的设立要在工商管理部门和证券监管部门注册，同时还要在股票发行和交易的所在地登记。

公司型基金的组织结构主要有以下几个方面的当事人：基金股东、基金公司、基金管理人（Fund Manager）或投资顾问（Investment Adviser）、基金转换代理人（Transfer Adviser）、基金主承销商（Principal Underwriter）。基金股东指基金股票的持有者。基金公司就是基金本身，按照股份公司组织形式建立，基金公司可分为封闭型基金公司和开放型基金公司两种。封闭型基金公司是指公司发行的股份数量是固定的，以后不再追加资本，因此也称为固定股份基金公司。开放型基金公司是指公司只发行一种普通股票，发行数量不固定，发行之后可以根据投资者需求随时增发基金股份，因此也称为不固定基金股份公司或追加型基金公司。

实际管理和经营基金资产的是一个独立的基金管理公司，即基金管理人。基金管理人所负职责和所得报酬由基金公司和基金管理公司签订的顾问协议（Advisory Contract）规定。其主要职责包括：有价证券的研究分析、制定投资组合和从事日常的基金管理。基金保管人一般是银行，它的主要职责是保管基金资产及股息核算等。保管人也要同投资公司签订保管契约并收取保管费。转换代理人通常也由银行或其他金融机构承担，由其负责基金股票的转移以及股利分配等。基金承销商负责股票发售的具体工作。基金承销商是管理公司的代理机构，负责按净资产价值加佣金卖给证券交易商或其他人，再由他们负责卖给投资者。

（2）契约型基金（Contract Fund）

契约型基金是指依据信托契约（Trust Deed or Trust Agreement of Indenture），通过发行受益凭证而组建的投资基金。这类基金一般由管理公司、保管公司及投资者三方当事人订立信托契约。基金管理公司是基金的发起人，通过发行受益凭证将资金筹集起来组成信托财产，并依据信托契约进行投资。基金保管公司一般也由银行担任，它依据信托契约负责保管信托财产，具体办理证券、现金管理以及有关的代理业务等。投资者即受益凭证的持有人，通过购买受益凭证投资于基金，并根据其购买份额分享投资收益。基金的受益凭证是一种有价证券和基金的财产权证明。

契约型基金按设立方式可划分为现金型和垫付型两种：一是现金型基金（Cash Fund）。这是指基金最初设立时，投资者用现金购买受益凭证。待全部发行完毕后，资金全部资本总额也就全部获得，然后基金管理公司再将基金资产交由基金保管公司保管，并进行证券投资。二是垫付型基金（Appropriation Fund）。垫付型基金在最初发行时先由基金管理公司垫付基金的资本总额用于购买各种有价证券，交由基金保管公司保管，再通过发行受益凭证筹集资金归还发起人。

2. 公司型基金和契约型基金的比较

（1）法律依据不同

公司型基金依据《公司法》成立，因此基金公司具有法人资格。公司型基金除了两个当事人，即基金公司及其股东外，其他方面的当事人之间的权利与义务关系与契约型基金一样。基金公司及其股东的权利与义务以及基金的运作必须遵守《公司法》和公司章程的要求。基金公司如果本身不是管理公司，则基金公司与基金管理公司之间也需要通过委托管理契约来进行规范。契约型基金根据《信托法》组建。基金本身不具有法人资格，契约型基金有四个当事人，即委托人、受托人、代理人和受益人。他们之间的权利与义务以及基金的运作遵守《信托法》的规定。

（2）依据的章程契约不同

公司型基金经营信托财产凭借的是公司章程委托管理契约和委托保管契约等文件，而契约型基金则凭借信托契约来经营信托财产。

（3）发行的凭证不同

公司型基金组织公司的信托财产是通过发行普通股票筹集起来的，既是一种所有权凭证，又是一种信托关系。而契约型基金反映的仅仅是一种信托关系。

（4）投资者的地位不同

公司型基金的投资者即公司的股东，他们有权对公司的重大决策进行审批，发表自己的意见，并以股息形式获取投资收益。契约型基金的投资者是信托契约的当事人，通过购买受益凭证获取投资收益，对基金如何运用所做的重要投资决策通常不具有发言权。由此可见，公司型基金的投资者比契约型基金的投资者的权利要大一些。

（5）融资渠道不同

公司型基金由于具有法人资格。因此可以向银行借贷，这比较有利于公司扩大资产规模，公司发展有雄厚的资本做保证。契约型基金因不具有法人资格，一般不通过银行借款来扩大基金规模。

（6）运作方式不同

公司型基金募集资金在发售证券方面有很多优势。可以迅速将股票销售完毕。这当然要对经销商和承销商支付一定的费用。投资者办理股票移交手续后即成为股东。对于契约型基金而言，投资者只要向基金管理公司购买受益凭证，即成为该基金的受益人。在基金营运中，公司型基金同一般股份公司一样，除非根据《公司法》到了破产清算阶段。一般情况下基金公司具有永久性。这样有利于公司经营稳定。从宏观经济角度来看，基金公司不随意成立和终止，这有利于一个国家证券市场的稳定和国民经济的平衡发展。由于契约型基金依据信托契约建立和运作。随着信托契约期满基金运营也就终止，这样不利于基金的长期经营。

3. 我国发展契约型基金和公司型基金的可行性

就基金组织形态而言，契约型基金和公司型基金本身并无优劣之分，关键是看何者更适应基金发展的具体情况。目前，中国的产业资本大多采用事业制机构，这可以认为是计划经济向市场经济转轨过程中的产物，与社会主义市场经济基本上是不相容的。随着产业投资基金运作中市场成分的加大，它必将逐步萎缩退出历史舞台。对契约型基金和公司型基金而言，在房地产产业投资基金的起步阶段应采用契约型基金，其对公司型基金的比较优势如下。

（1）契约型基金的最大特点是设立、运作、解散方便

公司型基金是依据《公司法》成立的，具有法人资格。其设立必须严格依据《公司法》的规定，组建程序比较复杂，募集资金、发售证券一般要委托承销商或经销商办理，投资者办理移交手续后成为公司股东。契约型基金因不具有法人资格而在设立、运作、解散方面都比较灵活。投资者无须组成一个法人实体，只要投资者想投资，向基金管理公司买入受益凭证后，即成为该基金的受益人。

（2）契约型基金能更好地保护好投资者利益

契约型基金受益人的关系比公司型基金更为松散。信托财产的独立性，能更好地保护投资人的利益，尤其是能使持有不同份额的基金持有人享有同等权利，而且契约型基金因不具备法人资格，一般不通过向银行借贷来扩大基金规模，风险可控制在可预见的范围内。公司型基金由于具有法人资格，因此可以向银行借款，但风险有可能被放大。由于绿色产业投资基金在中国还是一个新兴的市场，规范和保护投资者利益是最重要的，比较适合契约型基金。

（3）目前中国还缺少有实力的机构投资者和普通合伙人，使公司型基金尤其是有限合伙型基金难以找到必须的发起人

作为扶持产业发展的长期投资工具，产业投资基金必须具有相当的规模才能发挥其运筹帷幄的调度功能，过小的规模将影响房地产投资基金功能的发挥。假设公司型产业投资基金的规模设定为 40 亿元人民币，为了达到绝对控股的地位，即拥有基金公司 51% 的股权，基金公司第一大股东的投资额至少要达到 20 亿元。若基金公司股权较为分散拥有其 25% 的股权也能成为基金公司的第一大股东，则第一大股东的出资额在 10 亿元，但其控制地位不如前者牢靠。公司型基金可以如股份公司一般还要配售股份此时作为第一大股东必须继续出资，才能保证其控股地位。对有限合伙公司而言，如果基金的规模为 1 亿元，普通合伙人按照惯例也必须出资 100 万元，这对大多数可能成为普通合伙人的人来说都是一个不小的阻力，更何况要找到 6 ~ 20 名志同道合、相互信任的合伙人也是一件难度极大的事情。

（4）契约型基金有利于中方对基金的控制

对于中外合资基金，为了体现其吸引外资的功能，中方的出资比例通常只占小部分。如果采用公司型基金显然会将产业投资基金的控制权旁落他人，这样的筹资成本和筹资风险都过高。如果采用契约型基金的组建方式，则可能通过中方控制基金管理公司的股权而实际控制基金的运作，使得了绿色产业投资基金真正为中国的环保产业发展作出贡献。从这一点来看，目前绿色产业投资基金也倾向于采用契约型的组织方式。

当然，随着产业投资基金业的发展，产业投资基金的组织形式也会逐渐变得丰富。公司型基金尤其是有限合伙公司型基金将可能成为主导性的绿色产业投资基金组织形态。

（五）绿色产业投资基金的运作模式

1. 我国现有产业投资基金的模式案例分析

（1）中科招商模式——投资公司转化型

中科招商率先在国内采用基金管理模式，从事创业投资和产业投资，

实现了一家管理公司管理多家投资公司（基金）的运作模式，从而形成有效的资本放大。中科招商首先由中科院、招商局蛇口工业区、21 世纪科技投资有限公司等机构发起设立基金管理公司——中科招商创业投资管理有限公司，然后由管理公司联合其他企业集团和机构发起设立产业基金。这些产业基金以投资公司的形式存在。目前，中科招商已经成功发起并管理了三只产业基金：综合产业基金、教育产业基金和交通产业基金，这三只基金分别对应于三个投资公司，即中科招商创业投资有限公司、中科天地软件人才教育有限公司和中科招商交通产业创业投资管理有限公司。基金的资金来源包括境内和境外机构。管理公司不仅是这些基金公司投资者之一，也是基金公司的管理人。中科招商模式的特点是，先成立基金管理公司，管理公司再发起并管理各个投资公司，投资公司是众多基金中的一只。

（2）联想投资模式——投资公司转化型

联想投资是联想控股旗下独立于联想集团、神州数码之外独立运作的风险投资公司（基金），成立于 2001 年 4 月，管理着由联想控股 100%出资的首期基金 3 500 万美元。在首期基金的运作中，联想投资既是基金公司又是基金的管理公司。实际上，在首期基金的运作中，联想投资并不具备基金运作完全特征，因为它没有达到资金放大的效应。但第二期基金则达到了资金放大的效果。2003 年 10 月底，联想投资完成第一次二期基金的募集，为 6 000 万 ~ 7 000 万美元，主要来自联想控股和美国、日本外资基金，其中联想控股占 50%以上。由于有几家海外的基金表示感兴趣，因此二期基金募集规模达到 1 亿美元。另外，二期资金注入后，联想投资将会单独成立基金管理公司，管理所募基金。而首期募集的基金将融入到基金管理公司中去。因此，一期基金更类似于对基金管理公司的股权投资，二期所募基金才真正具有基金的含义。

与中科招商模式相同，联想投资基金也是以投资公司的形式存在。但与中科招商模式不同的是，联想投资是先有投资公司（基金），再有管理公司的。从理论上来说，这种模式并没有效率。因为投资公司控制管理公司，投资公司管理管理公司，管理公司只相当于投资公司的一个下属部门。归根结底，一切权益仍在投资公司，这样的管理公司就失去了存在的意义。但众多由投资公司转化为基金的机构，都必须经历这一过程。像中科招商那样，一开始就成立管理公司的机构毕竟是少数，因为具备丰富项目投资经验的投资公司是吸引基金的有利条件，而具备投资经验的大部分是已经运作成熟的投资公司。因此，类似联想投资模式的产业基金要想更具效率，就必须在投资公司成立基金管理公司后，尽快将管理公司从投资公司（基金）中彻底分离出来。管理公司注重项目选择和投资管理的职能，基金公司则注重资金管理、资本运作和投资监督的职能。

（3）精瑞基金模式——境外募集、境内管理型

精瑞基金属于公司型投资基金，注册地在中国香港，基金规模为1亿美元，全部在海外募集，基金性质为离岸基金。精瑞基金采用封闭的私募形式募集资金，在2004年7月完成招募。精瑞基金的雏形是在2002年11月召开的"住宅产业商会的年会"上提出的，其目的是利用新的金融手段整合产业链上的资源。随后，中华全国工商联住宅产业商会、住宅产业商会香港分会、万盟投资管理公司三家组成了"中国住宅产业精瑞基金筹备小组"。它们最初计划在"产业基金法"出台后正式发行募集，但从有关部门获知"产业基金法"出台日期尚未确定，要使募集资金"合法化"，只有在境外注册基金。于是，筹备组在香港注册中国住宅产业精瑞基金管理公司，同时在内地成立了北京精瑞联合住宅产业投资公司。精瑞基金管理公司在内地投资的住宅产业项目，以契约形式全权委托北京精瑞联合住宅产业投资公司管理。事实上，基金管理公司和精瑞投资公司是"两块牌子，一套人马"。双方共同组建唯一的投资决策委员会和风险管理委员会，审核监控精瑞投资公司的任何基金运营管理行为。

从以上模式中可以看出，北京精瑞联合住宅产业投资公司实际上就是一个为了规避国内法律制约而成立的虚拟产业基金管理公司，它兼具基金管理和融资主体两大功能。从基金管理公司的角度来看，它是香港中国住宅产业基金管理公司在中国内地的代表，受托管理境外募集的基金。从融资主体来看，它是中国内地注册的法人实体，可以进行各种符

合《公司法》的各种股权和债券融资，而在香港的机构则是基金的主体。

（4）中比基金模式——官办民营型

中比基金是一家中外合作创业投资基金。其设立的背景是比利时一家机构在转让上海贝尔公司股票后，希望在中国境内寻找再投资机会；而海通证券股份有限公司也一直在寻找合作伙伴，开拓创业投资基金业务。双方经商议后，便有了合作设立中比基金的设想，并且这种设想也是对中国和比利时两国政府合作项目的支持。合作双方最初希望能够得到原外贸部的支持，但原外贸部强调必须以"创业投资企业"的形式设立，这使得合作双方拟以财政出资的愿望难以实现，因为一旦财政部直接出资，将会把政府部门推到经济合作的前台，不仅让政府部门面临巨大的风险，而且不符合创业投资企业这种新型投资主体应当实行政企分开的原则。因此，中比基金转而投向原国家计委，原国家计委一直坚持产业基金立法的思路，在它的支持下，中比基金很快获得了筹建批文。最后，中比基金的设立模式是：注册资本 1 亿欧元，其中，中国政府（财政部出资）、比利时政府、海通证券、富通基金以 3∶3∶2∶2 的比例出资。而管理则由海通证券和富通基金共同承担。

中比基金的主要特点就是政府在基金中的地位。按照有关规定，证券公司是不能投资于实业的，虽然在具体项目运作时，券商可以发挥其业务和研发优势，参与并购或者财务顾问工作，但要发起设立产业基金公司，在政策上会有较大的障碍。因此，中比基金属于个案。这充分体现了政府参与的力量。中比基金实际上是官办民营的性质。

（5）中瑞基金模式——合资基金、合资管理型

中瑞创业投资基金管理有限公司由国家开发银行和瑞士联邦对外经济事务秘书处共同出资，于 2003 年 3 月 19 日在北京开业，注册资本为人民币 1 000 万元，瑞士联邦对外经济事务秘书处持有 33% 的股份，国家开发银行持有 67% 的股份。其主要业务就是管理中瑞合作基金。中瑞合作基金首期注册资本 3 125 万瑞士法郎，国家开发银行出资 20%，瑞士联邦对外经济事务办公司出资 80%。

中瑞基金的特点是，无论在资金募集还是管理上它都是合资形式。

由于其合资性质，要考虑资本收益跨国流动的管制问题，中瑞基金被定性为永久性周转基金，也就是说，中瑞合作基金所取得的收益将投资到该基金中。另外，由于合作双方都是政策性的机构，中瑞基金还有官办官营的性质。

（6）沪光基金模式——境外募集、境外管理型

沪光基金是最早成立的投资于中国产业的基金之一。早在 1993 年，上海国际信托投资公司就与香港光华国际有限公司、日本 ATS 株式会社共同发起成立香港沪光国际投资管理公司。香港沪光国际投资管理公司发起设立上海发展基金（Shanghai Growth Fund），在开曼注册，香港上市，投资者包括上海国际信托投资公司。香港沪光国际投资管理公司管理沪光基金，并在上海投资项目。2000 年，上海国际集团有限公司成立，通过上海国际信托投资公司持股香港沪光国际投资管理公司，成为香港沪光国际投资管理公司的股东。从沪光基金的模式可以看出，它的情况比较特殊，是境外募集基金、境外管理的模式。在境内的机构只有代表处的形式。

2. 比较与分析

除了组织结构以外，以上各只产业基金的设立模式在许多细节上也值得注意，如募集方式和基金类型以及各自的股权激励方式等。此外，由于在我国设立产业基金的限制非常多，各只基金的模式也有许多共同的特点。这些特点为以后需要设立产业基金的机构提供了参考。总结起来有以下几个方面：一是多为创业投资机构，且以境外募集居多。二是在境内都采取投资公司的形式。在境内都采用投资公司的形式是保证产业投资机构能在"产业投资基金管理办法"出台之前，提前开始按基金方式运作产业投资的必要手段。这无疑是规避法律的权宜之举。一旦"产业投资基金管理办法"出台，积累了一定基金运作经验的投资公司就可以领跑于其他产业投资机构。三是部分能够实现股权激励的效果。在股权结构设计上，中科招商采取个人股东和机构股东相结合的模式。公司机构股东占76%，个人股东占24%。而联想投资管理公司则设计了准合伙人制度。其中联想控股占股30%，联想投资管理公司的管理层则占

股70%。在投资收益的分享上，80%归基金所有，20%归管理公司所有。管理公司的核心专业人员虽然不出钱，但也参与收益的分享。四是基本实现管理机构和基金机构分离的理念。只有基金机构与管理机构相分离，才真正具有投资基金的性质，这也是基金与其他投资工具相区别的地方之一。五是私募为主。除沪光基金在香港上市，是公募基金外，以上介绍的其他基金都是私募形式。私募表明了中国现有的产业基金还缺乏体制性的融资渠道和投资者退出渠道。在香港发达资本市场条件下，既有投资公司上市又有基金单位上市规则，也就是说任何形式的组织形式只要符合上市规则，都可以在资本市场上募资并交易。这是中国内地资本市场还不可比拟的。另外，私募形式比较适合产业投资的风险特点。产业投资的周期长，风险较大，如果采用公募形式，一旦失败造成的市场影响较大。六是政府参与的情况较多。发达国家的经验表明，政府的资金和政策支持对于产业资本市场的发育和发展起着重要的作用。以上的案例中，只有中科招商和联想投资没有依靠政府独立进行运作。而由政府主导的基金有中比基金、中瑞合作基金，准政府组织参与的有精瑞基金，但都基本做到了基金和管理职能分开。基金公司主要负责投资方向和基金运作状况的监控，管理公司则负责项目的评价、选择、管理直至退出。

3. 我国设立绿色产业投资基金及其管理机构的模式选择

通过以上分析，我们可以判断，在现有的法律框架内，设立绿色产业投资基金及其管理机构，需要面临两个方面的选择。

（1）境内募集还是境外募集的选择

已有的产业基金在境内的基金机构都是采用投资公司的形式。前文中已经分析过，投资公司只能以自有资本金对外投资，且有50%的比例限制，缺乏放大投资的效果，因此，境外募集基金委托境内机构管理是最好的解决方案。但是，并不是每个机构都有境外募资的能力，并且目前存在的境外中国产业投资基金和中外合资基金及其管理机构，都是外资找上门来，或由相关部门撮合而成。在境外募资无门的情况下，采取投资公司的组织形式，先行按照基金的构架运行，未尝不是可取的方式。

中科招商的模式就非常有代表性。虽然基金以投资公司的形式存在，但管理公司通过发起多只基金的形式达到了资本放大的效果，这种思路很具创新性，也为以后正式转变为产业基金提供了良好的平台。具体来说，在转变时，基金管理公司的职能不变，而管理的各投资公司都可以以扩募的方式再融资金，原有投资公司的股东将按比例成为基金单位的持有人，从而形成更广泛的基金持有人群体，真正转变为产业投资基金。因此，是选择境内募集还是境外募集，要根据发起机构的具体情况而定。如果境外资金渠道通畅，在境外募集能够避免很多法律障碍，并且能按标准的基金模式操作，但境外募集的成本相对较高。如果境外渠道狭窄，则可以考虑采取中科招商或联想投资的模式，先以投资公司的形式运作，以方便一旦政策障碍扫除能很快地转变为本土的产业投资基金。

（2）新设基金管理公司与原有投资公司改制的选择

中科招商模式之所以能够成功运作，一个重要的原因就是它先设立了基金管理公司，然后由管理公司发起设立各只基金。管理公司的资本金并不承担投资具体项目的任务，而是发起设立投资公司（基金），并受托运作投资公司（基金）资金投资于项目。这种模式最大的优点就在于管理公司和基金公司的责权明晰、关系顺畅。但在中国，想构建产业投资基金的多数为大型企业集团的投资机构和控股的投资公司，在投资资金不足的时候有意转变为基金管理机构，通过运作基金资金继续扩大投资规模。它们已经在产业投资市场运作了很多年，也积累了很多的产业资产经验，而不像中科招商那样，在成立之初是白纸一张。这样，这些投资公司要转变为产业基金管理公司就面临着怎样处置原有资产的问题。以下有三个方案可以解决这个问题：

① 新设基金管理公司。投资公司新建立基金管理公司，然后由基金管理公司发起设立新基金。这个方案不存在原有资产处置问题，因为原有资产都属于原有的投资公司。不过这个方案对资本金的要求比较高。原有投资公司不仅必须保证成立基金管理公司所需的资本金，而且还要保证足够基金管理公司发起设立基金所需的资金。另外，原有投资公司就只是基金管理公司的控股公司，并没有达到转化为基金管理公司的效

果。当然，这一方案也能满足一些独立的投资公司的需要。

② 整体转型。整体转型方案要求投资公司本身变为基金管理公司，而由其母公司收购其原有资产，在基金公司发起设立基金之后，利用基金资金从母公司手中购回项目资产。这一方案有利于那些投资公司原有资产优良，基金投资者乐于接受，并且由母公司给予支持的投资公司改制成基金管理公司。该方案实际上是将投资公司原有资产整体变为基金资产，但必须满足原有资产概念清晰、投资产业集中的条件，否则募集基金比较困难。该方案可以分为四个步骤进行：一是原有投资公司转制为基金管理公司。二是原有投资公司的母公司在步骤一实施的同时，收购原有投资公司的资产。三是基金管理公司发起设立基金，并受托管理。四是新设的基金管理公司回购母公司在步骤二中收购的资产。

③ 构建分支基金。如果原有投资公司的资产比较分散，那么可以通过整合相关资产构成专业投资基金的形式来运作。可以借鉴中科招商的现有框架。该方案的具体步骤包括：一是将原有资产分类整合。二是联合其他投资者，依据以上分类，成立不同概念的公司，由投资公司控股。各公司相当于一只基金。三是在成立公司的同时达到增资扩股的目的，相当于基金的扩募。四是原有投资公司变为投资管理公司，还可以发起设立新基金。新基金可以参股以上各公司。以上方案只是一种构想和对实际情况的简化，实际操作当然复杂得多，要根据企业的具体情况进行具体分析，具体设计。其中的规律也有待进一步研究。简单地将投资项目与以上列举的产业投资基金模式对接，当然是不合理的。我们还必须考虑到资本市场的创新性，以及不同的资源整合过程中带来的新的因素、新的思路和新的操作方法。

（六）绿色产业投资基金的退出机制

产业投资基金一旦投资下去成为创业资本，就要考虑退出问题。任何投资的根本目的和动机，都是为了获得高额投资回报。没有高额投资回报的吸引和诱惑，创业资本市场就无从发展。无论是以何种形式成立的创业资本，它在持有创业企业股权到一定时间后，就要考虑退出创业企业，收回投资。作为创业资本主导型式的产业投资公司，其一般合伙人要在合伙契约中承诺在一定的时间内以一定的方式结束对创业企业的投资与管理，收回现金或有流动性的证券，给有限合伙人及投资者带来丰厚的利润。因此，从一开始产业投资家就必须构思一个清晰的退出路线，以使资金安全地退出，完成整个创业投资预期计划。产业投资基金通过退出机制从所投资的企业抽回增值的资金，以实现基金资产的流动和资本的增值，这是产业投资基金运转的关键环节，否则基金资本流动呆滞，在此投资会受到影响。

在一个资本市场较发达的国家，产业基金投资的退出方式是很多的。如在美国，在公开市场退出的途径中，有纽约交易所、美国交易所的上市退出，纳斯达克小公司市场的挂牌退出等；同样，还可以通过其他公司或"第二"基金的私下收购退出。中国绿色产业投资基金退出应该根据具体国情，参照国外的运作经验，大致可以选择以下六种方式。

1. 公开上市

股份上市是创业资本的主要退出方式，也是产业投资家最理想的一种退出方式。一般而言，创业企业第一次向公众发行股票，成为首次公开发行股票（IPO）。在美国，首次公开发行股票是产业资本最常用的退出方式之一，大约有30%的创业资本的退出采用这个方式。

根据威廉姆·拜格里夫和迪蒙斯对1979年至1998年美国首次公开发行的股票市场统计研究，通过首次公开发行股票方式退出的产业资本收入总回报为：第一投资期为22.5倍，第二投资期为10倍，第三投资期为3.7倍。

对于创业资本，首次公开发行股票通常是最佳的退出方式。股票公开上市的优点显而易见的：一是股票公开发行是金融市场对于该公司生产业绩的一种确认，表明证券市场开始接纳它作为新生力量。二是这种方式保持了公司的独立性，容易受到公司管理层的欢迎。创业家可以借上市出让自己的一部分股权。对于大多数创业家而言，出售少量股份的好处在于可以得到资本收益，并投资于其他领域。将自己的投资收益投向其他领域，可以使自己在公司出现意想不到的情况时，仍有保命钱，没有后顾之忧。三是由于上市股票的流动性高，在证券市场上是有可能让卖家赚更多的钱。四是公司获得持续筹资的渠道。只要公司业绩优良，通过配股和增发股票，再次融资也比较方便。五是上市公司在客户供应商和信贷机构中信誉较好，比较容易找到管理人才，并可用期权鼓励他们努力工作。

股票上市也有弊端：如上市公司需要定期披露大量内幕情况；必须严格遵守法律规定的报告要求，特别是证券监管部门的要求，而且必须向股东提供规定的信息。公司因此要在报告、审计工作上花更多的时间和费用，同时内幕交易也难以运作。再者是股民的持有或抛售对公司股价影响非常大。一旦业绩下滑，持股者会大量抛售公司股票，加速股价下跌；上市过程本身是非常耗费时间和金钱的。上市的很多前期费用，如律师费、会计费、审计费等中介机构费用非常高。

在我国目前情况下，实现 IPO 还有很多难点。但是可以有很多变通方式，如与大公司并做一起，到海外上市。目前，越来越多的中国企业选择在香港、东京、纽约上市。这是国内实现产业资本退出的又一渠道。

2. 公司或创业家本人赎买

由于通过股份上市的方法需要的周期比较长，再加上产业资本在首次公开发行股票之后需一段时间才能完全退出，因而一些产业资本家不愿意接受首次公开发行股票的退出方式，而采取其他退出方式。

出售股份式产业投资公司或创业家本人赎买是一种比较重要的退出方式。按照回购主体分为管理层回购和员工持股计划。管理层回购（MBO）即目标公司的管理者或经理利用借贷所融资本购买公司的股份，从而改变本公司所有者结构、控制权结构和资产结构，进而达到重组本公司目的并获得预期收益的一种收购行为。北京四通集团的案例就是MBO 在国内运作的典型案例。员工持股计划（ESOP）指由企业内部员工出资认购本公司部分或全部股权，委托员工持股会（或委托第三者，一般为金融机构托管）作为社团法人托管运作，集中管理，员工持股管理委员会（或理事会）作为社团法人进入董事会参与按股分红的一种新型股权形式。

3. 公司变卖给另一家公司

这就是所谓的卖"青苗"方式，即将创业企业出售给行业内的大公司或其他有实力大旗团继续"孵化"。中国目前有 1 000 多家上市公司和数以万计的大型企业集团，它们拥有顺畅的资金筹集渠道，大量的货币资金，而且许多上市公司原来都处于传统产业，继续通过新项目进入新的产业，因此，上市公司是创业企业最好的战略投资者之一。这种与已上市的公司合作，作为该公司的配股资金的运用对象，利用上市公司进行资产重组和买壳的方式，会形成对创业企业、上市公司甚至证券投资者双方或三方都有利的"多赢"局面。

将公司变卖给另一家公司时，企业家和产业投资家可以通过六种方式实现。一是卖股换现金，最简单的方法是把公司的股权卖给别人以换取现金，可以获得资本增值的好处。二是卖股换票据，买主也可以用票据支付的形式支付，但是搞不好，这些票据只是废纸一张，一文不值。但使用票据支付是司空见惯的，因为对卖方也有好处，可以通过推迟付款而得到减税的优惠。为了避免不好的票据，一个简单的方法是将公司的资产作为票据的担保。三是以股换股，有时候创业家用自己手中的股票换取某大公司的股票。大公司的上市股流通性好，可以随时变现。四是卖资产换现金，此法是将公司所有财产变卖成现金，而买方则获取营运资产并承担营运债务，但考虑到税收成本，此方法是非常昂贵的方式。五是卖资产换票据，由于没有现金支付从创业家那里购买资产，而选择以所收购的资产来担保的票据作为支付方式。六是卖资产换股票，如果付款方式是注册的股票（甚至是限制流通的股票），创业家就可以很容易地将其公司卖给大公司，以换取它的股票。

4. 产权交易市场退出

产权交易市场退出分为两种情况：一是协议转让。协议转让是产权交易的方式之一，其核心是创业资本通过买卖创业企业资产或股份的形式退出，包括公司整体转让、部分股权转让和部分资产出售。公司整体转让是最彻底的一种方式，意味着产业投资人和产业投资家对公司所有权的放弃。虽然这种方式可以使投资人全身而退，但是会将公司管理层和企业家所拥有的资产和技术一起转让，不可能保持公司独立性和经营战略上的延续性，公司管理层也面临人事变动；另外，整体转让会让人产生公司经营不景气、没有前途的感觉，使买方加大压价筹码。所以，除非万不得已，他们不愿意这样做。在创业投资企业进入成长期或成熟期时，产业投资家将部分股权转让给一般的公司或另一家产业投资公司。后者叫"第二期转让或收购"，这是一种较为常见的交易方式。部分资产出售是产业企业转让自己的一部分资产，以此来获取现金或票据，用于支付产业投资的本金和相应的收益。这种情况一般是公司管理层既缺少相应的支付手段，同时又不愿意其他公司介入的情况下，采用的一种权宜之计。

二是清算退出。清算退出是创业投资一种无可奈何的选择。由于创业投资的高风险性，相当大部分的不成功的创业投资（约占70%）必须要经历一个痛苦的退出过程。产业投资的巨大风险反映在高比例的投资失败上。越是处于早期阶段的产业投资，失败的比例越高。因此，对于产业投资家来说，一旦确认创业企业失去了发展的可能或者经营困难，达不到预期的高回报，就要果断地清理公司予以退出，将能收回的资金用于下一个投资循环。根据研究，清算方式退出的投资大概占产业投资基金总投资的32%。许多产业投资家都是通过这一方法与公司分道扬镳的。如果公司业绩不好，把公司清理了并变卖其所有有价值的资产，比找一个买家容易得多。

5. 买壳上市或借壳上市

创业企业通过先收购某一上市公司一定数量的股权，取得对其实质意义上的控制权后，再将自己资产通过反向收购的方式注入到上市公司内，实现间接上市，然后创业投资基金再通过市场逐步退出。高新技术企业除了把上市公司作为收购方或出资方向其转让股权外，也常将其作为借壳上市的对象，比如"北大方正"入主"延中实业""科利华"控股"阿城钢铁"等。采取的方法主要有：第一，直接从二级市场收购上市公司。第二，协议收购上市公司大股东手中的国家股、法人股。例如，新疆德隆公司以这种方式先后控股了"沈阳合金"和"湘火炬"，沈阳宏元实业投资公司以这种方式控股了"庆云发展"。以这种方式借壳上市，为了降低成本，常采用收购方、股权转让方、上市公司三方交叉交易，使得动用的资金数额较少，收购方有能力完成收购行为。第三，由投资机构控股上市公司，然后通过关联交易将投资项目转让给上市公司。

6. 较长时期内持有创业企业的股份

较长时期内持有创业企业的股份是一条有中国特色的产业投资基金退出渠道。由于中国经济增长速度在一个较长时期内仍将处于世界前列，因此，只要看准项目，即使持有股份不动，基金也仍然能保证从所投资企业分享经济的高速增长所带来的回报，当然，采用这一退出方式的条件是创业投资公司或股东方有实力，完全有能力长期持有创业企业的股份。

以上是我国目前可采用的绿色产业投资基金退出创业企业的方式。随着中国绿色产业投资基金的发展，以后还会创造出一些新的退出方式，但不管以何种方式退出，在整个运作过程中产业投资家和创业家是一种控制与合作的博弈关系，双方最重要的是合作。一旦产业投资家失去了对创业家的信任，也就不会与创业家好好合作，那么创业家也就很难达到他预想的结果。正如俗话所说的，"条条大路通罗马"，千万不能往只顾自己一方利益的牛角尖里钻。只有好聚好散，才是一个双赢的结局；不欢而散，必然两败俱伤。高新技术企业除了把上市公司作为收购方或出资方向其转让股权外，也常将其作为借壳上市的对象。

（七）我国绿色产业投资基金的实践

1. 绿色产业投资基金相关政策沿革

我国从 2010 年开始大力推行绿色基金的建立，出台了多个鼓励政策，尤其是对绿色产业投资基金的推动。绿色产业投资基金至此进入快速发展阶段。

2010 年国务院先后发布了多个明确支持绿色产业投资基金发展的文件，2010 年 4 月发布了《关于支持循环经济发展的投融资政策措施意见》，其中第四部分第二点明确鼓励绿色股权投资基金的发展："发挥股权投资基金和创业投资企业的资本支持作用。鼓励依法设立的产业投资基金（股权投资基金）投资于资源循环利用企业和项目，鼓励社会资金通过参股或债权等多种方式投资资源循环利用产业。加快实施新兴产业创投计划，发挥各级政策性创业投资引导基金的杠杆作用，引导社会资金设立主要投资于资源循环利用企业和项目的创业投资企业，扶持循环经济创业企业快速发展，推动循环经济相关技术产业化。"

2010年10月发布的《国务院关于加快培育和发展战略性新兴产业的决定》明确表示要"大力发展创业投资和股权投资基金。建立和完善促进创业投资和股权投资行业健康发展的配套政策体系与监管体系。在风险可控的范围内为保险公司、社保基金、企业年金管理机构和其他机构投资者参与新兴产业创业投资和股权投资基金创造条件。发挥政府新兴产业创业投资资金的引导作用，扩大政府新兴产业创业投资规模，充分运用市场机制，带动社会资金投向战略性新兴产业中处于创业早中期阶段的创新型企业。鼓励民间资本投资战略性新兴产业"。而其中提到的战略性新兴产业有节能环保产业、新能源产业、新能源汽车产业等绿色产业。

2011年10月发布的《国务院关于加强环境保护重点工作的意见》中明确指出"大力发展环保产业。加大政策扶持力度，扩大环保产业市场需求。鼓励多渠道建立环保产业发展基金，拓宽环保产业发展融资渠道"。

2012年6月16日，国家发改委公布了《"十二五"节能环保产业发展规划》，该规划提出要拓宽投融资渠道："研究设立节能环保产业投资基金。推动落实支持循环经济发展的投融资政策措施。鼓励和引导民间投资和外资进入节能环保产业领域，支持民间资本进入污水、垃圾处理等市政公用事业建设。"

2. 我国绿色产业投资基金的实践

（1）华禹水务产业投资基金

2008年4月，国内首个特大型国资背景的华禹水务产业投资基金成立，由中科院控股的中国科技产业投资管理公司联合国家开发银行、全国社保基金理事会、中国邮政储蓄银行、德国柏林水务国际股份有限公司及上海天盈投资发展有限公司等共同组建，主要投资方向为西安和成都的水务项目，首期规模号称达到300亿元。

在2010年2月，华禹水务产业投资基金管理有限责任公司第一次发起人会议暨筹备会议举行，确定了中国节能投资公司（后被整合为中国节能环保集团）出资占基金公司注册资本的比例。至此，华禹基金成为由中央政府直接出资成立，国资委监管的唯一一家主业为节能减排、环境保护的中央企业，日水处理能力达500万吨，年污水处理量近20亿吨，此时其管理的水务基金规模首期约为60亿元。

（2）建银环保基金

建银城投（上海）绿色环保股权投资有限公司（简称建银环保基金）是由建银国际与上海市政府共同成立的环保基金，首期募集资金18亿元已于2010年7月底到位。该基金长远目标规模为200亿元，由建银国际联合上海城市投资开发总公司共同设立。首期募集资金中，上海城投出资6亿元。

（3）鄱阳湖产业投资基金

江西省政府与中国工商银行通过产业投资基金的模式，积极探索建立有助于环鄱阳湖生态经济区建设及本地重点产业发展的创新型资金支持体系，建立鄱阳湖产业投资基金，以帮助境内外投资者分享以鄱阳湖生态经济区建设为首的中国经济快速发展的财富效应，为基金持有人谋求最大利益。促进产业整合与金融创新相结合，加快建成一批具有较高集聚度、较强辐射力和国际竞争力的产业基地，推动产业升级和经济发展。

基金的主要投资方向是江西省优势产业、鄱阳湖生态经济区建设项目、全国范围内的成长性项目。鄱阳湖产业投资基金为境内人民币基金，基金采取有限合伙制组织形式，按照所有权、管理权和托管权相分离的模式安排管理运营架构，首期基金规模为20亿元；基金的发起人和管理人是江西鄱阳湖产业投资管理有限公司，由中国工商银行全资子公司工银国际投资管理（江西）有限公司与江西省投资集团公司共同投资组建；

大型企业集团、保险公司、投资集团、私募股权投资基金等战略资金加盟，致力于成为支持环鄱阳湖生态经济区建设的创新型资金体系，成为促进产业整合与金融创新相结合，推动产业升级和经济发展的优势战略资本。

基金以工商企业、社保基金、保险公司、投资机构以及高资产净值个人为融资对象，通过开发合作伙伴资源，兼用国内和国际渠道，募集资金，建立战略投资基金。基金以控股、参股、并购和重组等股权投资方式为主，通过企业改制、改善管理模式等方式创造新价值，通过兼并、收购、重组、联合、股份制等方式优化企业产权关系，提供 IPO、再融资等资本运作实务及资源支持。

此外，地方性的绿色产业投资基金的建立也已经取得了一定进展，2012 年 4 月，国内首只专业推动环保产业发展的投资基金——中宸基金在广州成立，基金总规模三年内将达到 500 亿元，其中环保产业规模约 100 亿元，主要用于垃圾发电。同年 5 月，广西首只环保基金中特基金在南宁成立，该基金总体规模三年内将达 300 亿元，重点对垃圾处理、污水处理等领域的企业和项目进行投资。

（八）推动我国绿色产业投资基金发展的举措

1. 政府应加大对绿色产业投资基金的扶持力度

由于绿色产业投资基金的投资对象是环保项目和未上市的环保企业，具有特殊性，政府在绿色产业投资基金的发展中起着关键的作用，其对环保项目的支持力度就成为绿色产业投资基金获得稳定预期收益的重要保证。

2. 政府应推进针对 PPP 模式绿色产业基金的制度建设

环保产业的低收益特性，导致绿色产业投资基金对政府财政投入具有强烈需求。建立公共财政和私人资本合作的 PPP 模式绿色产业投资基金，是推动绿色产业投资基金发展的重要手段，但设立 PPP 模式的绿色产业投资基金，不仅是金融运作，更是制度创新，因为财政资金的使用具有其规范性和厌恶风险性特征，财政资金的投入目的是提高公共福利，而私人资本和市场运作必然以市场盈利为需求，这二者目标如何统一，管理如何规范，如何厘清双方的责权利，都需要清晰的制度规范。

3. 应根据不同的绿色产业投资基金特点合理确定政府定位

根据投资对象，绿色产业投资基金可分为区域复合绿色产业投资基金和单纯产业的绿色产业投资基金。第一类主要投资于区域环境保护，包含很多行业，比如天津生态城建设基金和现在正在试点的流域水环境基金；第二类则投资于某一环保行业，比如土壤修复产业基金。这两类绿色产业基金都需要政府的扶持，但政府财政资金的介入程度是不同的。

一般来说，对于有明显地域性质的绿色产业投资基金，政府会在资金筹集和投向等方面起主导作用。首先，这类基金需要政府更深入的参与，因为这类基金的投向在建立之初就已经明确规定，基金的投资计划往往就是该区域的环境保护规划实施，因此，不可能是完全的市场化运作，需要制度创新，建构政府资本与私人资本之间契约清晰、责任明确、利益共享、风险分担的合作关系。其次，因为该类基金是以区域环境保护为投资对象，区域内存在多种产业链，各种产业链之间通过项目规划设计可以实现互相扶持和风险控制。政府财政是厌恶风险的，这种以区域环境目标为投资对象的基金因为风险更小，也为政府财政更多进入提供了可能。

但对于投资对象为某一单纯环保产业的绿色产业投资基金，财政资金的占比一般不高，政府并不作为主要合伙人进入基金的管理机构，而只是作为有限合伙人。其原因在于，这种基金有较大的投资风险，所以财政资金在其中主要应发挥引导作用。

4. 应加快推进帮助环保企业上市的绿色证券政策

绿色产业投资基金的退出机制主要是通过扶持环保企业上市，但我国目前的绿色证券政策仍主要侧重于信息披露和环保审核要求等限制性政策，对绿色产业的鼓励性政策较少，对处于成长阶段的绿色产业的扶持相对欠缺，这不利于绿色产业投资基金的退出。整个绿色金融政策是互相扶持的，政府应该尽快推出对处于成长阶段的绿色产业上市进行扶持的绿色证券政策，以促进绿色产业投资基金的发展。

第八章　绿色 PPP

一、PPP 的定义及分类

（一）PPP 定义

PPP（Public – Private Partnerships）即公私合作合伙关系，目前对 PPP 还没有一个公认的说法，世界各国对 PPP 的定义有所不同，以下是部分国际机构对 PPP 的定义：一是联合国培训研究院认为 PPP 涵盖了不同社会系统倡导者之间的所有制度化合作方式，目的是解决当地或区域内的某些复杂问题。PPP 包含两层含义，第一层含义是为满足公共产品需要而建立的公共和私人倡导者之间的各种合作关系；第二层含义是为满足公共产品需要，促使公共部门和私人部门建立伙伴关系而进行的大型公共项目的实施。二是欧盟委员会认为 PPP 是指公共部门和私人部门之间的一种合作关系，其目的是提供传统上由公共部门提供的公共项目或服务。三是加拿大 PPP 国家委员会认为 PPP 是公共部门和私人部门之间的一种合作经营关系，它建立在双方各自经验的基础上，通过适当的资源分配、风险分担和利益共享机制，更好地满足事先清晰界定的公共需求。四是美国 PPP 国家委员会认为 PPP 是介于外包和私有化之间并结合了两者特点的一种公共产品提供方式，它充分利用私人资源进行设计、建设、投资、经营和维护公共基础设施，并提供相关服务以满足公共需求。由此可见，PPP 有广义和狭义之分。广义的 PPP 泛指公共部门与私人部门为提供公共产品或服务而建立的各种合作关系，而狭义的 PPP 可以理解为一系列项目开展模式的总称，包含 BOT、TOT、DBFO 等多种模式。狭义的 PPP 更加强调合作过程中的风险分担机制和项目的资金价值原则。PPP 不仅是一种融资工具的创新，更是一种公共服务提供模式和项目管理方式的变革，PPP 模式可以有效提高供给效率和服务质量，对合作方的资金实力、技术与服务、管理能力、融资能力等方面均有很高的要求。

2014 年，我国财政部和发改委出台了相关文件，分别对 PPP 进行了定义。

财政部在《关于推广运用政府和社会资本合作模式有关问题的通知》（财金〔2014〕76 号）中将"政府和社会资本合作模式"（PPP）界定为："政府部门和社会资本在基础设施及公共服务领域建立的一种长期合作关系，通常模式是由社会资本承担设计、建设、运营、维护基础设施的大部分工作，并通过'使用者付费'及必要的'政府付费'获得合理投资回报；政府部门负责基础设施及公共服务价格和质量监管，以保证公共利益最大化。"这一描述将私人资本扩展至社会资本范畴，界定了中国 PPP 模式下政府和社会资本在合作中的职责分工及盈利回报模式。

发改委在《关于开展政府和社会资本合作的指导意见》（发改投资〔2014〕2724 号）中将 PPP 界定为："政府为增强公共产品和服务供给能力、提高供给效率，通过特许经营、购买服务、股权合作等方式，与社会资本建立的利益共享、风险分担及长期合作关系。"

总体上，两个部委给出的 PPP 基本框架大方向一致，只是细节上有所差异，发改委提出的更多是属于特许经营的 PPP，范围相对于财政部的更小。

综合世界各国的分类标准，PPP 大致可以按三级结构的方式进行分类，具体见图 8-1。

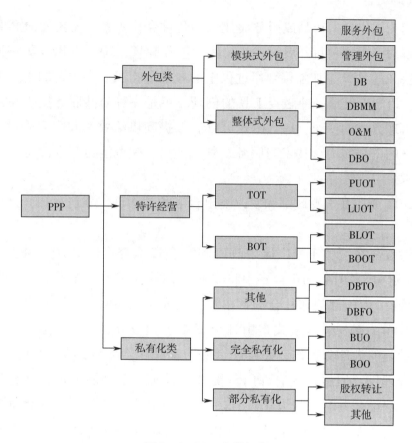

图 8 - 1　PPP 分类标准

（二）国际 PPP 发展历程

1. 全球 PPP 分布概览

根据 PWF 的数据，1985—2011 年，全球基础设施 PPP 名义价值为
7 751 亿美元，其中，欧洲处于领先地位，大约占全球 PPP 名义价值的
45.6%。亚洲和澳大利亚位居第二，所占份额为 24.2%，墨西哥、拉丁
美洲和加勒比海地区三者合计占 11.4%。美国和加拿大所占的份额分别
是 8.8%、5.8%，非洲和中东地区占全球份额的 4.1%。

需要注意的是，PPP 作为传统融资模式的一种补充，仅在能够更好
地实现物有所值的情况下才得以使用，在公共投资中的占比较小。从表
8 - 1 可以看出，即便是 PPP 运用较为成熟的英国、澳大利亚等国家，

PPP 投资占公共投资的比例也不超过 15%。澳大利亚有约 50% 的基础设施由私营部门建设，但只有约 10%～15% 是通过 PPP 方式提供。在国外 PPP 实践中，英国是最早采用 PPP 模式的国家，发展较成熟，加拿大和澳大利亚也是公认的 PPP 模式运用较好的国家。本部分将以这三个国家为例介绍国际 PPP 模式发展概况。

表 8 - 1　　　　　　　　各国 PPP 投资占公共投资比例

国家	PPP 占公共投资的比例	国家	PPP 占公共投资的比例
澳大利亚	10%～15%	墨西哥	15%
英国	10%～13%	芬兰	10%～15%
韩国	5%～10%	卢森堡	5%～10%
德国	3%～5%	南非	3%～5%
挪威	3%～5%	西班牙	3%～5%
加拿大	1%～3%	意大利	1%～3%
新西兰	1%～3%	捷克	0～1%

资料来源：联合资信整理。

2. 英国的 PPP 实践

英国是较早采用 PPP 模式开展基础设施建设的国家，于 1992 年首次提出私人融资计划（PFI）。2012 年，英国财政部进一步推出新型私人融资（PF2），两者最大的区别是政府在特殊目的公司（SPV）参股投入部分资本金以吸引长期投资者。政府资本的参与使得 PF2 模式下股本金比例从 10% 提高到 20%～25%，既化解了在资金紧缺时的融资局限性，又有助于发挥私人资本的专业能动性。同时，在 PF2 合同中，公共部门将承担更多的管理风险，如因法律、场址污染、保险等不可预见的变化引发的费用增加的风险；PF2 的融资结构更有利于获得长期债务融资，特别是从资本市场融资。

法律顶层设计方面：截至目前，英国对 PPP 没有专门的立法，是通过财政部不断颁发各种规范性文件进行管理。在 PFI 阶段，有三个政策性文件：《PFI：迎接投资挑战》（2003）、《PFI：加强长期合作伙伴关系》（2006）和《基础设施采购：提供长期价值》（2008）。在 PF2 阶段，有一个政策性文件——《PPP 的新方式》（2012）。

组织保障方面：2010 年前，英国负责 PPP 运行的机构有两个：一是财政部的 PPP 工作组；二是英国合伙经营组织（Partnership UK），独立于财政部，按公司化运营，市场投资人占股 51%，财政部和苏格兰主管部门分别占 44% 和 5%，专项支持 PPP 工作组遴选的 PFI 项目。2011 年，财政部设立基础设施局（Infrastructure UK，IUK）承担了财政部 PPP 工作组和英国合伙经营组织的职能，统一管理实施 PF2 项目。

英国 PPP 模式有几个特点：

一是较少采用特许经营，多数情况下选择 PFI（2012 年后进一步改进为 PF2）。特许经营的项目，需要使用者付费，而 PFI 项目则是政府付费的（见表 8 - 2）。由于英国的教育和医疗是全民免费，所以大多采用 PFI 模式。即便是交通（高速公路、铁路等）绝大多数也是采用 PFI 模式，整个英国目前只有一条使用者付费的交通项目（公路项目 22 公里，因公路收费，使用者较少，目前政府打算收回国有）。

二是项目覆盖行业范围广，以教育、医疗、交通、废弃物处理为主。2012 年 3 月底，英国的 717 个存量 PFI 项目中甚至包括国内不常见的监狱、警察局、法院等。其中，教育、医疗、交通、废弃物处理等行业数量占比分别为 28.71%、18.97%、5.30% 和 5.30%，合计超过 50%；总投资额占比分别为 20.50%、22.06%、12.78% 和 7.95%，合计超过 60%。交通类项目投资额往往较大，虽然项目个数占比不到 6%，但是其投资额占比却超过 12%。

表 8 - 2　　　　　　　　　英国 PFI 项目行业分布

分类	项目数量（个）	项目个数占比（%）	项目总投资额（亿英镑）	投资额占比（%）
教育	213	29.71	112.17	20.50
医疗	136	18.97	120.68	22.06
其他	55	7.67	87.64	16.02
交通	38	5.30	69.90	12.78
废弃物处理	38	5.30	43.51	7.95
住房	34	4.74	17.25	3.15

分类	项目数量（个）	项目个数占比（%）	项目总投资额（亿英镑）	投资额占比（%）
道路照明	32	4.46	14.27	2.61
健康	29	4.04	12.33	2.25
办公用房	24	3.35	35.34	6.46
警察局	24	3.35	4.75	0.87
服务中心	24	3.35	3.19	0.58
消防	13	1.81	3.95	0.72
教育培训	12	1.67	7.98	1.46
监狱	12	1.67	6.37	1.16
娱乐设施	12	1.67	2.05	0.37
法院	8	1.12	1.95	0.36
图书馆	7	0.98	1.58	0.29
安全教育中心	4	0.56	0.68	0.12
防洪	2	0.28	1.55	0.28
总计	717	100.00	547.12	100.00

资料来源：IUK。

三是运营期限整体较长（见表 8 - 3）。运营期限在 20 ~ 30 年之间的项目合计占比为 81.45%。也有少量运营期限在 5 年以内的项目，占比为 0.56%，主要为 IT 类项目；部分超过 40 年的项目占比为 0.28%，主要为交通类项目（高速公路维护）和医疗项目。

表 8 - 3　　　　　　　英国 PFI 运营合同年限分布

运营期限	项目数量（个）	数量占比（%）
5 年以内	4	0.56
5 ~ 10 年（不含 5 年）	11	1.53
10 ~ 15 年（不含 10 年）	26	3.63
15 ~ 20 年（不含 15 年）	29	4.04
20 ~ 25 年（不含 20 年）	317	44.21
25 ~ 30 年（不含 25 年）	267	37.24
30 ~ 35 年（不含 30 年）	52	7.25
35 ~ 40 年（不含 35 年）	9	1.26
40 ~ 50 年（不含 40 年）	2	0.28
合计	717	100.00

3. 加拿大

加拿大是国际公认的 PPP 运用最好的国家之一。自 1991 年至 2013 年，加拿大启动 PPP 项目 206 个，项目总价值超过 630 亿美元，涵盖全国 10 个省，涉及交通、医疗、司法、教育、文化、住房、环境和国防等行业（见表 8 - 4）。

表 8 - 4　　　　　　　　　　加拿大 PPP 行业分布

行业	项目数量（个）	占比（%）	行业	项目数量（个）	占比（%）
教育	7	5.79	住房	2	1.65
环境	5	4.13	国防	1	0.83
司法	14	11.57	政府服务	2	1.65
交通	24	19.83	文化	7	5.79
医疗保健	59	48.76	合计	121	100

资料来源：PPP Canada。

法律顶层设计方面：加拿大各级政府积极制定基础设施规划，不断完善 PPP 项目采购流程。2003 年 5 月加拿大工业部出版的《对应公共部门成本——加拿大最佳实践指引》和《PPP 公共部门物有所值评估指引》是目前 PPP 项目开展的主要依据。

组织保障方面：2008 年，加拿大以皇家公司的形式建立了联邦级的 PPP 单位——PPP 加拿大（PPP Canada）。该机构由加拿大联邦政府所有，但按照商业模式运作，PPP 加拿大通过财政部向国会报告，公司具有独立的董事会。这种形式可以让私人部门通过董事会监测 PPP 单位的运作。PPP 加拿大设立了一个总额为 12 亿美元的"加拿大 P3 基金"（P3 Canada Fund），为 PPP 项目提供不超过投资额 25% 的资金支持。任何层级的地方政府都可以申请该基金，截至 2013 年第一季度末，该基金已为加拿大 15 个 PPP 项目提供基金支持近 8 亿美元，撬动市场投资超过 33 亿美元。

4. 澳大利亚

澳大利亚在运用 PPP 模式实施大型基础设施项目方面处于世界领先

地位。20 世纪 80 年代，为了解决加快基础设施建设而带来的资金不足问题，澳大利亚开始在基础设施建设领域运用 PPP 模式。澳大利亚的 PPP 模式通常采用成立 SPV 的方式，由 SPV 与政府就融资建设和运营签订项目协议，期限一般为 20～30 年。一旦 SPV 出现不能履行合约的状况，政府可以随时跟进，合同到期时项目资产将无偿转交给政府。20 世纪 80 年代，澳大利亚 PPP 的运营取得了较好效益，20 世纪 90 年代开始，政府开始大量引入私人资本，同时将建设和运营风险更多的转嫁给私人资本，以致私人资本负担过重，资金难以为继。2000 年以来，澳大利亚吸取经验和教训，制定特别法律措施，充分发挥政府和私人资本的各自优势，以实现共赢。

法律顶层设计方面：澳大利亚对 PPP 没有专门立法，于 2008 年 11 月颁布一系列国家政策与指南对 PPP 进行规范，各州在此基础上再制定本地的指南。以维多利亚州为例，2000 年公布的《维多利亚州合作方法》、2003 年颁布的《合同管理方法》等是本地 PPP 项目开展的主要依据。

组织保障方面：2008 年，澳大利亚创立全国层面的 PPP 管理机构，即澳大利亚基础设施局（Infrastructure Australia，IAU），推广 PPP 是该机构的职能之一。其后，IAU 发布了一整套全国公私合作指南，将 PPP 项目的决策过程分为投资决策阶段与采购决策阶段，前者确定项目的经济合理性和财务可行性，后者回答公私合作在投资与运行费用、工期、服务质量、运营管理、效率、风险分担等方面是否优于传统采购。

（三）我国 PPP 的政策沿革

PPP 模式在中国的政策主要经历了三个时期：

1. 以引导外商投资为主线的早期文件

2004 年以前，国务院及相关部委曾就外商投资特许项目或与之有关的若干事宜发布规章或规范性文件。1995 年国家计委、电力部、交通部发布了《关于试办外商投资特许权项目审批管理有关问题的通知》，该通知提出将外商投资引导到我国急需发展的基础设施和基础产业上来。对此，国家拟采用建设——运营——移交的投资方式（BOT 投资方式），试办外商投资的基础设施项目。此后，相关部门陆续公布了一系列的有关公共事业投资和特许项目的文件，包括《对外贸易经济合作部关于以 BOT 方式吸收外商投资有关问题的通知》《国家计委关于加强国有基础设施资产权益转让管理的通知》《城市市政公用事业利用外资暂行规定》《国务院办公厅关于妥善处理现有保证外方投资固定回报项目有关问题的通知》等。这些文件的主旨均与引进和引导外商投资相关，内容主要为政策宣示，但是对于 PPP 模式的基本内涵和原则，此类文件中涉及较少。

2.《市政公用事业特许经营管理办法》及其衍生文件

2004 年，建设部发布《市政公用事业特许经营管理办法》（建设部令 126 号），提出了特许经营的定义。特许经营是指政府按照有关法律、法规规定，通过市场竞争机制选择市政公用事业投资者或经营者，明确其在一定期限和范围内经营某项市政公用事业产品或者提供某项服务的制度。

基于当时国内已有的特许经营项目实操经验，建设部尝试从项目筹备、市场准入、合同结构、政府监管与运营评估等角度对特许经营活动予以全面规范。之后，建设部又陆续推出部分市政公用行业的特许经营合同范本，对诸多国际惯例做了大量本土化的梳理和改造工作，推动中国式 PPP 第一轮发展。

在《市政公用事业特许经营管理办法》中所倡导的游戏准则，被广泛应用于中国市政公用事业的特许经营项目，也被其他行业主管部门及地方政府参考与借鉴。一大批与《市政公用事业特许经营管理办法》的内容及框架一脉相承的部门规章、地方性法规、规章及规范性文件陆续公布，PPP 项目在各地各行业不断涌现，PPP 模式在中国广泛开展。在这一阶段，一系列政策和法规的制定与推广以及政府和行业主管部门的强力主导与推动，对中国式 PPP 发展产生了极大影响。

然而，《市政公用事业特许经营管理办法》及其衍生法规仍有不足之处，由于其立法层级有限，不能有效覆盖 PPP 模式在实践当中出现的诸多矛盾和问题，也无法提出再进一步的解决方案，更不可能作出任何实质性的重大突破。尽管《市政公用事业特许经营管理办法》及其衍生法规源于实践，并发挥了巨大的推动作用，然而由于顶层设计的瓶颈，《市政公用事业特许经营管理办法》对于实践的指导作用依然有限，国内急需针对 PPP 模式的高位阶、综合性的立法。

3. 2014 年以来，中国 PPP 模式进入新的发展阶段

2014 年以来，我国陆续出台了一系列的相关政策法律，对 PPP 模式的核心要素、基本理念及原则等进行了界定（见表 8 - 5）。

表 8 - 5　　　　　　　　　　PPP 模式相关重要文件及内容

时间	发布机构	文件名称	文件内容	政策解读
2014 年 9 月	财政部	《关于推广运用政府和社会资本合作模式有关问题的通知》	要充分认识推广运用政府和社会资本合作模式的重要意义，积极稳妥做好项目示范工作，切实有效履行财政管理职能，加强组织和能力建设。	表示政府方要根据事先约定好的运营绩效考核评价指标，对投资人或项目公司的运营进行考核，投资人要想持续稳定获利，则需不断提升服务质量及效率，保证长期稳定高效运营。
2014 年 11 月	国务院	《关于创新重点领域投融资机制鼓励社会投资的指导意见》	要在公共服务、资源环境、生态建设、基础设施等重点领域进一步创新投融资机制，充分发挥社会资本特别是民间资本的积极作用，鼓励社会资本投资运营农业和水利工程。	所覆盖行业均为"短板"行业：该指导意见所提及的基础设施涉及生态环保、农业水利、市政公用、交通、能源、信息和民用空间领域、教育医疗养老体育文化均为国内的"短板"行业。部分行业投资长期欠账，未来投资空间巨大。
2014 年 11 月	财政部	《关于印发政府和社会资本合作模式操作指南（试行）的通知》	对项目识别、准备、采购、执行、移交各环节操作流程进行了规范。	第一，明确了 PPP 项目运作采购方式的灵活性，避免了实践中存在的无视项目客观条件"盲目招标"导致阻碍项目正常推进的问题。第二，对于磋商采购的单独要求更是根据实践经验的高度总结，为实践中存在的部分自身条件尚可，但客观环境欠佳的项目提供了发展空间。

续表

时间	发布机构	文件名称	文件内容	政策解读
2014 年 12 月	发改委	《关于开展政府和社会资本合作的指导意见》	充分认识政府和社会资本合作的重要意义，准确把握政府和社会资本合作的主要原则，合理确定政府和社会资本合作的项目范围及模式，建立健全政府和社会资本合作的工作机制，加强政府和社会资本合作项目的规范管理，强化政府和社会资本合作的政策保障，扎实有序开展政府和社会资本合作。	PPP 模式主要适用于政府负有提供责任又适宜市场化运作的公共服务、基础设施类项目。燃气、供电、供水、供热、污水及垃圾处理等市政设施，公路、铁路、机场、城市轨道交通等交通设施，医疗、旅游、教育培训、健康养老等公共服务项目，以及水利、资源环境和生态保护等项目均可推行 PPP 模式。各地的新建市政工程以及新型城镇化试点项目，应优先考虑采用 PPP 模式建设。
2014 年 12 月	财政部	《关于规范政府和社会资本合作合同管理工作的通知》	高度重视 PPP 合同管理工作，切实遵循 PPP 合同管理的核心原则，有效推进 PPP 合同管理工作。	鉴于 PPP 项目的生命周期通常较长，在合同订立时既要充分考虑项目全生命周期内的实际需求，也要合理设置一些关于期限变更（展期和提前终止）、内容变更（产出标准调整、价格调整等）、主体变更（合同转让）的灵活调整机制，为未来可能长达 20～30 年的合同执行期预留调整和变更空间。
2014 年 12 月	财政部	《政府采购竞争性磋商采购方式管理暂行办法》	在总则第二条提出，本办法所称竞争性磋商采购方式，是指采购人、政府采购代理机构通过组建竞争性磋商小组（以下简称磋商小组）与符合条件的供应商就采购货物、工程和服务事宜进行磋商，供应商按照磋商文件的要求提交响应文件和报价，采购人从磋商小组评审后提出的候选供应商名单中确定成交供应商的采购方式。	我国政府采购法规定的政府采购方式包括：公开招标、邀请招标、竞争性谈判、单一来源采购、询价、国务院政府采购监督管理部门认定的其他采购方式。竞争性磋商采购方式是财政部首次依法创新的采购方式，核心内容是"先明确采购需求、后竞争报价"的两阶段采购模式，倡导"物有所值"的价值目标。

时间	发布机构	文件名称	文件内容	政策解读
2014 年 12 月	财政部	《政府和社会资本合作项目政府采购管理办法》	在总则第二条提出，本办法所称 PPP 项目采购，是指政府为达成权利义务平衡、物有所值的 PPP 项目合同，遵循公开、公平、公正和诚实信用原则，按照相关法规要求完成 PPP 项目识别和准备等前期工作后，依法选择社会资本合作者的过程。PPP 项目实施机构（采购人）在项目实施过程中选择合作社会资本（供应商），适用本办法。	PPP 项目采购方式包括公开招标、邀请招标、竞争性谈判、竞争性磋商和单一来源采购。项目实施机构应根据 PPP 项目的采购需求特点，依法选择适当的采购方式。公开招标主要适用于采购需求中核心边界条件和技术经济参数明确、完整，符合国家法律法规及政府采购政策，且采购过程中不作更改的项目。PPP 项目实施机构可以委托政府采购代理机构办理 PPP 项目采购事宜。PPP 项目咨询服务机构从事 PPP 项目采购业务的，应当按照政府采购代理机构管理的有关要求及时进行网上登记。
2015 年 2 月	财政部、住房城乡建设部	《关于市政公用领域开展政府和社会资本合作项目推介工作的通知》	指出在城市供水、污水处理、垃圾处理、供热、供气、道路桥梁、公共交通基础设施、公共停车场、地下综合管廊等市政公用领域开展政府和社会资本合作项目推介工作。	通过市政公用领域开展 PPP 项目推介，推动建立健全费价机制、运营补贴、合同约束、信息公开、过程监管、绩效考核等一系列改革配套制度机制，实现合作双方风险分担、权益融合、有限追索。改进市政公用产品和服务由政府单一供给的方式，引导社会资本参与市政公用产品和服务投资、运营，共同承担项目全生命周期管理，发挥政府和社会资本各自优势，提高市政公用产品和服务供给的质量和效率。改变地方政府主要以土地使用权等抵押担保、借地方投融资平台发债等途径筹集资金建设市政公用项目的传统做法，有序推进以特许经营等方式吸引社会资本的新模式，促进政府和社会资本合作。

二、绿色 PPP 的典型形式

典型的绿色 PPP 融资模式有：PPP 模式项目融资、PPP 模式产业融资（环境保护产业基金）、PPP 模式区域和流域融资（流域水环境保护基金）。

（一）PPP 模式项目融资

1. 项目融资特点

PPP 模式项目融资是非常常见的一种项目融资，它适用于基础设施、公用事业和自然资源开发等这些需要政府特权授予的项目，主要包括 BOT、PEI 和 TOT 等典型模式。

PPP 项目融资有广义和狭义两层含义。广义 PPP 项目以授予私人部门特许经营权为特征，包括 BOT、TOT 等多种形式。狭义的 PPP 项目是政府与私人部门组成特殊目的机构（SPV），引入社会资本，共同设计开发，共同承担风险，全过程合作，期满后再移交政府的公共服务开发运营方式。我们采用 PPP 项目融资的广义含义，将 PPP 项目融资作为各种公私合作项目融资的统称，认为 PPP 项目融资在我国环境保护领域具有极大的重要性。

2. 优缺点及适用范围

在实际应用过程中，PPP 模式项目融资有利也有弊，下面从不同参与方的角度来分析。

首先，对政府来说，PPP 模式项目融资的优点主要有：一是拓宽资金来源，引进外资和本国民间资本，减少政府的财政支出和债务负担，加快发展公共基础设施；二是降低政府风险（基础设施项目周期长、投资大、风险大），政府无须承担融资、设计、建造和经营风险，大多转移给项目公司承担；三是发挥外资和民营机构的能动性和创造性，提高建设、经营、维护和管理效率，引进先进的管理技术，从而带动国内企业水平的提高；四是合理利用资源，因为还贷能力在于项目本身效益，且大多数采取国际招标，可行性论证较严谨，避免了无效益项目开工或重复建设；五是有利于发展国民经济、金融资本市场和法律体系。同时，PPP 项目融资也可能给政府带来一定的不利之处，主要有：一是承担政治（法律变更等）和外汇等风险；二是使用价格较高（由于商业化运作），造成国民不满（这些服务/设施的使用原来是低价甚至是免费的）。这些缺点都是在项目融资过程中需要避免的。

其次，从企业合作方的角度来看，PPP 模式项目融资的优点如下：一是可以充分利用项目经济状况的弹性，减少资本金支出，实现"小投入做大项目"或"借鸡下蛋"；二是拓宽项目资金来源，减少企业的债务负担；三是达到最有利的税收条件；四是提高了项目发起人/项目公司的谈判地位；五是转移特定的风险给放贷方（有限追索权），极小化项目发展商的政治风险，加上其他风险管理措施合理分配风险，减少风险危害但保留投资收益；六是避免合资企业的风险，因为项目公司可以独资；七是给发展商或者承包商创造商业机会。同时，PPP 项目融资给企业合作方也带来了不少缺点：一是融资成本高，因此要求的投资回报率也高；二是投资额大、投/融资期长、收益的不确定性大；三是合同文件繁多、复杂；四是有时融资杠杆能力不足，且母公司有时仍需承担部分风险（有限追索权）。

最后，从放贷方的角度来看，PPP 模式项目融资也具有一些优缺点。优点主要有以下几点：一是承担同样风险但收益率较高；二是提供了良好的投资机会，而且较少竞争。因为项目投资额一般巨大，一般的放贷方无法参与竞争，而且需要工程知识。同时，缺点主要有以下几点：一是投资额大、投融资期长、收益的不确定性大；二是合同文件繁多、复杂。

由于 PPP 模式项目融资具有以上这些优缺点，该融资模式有其特定的适用范围，一般可以从项目的技术复杂性、收费的难易程度、生产或消费的规模、项目规模四个方面来判断。一是从技术复杂性上看，技术更成熟、更可靠的项目较适于采用项目融资方式。我国现行污水处理技术已经比较成熟，符合项目融资的要求。二是从收费的难易程度来看，收费越容易，外资和民营企业介入的程度越高。我国目前的污水处理收费标准和制度已经比较完善，并在全国范围内推广。污水处理费一般由供水企业随水价征收，收费方式比较简单。在这一点上，污水处理行业也满足项目融资的要求。三是从生产和消费的规模来看，城市运输、水供应、污水处理等项目的区域性较强，即这些项目局限于一定的区域范围内，而项目的区域性较强，引入外资或民营资金的可能性越大。四是从项目规模来看，由于PPP项目融资复杂，谈判耗时，前期费用高，因此对项目规模有一定要求，否则会因为前期费用占项目总投资的比例过大而不合算。由此，对于大型污水处理厂的建设，PPP模式项目融资的方式会更适用。

3. PPP模式项目融资的实施进展

城镇环境基础设施是最早采用PPP模式的领域之一。2002年，建设部颁布《关于加快市政公用行业市场化进程的意见》，开始在市政公用领域推行特许经营，拉开了市场化改革的序幕，创造了制度环境。此后，建设部先后颁布了《市政公用事业特许经营管理办法》《关于加强市政公用事业监管的意见》和《特许经营协议示范文本》，为PPP模式在这一领域的应用铺平了道路。

十多年来，中央和各级政府加大资金投入，鼓励推行PPP模式，极大地推动了城镇环境基础设施建设，城市生活污水处理厂数量由2002年的537座增加到2012年的3 340座，城市生活污水处理率由2002年的40.0%提高到2012年的87.3%；城市生活垃圾无害化处理率由2002年的54.2%提高到2012年的84.8%，大中型城市基本做到了污水垃圾处理全覆盖。与此同时，由于实施了PPP模式，培育了一批专业化的环境服务公司，促进了环境技术创新，提升了环境基础设施的建设和管理水平。

目前，在城镇环境基础设施领域，已初步实现运营主体企业化、投资主体多元化、设施运行市场化，改革在不断深化。一是加快改组改制，实现运营主体企业化。目前，全国大多数地区城镇环境基础设施运营单位已基本完成转制改企工作。据统计，2010年88.64%的城市生活污水处理厂由企业运营，仅有11.36%的污水处理厂仍由事业单位运营。二是引进社会资本，实现投资主体多元化。2003年以来，国家出台了一系列鼓励民间资本和外资进入市政公用行业的政策，加快了城镇环境基础设施建设步伐。截至目前，城市和县城生活污水处理厂中采用 BOT、BT、TOT 三种模式引入社会资金建设的共计 1 550 个，占总数的 42.8%。"十一五"期间，在供水领域 273 个新建项目中，有 65 个项目由民间资本和外资参与投资，占比 23.8%；在污水处理领域 394 个新建项目中，有 145 个项目为非国有资本参与投资，占比 36.8%；在垃圾处理领域 231 个新建项目中，有 60 个项目为非国有资本参与投资，占比 26%。三是推行特许经营，实现设施运行市场化。2004 年，国家出台了《市政公用事业特许经营管理办法》，对供水、污水和垃圾处理等市政公用领域开放市场，鼓励民企、外企通过招投标参与运营；在投资和运营上采取厂网分开、独立核算的方式，推行特许经营制度。据统计，2010 年全国共建成污水处理厂 3 022 座，其中采取 BOT、BT、TOT 等特许经营模式的占 42.28%。四是制定配套政策，推动市场化改革。近年来，逐步建立和完善环境基础设施的产品和服务价格调整机制和收费制度。2008 年以来，各地抓住 CPI 下行的机会窗口，纷纷调整水价，以满足供水、污水处理设施正常运营的需求。目前，全国已有 24 个省、自治区、直辖市建立了污水处理收费制度，约有 80% 的城市开征了污水处理费。同时，国家加大资金投入力度，2008—2012 年安排中央预算内投资 562.5 亿元，支持城镇污水、垃圾处理设施及污水配套管网建设；2007—2010 年安排中央财政"以奖代补"资金 345 亿元，支持城镇污水处理设施及配套管网建设；两项合计共带动地方财政和社会资金达 2 500 多亿元。此外，还制定了鼓励城镇环境基础设施发展的优惠用电、划拨用地、税收优惠、产业补助等政策。各地广泛建设融资平台，将城镇环境基础设施项目资产注入城投公司并包装上市。

4. PPP 模式项目融资实施中存在的问题

虽然 PPP 模式项目融资在我国推行有近二十年的历史，取得了良好成效，但仍然存在许多问题有待完善。

（1）PPP 模式参与基础设施建设的项目投资人存在局限性。外资投资人普遍要价较高同时偏好发达地区的经营性项目，这种情况既限制了我国城市基础设施领域对外资的使用，也影响了基础设施投资市场的平衡。国有企业依托与政府沟通、议价能力和在资本市场的优势，在新一轮浪潮中起着关键的作用，但是由于国有企业的法人缺位，经营管理效率不佳，很大程度上抑制了 PPP 模式本身的优势。对于周期长、投资大的基础设施项目而言，民营企业如鲠在喉。动辄过亿的资金规模，使得民营企业少有接盘者。另外，BOT 项目通过对项目的运营管理来获取利润，而民营企业缺乏对大型公用事业项目的管理经验，同时也缺乏与政府博弈的筹码，使其利润无法保证。

（2）我国目前融资市场不成熟，融资渠道偏少，对项目融资有取向偏好且条件苛刻。我国的融资渠道偏少，国际银团贷款在我国的应用不普遍。与政府债券相比，中国的企业债券市场不成熟。而且，仅有的融资渠道对于项目选择有极强的地域偏好，对直辖市及长三角、珠三角等地区项目热情较高，对于经济不发达地区的项目则缺乏积极性，各地区城市基础设施投资出现了明显的非均衡态势；国际上通行的项目融资担保方式的各种创新在我国基本上没有足够的法律支持，使得我国项目融资保证条款极为严格，金融机构一般要求借款人对项目融资提供充足的保证并接受监管，使得借款人在项目融资和运作过程中耗费大量的非必要成本，影响了 PPP 模式项目融资的推广。

（3）有关市场化和特许经营的政策仅为框架性的部门指导意见，缺乏相应的法律依据，政策的权威性和力度不够，既缺乏可供操作的实施方法，也没有明确地方政府实施的权限。特别是当遇到诸如解决企业化改制中的人员安置和实行扶持产业化发展的税收优惠等深层次的问题时，一些地方政府及其主管部门有畏难情绪，回避问题，拖延市场化的发展进程。

（4）地方政府责任缺位，影响 PPP 模式实施效果。PPP 模式的实施原则在于发挥各方优势，政府监管公共产品的价格、质量及服务，双方合理分担项目风险和收益，本质上改变不了城镇环境基础设施的社会公益属性，政府仍对基础设施的投资、建设、运营和监管负有重要责任。但是，在实施 PPP 模式的过程中，一些地方政府出现了许多片面的认识和做法，包括：一是对已有的环境基础设施一卖了之，把本应由政府承担的公共服务责任完全推给运营企业，配套管网等问题迟迟得不到解决，致使已建成的环境基础设施难以正常运行，或运营负荷不足。二是片面追求盘活存量资产，寻求以高溢价出售环境基础设施，但溢价所得并未用于设施的维护和运营，导致运营企业财务负担过重，无法保障必要的后续投资。三是因各种原因不能按照协议规定及时足额支付服务费用，导致运营企业财务不可持续。四是在居民因邻避效应反对建设垃圾焚烧厂时，未与群众做深入细致的沟通和交流，而把责任推给企业或有关方面专家，致使垃圾处理设施选址问题成为久拖不决的难题。

从污水处理行业来看，PPP 模式项目融资的实施也存在着诸多问题。

首先，在我国城市污水处理行业中，专营的大型企业或集团较少，大多企业规模相对较小，且多是兼营企业，重点装备的配置、专业工程承包、专业化污水处理设施运营能力还严重不足，无法达到规模效益，技术开发能力弱，污水处理资源化利用率较低，中水回用和污泥焚烧等绿色循环技术根本未开发。同时，污水处理行业的发展还存在地区发展不平衡，其中东部地区实行全面市场化的条件基本具备并有了较大发展，而在经济相对落后的西部地区，污水处理的收费体制尚未全面建立，要实现行业市场化存在较大困难。

其次，环境服务价格缺乏调整机制，影响 PPP 模式可持续推行。环境产品和服务价格是市场化改革最关键、最核心的问题，直接影响到 PPP 模式能否有效可持续推行。建立合理的环境服务价格调整机制，对推动 PPP 模式的实施至为关键。比如，有些地方污水处理服务价格，并未因国家提高污水排放标准而相应提高，也未考虑污泥处置成本，更未涉及污水处理设施的升级改造和更新维护，而是一味地要求运营企业自行承担由此而增高的运营成本，致使运营企业财务不可持续。目前，仅有少数地区的污水处理费包含污泥处置成本，如常州市在污水处理费中每吨提取 0.2 元用于污泥处置，后又通过市区水价调整方案，提高污水处理费。广州市每吨污水处理费中只有约 0.04 元用于支付污泥处理费用，标准比较低。而大部分地区对污泥处置费用尚无明确规定。再比如，许多地方垃圾处理服务费中，并未考虑飞灰处置成本，致使大多数垃圾焚烧厂对飞灰仅做简易填埋，尚未达到国家规定的处置标准，从而引起一些地方爆发群体性事件。按照 2008 年颁布的《生活垃圾填埋场污染控制标准》，飞灰作为危险废物，其处理成本较高，需 800 ~ 1 000 元/吨，相当于每吨垃圾中飞灰处理成本为 30 元。但目前许多地方由于垃圾收费机制不健全，政府从居民收取的垃圾处理费不足以弥补垃圾处理成本，需要大量的财政补贴，因而在支付给垃圾焚烧企业处理费中，基本上没有考虑飞灰的处置费用。

最后，环境服务企业税负较重，推高 PPP 项目的运行成本。在实行 PPP 模式以前，污水垃圾等环境基础设施的运营主体均为事业单位，由政府财政投资建设、拨付经费运行管理，不存在缴纳税费问题。而实行 PPP 模式以后，运营主体转变为环境服务企业，需要缴纳一系列税费，主要包括所得税、增值税、印花税、房产税、城镇土地使用税、车船使用税等，其中所得税和增值税是主要税种，税率较高，增加了环境基础设施的总体运行成本。以所得税为例，虽然国家出台了一些针对环境服务企业的税收优惠政策，如从事符合条件的环境项目可享受所得税“三免三减半”政策，但因环境项目经营期限较长，多为 15 ~ 20 年甚至更长，6 年的优惠期限相对较短，且项目前期一般无盈利，本身即不需缴纳所得税，使得环境服务企业实际享受到的税收优惠大打折扣。

（二）PPP 模式产业融资（PPP 环保产业基金）

在发达国家，产业投资基金主要指私募股权投资基金和风险投资基金。在美国，产业投资基金的形式主要为创业资本（Venture Capital）。我国所谓的产业投资基金是借鉴了发达国家的创业投资基金发展而来的，通过发行基金受益券募集资金，并由专家组成的投资管理机构运作，投资资产分散于不同的实业项目，受益按比例分成。PPP 模式环境保护基金，是指财政资金参与市场的环境保护产业基金，扶持和引导其投向环境保护的企业和产业。

1993 年 4 月，在曲格平教授建议下，中华环境保护基金会成立。该会具有法人资格，是第一个专门从事环保事业的非营利性民间基金。

1996 年 8 月 23 日北京环境保护基金会成立。2002 年，由清华创投出任基金管理人，由香港 LESS 公司等国际知名投资机构出资的"中国环保基金"正式成立。2005 年 8 月 15 日，江苏省首家环保基金会——新亚电子环保基金会成立，标志着我国环保投资基金向专业化方向发展。2012 年 6 月底印发的《"十二五"节能环保产业发展规划》中提出，要拓宽投融资渠道，要研究设立节能环保产业投资基金，该规划提出的节能环保产业八项重点工程的总投资为 9 000 亿元。同年 8 月国家发改委环资司司长何炳光在召开的全国工商联环境服务业商会第三次会员大会上透露，发改委环资司正在与财经司协商，酝酿成立一只节能环保产业投资基金，专门推动节能环保产业发展。

（三）PPP 模式区域和流域融资（流域水环境保护基金）

PPP 模式区域和流域融资是指通过建立 PPP 基金为区域或流域环境问题的治理融资。由于区域和流域污染治理具有利益相关方多、资金需求大等特点，使其比较适宜建立 PPP 模式的环保基金来融资。从利益相关方的角度来看，区域性或流域环境问题的污染者众多，例如在流域水环境问题中，生活污水是很重要的排放源，具体的责任难以向每一位污染者追究，使得政府需要在治理中担任很重要的角色，需要出资；区域或流域环境问题中可能存在一些较大型的污染者，对环境污染造成的贡献较大，能够被识别同时被追究重要的治理责任，为环境治理出资；另外，区域或流域中还有一些环境治理的较大受益者，例如流域环境治理会对周边啤酒厂、自来水厂以及饮用水厂带来很大的效益，他们也理应为区域或流域环境治理付费。包括公共部门和私人部门的多元化的利益相关方群体使得 PPP 模式治理成为一个更公平也更有效的治理方式。从资金需求来看，区域或流域环境问题涉及范围广、原因复杂，治理项目的规模大，所需资金也较多。仅靠地方政府或当地私人部门难以完成全部融资，因此也需要建立 PPP 模式的基金，调动各方力量。此外，区域或流域水环境问题常常需要众多项目而非单一项目，所以要建立 PPP 模式的基金而非 PPP 项目融资。

三、绿色 PPP 的运行机制

（一）PPP 基本运作流程

与其他运作模式相比，PPP 模式有显而易见的优点：公共部门和私人部门可以发挥各自优势，充分利用有限资源，建立长期合作关系实现共赢；可以弥补公共部门资金不足的缺陷；节约管理成本和资金成本，提高建设和运营效率；提升基础设施建设和服务水平。但 PPP 模式又是一个十分复杂的系统工程，参与者众多，组织结构和形式非常复杂，需要牵头人有很高的协调组织能力；同时 PPP 模式一般周期较长，前期需要收集和分析大量的数据和资料以识别项目各阶段的风险，对风险分担机制要求很高。从国际 PPP 的实践来看，PPP 项目成功的核心在于三点：契约精神、风险共担和利益共享。我们将从运营模式、融资模式的角度，并结合案例对国际通常采用的 PPP 模式进行讨论。

国际 PPP 项目一般由政府作为发起人发起，由政府和私人部门共同投资设立。一般而言，在政府与私人部门完成最初的招标和相关谈判后，PPP 项目的运作模式如图 8-2 所示。

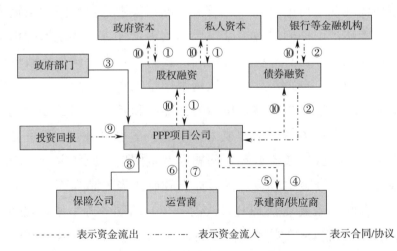

图 8-2　国际 PPP 基本运作模式

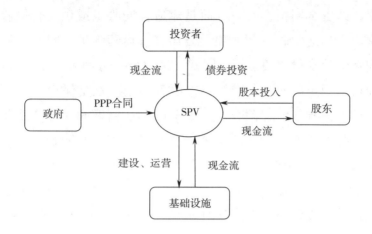

资料来源：联合资信整理。

图 8 - 3　简化的 PPP 运作模式

PPP 运作的基本流程如下：

一是政府和私人部门按比例投入一定资本金筹建 PPP 项目公司。通常情况下，政府部门出资比例较小，而 PPP 项目的特点之一就是撬动更多的社会资金。同时，股本金占 PPP 项目所需全部投资额的比例较小，一般在 10% ~ 30% 。二是通过银行等金融机构获得债权融资。PPP 项目的特点之一是高负债运行，一般而言，债权资金占 PPP 项目公司总资产的 70% 或以上。融资方式大多是通过银行贷款（含银团贷款）和发行债券。在最新的 PPP 实践中，信托、保险资金、养老资金等也有介入，极大地丰富了资金来源渠道。三是政府部门将特许经营权转让给 PPP 项目公司。特许经营期限根据项目类型不同而有所区别，一般而言在 20 ~ 30 年期间，项目类型以交通基础设施、医疗等为主。四是承建商与 PPP 项目公司签订建造合同，建造合同可能是 BT 或 EPC 总承包形式。供应商与 PPP 项目公司签订设备采购或供货合同。在这个环节，承建商可以通过垫资等方式、供应商可以通过经营租赁等方式给 PPP 项目提供中短期融资甚至是长期融资。五是 PPP 项目公司向承建商、供应商支付相关费用。在大多情况下，SPV 的发起方会同时作为项目承建商或供应商，因此对私人资本而言，可以从以下两个方面获得收入：一方面是初始股权投资回报，即资金回报；另一方面是建造合同收入或供货合同收入，即服务回报。六是运营商与 PPP 项目公司签订运营维护合同。七是 PPP 项目公司向运营商支付相关费用。同样，运营商一方面可以获得资金回报，另一方面可以通过后期运营维护取得服务回报。八是保险公司与 PPP 项目公司就相关债券签订保险合同。如美国马萨诸塞州 3 号公路北段修缮扩建项目发行的 30 年免税债券就购买了保险，使得债券被惠誉和标准普尔评级为 AAA，从而降低了债券发行成本。九是对于 PPP 项目而言，投资回报一般包括三种模式：使用者付费、使用者付费 + 政府购买、政府购买。上述三种投资回报模式分别对应三种类型的项目，即经营性项目、准经营性项目和公益性项目。在经营性项目中，使用者付费可基本覆盖投资支出并提供合理回报。在准公益性项目中，由于其具有公益性质，单靠使用者付费可能不能完全弥补项目运行开支，因此需要政府部门通过政府购买方式提供一定的收入来源，即可行性缺口补助。如法国西班牙跨国铁路项目，政府购买占到总投资的比例高达 57%，政府购买成为该项目成功的重要因素。此外，在项目运营期间，特别是在项目收益达不到预期时，政府也会根据约定支付一定补助，即政府承担最低需求风险。而在公益性项目中，政府购买将作为唯一收入来源用以弥补投资成本。十是项目公司向股权资本和债权资本分配收益。在某些 PPP 项目中，后期由于运营等方面的问题可能会出现债务重组而改变原有资本结构的情况（即再融资），在这种情况下，项目收益的分配应做相应调整，如英国赛文河第二大桥项目。

（二）PPP 运行中的基本关系

1. 基于公私合作的逻辑关系

PPP 模式是政府选择合适的私营部门，双方达成特许权协议，形成合作伙伴关系。在我国，PPP 模式概念中的"公共部门"不仅是指政府单一的发起主体，还包括公共部门和事业单位；"私营部门"也不仅是指西方概念中的私人产权企业，还有国有企业、联营企业、中外合资企业等。PPP 项目周期长，不同阶段涉及参与利益主体目标不同，各主体承担风险态度、能力也不同，必然影响参与主体间的合作和管理效率。

合作主体的多样性决定了合作目标和利益的差异性，使双方在合作中对 PPP 合作目标产生分歧，以及各自存在寻租动机，将会影响合作的公众利益目标最大化。选择私营企业合作伙伴是 PPP 模式的开始，一旦选择错误，就很难实现预期的 PPP 项目目标，同时政府建立的准入机制是企业参与公私合作的唯一途径，因此，如何实现准入、建立合理完善的 PPP 准入机制是实现合作的前提保障，缺乏准入规则、准入管理机构和程序，会给整个项目带来不可预计的损失和风险，同时也不利于维护公共项目市场秩序。

2. 政府规则与市场规则的关系

政府规则与市场规则是调控市场时互相弥补的两个重要手段。市场规则是市场经济体制的运行规则；政府规则是在没有形成市场规则的情况下，制定相应政策法规，对市场进行规制和调控。在市场经济环境下，政府的主要作用是弥补市场失灵，以提高市场失灵情况下的资源配置效率，所以政府承担着为市场经济提供制度基础的角色。市场规则发挥作用存在两个前提条件：一是有良好的体制基础，包括企业是不依附于政府的"自由人"、企业产权明确、资源配置市场化、市场关系契约化；二是市场环境良好，比如市场行为透明、市场管理法制化等。我国公共项目领域实行准入的时间不长，市场环境还不够成熟，市场难以进行自行调控，在资源配置时出现市场失灵现象，因此，政府必须担当调控者的角色，制定规则。建立市场准入机制就是在通过政府规则保证市场机制的有效合理运行。

PPP 准入与一般的政府规则不同。PPP 模式使公共项目以市场化方式融入市场经济，自由竞争是市场经济的重要特点，要在公共项目领域实现竞争，不能依靠政府规则指定准入主体，公私合作的本质是伙伴关系，活动主体包括政府、私营企业、公众三个方面，如果准入规则只针对企业主体，就难以实现公正平等的合作伙伴关系。PPP 准入规则是政府、企业、公众共同遵循的行为准则，政府要明确部门的职能分工并履行其职责，企业应符合相应的条件资格和准入程序，公众按照相应规定和程序参与监督和建议。

（三）PPP 运作机制中的风险分担

1. PPP 项目融资机制及风险分担需求

PPP 项目融资是专对工业工程建设及基础设施建设采用的融资方法，这一方法中，借贷方同意部分或全部贷款及其利息的偿还只以项目资产和项目盈利为限。这样，项目发起人只需少量或无须担保即可贷款。这类融资的借贷方可能为可贷外国货币的国际商业银行、本地银行、资助国内供货商的出口信用机构，或从事借贷、担保开发贷款的跨国机构。

鉴于贷款方仅限于对项目资产及收益求偿，借贷方只有在确信一个项目的风险被充分的识别和有效的转移给项目其他当事方时，才会进行贷款。它们希望确保项目在建设和运行的各个阶段都要尽可能地降低风险。

2. PPP 项目的风险分担原则

借贷方对于项目公司协商各种建造或商业合同时的影响是至关重要的。鉴于此，项目公司应该一开始就让借贷方参与各个阶段的商业合同谈判，以免之后针对他们不满意的条款进行再谈判。如果实践中不可行，则在贷款方无法出席时，可聘用财务顾问参与协商以确保银行将来贷款的可行性。即合同机制是否充分地识别风险并有效地将各种风险转移给其他参与方，以实现在建设和运行的各个阶段尽可能地降低风险。

其具体机制应确保经鉴定可能发生的可控风险通过合同被转移至能够有效控制、防止其发生或扩大的参与方。这种风险的转移不应只是法律层面上的，而必须是实际操作层面上的。而其他无法控制和预测的风险则应将每个参与方的利益都牵涉进来，使每个项目参与方对于阻止其发生及对其进行补救都具有利益相关性，以尽可能防止风险的发生或冲淡这种风险的影响。

通常情况下，项目公司作为负责项目融资、建设、运营的实体，是项目运行前各种风险的第一承担者，而事实上为了促成 PPP 项目的顺利完成，需要建造商、政府、贷款方多方面的努力和配合，提供各种便利条件并认真完成依合同或依其职权与职责应该完成的事务。

3. PPP 项目运行主要风险的分担机制

研究表明，PPP 项目运行阶段可能发生的主要风险如下：①项目建设没有按时完成，甚至根本没有完成（以下简称逾期风险）；②项目实际建设成本超出预算（以下简称超预算风险）；③项目工程质量不符合工程要求（以下简称质量风险）。因此，项目公司、发起人、贷款方、政府只有在工程"按时完工、符合预算、满足工程要求"时才能各取所需获得圆满结果。

（1）降低项目"逾期风险"的合同机制

项目逾期完成可对项目公司产生一系列结果：向政府给付逾期费，项目所需资金、贷款利息增加，运行期推延，实际利润减少，对受让方构成违约，侵害地区居民的第三方利益引起赔偿纠纷。

转移部分逾期风险至政府。逾期完成对项目公司会导致一系列后果。比如，根据 PPP 协议项目公司要向政府给付一定量的逾期费。项目公司所需资金、贷款利息增加。项目运行期推延，实际利润相对于预计利润相应减少。如果订立相应合同，可能对受让方构成违约。目前，还有学者认为，项目逾期完工，将可能引起相关诉讼甚至对地区居民的赔偿。一般 PPP 协议均会约定，项目如不能按期完工，项目公司须向政府给付逾期费。因此为了让政府也承担一部分此风险，不可抗力导致完工日期推延的一般应予免责。但是为了保护自身利益，项目公司可能试图把可抗力尽可能定义得宽泛，将不属于当地适用法传统概念中的事项纳入到不可抗力范围内。如从政府角度出发，则应仔细审查此类条款的含义与范围，以防项目公司不必要拖延或造成其他损失。

转移部分逾期风险至建造商。确保工程按期完工的最直接、最有效的办法莫过于要求建造商按合同要求尽早完工。而事实上任何情况下，项目公司给付政府的逾期费最终都会转嫁给建造商，所以应确保建造商在技术上和资金上有能力承担这种责任。而且，项目公司依据 PPP 协议向政府给付延期费的情况，应该体现在建筑施工合同中。建造商在出现延期完工需要给付赔偿时，该价款并不等于项目公司依 PPP 协议向政府给付的金额。这笔价款应足以补偿项目公司因此产生的所有损失，不仅包括项目公司向政府给付的延期费，还包括因拖延向贷款方给付的利益等其他费用。从项目公司的角度，应确保建造商给付赔偿的付款方式与项目公司向政府付款方式相同。这样才能保证没有不利于项目公司的时间间隔或汇率风险出现。建造合同中，逾期费一般会限制在项目造价的一定比例内，当到达这一数额时，项目公司依合同具有终止合同的权利，以便其可以联系别的公司完成工程。项目公司、发起人、贷款方可以要求建造商为其可能需要给付的延期费提供担保。因此，如果建造商是一个大集团的子公司，则可以接受来自母公司的担保。如果建造商是几个不同公司的联合，项目公司将要求每个公司对外承担连带清偿责任，无条件负有支付延期费的责任。

（2）降低项目超预算风险的合同机制

转移部分项目超预算风险至建造商。依据对建造商的付款方式，建筑施工合同一般可分为三种：固定价款合同、可控成本合同、分期付款合同。其中，固定价款合同最为常用。这种合同通常约定，除在几种预定的特殊情况外，建筑商承担建筑建设成本超出预算的部分。这种合同很好地满足了贷款方的转移建筑成本超预算风险的要求。虽然这种合同对贷款方进而对项目公司非常有利，但应该注意的是，这种合同下，建造商通常会约定比较高的固定价款，以保证其应对不可预见的情况。对于可控成本合同来说，建造商的风险最小，因为这种合同约定，给付建造商的是建造成本加上一定的利润。因此，这种合同是项目公司承担超预算风险，一般情况下，贷款方不会赞同采用这种合同，除非项目公司提供相应担保。而第三种合同通常被用于可以被分为不同生产单元的电力设施建造中，这种合同约定一个生产单元建造完成或投入运行后即应给付相应工程款，价款根据生产单元可供电能功率的一定比例确定。

转移部分项目超预算风险至政府和贷款方。超出预算很可能影响项目的资产平衡。项目公司被授权运行项目并获得利润的期间是决定项目可行性的重要因素之一。对于贷款方来说，为了能够确保项目的可行性，PPP协议必须包括一些条款以保证项目利润可以相应增加。这样的条款可以包含如下几类：一是调整项目公司运营期间的条款，一般 PPP 项目由项目公司运营的期间为 20～30 年。二是将超预算成本在项目公司利润中抵销的条款，在项目公司承担成本超出预算的风险时，将在项目公司的利润中提供这笔补偿。三是政府补偿超出预算成本的保证条款。为了降低可能承担的超预算风险，项目公司可以向政府寻求一份保证，承诺出现超预算情况时支付一定数额价款的保证。

转移部分项目超预算风险至发起人。建造商可承担的额外建造成本和政府可给付的相应补偿无疑是有限的。这意味着，如果建设成本超预算数额过大，项目公司很有可能无法给付甚至面临破产。因此，贷款方为了降低此种风险会要求发起人提供保证，承诺支付工程建设超出预算的额外支出，或采用让发起人认购项目公司的一定股份等形式。在项目建设过程中，项目公司会根据贷款协议借款支付工程建设费用，但可能无法获得相应利润偿付贷款。因此，贷款方在此过程中承担着巨大的风险。这种情况下，贷款方有时会希望他们的贷款受到发起人充分的担保直到项目投入运行，以在出现未预见情况，且项目公司在建设阶段无法应对时，保障自己的利益。

（3）降低项目质量风险的合同机制

PPP 协议当中通常会约定质量上对工程的要求或验收标准。项目公司有义务设计和建设一个与要求或标准相符合的工程。通常情况下由政府设置验收标准，而项目公司制定建设方法、技术标准和明细要求等，以使工程达到验收标准。如果工程建设不满足运行标准，政府的保证或受让方接收项目的承诺将不会兑现，项目也不会投入运行。而从贷款方的角度看，工程建设符合运行标准是工程投入运行并获得利润偿还贷款的重要因素。

如果项目工程不符合 PPP 协议中的验收标准，项目公司通常要面临两项风险。一是项目无法进入运行阶段，承担违约赔偿，但通常情况下，这根据 PPP 协议本应由项目公司承担的质量风险，经常会根据建造施工合同转移给建造商。二是可能面临的风险，项目进入运行阶段后不能顺利运行，无法产生足够的利润。这项风险如出现在完工之日两年至三年之后，是很难转移给建造商的，因为其已完成合同义务并超过诉讼时效或其提供的保证已超过期限。因此，项目公司应做好验收测试，并可以约定如工程不符合相关标准，项目公司有权拒绝接收工程，并由建造商承担修缮成本、支付逾期完工赔偿。除此之外，建造施工合同可以约定一个合理的工程质量保障期间，如在此期间发现工程有任何与事先约定的标准不符之处，建造商应负责修缮并承担相关费用与损失。

（四）PPP 运行的市场准入

PPP 运行机制是基于市场条件下的 PPP 项目运行一般方法，市场准入是市场规则的一种，是资源有效配置的基础，PPP 项目本质就是一种特殊的资源，与一般资源不同，由于消费的非排他性和非竞争性，单纯靠市场不能实现有效的资源配置，为达到社会效益和资源有效配置，政府是公共项目的主要提供主体。

因此，公共项目市场与市场经济既有差别又有融合，PPP 模式正是融合了公共项目与市场的方式，PPP 模式将政府主体与市场主体的资源通过市场机制结合，政府通过引入市场机制与私营企业合作，对公共项目资源配置的作用不仅表现在拓宽资金来源上，而且有利于提高公共项目质量和供给效率，因此，公私合作的准入规制是极有必要的。

1. 国外 PPP 准入机制

通过对英国、澳大利亚、新加坡和中国香港、西部的 PPP 准入机制进行研究，探索 PPP 准入机制来源与发展、PPP 法律政策体系、PPP 准入机制。

（1）英国 PPP 准入机制

作为新公共管理的发源地，英国是最早实施 PPP 模式的国家，也是目前 PPP 模式运用最为成熟的国家之一。英国公私合作模式大体上经历三个阶段：一是 20 世纪 70 年代末，英国政府为解决政府巨大的财政压力，大规模出售国有企业，进行私有化改革；二是 20 世纪 80 年代至 90 年代早期，立法强制规定政府通过招投标，以合同承包的形式在公共项目和公共服务领域引入私营企业，以提高公共项目供给效率；三是 1992 年欧盟各国签署《马斯特里赫特条约》（*Maastricht Treaty*），英国政府面临基础设施改善的施政目标与财政支出压力，财政大臣 Norman Lamont 在财政部秋季汇报中宣布政府将正式启动私人融资动议（Private Finance Panel，PFI），2000 年英国正式提出 PPP 的概念，PFI 即 PPP 模式的典型。经过 20 多年的发展，英国 PFI 模式的应用一直处于全球领先地位。

① 英国 PPP 准入机制的来源与发展

英国 PFI 准入机制的形成较早，1993 年政府在财政部下设立私人融资工作组和私人融资办公室，专门管理和推广 PFI 模式，政府各职能部门内设立私人融资办公室，并要求凡是政府投资项目，都进行 PFI 可行性测试，这实际上就是英国实行 PFI 准入的开始。经过早期的实践成果和政府对 PFI 模式应用的反思，政府提出废除全面测试要求，同时 Premier Farnell 董事长 Malcolm Bates 爵士在 1997 年发表了著名的"第一次贝茨评论"，贝茨的几条重要意见被政府采纳，英国政府在 1997 年设立暂时的财政部 PPP 工作组，制定针对 PFI 的财政部标准合同（Standardization of PFI Contracts，SOPC），PFI 准入流程和实施走向规范化。此后英国的 PFI 实施取得显著成果，于是在 1997 年"第二次贝茨评论"后建议成立英国合伙经营组织（Partnership UK）作为一个长期的机构来代替财政部工作小组，其中政府占 49%，私营企业占 51%，该机构主要负责项目层面，与公共部门和私人部门协同完成 PPP 项目的选择、谈判和移交。在对应的政策层面，1999 年在财政部下设立了政府商业办公室（Office of Government Commerce，OGC），主要负责制定、实施和监管 PFI 的相关政策，该建议来自于 Peter Gershon 爵士的"葛森评论"，标志着英国政府采购体制基本形成，PFI 准入机制更为成熟。2010 年英国合伙经营组织与财政部 PPP 工作组合并成直属财政部下的英国基础设施局（Infrastructure UK），而政府商业办公室转变为效率与改革组（Efficiency and Reform Group，ERG），直属于中央政府的内阁办公室（Cabinet Office）。因此，英国 PFI 准入机制建立时间早，并经过长期的完善，形成一个较为成熟的 PFI 准入体系。

② PPP 准入法律政策体系

英国的 PFI 模式作为政府采购方式的一种，受政府采购法律法规的规制，基于完整成熟的政府采购规范体系，英国并没有专门针对 PFI 的法律，而是以《公共合同法》（*Public Contracts Regulation*）、《公用事业合同法》（*Utilities Contract Regulation*）为主，全面地对公共项目准入机制作出明确规定，其中《公用事业合同法》在第四章（Part 4 Qualification and Selection of Economic Operators）中明确规定了私营企业出现法律条文中列出的特定情况时，没有资格进入公共领域；《公共合同法》中明确了准入规则和准入程序。另有财政部针对 PPP/PFI 构建的政策体系，包括：政府财政基本原则的《公共财政管理》（*Managing Public Money*）；专门针对 PFI 项目的系列指引，即物有所值指引（Value for Money Guidance）、业务工作组指引（Operational Taskforce Guidance）、融资指引（Finance Guidance）、财政部工作小组技术指南（Treasury Taskforce Technical Notes）、一般性指南（General Guidance），PFI 项目标准化合同（Stand-ardization of PFI Contracts，Version 4，2007），以及其他相关的指引文件，包括《PFI：迎接投资挑战》（*PFI：Meeting the Investment Challenge*）、《PFI：加强长期合作伙伴关系》（*PFI：Strengthening long - term Partner-ship*）、《基础设施采购：提供长期价值》（*Infrastructure Procurement：Deliv-ering Long - term Value*），但这三个指引文件仅在英格兰适用，其中《PFI：加强长期合作伙伴关系》明确了 PFI 准入程序，《基础设施采购：提供长期价值》分别从准入主体和程序两个方面具体解释联合体、竞争性谈判。

2012 年 12 月，英国财政部在做秋季报告时正式公布了 PF2 替代 PFI，同时以前针对 PFI 的标准指导文件也做相应变更，如原来 PFI 适用的标准合同 SoPC4 变更为 SoPF2v1，此外，还增加了对私人部门的义务要求，比如要求私人部门公开 PF2 项目中的利润和收入，极大地保障了公私合作的透明度，PF2 机制还专门设置了 18 个月的谈判期限作为限制，以保证公共服务交付效率，降低政府成本，在 PF2 模式中，公共部门将在 PF2 项目公司的管理中具有比以往更重要的地位，以实现更有价值的伙伴关系。PF2 推行后政府出台了 PF2 相关文件，包括：公私合作伙伴的一种新方式（A New Approach to Public Private Partnerships）、PF2：用户指南（PF2：A User Guide）、PF2 标准合同（草案）（Standardization of PF2 Contracts，Draft）。详见图 8 - 4。

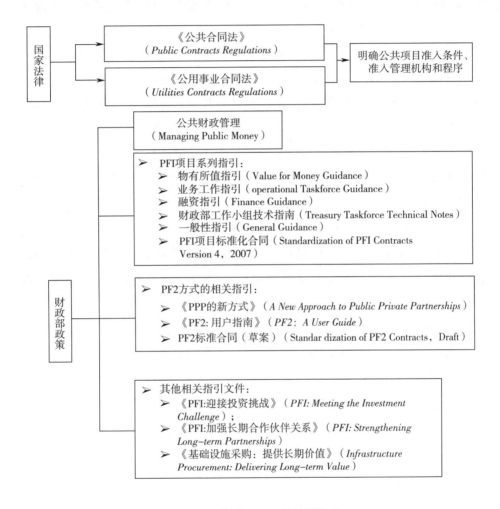

图 8 - 4　英国 PPP 法律政策体系

③ PPP 准入机制

第一，准入规则。在准入范围方面，自从提出 PFI 模式之后，英国私人部门通过公私合作几乎涉及所有公共领域，包括公路、铁路、桥梁、监狱、医院、学校、政府建筑物、国防、社会保障支付体系等。最新的PF2 模式的推出，更是提出加强对学校、医院等基础设施领域的公私合作，鼓励优先进行私人融资建设学校的项目。

在准入主体方面，《公共合同法》第 1 章第 4 条明确公共项目准入主体——经济运营商（Economic Operators），为公共项目承包商或服务提供方，国内外经济运营商公平、透明竞争，也可组成联营体，只要具备规定的准入条件就可参与投标。准入条件如下：一是《公用事业合同法》均在第四章（PART 4 Quafication and Selection of Economic Operators）中明确规定了拒绝和选择合作伙伴参与公用事业的资质标准，涉及经济和财务状况、技术和专业能力。二是《公共合同法》第 4 章第 24 条（Information as to Economic and Financial Standing）规定，公共部门组织招标时，私营部门在经济和财务状况方面应提供：（a）与私营部门往来银行或其他适当机构提供的相关风险赔偿保险的证明；（b）与私营部门业务相关的账户申明或摘录，即在私营部门所在州的法律规定的声明发布；（c）在适当情况下，一份包括前三个年度的财政说明，比如私营部门的总营业额，公共合同中相似类型的工程或服务的合同总额；（d）所依赖的其他经济实体或联合体内成员的能力；（e）私营企业或联合体要提供有必要可行的资源以履行合同的证明，尤其是来自于其他经济实体的承诺证明。三是《公共合同法》第 4 章第 25 条（Information as to Technical or Professional Ability）规定，在技术和专业能力方面主要考虑私营部门的技能、经验、效率、可靠性四个方面，要求私营部门主要提供以下证明材料：（a）过去 5 年的项目经历，以及成功完成每个项目的主要工程；（b）技术人员或服务可靠性的证明，拥有可靠的技术性人员和专业服务，尤其是质量控制人员；（c）关于项目的设施设备或服务的购买，应提供供应商证明，包括专业设施设备、质量保证措施等，若由于特殊原因，项目所需的设施设备较复杂或特殊，则应由公共部门或其委托代表进行检查；（d）私营部门的专业资质资格；（e）环境管理措施；（f）过去三年职工和管理人员的年平均人数；（g）专业的设施设备、工器具列表；等等。

第二，准入管理机构。英国采取中央集权化管理与地方、行业监督联合的管理模式实施 PFI，英国整个 PPP 管理机构是围绕财政部设置，财政部负责针对 PFI 政策纲领的制定，比如在财政部下成立项目审查小组（Project Review Group，PRG），对 PFI 项目进行审查监督等。上面提及的英国基础设施委员是财政部下设的一个机构，其组成成员除了财政部人员之外，还包括私营部门代表和其他政府部门人员，主要负责向政府提出英国长期的基础设施需求建议与支持重大项目和计划的商业建议，内阁办公室下的效率与改革组则主要通过促使节约成本、注重增长，以支持政府服务转型，同时，英国财政部与地方政府协会共同成立了地方合作伙伴关系作为专门针对地方的 PFI 单位，为地方政府提供 PPP 项目技术援助和评估服务。

第三，准入程序。英国的政府采购体系及运行规则比较完善，包括采购决策、采购监管、采购招投标三个部分。采购在财政授权支出范围内，且向议会负责，各部门根据本部门需求提出采购决策，财政部通过预算提出未来三年内每年公共支出"总额控制"预算，作出分配建议，提交议会审查后批准预算，各部门正式获得财政支出授权。在英国 PPP 项目中，私营伙伴的选择必须通过竞争的方式选择，《公共合同法》第 3 章（Procedures Leadings to the Award of a Public Contract）对政府部门采购项目规定了四种招投标制度：公开招标、限制性招标、竞争性谈判、商谈。一般的采购流程是：资格预审——编制招标文件——发出招标文件——现场考察——对投标书的修改——疑问及答复——提交标书及接受标书——开标——评标——签订合同。但复杂的 PPP/PFI 项目无法通过公开招标或限制性招投标时，采用竞争性谈判的方式，公共部门为选择出最佳方案和最合理的竞标人，在进行资格预审之后，与通过资格预审的竞标人关于项目的任何方面进行谈判，最终选择最合理的中标者，采用竞争性谈判的评价标准只能是经济上最优。无论采用哪种方式，都要严格遵守准入流程：（a）由项目发起人（政府部门）对 PFI 项目进行可行性评估，主要考量财政承受能力，向上级主管部门或地方 PFI 小组提交经营状况草案（Outline Business Case，OBC）；（b）草案通过核准后，由项目发起人在欧盟官方期刊上发布合同通知，通知中明确项目具体信息、招标方式、评价标准等，进入招标阶段；（c）对投标人进行资格预审，采取竞争性谈判的项目，要求公共部门与资格预审合格的投标人分别进行谈判，谈判之后由投标人提交最终的投标书，且不得有实质性的修改，至少要两个以上投标人提交最终投标书，以形成竞争，组织评标，投标人对标书进行澄清和补充；（d）选择最终最佳的中标者，项目发起人向上级主管部门或地方政府 PFI 小组提交项目符合 VFM（Value for Money，物有所值）的说明，通过核准之后签订合同。此外，公共部门也可邀请主动提出建议的私营部门在初期参加设计比赛，若私营部门建议具有独特性，政府可采取单一投票的方式。

综上所述，在英国，PFI 准入条件和评价标准在招标信息中由政府部门提出，并明确私营企业需要提供的证明材料，投标者在提交资格预审材料时提供证明，通过资格预审判断投标者是否符合准入标准。对于 PPP 模式来说，准入流程中的可行性评估、资格预审、谈判是最重要的步骤，PPP 项目的可行性评估合理与否直接影响该项目的成败，对于公共项目来说，PPP 模式是应当考虑的模式，但并不是所有的项目都适合采用该模式，因此，项目发起人进行项目评价时，应注重是否能提高公共项目供给效率、降低政府成本，符合 VFM 标准，这一做法最后也被其他国家重视并借鉴，比如中国香港。而在资格预审时，不仅要对私营企业的条件进行审核，更要对其证明材料的真实性进行复核，因此在签订合同之前，往往会对企业条件再次进行审查，以避免在合作过程中产生纠纷甚至项目中断。谈判对于公私合作双方来说，都是有利的，一方面企业对于项目要求和标准有了深入准确的理解，提高公私合作效率，另一方面政府就项目的风险和成本，双方权利和义务等具体内容与私营企业进行谈判，有助于降低政府成本，提高项目或服务的质量和效率，是保障公众利益的重要途径。

（2）澳大利亚 PPP 准入机制

澳大利亚在 20 世纪 80 年代开始在基础设施领域采用 PPP 模式，公私合作伙伴关系在澳大利亚也被称为公私合营伙伴关系。在早期，澳大

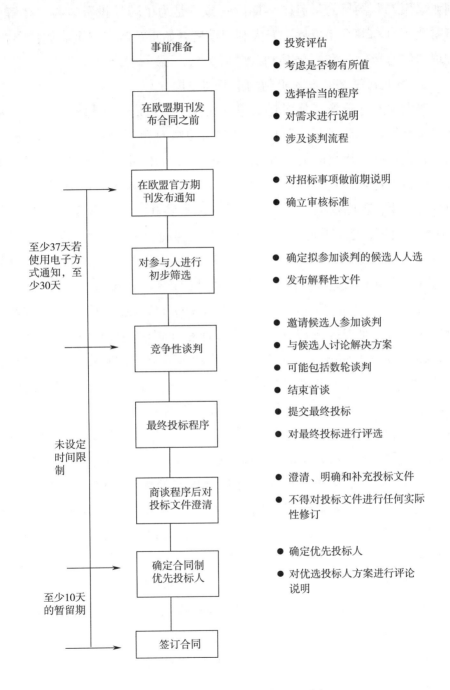

图 8-5　竞争性谈判方式的 PPP 流程

利亚采用 PPP 的目的与英国早期的一致，是为了转移投资风险，缓解政府财政压力。2000 年以后，澳大利亚政府开始重视政府与企业优势结合，实现"物有所值"和"公共利益最大化"。

① 澳大利亚 PPP 准入机制的来源与发展

澳大利亚行政管理分联邦、州、地方三级政府，联邦政府与州政府之间没有行政隶属关系，且联邦财政与州财政预算管理体制相对独立，但地方政府接受州政府的行政领导，各自负责不同领域的基础设施，联邦政府主要管理国防、贸易、大学教育、社会保险、洲际基础设施等，州政府主要管理医疗卫生、治安、城市供水供电、州内交通、市政建设、中小学教育等，地方政府主要负责城市规划实施、社区管理、垃圾处理等。

联邦政府投资项目采用 PPP 模式时，适用联邦财政和放松管制部发布的《澳大利亚政府利用 PPP 政策原则》（*Australian Government Policy Principles for the Use of Public Private Partnerships*），该原则于 2001 年制定，2007 年修订，是根据《1997 年财政管理和问责法》（*Financial Management and Accountability Act* 1997）制定，2004 年联邦政府成立国家 PPP 政策咨询委员会和国家 PPP 论坛（National PPP Forum），国家 PPP 论坛成员来自各州和联邦政府，为各州政府设立资源共享、统一、协调的合作平台，以降低交易成本，实现物有所值。2008 年联邦议会组建澳大利亚基础设施委员会（Infrastructure Australia，IA），主要负责向 PPP 参与方提供基础设施发展需求，重大基础设施项目的优先顺序、政策、定价、监管等信息。2008 年颁布了《国家 PPP 政策指南》（*National Public Private Partnership Policy and Guidelines*）作为针对 PPP 的权威政策，适用于各州各种类型的项目，替代了以往各州已有的关于 PPP 指南或政策文件。通过在 IA 官方网站查阅该指南予以了解，国家指南包括十部分：国家 PPP 政策框架（National PPP Policy Framework）、国家 PPP 指南概述（National PPP Guidelines Overview）、采购选择分析（Volume 1：Procurement Options Analysis）、从业者指南（Volume 2：Practitioners Guide）、社会性基础设施商业原则（Volume 3：Commercial Principle for Social Infrastructure）、公共部门比较指引（Volume 4：Public Sector Comparator Guidance）、折现方法（Volume 5：Discount Rate Methodology）、管辖权要求（Volume 6：Jurisdictional Requirements）、经营性基础设施的商业原则（Volume 7：Commercial Principles for Economic Infrastructure）、商业准则的适用方法（Roadmap for Applying the Commercial Principles）。《国家 PPP 政策指南》统一了 PPP 的准入标准，并确保对 PPP 项目准入机制进行严格监管，要求计划投资超过 5 000 万澳大利亚元的项目必须将 PPP 模式作为备选方案，进行 PPP 可行性评估，若低于此门槛，但符合物有所值原则的项目，采用公私合作时需要经过主管部门批准。全国性指南允许各州作出少量补充，比如 PPP 项目审批程序和步骤，由各州自主决定审批部门。因此，自 2009 年 1 月，澳大利亚各州的 PPP 准入首先应适用国家 PPP 政策和指南，在允许范围内重新发布管辖区内针对 PPP 模式的规定。

② PPP 法律政策体系

澳大利亚维多利亚州在 2000 年率先发布了《维多利亚合作伙伴政策》（Partnerships Victoria Policy），标志着澳大利亚 PPP 模式的发展，提出了在公共基础设施和公共服务领域采用 PPP 模式的政策框架。2003 年维多利亚州又颁布了《合同管理政策》（Contract Management Policy），标志着维多利亚州对公私合作过程中的合同管理的重视，2007 年《政府公示政策》（Public Disclosure Policy）提出为实现公众监督，政府需要对每个 PPP 项目进行公示。维多利亚州对 PPP 的指导包括四个方面：政策、指南、建议注释（Advisory Note）和技术注释（Technical Note），但都没有建立相对完整的 PPP 准入机制。

在 2009 年国家层面的《国家 PPP 政策指南》生效之前，各州都如同维多利亚州各自制定相应的 PPP 规则，在准入规则和标准、程序方面都存在较大的不同，全国性指南的颁布统一了各州的 PPP 准入机制，但允许各州在 PPP 适用范围、公共利益判断、发布平台、合同管理等方面与国家政策有一定偏差，见图 8 - 6。

③ PPP 准入机制

第一，准入规则。在澳大利亚，对于任何超过 5 000 万美元的项目，澳大利亚联邦、州和地方政府都将考虑采用 PPP 模式，但低于 5 000 万美

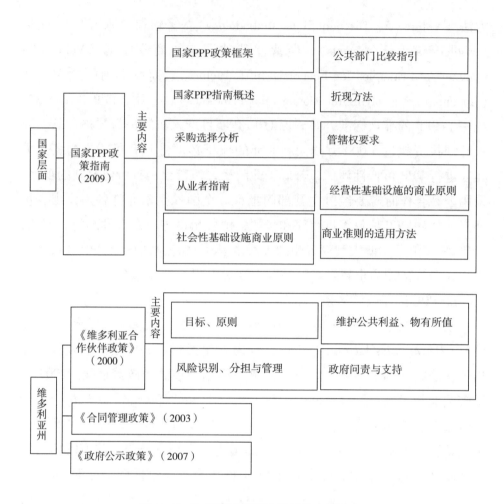

图 8 - 6　维多利亚州 PPP 政策的主要内容

元的也可能是潜在 PPP 项目，《国家 PPP 政策指南》的第一卷采购选择分析部分第三章提出，一个项目若采用 PPP 模式，应具有以下特征，以实现物有所值：一是复杂风险状况和风险转移的机会。进行更严格的风险评估和转移给私营部门的风险最好是能够管理的，包括那些涉及指定服务、资产所有权和全寿命资产管理。二是采取全寿命的方式进行成本分析。在一方责任下，全面整合前期设计和建设成本，包括服务支付、运营、维护和翻新成本。通过该方式效率可以得到提高。三是创新。PPP方式侧重服务标准，更有助于通过竞争的方式来激励私营部提高创新能力以满足这些服务的要求。四是可衡量的产出。服务的性质决定了产出的标准和以绩效为基础的合同。五是较高的资产利用率。通过潜在第三方和满足标准的高效设计以降低政府成本。六是更好地整合设计、建设和运营的要求。对后续运营、维护、翻新的要求是私营部门在合约期内承担的主要合同义务。七是竞争性的选择过程。竞争市场和竞争过程有助于鼓励私营部门在满足政府成本目标的情况下,创新支付服务的方式。

根据澳大利亚《国家 PPP 政策指南》第二卷从业者指引部分第四章规定,PPP 准入主体,即私营部门包括私营企业或组成联合体,在政府公共部门发出建议书邀请时应明确私营部门的准入条件,包括一般条件、经验和能力、融资和资金能力、其他条件四个部分。一般条件:理解项目目标和政府对项目的要求;理解项目关键问题的挑战,并提出解决问题的方法和建议;具有在管理协调项目接洽人员的经验和能力,包括政府和关键利益相关者。经验和能力:主要负责 PPP 项目的私营部门的经验和能力;在当地或国际上成功设计、建设、融资、维护和运营主要基础设施的经验和能力,主要是指与基础设施或服务相关的项目、规模和复杂程度类似的项目;共同工作的联合体经验。融资和资金能力:提出商业结构,内部联合体风险分配,由母公司、联营公司和金融机构提供的金融支持;拟定资金结构;理解和接受公共部门所提出的风险分配和商业原则;具有相应的融资能力,可以完成项目相关的合同义务。其他条件:证明没有利益冲突。

第二,准入管理机构。在澳大利亚维多利亚州,州政府在议会下设立公共工程委员会,作为负责审批公共工程的常设机构,由联邦和维多利亚州议会的议员共同组成,州政府提交的立项建议经公共工程委员会审查后,必须报经议会全体大会批准,最终完成对大型公共工程的项目审批。对重大公共项目成立专门的监管机构,比如州政府为了建设和监管东联高速公路建设项目,成立了东南部地区集成交通局,主要代表政府实行以下职责:设立 PPP 项目招标投标机制、组织实施招标投标活动;签订特许权转让合同等相关法律文件;实施工程设计变更等工程审核工作;向土地所有者支付土地使用费;协调项目建设运营过程中的公众、环境和法律等问题等，在项目运营两年后，维多利亚州公路局接管项目的相关日常管理监督工作，集成交通局的职责宣告完成。

第三，准入程序。在维多利亚州，公共工程委员会制定的政府采购法律法规对招投标范围、程序和公共部门职责做了严格规定，比如纳入招标范围的合同标准，凡是合同金额小于 5 000 澳大利亚元的项目，必须有两个报价；合同金额在 5 000 澳大利亚元到 6 000 澳大利亚元之间的项目，必须有三个书面报价；合同金额超过 6 000 澳大利亚元的项目，必须有三个书面报价或进行公开招标；合同金额超过 20 万澳大利亚元，则必须进行公开招投标。此外，任何有私营部门参与的大型公共项目（投资在 600 万澳大利亚元以上）一律实行公开招标，大型基建项目均先经维多利亚州政府批准，才可邀请私营部门表明投标意向和向入围的投标者发出工程计划说明书。《国家 PPP 政策指南》的指南概述部分第四章第三节明确规定了 PPP 准入程序，如图 8 - 7 所示。

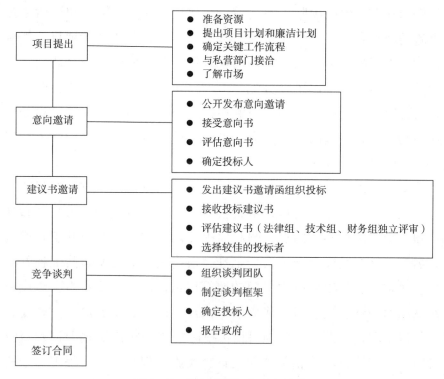

图 8 - 7 维多利亚 PPP 准入流程

维多利亚州 PPP 项目准入包括以下四个阶段：一是项目提出阶段。项目投资和采购计划通过审批之后，由公共部门准备资源，提出项目计划和廉洁计划，着手制定关键工作流程，与私营部门接洽，了解市场。二是意向邀请阶段。主要包括公开发布意向邀请，对收到的意向书进行评估，列出参与竞争的投标人。三是建议书邀请阶段。向合格的投标人发布建议书邀请函，在邀请函中列明项目情况（如项目背景、目标、功能描述、参与的公共部门信息等）、项目范围和时限、风险分配、支付机制等资金和商业信息，以及评价标准。评估投标人提交的建议书，政府有关部门成立评标委员会，委员会由法律、技术、政府部门等专家组成，评标活动按不同专业分小组进行，每个小组分别开展工作，并且独立作出评审决定，小组包括法律组、技术组和财务组，最后选择较佳投标人。四是竞争谈判阶段。组建谈判团队，制定谈判框架并向政府报告，通过与上一阶段选择的私营部门谈判之后确定最后的中标人，签订合同。与英国相同之处是，对私营部门经济、技术等准入条件的审查是在投标阶段进行，意向邀请阶段和项目建议书阶段是对维多利亚州私营部门来说重要的准入阶段，政府通过意向邀请之后确定有资格提交项目建议书的投标者，一般情况下确定三个，以保证竞争性，根据前面从业者指南对准入条件的相关规定可知，在项目建议书阶段政府要对私营部门的以上准入条件进行评价，作为选择合作伙伴的依据之一。在维多利亚州，由政府委派的廉洁审查员对整个 PPP 准入的过程实行监督审查，各投标单位的投标文件送达后，由廉洁审查员在每一页投标文件上签字确认，锁进保险柜，以确保文件的原始性。

（3）新加坡 PPP 准入机制

新加坡的公共项目领域从 20 世纪 80 年代中后期才开始允许私营企业进入，20 世纪 90 年代末进一步放宽准入门槛，2003 年新加坡公共事业局提出的大士海水淡化装置项目是新加坡第一个以 PPP 模式完成的公共项目，由此引入 PPP 模式。

① PPP 法律政策体系

新加坡财政部（Ministry of Finance，MOF）在 2004 年颁布《公私合

作伙伴手册》（Public Private Partnership Handbook），为公共部门和私人部门提供对 PPP 项目的结构和管理指引，2012 年 3 月财政部颁布的《第二版公私合作伙伴手册》（*Public Private Partnership Handbook Version 2*，以下简称《PPP 手册》）最大的特点是在公共部门 PPP 管理团队中增设了咨询顾问机构——CP2M。《PPP 手册》共包括四大部分：PPP 介绍（Introduction to Public Private Partnership）、PPP 协议构成（Structuring a PPP Deal）、PPP 采购过程（PPP Procurement Process）、PPP 关系管理（Managing a PPP Relationship）。其中《PPP 手册》第二部分明确公共部门在 PPP 模式中的责任和准入管理机构的组成以及私营部门的准入条件，第三部分规定了相应的 PPP 准入程序，如图 8 - 8 所示。

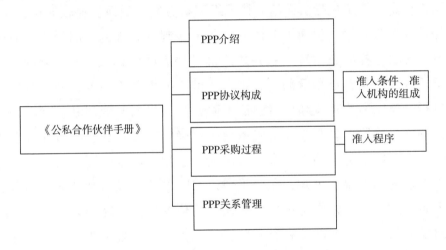

图 8 - 8　新加坡 PPP 法律政策体系

② PPP 准入机制

第一，准入规则。新加坡在采用 PPP 模式初期，主要针对大型投资项目，比如投资额超过 5 000 万新加坡元的公共项目，准入范围包括体育设施、焚烧厂、主要的 IT 基础设施项目、教育设施、医院、高速公路和政府办公大楼等。随着 PPP 模式的推广和逐渐成熟，先后有新加坡海关交易网、新加坡体育中心、工艺教育西区学院等 PPP 项目，新加坡政府对实施 PPP 模式的公共项目领域不再设置过多限制，只要求符合三个条件：实现 VFM、政府有能力承担、项目有足够的利润造成竞争。目前新加坡的学校或医院项目的维护、管理、保安等服务采用 PPP 模式，但核心教育和医疗服务仍继续由公共部门提供。

新加坡的《PPP 手册》第二章规定了计划参与 PPP 项目投标的私营部门应当具备以下能力：一是理解公共部门提出的 PPP 模式及对自身收入、成本和现金流的影响；二是识别业务机会并提出创新的解决方案，可以满足公共部门需求；三是理解 PPP 模式中私营部门的责任和义务；四是识别最低成本的融资来源；五是提出的方案和定价能保证在维持企业利润率的同时，满足政府实现 VFM 的目标；六是项目管理水平能保证项目满足既定的性能标准。

新加坡《PPP 手册》与英国、澳大利亚的不同之处是在对私营部门制定准入条件的同时，也对政府部门在专业和管理能力方面提出相关规定。公共部门的 PPP 项目管理水平及相关的法律、金融等能力的具备，对于选择最佳私营合作方有重要作用，也真正实现了公私合作伙伴关系的本质，避免了公共部门因专业知识和管理水平的缺失而受私营部门的牵制。而对私营部门准入条件的规定与其他发达国家不同的是，对技术方面的要求较少，更多要求私营部门有对市场机遇的把握能力，这也是政府较弱的一点，私营部门能充分了解项目和市场金融，将有助于以最低成本满足公共部门的要求，也符合 PPP 实现公私双方资源有效配置的目的，有助于提高 PPP 合作效率。比如在《PPP 手册》第二章第二节明确规定公共部门和私营部门都应当同时具备 PPP 协议中金融、法律、技术三方面的专长和知识。

第二，准入管理机构。财政部是新加坡 PPP 政策的制定部门，并负责对 PPP 项目的提议作出评价。同时在财政部下设置了战略采购单位（Strategic Procurement Unit，SPU），在公共部门选择合作伙伴时提供建议。在项目层面，由政府官员组建 PPP 项目管理团队，主要由以下五个部分组成：PPP 项目指导小组/委员会（Steering Group /Board）、项目发起人（Project Sponsor）、项目管理人员及其团队（A Project Manager and the Project Team）、项目子团队（Project Sub – team）、公共项目管理中心（Centre for Public Project Management，CP2M），如图 8 – 9 所示。

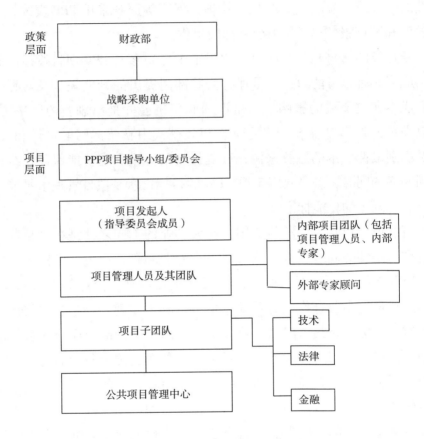

图 8-9 新加坡 PPP 管理机构组成

其中，PPP 项目指导小组/委员会成员主要是 PPP 项目的决策者，主要包括高管，如常任秘书（Permanent Secretaries，PS）、执行长（CEO）、董事等；项目发起人也是项目指导委员会的成员，通常是高级管理人员且对 PPP 项目负责；项目管理人员及其团队包括内部职员和外部专家顾问，主要为公共部门在融资、法律和技术方面提供建议；如果项目需要，可能组建项目子团队，以解决调查规划、公众协商等具体问题，项目子团队必须具备技术、法律、金融方面的能力。新加坡的 PPP 管理机构设置与英国早期类似，PPP 的政策制定和项目评价等工作均由财政部负责，并在财政部下设有审查小组，如新加坡的战略采购单位、英国的项目审查小组，澳大利亚维多利亚州则是在州议会下设置了公共工程委员会，说明政府实施 PPP 项目时，对项目的可行性审查和评价是极为重要的，同时形成内部监督机制。

第三，准入程序。新加坡《PPP 手册》第三章明确了政府部门选择合适的合作伙伴的程序，除了要遵守本手册外，PPP 准入还必须遵守政府指导手册（Government's Instruction Manual，IM）关于选择性招标程序的相关规定。

政府采购部门（Government Procuring Entities，GPEs）在发出招标之前应先提出 PPP 项目方案，通过相关部门批准之后，在 PPP 顾问的协助下进行市场测试，在市场测试阶段不对私营部门的条件进行评估审核，GPE 主要通过市场测试获得市场对 PPP 项目的反应，重点思考关于 PPP 合同的重要方面，市场测试使 GPE 可以判断 PPP 招投标是可行的，足够吸引强大的潜在 PPP 投标人，之后在政府电子商务系统（Government Electronic Business System，GeBiz）中发布意向邀请函，标志着私营企业准入的开端，只有通过资格预审的投标人才能提交投标书，因此，意向邀请阶段就等同于招标中的资格预审阶段，GPE 在发布的意向邀请函中也包括资格预审文件，包括私营企业的金融、技术能力等准入条件及其评价标准，私营部门在回复意向邀请函时应根据评价标准，提供能够证明其准入条件的材料，GPE 在对潜在投标人进行资格预审之后，对项目评估进行细化，在 GeBiz 对潜在投标人发出招标通知时，将在招标通知中提供相关法律、金融、技术等信息，使潜在投标人更明确地理解 PPP 合同，降低双方误解和纠纷的可能性。在投标截止之前，有一个对于选择私营部门来说非常重要的环节——市场反馈，根据规定，市场反馈时间至少是 3 个月，即发出投标邀请至截止招标期间，GPE 与潜在投标人就投标人疑问、建议和能满足 GPE 要求的备选提议三个方面信息进行交流，允许 GPE 修改合同条款使其更可行，并解释通过市场反馈有助于公私双方理解 PPP 合同的条款及其对自身的影响，之后便由 GPE 发出最终招标文件，招标截止。下一阶段的任务是组建评标委员会，评估委员会成员不得与投标人有直接或间接利益关系，必须包括项目的关键利益相关者，且拥有技术/运营、商业、金融和高级管理代表，评标后确定两名或少于两名的潜在中标者，由 GPE 确定是否继续推选出最后中标人或重新投标，但若重新投标，必须获得审批管理局（Approving Authority）的批准，在确定最后的中标人之后，GPE 需要编制一份评估报告，详细说明推选中标人的理由，通过审批管理局批准后才可签订合同，PPP 准入流程到此才结束，私营部门正式参与公共项目领域。在新加坡 PPP 准入流程中，没有设计谈判阶段，但在投标过程中增设了不少于 3 个月的市场反馈阶段，在一定程度上相当于国外发达国家 PPP 准入流程中的公私谈判，合同的谈判和一定的修改在评标之前完成，同时允许私营部门提出更好的建议，这有利于保障私营部门利益，避免在签订合同前公私双方对合同的理解出现偏差，也为公共部门降低项目成本有重要意义，因此新加坡《PPP 手册》认为这是新加坡 PPP 准入的重要阶段。

2. 我国 PPP 准入机制

（1）香港 PPP 准入机制

香港是我国 PPP 模式发展最为成熟和规范的地区，香港政府在借鉴英国 PPP 模式的同时，结合自身的特点，成立了专门的 PPP 管理机构和相关政策。在准入条件方面，香港比英国的规定更加明确具体，与澳大利亚类似，关于准入规定的是在 PPP 指南中。

① PPP 法律政策体系

香港没有专门针对 PPP 的法律，而是通过相关政策和指引对 PPP 进行管理。《公营部门与私营机构合作的简易指引（2008 年 3 月第二版）》（以下简称《PPP 简易指引》）是总指引，《政府业务方案指引》指导制定业务方案，《香港特别行政区政府公共工程招标程序》指导政府部门进行 PPP 项目进行招标，《公共财政条例》提供政府融资指导政策。另有涉及土地的《土地法》《城市规划法》，针对合同管理的《合同管理用者指引》以及专门针对 PPP 项目合同管理的《PFI 和 PPP 项目合同管理指南》（参考），对政府部门进行廉政管理的政策包括《政策与实践（第二版）》《廉政公署政府外判工作防贪指引》。其中，《PPP 简易指引》对香港 PPP 准入规则和程序都作出了具体明确的规定。

② PPP 准入机制

第一，准入规则。香港 PPP 模式广泛应用于基础设施领域，如香港跨海隧道，是香港第一个典型的 PPP 项目，如今，香港政府及商界正研究拓展 PPP 应用领域，如文物旅游景点、污水处理厂、固体废弃物管理设施、家禽屠宰场、监狱以及电子政府服务等。香港鼓励各部门同等重视有私营部门参与的各种模式，根据是否能实现最佳的物有所值和高效的原则确定是否采用 PPP 模式，《PPP 简易指引》第一章第七点提出，一般以下情况下可采用公私合作模式：需要有效管理建设和移交过程中的风险，可以是一个单独的重要项目，也可以是由几个相同类型的项目组成。私营部门能成功转交一个合格公共项目，有充分的理由认为它将提供物有所值的公共项目。项目结构明确，能够使公共部门在合同中界定公共服务的成果，并保证整个建设移交过程在长期内是高效、公平及富有责任意识的。公共部门和私营部门间的风险和分配原则可达成一致并执行。公共项目/服务需要保证可以在长期内提供并发挥作用。项目的价值足以保证移交过程的经济可行性。

技术及其他方面在一定时间内稳定，不易受到外界短期变化的影响。许多项目要用到一些设备（比如医院）受外界影响很大，可将此部分与 PPP 合同分离。计划是长期的，资产的设计使用年限足够长。

另外，出现以下情况时，不利于采用公私合作模式，包括：公共部门不能明确定义公共产品的需求。由于技术变革的日新月异，难以定义需求。由于进行相关的技术整合需要涉及专利技术产权问题，很难代替原有的供应商。缺乏第三方融资，导致公共部门过于依赖与私营部门合作，以及由于尽责总是导致管理范围过窄。与项目移交相关的日常运营占据了项目移交成本的大部分，且这部分成本没有和前期融资实现均衡。

在香港，采用公私合作模式要求考虑诸多公共管理方面的标准：包括社会责任、透明度、公平、公众参与、消费者权益、公共安全、隐私、利益相关者或群体的权益。公共部门选择私营机构时，在资格预审和征求建议书阶段，要求投标人或联合体提供相关信息的详细说明，包括：

项目资产报表的详细更新及更新时间；合适的风险分担；项目职员的雇用条款；恪守道德行为规范的承诺说明；联合体成员的相关工作经验；主要员工的资质及经验；提出可能的利益冲突及缓解措施；廉洁方面的问题；联合体成员的财务状况；遵守劳工条例的记录；交付方式与方法；创新记录；基于联合体报酬率的思路。在签订合同之前检查并证实投标人的能力、经验、专业、财务状况及可靠度等。此外，委托部门在评标阶段对投标人实行廉洁检查，即对投标人现阶段和前阶段的以下内容进行检查：财务稳健性，比如任何一项坏账记录或破产等；专业性的引导，比如任何职业不端行为，犯罪记录，或严重的合同违约等；道德行为规范，比如任何未满足法律义务（如逾期未缴的税款）、对非技术工人的剥削、欺诈/贪污等。

PPP 模式的目标都是为了实现 VFM，与英国《公共合同法》和澳大利亚《国家 PPP 政策指南》中规定的 PPP 准入条件相同的是，都主要针对财务和经济、技术能力两个方面进行考量，公私合作在减轻了政府提供公共项目的财政压力，也将项目的一部分风险转移给了私营部门，财务和技术是对于一个项目来说最基本的能力，满足这两点是实现私营部门准入的基础条件，也是重要条件。且香港与澳大利亚一样，要求私营部门针对项目提出可能的风险或纠纷，并提出解决方案，这有利于政府能更全面真实地了解私营部门是否能成功交付公共项目，以选择更适合的合作伙伴，这对于 PPP 应用还不够成熟的国家或地区来说更加重要。

第二，准入管理机构。为规范公共工程公私合作，香港政府于 1992 年成立了香港效率促进组（Efficiency Unit），直属政务司司长办公室，对香港的公共项目公私合作起主导作用，负责咨询顾问及制定相关指引政策等。同时由政府委托部门、其他各部门成员、私营部门专家/顾问共同组成了一个项目指导委员会（Project Steering Committee，PSCom），具体负责 PPP 项目层面，并任命一个合同管理者作为投标人或联合体的单独接触人，项目指导委员会主要报告政府委托部门及提供建议、监管项目全过程并作出主要决策等工作。PPP 项目还涉及政府多个部门的参与，立法会在公私合作中具有重要作用，包括：详细审议并考虑项目建议书，反映市民意见和向政府当局提出相关意见，根据公共财政规定批准融资建议书，考虑包括附属法例在内的立法提案；土地总署和计划署对土地进行授权批准及土地使用规划；律政司负责起草采购文件或合同，对公私合作中的法律方面问题提出建议等；建筑署为项目提供技术支持、进行技术可行性研究，并在合同期限内协助监督；廉政公署对项目进行监督，建立防贪污机制。香港 PPP 管理机构设置如图 8 – 10 所示。

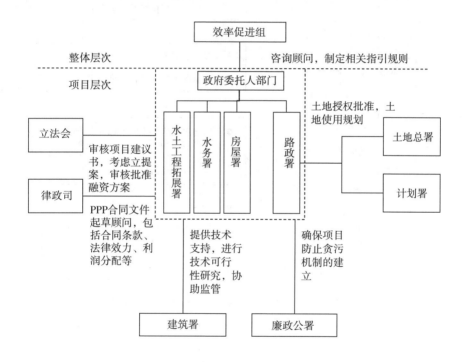

图 8 – 10　香港 PPP 管理机构

　　第三，准入程序。香港政府在制定《PPP 简易指引》前，全面调研英国、澳大利亚等国家的 PPP 模式，并对其医疗、监狱、学校等项目案例进行深入分析，为香港公共项目领域提供借鉴，通过效仿英国成熟的 PPP 准入流程，结合香港特点，香港政府在 2008 年制定的《PPP 简易指引》附录 C 中，明确了 PPP 项目流程，如图 8 – 11 所示。

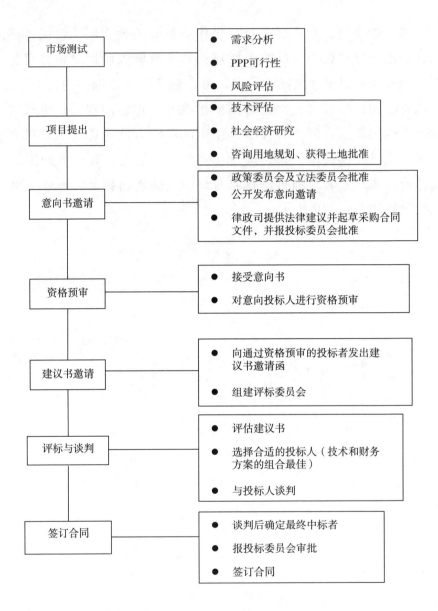

图 8-11 香港 PPP 准入流程

    政府选择公私合作伙伴的关键步骤主要包括：进行市场测试。进行需求分析及 PPP 项目可行性研究分析，明确所需服务和设施，对项目进行风险评估，明确相关的公共部门成本及寻求政策支持。接受来自私营部门的项目意向书。对已提交项目意向书的私营企业进行资格预审。对通过预审的私营机构发出项目建议书邀请函。排除不满足强制性基本要求的建议书。对建议书进行评估。将建议书与公共部门比较基准相比，与投标人（技术和财务方案的组合最佳）谈判，在谈判中施以投标人竞争的压力。向相关的评标委员会推荐首选投标者。确定最终中标者，通过投标委员会审批后，签订合同。

在香港《PPP 简易指引》中，明确规定政府提出的 PPP 项目必须通过竞投标程序，但是如果建议涉及知识产权且不存在竞争者，政府可采取直接委托方式选择私营机构。投标工作由委托部门负责，只有经过技术评估、社会经济研究，且通过用地审批，政策委员会及立法委员会批准之后，才能发出项目意向书邀请，组织招标。在采购阶段，由律政司提供法律建议并起草采购合同文件，起草基于产出的性能规定，采购文件编写后报请中央投标委员会批准，通过之后再建立标书评审委员会，其中包括必要的工务部门人员、技术专家、财务专家等，投标评审报告报财政司司长委任的中央投标委员会、工务投标委员会审批，价值超过 3 000 万港元以上的项目由中央投标委员会审批，3 000 万港元以下由工务投标委员会审批。

（2）西部地区 PPP 准入机制

① 西部地区 PPP 准入机制

我国西部地区 PPP 准入机制指标体系的建立主要有三个方面的依据：一是通过国内外文献综述；二是对我国西部地区 PPP 准入现状，以及国内外较完善的 PPP 准入机制进行研究；三是对相关政府部门和企业的访谈调研。在上述工作基础上，初步形成我国西部地区 PPP 准入机制指标体系，最后建立我国西部地区 PPP 准入机制指标体系。

通过对 PPP 逻辑关系的分析，从合作主体、合作环境和全寿命周期的建设经营三个序列建立 PPP 准入机制指标体系。通过文献综述，研究影响 PPP 成功的关键影响因素时发现，在合作环境方面，Bing Li、Esther Cheung 等都认为经济与政策环境是影响 PPP 合作效率的重要因素，Tricia Ragoobar 认为监管机制也不可忽略。此外，通过资料收集了解到，政府和公众对公私合作的满意度，以及信息的公开程度，也直接影响公私合作的效率。因此，对 PPP 项目来说，政策法律环境、经济环境、社会环境及市场监督等都是重要影响因素。在企业主体方面，资金实力是重要的准入条件之一，此外，在选择 PPP 合作伙伴时，研究学者认为的关键因素主要分为管理、资金和技术三个方面，具体包括：合作伙伴的财务稳健性、技术能力、管理水平和过去表现等。此外，通过对我国西部地区现有 PPP 准入条件研究，发现目前在西部地区，对私营企业的准入要求主要集中于资金实力和投融资能力两方面，也有部分地区提出对项目建设管理能力和履约信誉方面的条件，而在我国东部地区，如深圳，对准入公共项目的条件包括投融资能力、项目经验、管理和技术水平及企业声誉，相对西部地区来说比较全面，我国东部地区 PPP 模式经验比较丰富，对准入机制的条件设计相对更为完善。最后通过分析发达国家及我国香港的 PPP 准入机制，认为明确的准入管理机构和政策法律体系是 PPP 准入机制正常运行和提高合作效率的基础。综合上述分析，我们建立西部地区 PPP 准入机制指标体系如表 8 - 6 所示。

表 8 - 6　　　　　　　　　　西部地区 PPP 准入机制研究

序列指标	指标类别	因素
合作主体序列	政府主体	具备明确的合作部门
		政府部门的行政执行力度
		对项目的合作态度
		具备清晰的政府合作指南
		明确合作的项目审批流程
		政府的履约能力
	企业主体	企业的履约能力
		企业的融资能力
		企业的投资能力
		企业的社会责任、公信力
		企业的盈利预期
	公众主体	公众是 PPP 参与主体
		公众意见对 PPP 科学决策影响
		公众的支持对合作有效性影响

续表

序列指标	指标类别	因素
合作环境序列	政策法律环境	完备的公私合作法律体系
		激励的财政、土地和税收政策
		合理的定价政策
		政策的支持度
		特许政策的连续性和稳定性
		具有规范的招投标制度
		具有公证的纠纷协调机制
		适宜的政府财政担保机制
		合理的风险分担机制
		有效的退出机制
	经济环境	物价指数
		利率变动
		汇率变化
		税率或补贴
	社会环境	政府对合作的满意度
		合作各方的信息公开程度
		合作者内部信息的有效沟通与反馈
		公众对公共服务的满意程度
	市场监督机制	政府监管机制
		公众监督机制
		第三方监管机制
建设与运营序列	项目建设	项目公司的工程管理能力
		承包商的管理水平
		项目复杂性
		工程风险管理能力
		合同管理能力

序列指标	指标类别	因素
建设与运营序列	项目运营	政府对公共产品收入的分配权
		运营商的运营能力
		运营商的运营成本
		项目运营财务风险
		合理的价格协调机制
		项目的可持续运营
		政府收购的政策和条件

② 以重庆市为例研究我国 PPP 准入机制要点

探索重庆 PPP 项目的准入机制，主要依据上述准入三要素和重庆的具体实际环境，提出基本的准入框架。

第一，准入规则。国内外 PPP 模式准入范围包括交通、能源、水处理、垃圾处理、通信、医疗、学校、监狱、国防等诸多领域，采取 PPP 模式应考虑该模式是否比单独由政府提供更能实现物有所值，以及私营企业可以实现管理、技术、理念创新等方面的因素。重庆市的 PPP 模式仍处于探索阶段，医疗、监狱、国防等领域比较适用于 PPP 发展环境良好、模式应用较成熟的地区，交通、供电、供水、文化教育、卫生事业、环境保护等技术性工程设施和社会性服务设施领域是西部地区的重点发展领域，也是相较东部中心城市发展落后的领域，政府承担着经济和文化发展、基础设施发展的多重财政压力，目前我国 PPP 模式的应用也主要是在交通、能源、污水处理等行业，因此基础设施领域是重庆市 PPP 准入的主要范围，允许国内外已经从事或有能力从事相关领域建设、经营活动的企业或联合体进入。

在准入条件方面，重庆建立 PPP 准入的关键条件包括企业履约能力、投资能力、风险管理能力、运营能力如表 8-7 所示。

履约能力：PPP 项目与一般的项目区别在于它的公共性、长期性特点，企业的履约能力相对其他条件更为重要，是公共部门与私营部门达成合作的首要前提，政府部门如果对企业的履约能力评价不全面，将导

表 8 – 7   重庆市 PPP 准入的主要条件

准入条件	企业履约能力	专业技术水平	风险管理能力	投融资能力
详细组成	(a) 企业资质 (b) 历史资信记录 (c) 企业信誉度、社会责任感和公信力 (d) 企业偿债能力（如资产总额、资产负债情况） (e) 财产运营能力（如银行信贷证明、财务报表数据） (f) 盈利能力（如资本金利润率、营业收入利润率、成本费用利用率）等	(a) 专业技术管理人员的可靠性 (b) 设施设备 (c) 历史业绩 (d) 同类型项目经验等	(a) 项目风险管理方案 (b) 内部联合体的风险分配 (c) 由母公司或联合公司、金融机构提供的金融支持证明等	(a) 资金总量 (b) 年度投资 (c) 银行授信 (d) 项目贷款（或融资）意向书、承诺书等

致在后面的合作过程产生纠纷、合作难甚至毁约的后果，因此，对企业履约能力的限制最为严格，这也是国内外成熟的 PPP 模式中强调的条件之一。企业的履约能力包括投标行为能力和责任能力两方面，投标行为能力要求企业满足企业资质、业绩等相应资格的招投标最低要求，这也是市场准入的必要条件，而企业履约责任能力则最重要，通过企业提供的财务报表等材料衡量，即指企业信誉度、社会责任感和公信力，具体考量的指标包括偿债能力（比如资产总额、资产负债状况）、财务运营能力（银行信贷证明、财务报表）与盈利能力（资本金利润率、营业收入利润率、成本费用利润率）。

专业技术水平：私营企业进入公共项目市场，必须具备相应的专业技术能力，以承担 PPP 项目的建设或经营，是参与 PPP 项目的基本要求。企业的专业技术水平主要从人员、设施设备、业绩和项目经验四个方面衡量，包括企业专业技术管理人员和设施设备是否满足公共项目要求、历史业绩。PPP 项目是特殊的项目，也是大型的长期合作的项目，因此企业的 PPP 项目经验是重要因素。

风险管理能力：PPP 项目具有寿命周期长、投资大等特点，决定了它的风险比一般项目大，政府在合作时不对企业提供担保，因此要求合作企业有较高的风险管理能力，在合作之前，企业应当充分理解项目目标及合同要求，以保证潜在投标者对政府要求有充分的认识，双方的PPP 项目和合同信息完全对称，也保障了合作双方的利益。

风险管理能力是指企业对风险的识别、评估、应对的能力。政府在项目立项时提出项目风险分担方案，企业参与招投标时要求对政府提出的风险分担认可，并在方案中提供风险应对方案。

企业的投融资能力：PPP 项目需要大量资金投入，这也是引入私营企业参与的原因之一，选择一个强大的私营财团使 PPP 项目的资金有保障，也缓解了政府财政压力，同时能够获得成本较低的融资来源。企业投融资能力是指结合社会资金供给状况、自身盈利水平及发展战略，在适当的时机以适当的方式筹集资金的能力。企业的投资能力可通过投资总量来描述，包括企业的资金总量、年度投资。融资能力证明除母公司或联合公司、金融机构提供的金融支持证明外，还包括项目投标人的银行授信，以及项目贷款（或融资）意向书、承诺书等。

第二，PPP 准入管理机构。目前，重庆市项目的审批、招投标都需要发展改革委、财政局、审计局、监察局等各个政府部门的参与，而且各主管部门在职权上处于同等的层级，PPP 项目由任何一个部门专门管理都难以规制，若缺乏一个高层部门来管理，则 PPP 项目的工作在部门间的职权易界限不清，因此，PPP 专属管理机构的建立势在必行。

重庆市 PPP 准入管理机构的设置可以分两步推进，首先在发展改革委下成立一个专门的 PPP 管理委员会，该机构直接向分管公共项目建设的副市长负责，待 PPP 模式发展成熟后可在市政府下成立独立于其他政府部门的专属机构。PPP 专属机构负责对公共项目公私合作的统一领导，各主管部门受 PPP 专属机构的领导，该专属机构可命名为公共项目公私合作（PPP）管理委员会（简称 PPP 管理委员会）。

对于复杂大型的 PPP 项目，在必要时可成立 PPP 项目小组。小组成员包括政府委托部门成员、其他相关部门成员、私营企业和法律、技术等方面的专家以及公众监督机构，分别承担其相关职能部门下的工作。

其他职能部门协助履行相应职责，其中财政局负责初步审核项目可行性研究，并提供建议，再报发展改革委审批，发展改革委负责审批项目立项、可行性研究、初步设计概算等，并配合组织招投标；规划局与国土资源局负责提供土地使用规划和城市规划、土地审批等，并参与招投标。审计局负责项目审计监督，以及出具审计报告。监察局负责廉政建设，对政府参与人员进行廉政监督，并参与项目招投标。在公众参与机制方面，公众监督是实现公众参与的重要手段，公众监督的改善可以通过政府和咨询机构双重监督机制实现，一方面，由审计局对 PPP 项目进行监督，出具审计报告并公示；另一方面，市场应该鼓励专业的 PPP 咨询机构发展，代表公众进行独立的 PPP 审计。重庆市 PPP 管理机构设置如图 8 – 12 所示。

PPP 管理委员会设置说明：一是 PPP 管理委员会的人员设置，设置一名委员会主任统筹领导 PPP 相关工作；设置三名副主任，一名负责 PPP 政策指南的制定和对政府机构改革的研究，一名负责 PPP 项目实施的技术指导和咨询服务，一名负责 PPP 模式的推广、国外 PPP 研究以及对 PPP 项目的监管；在每一名副主任下设置两名 PPP 管理专员。二是 PPP 管理委员会主要职责：（a）在政策层面上使 PPP 规范化、具体化。制定 PPP 相关实施指南，也包括准入手册，建立 PPP 准入机制，以便指导私营企业了解进入公共项目与政府合作的准入条件、评估标准、准入流程、准入领域以及相关负责部门等，为达成公私合作提供明确清晰的总指引。（b）营造良好的 PPP 环境，推广 PPP 模式的应用。与政府其他部门以及公众、私营企业充分沟通，促进各部门的协同合作，并研究其他国家的 PPP 模式，探索更好地实施 PPP 模式的政策和条件。（c）提供 PPP 相关技术和知识培训。一方面向政府计划实施的 PPP 项目提供技术支持和指导，另一方面推广 PPP 模式在重庆市的应用，可通过网络或现场方式负责相关信息的发布，并提供知识培训和指导，以促进社会公众和企业对重庆市 PPP 模式的了解。（d）负责 PPP 项目投标评审报告的审批，一般项目进行招投标后，提交投标评审报告报 PPP 工作专属机构审批。（e）对 PPP 项目监督、后评价。包括项目准入阶段的审批、招投标、

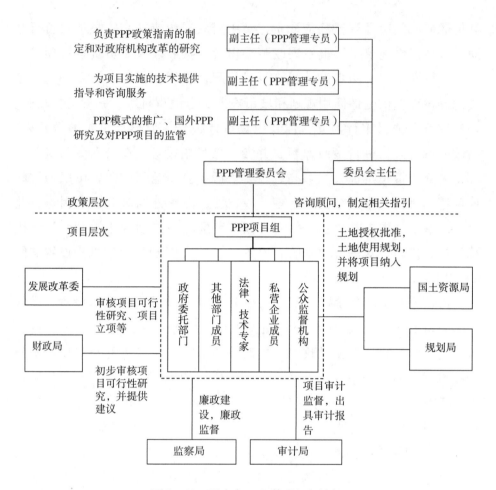

图 8 – 12　重庆市 PPP 管理组织构架

签订合同等行为是否按既定标准执行，并对项目进行后评价，重复评价准入机制设计是否合理，且不断完善。

第三，PPP 准入程序。基于 PPP 准入的竞争性原则，才能真正打破公共项目领域的垄断。重庆市应采用竞争的方式选择合适的合作伙伴，这样才更有助于激励私营企业提高自身能力，降低政府投资，提高公私合作效率，因此，公开招投标是 PPP 准入方式的首选。

在 PPP 准入程序中，意向邀请、市场反馈、谈判是三个关键步骤。意向邀请阶段是公开准入条件的环节，私营企业获得信息后的市场反馈阶段是关键阶段，一方面公共部门可对企业的准入条件进行审核，另一方面可以获得企业提出的相关建议，有利于实现 PPP 项目物有所值，同时双方就 PPP 项目目标和合同进行沟通，是信息沟通反馈的重要阶段，谈判阶段是对市场反馈阶段信息和潜在合作伙伴选择的确认，具体准入程序如图 8 – 13 所示。

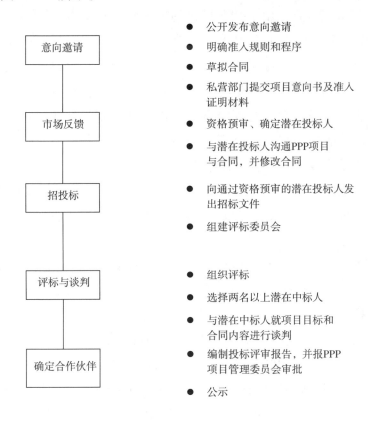

图 8 – 13　重庆市 PPP 准入程序

PPP 准入程序设计说明：

（a）意向邀请。重庆市政府在确定招标方案后在信息公开平台发出意向邀请，私营部门获取招投标信息后准备提交项目意向书，并主要针对准入条件和政府部门规定的其他条件提交相关证明材料，并就 PPP 项目提出能满足公共部门要求的建议。

（b）市场反馈。政府部门对提交意向书的企业进行评价之后选择潜在投标方，并组织潜在投标方进行市场反馈，与私营部门就 PPP 项目和合同内容进行沟通，私营部门的建议一旦被采用，PPP 项目组可对合同进行相应修改。

（c）招投标阶段。经过市场反馈之后，公共部门对符合条件（即通过资格预审）的企业发出投标文件，组织招标，并组建评标委员会。

（d）评标与谈判。由于 PPP 项目的特殊性、复杂性及合作的长期性，一般的招投标程序限制了 PPP 准入，为保证项目标准及风险分担等政府的具体要求能使潜在合作伙伴完全了解，减少双方在签订合同时的意见不一致，或降低双方在合作期内的违约率，在 PPP 招投标程序中增加政府与私营企业的谈判沟通过程是有必要的，评标委员会选择出两个以上投标人，由政府分别与其进行竞争性谈判，但在谈判阶段，合同主要内容一般不予以修改，最终确定合作伙伴。

第四，重庆市 PPP 准入运行机制设计。为保证 PPP 准入规则的实施，综合以上对重庆市 PPP 准入规则、准入管理机构和准入程序的分析，形成 PPP 准入运行机制。

PPP 准入运行机制涉及准入前的项目选择和审批、准入程序以及准入后的审批三个主要阶段：（a）在项目选择和审批阶段，政府委托部门在组织招投标实现准入之前，有必要对市场进行测试，并制定 PPP 项目可行性研究，提交给财政部门初步审核，并提出财政部分的相关建议后，报发展改革委下设的 PPP 管理委员会提出建议和意见，再由发展改革委审批，并获得国土局和规划局的土地批准、规划许可等，大型的 PPP 项目在通过审批之后，可由政府委托部门组建 PPP 项目组。由 PPP 项目组/政府委托部门确定自行或委托招标机构招标，招标方案经过 PPP 管理委员会的批准后，着手组织招投标，并草拟 PPP 合同。（b）进入准入程序，在信息公开平台上发布 PPP 项目意向邀请、明确私营部门准入规则和程序，包括市场反馈、招投标、评标与谈判。（c）确定合作伙伴之后，由 PPP 项目组/政府委托部门编制投标评审报告，报 PPP 管理委员会审批，并在信息平台上公示，公众无异议即可签订合同，如图 8 - 14 所示。

综上所述，重庆市 PPP 准入机制包括准入规则、准入管理机构和准入程序的设置。在准入前，涉及 PPP 管理委员会、财政局、发展改革委、

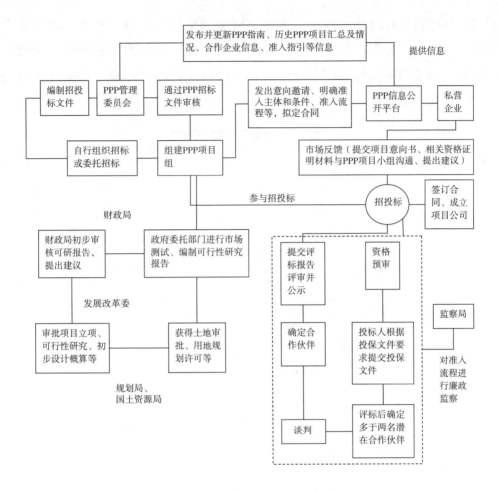

图 8 - 14　重庆市 PPP 准入运行机制

规划局与国土资源局等。在准入阶段主要由政府委托部门或由其组建的 PPP 项目组负责，PPP 管理委员会起指导作用，并负责招投标相关审核工作。准入规则的制定在制定招投标方案时确定，并在 PPP 信息公开平台发出意向邀请时公布，主要明确准入主体和准入条件、程序，私营企业在提交项目意向书时针对 PPP 准入规则作出回应，并提交相关证明材料，招投标阶段是对私营企业准入条件的审查阶段。

综上所述，重庆市 PPP 准入机制可分为近期改善性机制和独立运行机制。两者在准入规则和准入程序中大致相同（见表 8 - 8），主要区别是在准入管理机构设立时，前者的 PPP 准入管理机构设立在发展改革委，对公共项目公私合作实施统一领导，关于 PPP 相关事宜，各主管部门受 PPP 专属机构的领导；独立运行机制中的准入管理机构是直接设立在市政府，不隶属于其他部门，全面负责重庆市公共项目公私合作的政策制定、项目审批等工作。

表 8 - 8　　　　　　　　　改善性机制与独立性机制的构成

准入机制要点	改善性机制	独立性机制
准入规则	企业准入条件：履约能力、专业技术水平、风险管理能力、投融资能力	企业准入条件：履约能力、专业技术水平、风险管理能力、投融资能力
准入管理机构	发展改革委下的 PPP 管理委员会	市政府下的 PPP 专属机构
准入程序	关键环节：意向邀请、市场反馈、谈判	关键环节：意向邀请、市场反馈、谈判

3. 国内外经验借鉴

（1）准入规则具有阶段性和可靠性

① 准入范围

比较澳大利亚和中国香港的案例可以发现，适用 PPP 模式的项目具有一些基本的共同特征，但也有差异（见表 8 - 9），PPP 项目的目的是实现物有所值。

表 8 - 9　　　　　　澳大利亚及中国香港 PPP 模式适用条件的比较

		适用条件
相同点		①项目风险能通过公私合作获得最有效的转移与管理；②项目的结构明确，目标或成果可以衡量。
不同点	澳大利亚	①通过竞争的选择过程，鼓励创新；②资产利用率高；③整合设计、澳大利亚建设与运营要求，进行全寿命成本分析。
	中国香港	①技术等方面短期内稳定；②私营部门有能力成功移交该公共项目；③公共与私营部门对风险分配达成一致；④公共项目/服务有长期需求且保证提供；⑤能保证移交过程中的经济性；⑥年限足够长。

资料来源：作者根据相关资料整理。

国外发达地区，如英国、澳大利亚，PPP 模式发展已经很成熟，公私合作模式几乎应用到英国所有公共领域，包括公路、铁路、桥梁、监狱、医院、学校、国防、社会保障支付体系等，澳大利亚对于任何超过5 000 万美元的项目，政府都将考虑采用 PPP 模式。在刚实施 PPP 模式的国家或地区，交通和能源领域是最先准入的领域，诸多国家或地区在交通领域的 PPP 模式已发展成熟，目前我国在能源领域 PPP 模式的应用较为成熟，在交通和水处理及分配领域处于初始阶段。

在西部地区采取 PPP 模式时，可以综合考虑以下要求：（a）公共项目/服务欢迎私营企业的参与；（b）私营企业进入要通过公平竞争的方式；（c）所提供的公共项目/服务可以被简单测量和定价；（d）私营企业的参与可以实现管理、技术、理念等方面的创新；（e）可以促进经济和社会发展；（f）由公私合作比单独由政府提供更能实现物有所值；（g）项目规模较大，或对类似属性的小项目进行捆绑以采取公私合作；（h）公私合作期限不宜太短。

② 准入主体和条件

国内外 PPP 准入主体包括国内外经济体组织，或其组成的联合体。在国外发达国家以及我国香港，在相应的 PPP 立法中都制定了较为详细的准入条件，如表 8 - 10 所示。

表 8 - 10　　　　　　英国、澳大利亚维多利亚州、新加坡、
中国香港的 PPP 准入条件

国家/地区	准入条件	具体指标
英国	经济和财务能力	①相关风险赔偿保险；②业务相关的账户申明；③前三个年度的财政说明；④所依赖的其他经济实体或联合体内成员的能力；⑤必要可行的资源。
	技术和专业能力	①过去 5 年的项目经历；②技术人员或服务可靠性；③专业设施设备、质量保证措施等；④专业资质资格；⑤环境管理措施；⑥过去三年职工和管理人员的年平均人数；⑦专业的设施设备、工器具列表。

续表

国家/地区	准入条件	具体指标
澳大利亚	一般条件	①理解项目目标和政府对项目的要求；②理解项目关键问题的挑战，并提出解决问题的方法和建议；③管理协调能力。
	经验和能力	①PPP经历经验；②在当地或国际上成功设计、建设、融资、维护和运营主要基础设施的经验和能力；③联合体组建经验。
	融资和资金能力	①内部联合体风险分配；②拟定资金结构；③理解和接受公共部门提出的风险分配和商业原则；④具有相应的融资能力，完成项目相关的合同义务。
	其他条件	证明没有利益冲突
新加坡		①理解公共部门提出的PPP模式，以及对自身收入、成本和现金流的影响；②识别业务机会并提出创新的解决方案，可以满足公共部门需求；③理解PPP模式中私营部门的责任和义务；④识别最低成本的融资来源；⑤提出的方案和定价能保证在维持企业利润率的同时，满足政府实现VFM；⑥项目管理水平能保证项目满足既定的性能标准。
中国香港	财务资产类	①项目资产报表；②联合体成员的财务状况。
	企业类	①项目职员的雇用条款；②恪守道德行为规范的承诺说明；③廉洁方面的问题；④遵守劳工条例的记录。
	技术类	①联合体成员的相关工作经验；②主要员工的资质及经验；③创新记录。
	项目类	①合适的风险分担；②提出可能的利益冲突及缓解措施；③交付方式与方法；④联合体期望报酬率。

资料来源：作者根据相关资料整理。

在英国，公共部门选择私营企业合作时，重点考虑私营企业的经济和财务、技术和专业能力方面，在技术和专业方面主要考虑私营企业的历史经验、专业人员、企业提供项目的可靠性等。在澳大利亚，私营部门的准入条件主要包括一般条件、经验和技术能力、融资能力、资金实力。其中一般条件是指私营企业对项目目标和要求的理解以及管理协调能力；经验和技术能力主要是指在PPP项目上设计、建设、融资、维护和运营的经验和技术能力。中国香港对私营企业的准入条件主要分为四类：一是财务资产类；二是企业类，包括职员雇用条款、遵守道德规范的承诺说明、遵守劳工条例的记录、创新记录、廉洁方面等；三是技术类，比如员工的资质及经验、私营企业或联合体成员的相关工作经验等；四是项目类，如私营企业提出合适的项目风险分担、可能的利益冲突及解决方案、项目交付方式等。此外，还在评标阶段对投标人实行廉洁检查，包括财务稳健性、不端行为、道德行为规范等。香港对私营伙伴的企业类和项目类的条件最多，尤其是对私营企业本身的道德和诚信方面，这样更能具体地评价一个私营企业的信誉，PPP项目涉及公众利益，私营企业的信誉直接影响到公共项目/服务是否能令公众利益最大化，让公众满意。

（2）准入管理机构的建立是准入规则有效执行的基础

在国外，如英国和澳大利亚等，设有专门的PPP管理机构，这种机构设置有利于保证PPP模式实施的独立性，不容易与其他部门产生职能混淆，这与国外的国家结构形式有关，澳大利亚是联邦制，政府机构分为联邦、州及地方三级，中央政府与州政府财政预算管理体制相对独立，虽然我国政府职能改革不断深化，但西部地区由于其公共项目管理制度改革落后、经济及地理条件等原因，要成立独立于现有政府部门的PPP管理机构，对西部地区来说条件还不够成熟。新加坡的机构设置与中国香港类似，在项目层面都设立专门的PPP小组，新加坡的PPP主要由财政部管理，香港PPP政策层面的管理机构是直属于政务司司长办公室的PPP机构——效率促进组，具体到PPP项目层面，由政府相关部门成员及专家组成项目指导委员会对项目具体负责，其他部门配合PPP相关工作，香港的PPP机构设置值得西部地区借鉴，可以考虑在省、自治区或直辖市的总体政策的指导下，建立PPP专属机构，负责PPP政策制定，在全省、自治区或直辖市范围内制定总指引；具体项目由行业主管部门主管，并明确其他部门在PPP项目中的具体责任和权利。

（3）明确准入程序是维护公共项目市场秩序的保障

在借鉴国外经验的基础上，西部地区的PPP准入应采取招投标的方式，尽量避免政府直接指定，竞争性方式有利于减少政府垄断，吸引有能力的私营企业参与，并能通过竞争减少成本，促使私营企业提高服务质量。而且在西部，政府对 PPP 模式的应用不成熟，新加坡的市场反馈做法值得西部地区借鉴，通过充分沟通使双方对 PPP 项目及其合同有共同的理解，避免出现信息不对称，在招标过程中在确定中标人之前可就风险分担及项目目标标准等内容与投标人再进行谈判，促使项目更好地实现 VFM，同时投标人更好地理解项目要求，也有利于提供更有效的合作。PPP 模式应重视合作透明度以及公平、开放、竞争，明确清晰的准入程序能促使私营企业参与。

四、PPP 与环境服务

（一）运用范围

目前，我国 PPP 在环境服务领域的运用指政府部门通过财政支付采购由环境服务商所提供的环境服务，主要市场有市政污水处理、污泥处理、固废处理、环境修复与管理，它的实质是政府环境服务的综合外包采购。从广义的环境服务来看，可以给政府提供的环境服务有"检测诊断咨询服务、工程设计服务、工程建设服务、设备服务、工程监理服务、投融资服务、污染治理服务、环保设施运营服务"。而面向政府的 PPP 模式，更强调服务的综合性，并且具有"按效果收费"的特点。

我国 PPP 模式在环境服务领域的运用主要集中在环境公共基础设施建设，如建设污水处理厂、垃圾处理厂、产业园区等，以解决我国目前环境保护领域中投资回报期长、投资经费不足等问题。例如，安徽省政府 2014 年向社会公布首批城市基础设施 PPP 项目，共计 42 个，环境治理类项目投资达到 169.43 亿元。其中，城镇生活污水处理设施项目 17 个，投资 68.54 亿元；城镇生活垃圾处理设施项目 3 个，投资 8.19 亿元；城镇供水设施项目 4 个，投资 10.6 亿元；生态环境治理项目 6 个，投资 82.1 亿元。

此外，PPP 模式可用于提供环境服务，例如在污染物减排、城市污泥处理、再生水和升级改造市场及新型城镇化战略拉升的农村环境服务（如污水、垃圾等方面）等衍生市场上的运用。特别是污染物减排领域，我国主要污染物减排重点领域有燃煤电厂和钢铁烧、冶炼行业的脱硫脱硝工程、城镇污水处理工程、以制浆造纸、印染、食品加工、农副产品加工等行业为重点的水处理工程、畜禽养殖治污工程、机动车减排工程等。PPP 模式比较适用于公益性较强的废弃物处理或其中的某一环节，如有害废弃物处理和生活垃圾的焚烧处理与填埋处置环节。

同时，PPP 模式也逐步运用于流域治理和区域发展。区域或流域 PPP 模式实际上是把整个区域或者流域的环境保护作为一个大项目，里面分布的各种产业链作为子项目，各个产业链互相呼应，使原来并不盈利的环保项目，通过财政的加入、复合产业链的设计，达到整个项目包的总利润可以吸引社会资本的水平。

（二）运作基本思路

PPP 模式的基本运作思路如图 8 – 15 所示。

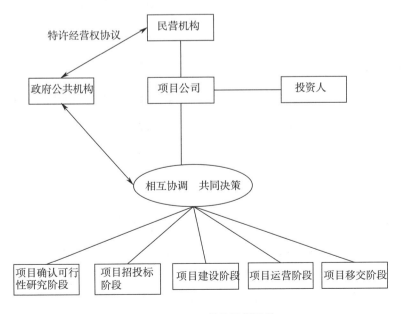

图 8 – 15　PPP 项目运行思路

公共部门根据城市经济发展和公共事业的需求，选择私人部门作为合作伙伴，签订特许经营协议确定合作关系。私人部门根据特许经营权协议和项目需要组建项目公司，并与公共部门谈判协商确定好风险分担体制。项目公司成立后，对项目的融资、建设、运营和移交等全过程负责，该过程中双方相互协调，共同对项目的整个周期负责。

在这个过程中，各个部门之间的关系如图 8 - 16 所示。

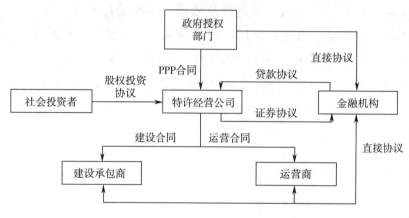

图 8 - 16　PPP 项目运行中的部门关系

（三）具体模式与流程

1. 具体模式

总体来说，PPP 模式可分为外包类、特许经营类（包括 BOT、TOT 等）、私有化类。PPP 运用于环境服务的主要模式为特许经营类项目，具体操作上包括单元性的 BOT、TOT 等 PPP 模式以及区域或流域 PPP 模式。

2. 特许经营类模式流程

（1）特许经营类模式

环境服务领域比较成熟的 PPP 模式主要为针对基础设施建设的特许经营类项目，以 BOT 模式与 TOT 模式为主体。BOT（Build - Operate - Transfer）即"建设—经营—转让"，是指政府部门就某个基础设施项目与私人企业（项目公司）签订特许权协议，授予签约方的私人企业（包括外国企业）来承担该项目的投资、融资、建设和维护，在协议规定的特许期限内，许可其融资建设和经营特定的公用基础设施，并准许其通过向用户收取费用或出售产品以清偿贷款，回收投资并赚取利润。政府对这一基础设施有监督权、调控权，特许期满，签约方的私人企业将该基础设施无偿或有偿移交给政府部门。TOT（Transfer – Operate – Transfer）即"移交—经营—移交"，是指政府部门或国有企业将建设好的项目的一定期限的产权和经营权，有偿转让给投资人，由其进行运营管理；投资人在一个约定的时间内通过经营收回全部投资和得到合理的回报，并在合约期满之后，再交回给政府部门或原单位的一种融资方式。它具备我国企业在并购过程中出现的一些特点，因此可以理解为基础设施企业或资产的收购与兼并。二者的区别在于 BOT 模式下企业需负责项目的建设，而 TOT 模式不需要。但在实际项目的操作过程中，企业投资收购已有项目后，通常会有扩建、改建等情况，因此 TOT 模式和 BOT 模式经常会在同一个项目中同时存在。

在特许经营模式下，企业为政府提供的是"集投融资服务、工程服务、设施运营服务于一体"的综合服务，并且经营项目的收入来自于环境服务的效果——处理污水的水质水量、污泥的含水率及处理量、垃圾的处理量及发电量等。

（2）特许经营类模式操作流程

① BOT 项目流程

典型的 BOT 项目一般应经过以下几个阶段：项目确定、项目招标与审定、合同谈判与签订、成立项目公司、项目筹资、项目建设、项目经营、项目移交。

第一，项目确定阶段。BOT 项目在项目方案确定阶段的特点：积极鼓励私营机构提出建议和新的观点，包括项目方案的确定和项目的构想和设计等方面。提出项目应达到的要求，在任何设计工作还没开始之前，就可以邀请投标，而且标书只需要列出这一工程项目所应达到的要求的轮廓。至于如何去满足这些要求，将留给私人投标者自行解决。这种处理方法的优点能使每个投标者充分利用自己最好的技术和经验来设计方案。

对于一个特定项目，政府需委托中介机构进行可行性研究，确定项目技术参数并进行实施方案比较。是否采用 BOT 模式，主要取决于项目的经济利益，尤其是产品和服务价格。确定采用 BOT 方式后，政府需要成立项目委员会或全权委托一家机构代表政府运作项目。而代表政府的首要任务是项目准备：首先是按基本建设程序制定建设计划，然后是选择项目发起人。如果采取招标方式选择，则应委托咨询公司编制招标文件。根据国家有关规定，还应按基建程序办理立项并须符合规划要求，初期工作要有一定深度。

第二，项目招标与审定阶段。项目招标与审定是指项目提出并经政府评审同意后，政府主管部门对拟参与此项目的私人投标者进行综合对比，从中选择最合适的私人投标者承担该项目的过程。这一过程主要分为四个步骤：

一是登记意向。政府部门对拟采用 BOT 方式建设的项目，通过新闻媒体等将项目的概要、政府对建设此项目所要达到的社会和经济及对公众服务的目标、建设资金和建设计划的安排设想、对意向登记者自身素质的要求、政府对意向登记者所提方案的评估程序及评估基本标准等向社会公开发布，邀请有兴趣的私人投资、建设或经营者对此项目的建设提出初步设想。

二是资格预审。政府部门根据意向登记者的资信、所提交的初步方案进行资格审核和评价，以确定邀请参加正式投标的候选者名单。此时所做初步方案的费用均由各私营机构自己承担。资格预审非常重要，尤其是周期长而复杂的项目对投标者的资格要求比较高。

三是邀请投标。资格预审完成后，政府部门邀请通过资格预审的投标者进行投标，并要求他们按照标书文件中规定的技术参数，提出详细的技术建议。在投标者的技术建议中，必须就有关内容在所提建议中作出详细的阐述。

BOT 项目标书的准备时间比较长，在此期间受政府委托的机构要随时回答投标人对项目提出的问题，并考虑投标人提出的合理建议。投标人必须在规定的日期前向招标人呈交投标书。对于确定以 BOT 方式建设的项目有时不采用招标方式，而直接与有关承担项目意向的私营机构协商。但协商方式成功率不高，即便协商成功，往往也会由于缺少竞争而使政府答应条件过多而导致项目成本增高，其最大的优点是速度快。

四是评标与决标。投标工作结束后，为了在许多竞争者中选择，政府按照标书规定的评标标准进行评标，让项目的这些目标达到最佳状态。尤其是要求对主要目标（例如：最终消费者支付的价格最低，或者公共开支最低，或者对整个经济而言项目的资金费用达到最低等）有一个清晰的定义，以选择和确定最后的中标者。

第三，合同谈判与签订阶段。决标后应邀请被选定的中标者与其政府部门进行有关项目的特许权范围、承包商的权利和义务等合同内容进行谈判。

特许权协议或合同是 BOT 项目的核心，它具有法律效力并在整个特许期内有效，它规定政府和 BOT 项目公司的权利和义务，决定双方的风险和回报。所以，特许权协议或合同谈判是 BOT 项目的关键。

BOT 项目的合同谈判时间长且情况复杂，因为项目牵涉到一系列的相关合同，决定私营机构能为项目筹集资金，并使政府能把项目交给最合适的投标者。在确定的协议签订之前，政府和中标人都必须准备花费大量的时间和精力起草合同和进行谈判。如果政府与第一中标者不能达成协议，政府可以转向第二中标者与之谈判，以此类推。双方谈判达成一致时，则签订合同或特许权协议。

第四，成立项目公司阶段。特许权协议或合同签订并得到政府批准后，政府将向中标投标人发出中标通知，并向中标人授予项目。中标人接受项目，并应在规定的时间内提交履约保证金。特许权协议生效后，中标人将组建项目公司。

项目公司即 BOT 项目公司或称为特许权公司。成立项目公司的主要目的是为了能有一个责任主体来具体承担该项目的建设与经营。因为前面的投标企业或称发起单位，通常是由多个私营机构组成的一个松散的联营集团，不是一个独立的法人实体，不能独立承担相应的民事法律责任。因此，由项目发起人共同出资成立一个专门从事该项目的 BOT 公司就十分必要，也是必经的程序。BOT 项目公司成立后，该项目的融资、建设和经营管理则由该公司全权负责。

第五，项目筹资阶段。BOT 项目筹资是项目实施的关键环节，项目筹资由项目公司具体负责。大多数 BOT 项目公司在筹资上采用将项目发起人提供的股本与商业银行、国际金融机构和双边政府放款人等提供的贷款结合在一起的办法。在大多数情况下，股本投入的百分比在 10% ~ 30% 的范围内，剩余部分以无追索权或有限追索权方式进行筹资。

项目公司欲取得金融机构的贷款，必须给予贷款人一定形式的担保。除了政府给予特许权和其他支持外，贷款人还会要求公司股本所有者保证将其全部股票作为贷款的担保，并取消股票的赎回权，一旦项目面临"危机"，贷款人可最终成为项目公司的所有人。

第六，项目建设阶段。在这一阶段，项目公司根据特许权协议或合同规定的技术和时间等要求，组织项目的设计、施工和采购等项工作。具体可分为项目公司组织有关机构对项目进行详细设计，委托建筑公司对项目建设总体承包，建筑公司对项目进行施工并交付项目公司等几个步骤。

BOT 项目的建设一般采用固定价格总承包方式，工期提前可得奖金而延误则要罚款。由于 BOT 项目较传统项目复杂得多，为使项目正确合理执行，项目公司常雇用独立监理机构对设计、施工、费用控制和项目管理等进行检查。

BOT 项目一般从方案的选择，项目规划、设计、建筑施工，提供设备与安装，人员培训直至开始生产，由主承包商负责到底，目的在于确保建造的支出和完成工期的时间保持不变（在某些情况下允许建设开支与工期的变化、调整）。待工程建成、设备安装完毕，经过试车，在产品质量、产量和原材料消耗方面完全符合合同规定的标准的条件下移交项目。

第七，项目经营阶段。项目经营是项目投资者归还贷款、回收成本、分得红利和上缴税收的重要阶段。在项目经营期内，项目公司全权负责整个项目生产经营管理，其经营管理越好，经营费用越低，越能早日偿还贷款，尽早获得利益。因此，项目公司会采用最优的方法，对项目运营实施管理。对项目的具体运营，既可以是项目公司本身，也可以是项目公司的股东，但在项目公司及其股东没有运营经验或没有能力的情况下，经营工作也可通过签订《运营维护合同》分包给独立的运营维护商。运营维护商必须具有丰富的经验和良好的业绩，有较强的商业和合同管理能力，且有较强的专业技术力量。一般情况下，经营维护商在项目早期就应参加到项目工作中，在设计过程中提出好的建议，来保证在现有造价条件下使项目实现最有效的运行。

第八，项目移交阶段。特许期满后，项目公司必须按特许权协议中规定的项目质量标准和资产完好程度等，将项目的资产、经营期预留的维护基金和经营管理权全部移交给政府。这是采用 BOT 投资方式与其他投资方式相区别的一个关键所在。采用 BOT 方式，可以合资经营、合作经营、独资经营，但在经营期满以后，却会遇到投资方如何将财产移交给政府的问题。如果项目公司超过了预期并提前实现其全部的股本收益，移交的日期就可提前；如果由于非股本投资者和非项目公司所能控制的因素作用，其预期的收益到期没有达到，那么特许期也可推后；移交可以是无偿的，也可以是有偿的，但这些灵活的办法必须在原特许权协议中有所规定，或在项目经营期间通过谈判，获得双方的认可。当然移交也可能发生在一些非正常情况下，如违约和不可抗力等。项目移交政府后，项目公司还可继续经营，但这时的经营只是作为受政府委托代为经营，项目公司本身已不再享有原特许权协议中授予的各项权利。政府是否继续委托原项目公司经营，由政府自己决定。项目移交标志着 BOT 项目的结束。

② TOT 项目流程

第一步，制定 TOT 方案并报批。转让方须先根据国家有关规定，编制 TOT 项目建议书，征求行业主管部门同意后，按现行规定报有关部门批准。国有企业或国有基础设施管理人只有获得国有资产管理部门批准或授权才能实施 TOT 方式。第二步，项目发起人（同时又是投产项目的所有者）设立 SPV（Special Purpose Vehicle）或 SPC（Special Purpose

Corporation），发起人把完工项目的所有权和新建项目的所有权均转让给SPV，以确保有专门机构对项目的管理、转让、建造负有全权，并对出现的问题加以协调。SPV 常常是政府设立或政府参与设立的具有特许权的机构。第三步，TOT 项目招标。按照国家规定，需要进行招标的项目，须采用招标方式选择 TOT 项目的受让方，其程序与 BOT 方式大体相同，包括招标准备、资格预审、准备招标文件、评标等。第四步，SPV 与投资者洽谈以达成转让投产运行项目在未来一定期限内全部或部分经营权的协议，并取得资金。第五步，转让方利用获得资金，用以建设新项目。第六步，新项目投入使用。

③ 特许经营类模式案例分析

以大连春柳河污水厂 TOT 项目 + 工业水厂 BOT 项目为例。

第一，项目概况。春柳河污水厂早期定位为城市二级处理工艺，处理规模为 8 万吨/天，建设期投资约 8 500 万元人民币。处理厂出水只有少量回用，多数排海。该厂问题一是出水水质部分不达标，二是处理水量不能满足日益增加的进水量。

第二，项目方案。政府立项，对春柳河污水厂进行 TOT 模式招标运营，并允许中标单位用 BOT 模式新建一座出水标准满足工业锅炉用水的工业水厂。投资者获得特许经营权后，首先对春柳河污水厂进行升级改造，使其处理规模达到 12 万吨/天，出水标准满足一级 B 标准。BOT 模式建成的工业水厂对春柳河污水厂的一级 B 出水进行深度处理，以满足工业循环冷却水标准。政府通过春柳河 TOT 项目获得 8 000 万元转让金，将其中 4 000 万元入股工业水厂，并负责协调城市用水大户使用其出水，其余 4 000 万元建设其他项目或者安置春柳河污水厂闲置职工等。

第三，项目效果分析。从政府的角度讲，TOT 模式盘活了固定资产，以存量换增量，可将未来的收入现在一次性提取。政府可将 TOT 模式融得的部分资金入股 BOT 项目公司，以少量国有资本来带动大量民间资本。众所周知，BOT 项目融资的一大缺点就是政府在一定时期对项目没有控制权，而政府入股项目公司可以避免这一点。

从投资者角度来讲，BOT 项目融资的方式很大程度上取决于政府的行为。而从国内外民营 BOT 项目成败的经验看，政府一定比例的投资是吸引民间资金的前提。在 BOT 的各个阶段政府会协调各方关系，推动 BOT 项目的顺利进行，这无疑减少了投资人的风险，使投资者对项目更有信心，对促成 BOT 项目融资极为有利。TOT 使项目公司从 BOT 特许期一开始就有收入，未来稳定的现金流入使 BOT 项目公司的融资变得较为容易。

（四）PPP 与第三方治理的关系

1. 第三方治理的特点

国际上，第三方治理指第三方部门参与公共事务的管理。狭义上，第三方部门是指非营利组织，广义上是指独立于政府、有能力且志愿参与公共服务的供给和监督政府运行的公民、私人组织和民间团体的总和。[①] 这一概念有两个特点：治理主体为独立于政府和市场的第三方组织；治理的范围较广，包括各种公共服务的供给。

环境污染第三方治理是指排污单位以合同的形式通过付费将产生的污染委托专业化环保公司治理，即通过市场机制的引入，由排污者自行治理转为第三方机构具体承担治理任务，实行专业化、社会化建设和运行的有偿服务。[②] 目前，环境污染第三方治理在我国环境领域广泛应用。它与国际上的第三方治理概念有较大差别。首先，最明显的差别在于治理主体。国际上第三方治理的主体为独立于政府和市场的第三方组织，而我国环境污染第三方治理主体为专业化的环保公司，即市场。其次，主体参与的目的也随之不同。前者的目的是无偿为公众提供公共服务，而后者参与的目的是通过环保产业获取盈利。最后，两个"第三方"的含义也不同。前者指独立于政府与市场的非营利组织，故

---

① 陈潭. 多中心公共服务供给体系何以可能——第三方治理的理论基础与实践困境 [J]. 人民论坛·学术前沿，2013（7）.

② 张全. 以第三方治理为方向加快推进环境治理机制改革 [J]. 环境保护，2014（20）.

称为第三方。而后者指独立于管理者，即政府和排污者（污染企业）的第三方企业。

2014 年 12 月，国务院发布的《关于推行环境污染第三方治理的意见》中对环境污染第三方治理的概念进行了明确，即是排污者通过缴纳或按合同约定支付费用，委托环境服务公司进行污染治理的新模式。这是对这一概念的最新官方解释，环境污染第三方治理模式打破了"谁污染、谁治理"的传统模式，变为"谁污染、谁付费、专业化治理"。第三方治理是指环境污染第三方治理，主要有两种类型。一种类型是委托治理服务型。指排污企业以签订治理合同的方式，委托环境服务公司对新建、扩建的污染治理设施进行融资建设、运营管理、维护及升级改造，并按照合同约定支付污染治理费用。在合同期内，环境服务公司通过运营确保达到合同约定的减排要求，并承担相应的法律责任。有的是排污企业委托专业环保公司从治理方案设计、工程施工、调试到建成后的运营管理提供一条龙服务，并确保达到治理效果；有的是污染治理设施管理同原企业剥离，进行企业化的运作和独立核算。另一种类型是托管运营服务型。指排污企业以签订托管运营合同的方式，委托环境服务公司对已建成的污染治理设施进行运营管理、维护及升级改造等，并按照合同约定支付托管运营费用。在合同期内，环境服务公司通过运营确保达到合同约定的污染减排要求，并承担相应的法律责任。有的是环境服务公司承担企业污染治理设施的运营，有的是环境服务公司同时参与排污企业的环境管理。第三方治理主要适用于两个领域。一是大型工业企业，如火电行业脱硫特许经营。火电厂将脱硫电价等相关优惠政策形成的收益权，通过合同的形式交给专业环保服务公司，由其承担脱硫设施投资、建设和运营，完成相应的脱硫任务。二是工业集中区，如工业园区、工业开发区废水及废弃物处理。

2. PPP 模式与第三方治理的关系

PPP 模式与第三方治理有所不同又相得益彰。两者的共同点体现为，PPP 模式与第三方治理都追求专业化、规模化治理，都在环境服务中起到了重要作用。政府、工业企业、环保企业都有推进 PPP、第三方治理的动力。对于政府而言，PPP 和第三方治理都能有效化解政府负债压力、环保压力。对于企业而言，环保企业不仅获取更多的市场份额，提升产业规模，而且承担环保治理风险。同时拥有经验的环保企业将会更具竞争优势和实力。从价格理顺机制来看：水务、电力脱硫、脱硝以及环境服务推广更为容易。

不同之处在于，从范围上来看，第三方治理与 PPP 模式侧重有所不同。第三方治理针对于以下领域：一是应用于工业污染治理领域。二是企业对于产生的污染，从自主治理，转向委托第三方（环保企业）治理。三是企业向环保企业支付治理服务费，环保企业承担环境治理风险。PPP 模式主要起到以下作用：一是应用于市政领域。即政府控股、运营的市政资产，将被出让部分、全部股份转变为社会资本、环保企业控股。二是从政府自主运营转变为环保企业运营，政府向环保企业购买环保服务。环保企业和政府的关系不再是财政补贴的关系，而是商业合同的关系。三是对于政府而言，减少负债压力，降低非专业化运营带来的低效率，分担环保治理风险。对于环保企业而言，获取更多市场份额，承担环保治理风险。从主体上看，第三方治理主要针对的是排污企业与专业化环境治理企业的契约关系，PPP 模式强调公私合作共赢，是一个完整的项目融资概念，但并不是对项目融资的彻底改变，而是对项目生命周期过程中的组织机构设置提出了一个新的模型。它是政府、私人营利性企业和非营利性企业基于某个项目而形成的以"双赢"或"多赢"为理念的相互合作形式。

两者的关系相得益彰。一方面，第三方治理为 PPP 模式提供了良好基础。第三方治理的广泛运用推动了专业化环境企业的发展，也使得 PPP 模式的推行有了一定的技术基础。另一方面，PPP 模式帮助第三方治理突破目前发展的局限。美国萨拉蒙（1981）曾提出，PPP 是更精巧的第三方治理。通过建立产融一体化等联合体模式，建立更为稳定的资金流，扩展融资途径，抵御风险能力增强。

五、物有所值分析

（一）物有所值的内涵

物有所值（Value for Money，VFM）是项目采用 PPP 模式的全寿命周期成本与传统模式下公共部门建设、经营总成本相比较后可以得到的价值增值。物有所值理论是用来评价政府、组织等机构是否能够通过项目全周期的管理和运营，从项目的产品或服务中获得最大收益的一种评价方法，是对项目的价格以及所有其他形式的成果进行定性和定量的分析。除价格以外，质量、资源利用、目标实现程度、时效性以及长期运营效果等因素都要综合评价。通过物有所值评价，有利于促进资源利用最大化，更好地实现基础设施项目建设运营的经济性、效率及效果。简单地说，就是用最小的投资来实现项目或产品的功能。

物有所值可以进行定性或定量分析。物有所值定性分析主要通过问卷调查和专家咨询方式进行，对项目的潜在发展能力、可能实现的期望值以及项目的可完成能力进行分析。根据定性评估的结果判断是否需要进行定量评估。物有所值定量分析主要是评估项目采用不同的建设方式所对应的资本结构与运行成本，即可获得的利益。

国家发改委在《关于开展政府和社会资本合作的指导意见》中提出，"为提高工作效率，可会同相关部门建立 PPP 项目的联审机制，从项目建设的必要性及合规性、PPP 模式的适用性、财政承受能力以及价格的合理性等方面，对项目实施方案进行可行性评估，确保'物有所值（VFM）'"。财政部在《PPP 指南》中规定，财政部门（政府和社会资本合作中心）会同行业主管部门，从定性和定量两个方面开展物有所值评价工作。这说明，从我国政策规定看，VFM 在我国 PPP 项目决策上起到了相当重要的作用。

（二）物有所值的评价方法

国际上常用的物有所值的评价方法主要有三种：一是成本效益分析法，这是一种通过比较项目的全部成本和效益来评估项目价值的方法，用以寻求在投资决策上以最小的成本获得最大的效益，常用于评估需要量化社会效益的公共事业项目的价值；二是应用公共部门参照标准，公共部门参照标准是政府在参照类似项目的基础上，根据项目的实际情况制定出的政府提供项目的标杆成本，将 PPP 模式下的成本与此标杆成本比较，进而得出 PPP 模式是否更加物有所值；三是商业案例清单法，在政府对试点项目进行初次比较后，建立 PPP 项目备选清单，由社会企业从项目清单中选择适合企业自身参与的项目。

1. 成本效益评价法

（1）方法介绍

成本效益分析法的首次实际运用可以追溯到美国 1936 年的《联邦航海法案》，该法案要求海军工程师在计划采用任何改善排水系统的项目时，能够证明项目收益超过项目成本，为此，海军工程师专门研制了一套系统方法来测算项目成本和收益。至 20 世纪 50 年代，经济学家将这一理论进行深化，进而应用到项目决策分析中，用以计算项目成本和效益。

成本效益分析法的基本原理是：针对某项目的若干方案，运用一定的技术方法，计算出每种方案的成本和收益，通过比较方法，并依据一定的原则，选择出最优的决策方案。该方法常用于评估需要量化社会效益的公共事业项目的价值，非公共行业的管理者也可采用这种方法对某一大型项目的无形收益进行分析。

在不同国家或不同部门，成本效益评价法在收益率的确定、指标选择、评价项目等具体方面存在一定差别。例如，在评价指标的选择方面，成本现值、收益现值、净现值、收益成本比等都可以作为评价指标。目前较多的做法是将净现值（NPV）作为评价指标，即所有收益现值与成本现值之差。也就是说，应用成本效益分析法，需要对每一个方案的所有成本和收益进行量化，并计算其现值。

（2）方法局限性

通过对国外一些国家的实际应用情况进行总结，我们可以归纳出在应用成本效益评价法时需要注意以下几个方面。一是将未来发生的各项成本和效益转化成现值时，需要慎重选择折现率。选择不同的折现率，折现后的总成本和总效益会产生较大的差额。选定折现率时，通常要参考当时的利率水平以及预期的通胀水平。二是在进行评价时，各方案各项目都要全面考虑。首先，要对传统的政府采购模式以及 PPP 模式这两个方案分别进行评价；其次，每个方案下产生的每项成本支出及每项效益收入都要一一列出；最后，在考虑某一行为产生的支出或收入时，各个方面都要进行评价，采购某台设备，不仅要考虑价钱，还要考虑询价、运输等过程产生的费用以及消费税等支出。三是有些成本或效益是不能直接用货币衡量或不能确定的，在定价时需要作出相应的假设，可以参照以往项目的经验数据，也可以根据工程师的经验进行确定，但这些定价可能是不准确的，并会对最终的决策产生一定影响。例如，要对设计失误产生的风险，或是在当前情况下不能确定的某项工程量进行定价。

作为广泛应用的价值评价方法，成本效益评价法的方法论已经比较成熟。但该方法需要大量的数据支持和诸多假设，其计算工作量较大，在数据来源、定价准确性方面存在一定的弊端，从而使其应用受到限制。目前国际上应用成本效益评价法的国家和地区不多，例如，澳大利亚在决策是否进行基础设施项目建设时，会使用该方法，但在选择传统政府采购和 PPP 模式时，则会使用公共部门参照标准法进行决策。

2. 公共部门参照标准法

（1）方法介绍

公共部门参照标准法是进行物有所值评价的另一种常用方法。物有所值可以理解为建设一定标准与质量水平的项目，所付出的费用以及其他支出在统一折算成货币后，价格最低。这就需要计算出政府采购模式下的费用支出，进而将其他采购模式下建设相同项目的总费用与政府采购模式的总费用进行比较。也就是说，采用 PPP 模式是否更加物有所值，可以通过公共部门参照标准（PSC）与 PPP 模式进行对比来衡量。其中，

PSC 是一个标杆价格,它综合考虑了服务质量、价格、时间、风险分担以及政府为项目融资的可能性。政府通过 PSC 这个标杆来确定 PPP 模式是否更物有所值。

理论上,只有当 PPP 模式下的价值优于 PSC,也就是说,PPP 模式下的投资净现值低于 PSC 这个标杆,政府才会选择采用 PPP 模式。例如,日本在决定是否引入私人部门参与基础设施建设之前,都要综合考虑风险转移等多种因素,确定实现相同的效果所需的 PSC 以及 PPP 报价,只有 PPP 模式下更加物有所值,私人部门才可以参与项目的采购。有些情况下 PSC 和 PPP 报价比较接近,考虑到政府可以将部分风险转移给私人部门,政府会倾向于选择采用 PPP 模式。

在计算 PSC 和 PPP 模式报价时,需要对一些因素,特别是风险因素作出假设和估计。有时,PSC 和 PPP 报价的差别会很小,甚至当某些假设条件略作改动后,二者的大小关系会发生改变,这就使得决策变得非常困难。为了解决这个问题,在作出重要的假设或者评价关键风险因素时,有必要进行敏感性分析,从而尽量提高评价和决策的准确性。一般流程如图 8 - 17 所示。

(2) 国际应用实践

随着 PPP 模式的发展,目前很多项目特别是基础设施建设都在采用 PPP 模式。铁路、桥梁、能源设施、废水处理、体育设施等项目都可以采用 PSC 来进行评价。英国、澳大利亚、日本和荷兰等国都已经采用 PSC 来进行物有所值评价。特别是英国和澳大利亚,已经将 PSC 作为 PPP 模式的组成部分,许多判定方法都采用了政府部门比较值这一概念。日本在项目采购之前,必须先建立 PSC,通过比较确定 PPP 更有价值,才会采用 PPP 模式,并且要求相关部门以百分比或者实际金额的形式公示物有所值的程度。

南非和荷兰在选择基础设施项目采购模式时,也强制要求使用 PSC 这一标杆价格。近年来,中国香港也已经开始使用 PSC 来进行项目评价,并且将 PSC 作为项目采购过程中的重要组成部分。加拿大的不列颠哥伦比亚省正在建立一套包含 PSC 的评价体系来进行物有所值评价,用于评

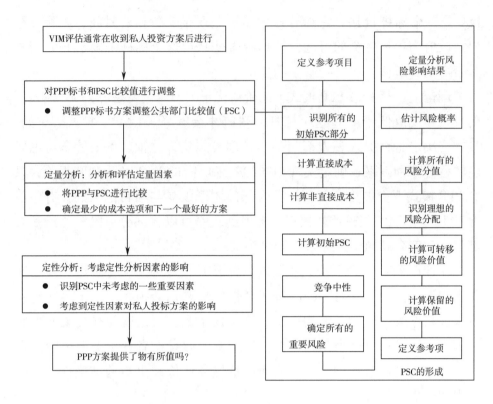

图 8 - 17　物有所值价值评估过程

价项目采购。爱尔兰也按照英国的做法逐步推进 PSC 方法在项目采购评价中的应用。然而，这种方法也并不是普遍应用的，目前很多国家和地区在采用 PPP 模式之前，并非全部采用这种基于 PSC 的方法来评价项目是否物有所值。例如，在美国，大部分项目采购是以州政府为单位进行的，各州的做法不尽相同，使得同时推广 PSC - PPP 评价这种方法难度很大。还有一些国家和地区是在投标报价过程中进行物有所值评价的。有时，私人部门参与的投标报价需要比政府采购的价格低 5% ~ 10% 才有可能中标。阿根廷就是在竞标过程中对物有所值进行评价，进而决定是否由私人资本与政府资产结合，共同进行项目采购。

（3）公共部门参照标准的确定

① 公共部门参照标准的概念

PSC 作为政府评价公私合营是否物有所值而采用的一种标杆价格，

它代表了政府在当前情况下进行项目采购可能发生的价格。虽然目前国际上对 PSC 的定义没有定论，但各种定义中都包括以下几个方面：需要作出假设和预测，使用净现值进行比较，基于全生命周期的评价，以及政府采购的可行性（考虑资金、运营等因素）。也就是说，PSC 通过将以上几个方面综合集成，将这些因素全部转化为货币形式来进行综合评价。

然而，在进行这种多因素综合影响分析时，经常面对的一个问题是多因素累积误差而引起的总误差放大，为了提高该方法的估计精度，目前国际上通常采用蒙特卡罗模拟法，通过考虑项目的不确定性，从而对每个需要估计的项目的发生可能性和造成的影响进行模拟估计。

② 公共部门参照标准的组成及计算

公共部门参照标准由四部分组成，分别是初始 PSC、转移风险、保留风险和竞争中立。四项之和即为 PSC（见图 8 - 18）。

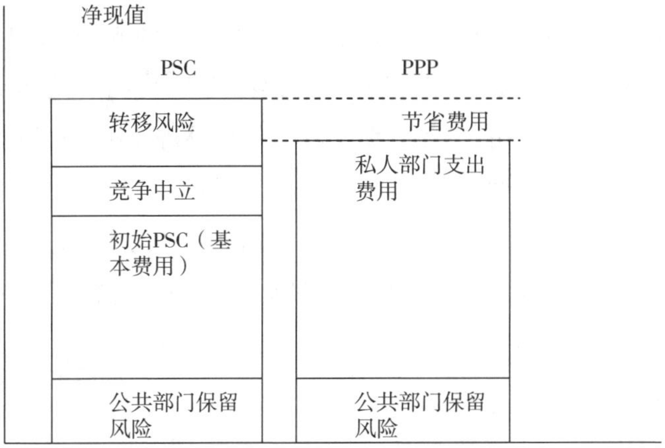

图 8 - 18　物有所值及 PSC 的构成

初始 PSC 也就是政府建设项目的基本费用，是公共部门提供项目建造、维护、运营等服务所需的成本，是指采用传统政府投资模式下最优方案的直接成本费用，包括直接投资成本和直接运营成本两部分。对于需要国际采购的部分，则要根据市场的实际情况对其进行估价。

转移风险是指所有转移给私人部门的风险的总价值。确定可转移风险价值时，需要比较完备的当前数据和历史数据作为估价标杆。由于不同的国家对于相关数据的参考和采用程度是不相同的，各国对转移风险的估计值也有所不同。例如，澳大利亚 PPP 项目采购的平均转移风险价值为项目总价值的 8% 左右，而英国的转移风险一般为项目总价值的 10%～15%，平均值约为 12%。

保留风险是指所有未转移给私人部门的风险的价值。在公私合营的项目采购中，公私部门的风险分担是必须明确的事情。通过分析风险的发生概率和影响程度，可以得出公共部门和私人部门各自分担的风险价值，也更有利于准确地估算项目采购的总价值。

竞争中立是由于政府的公有制产生的政府业务竞争优势的价值。例如，政府在项目采购过程中的税务支出，通过政府的税务体系又作为政府的税务收入，返还给政府。

③ PSC 的研究前景

在进行项目采购的 PSC 评价时，需要参考其他相近的项目，进而使得评价的结果更为可信、更加准确。选择参考项目时，应该选择采用了相同的采购方法，并尽可能接近待评价项目的水平和质量的项目。

在计算 PSC 时，各种风险、折现率及其他的因素的估算都是基于一定的假设。一般而言，预计采用 PPP 模式的项目运营期为三十年左右，甚至有时会达到六十年。在长期内各种因素都可能会发生较大的变化，这难免会使项目价值的估算出现偏差。因而，目前采用的 PSC 计算方法是一种估算，并不是完全可靠的。这种不确定性是造成各种评价方法不准确的主要原因之一，要实现评估的准确性，研究开发更为科学的估算方法是十分必要的。

同时，PSC 作为一种评价标杆，可以用于项目采购方式的确定，这需要在项目开始之前，也就是可行性研究阶段就进行 PSC 的计算。同时，PSC 也应该随着项目的进程不断更新，使政府能够准确地把握项目的实际投资情况与公共部门评价标准的差别，进而对项目采购方式加以调整和约束，从而更好地实现项目的物有所值。目前这一方面的研究和应用还比较局限，今后应对 PSC 在项目全过程中的应用进行更深入的研究和推广。

3. 商业案例清单法

（1）方法介绍

英国财政部的 VFM 评价过程可分为战略层评估和项目层评估。其中 PSC 法应用于战略层评估，主要是由政府制定项目的公共部门参考标准。与该项目采用 PPP 模式下项目总成本进行比较，若符合 VFM 原则，则可进入 PPP 项目备选清单。商业案例清单法（OBC 法）主要应用于项目层评估，由社会资本从 PPP 项目备选清单中选择自己能够盈利的项目，并参与投标。PSC 法和 OBC 法的具体应用程序如图 8 – 19 所示。

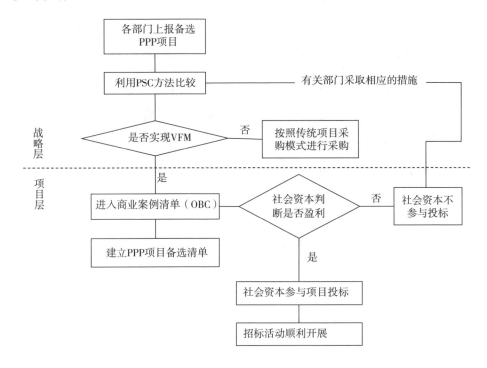

图 8 – 19 公共项目采购模式决策程序

综上所述，PPP 项目模式在政府公共项目中应用越来越多。在 VFM 的众多评价方法中，运用 PSC 法进行的 VFM 评价属于较为成熟、通用的做法。我国 PPP 项目正处于初期发展阶段，选用较为通用的 PSC 方法，符合我国 PPP 项目发展的形势和需要。

（2）OBC 法的应用前景

英国在 2006 年颁布的《VFM 评价指南》中明确提出，PSC 方法已不能满足 PPP 项目决策的需要，需要采用 OBC 方法对整个决策过程进行完善。事实上，我国政府部门也已经有表征 OBC 法的举措，例如，在财政部的影响下，各地财政局都试图构建 PPP 项目备选库，即由政府部门进行决策某一公共项目是否采用 PPP 模式，继而将该备选库中的 PPP 项目清单向社会发布，由社会资本持有者决策是否参与 PPP 项目投标以及投标哪一个 PPP 项目，从而确保 PPP 项目前期论证的充分性以及 PPP 决策的全面性。OBC 方法的应用是 PPP 项目决策方法完善的大趋势，是政府和社会资本共同决策的必由之路。

（三）PPP 与第三方治理结合运用于环境服务的物有所值分析

1. PPP 模式有利于化解政府和企业的负债压力，降低监管难度

与一般的基础设施相比，环境基础设施建设具有投资大、回收期长、工艺技术要求较高、用户层次多样、安全等级高、关系市民切身利益等特点。通过扩展融资渠道，政府需要投入的资金量减少，在不加重政府财政负担的情况下，基础设施项目建设进程加快。类似地，通过融资，建设企业负债压力降低。同时，该模式更是有利于解决环保部门的监管难题。由于地方环境污染分散性强、监管难度大、问题突出，"猫捉老鼠"般的监管博弈普遍存在。PPP 模式则通过契约方式明确了统一的环保运营商的企业责任，变单一的政府环保监管为运营商协助环保部门监督、落实污染企业达标排放，将环保部门一对多的监管转变为重点关注对一家运营商的监管，从而有助于提高环境治理的监管效果。

在传统污染防治对策中，政策制定和实施过程采用行政手段偏多，环境执法成本较高。企业自主治理所导致的偷排现象进一步提高了环境执法成本和监管难度。例如，《北京市大气污染防治条例》自 2014 年 3 月 1 日实施到 5 月中旬，北京共处罚了 178 起违法行为，罚款金额 350 余万元。2014 年 1 月至 4 月共检查各类污染源单位 20 235 家次，处罚金额共 1 500 万元，涉及大气的处罚金额为 1 000 万元；按照违法案件统计，

1月至4月共违法650余起，其中涉及大气的约500余起，同2013年相比，案件数量翻了2倍，处罚金额翻了1倍。

在第三方治理中，排污企业与治污企业之间的合同关系促使双方互相监督制约，可有效控制单方违规违法排污行为的发生，减轻政府主管部门的监管压力，可有效降低环境污染事件的风险。排污企业治污责任通过合同方式向环境服务公司转移，集中治理，环保部门的监管对象大为减少，相应的执法成本也大幅降低。

同时，由于污染物集中治理，环境监管部门重点监管对象变少，不再是分散的排污企业，而是相对集中的第三方公司，监管范围大大缩小，成本下降。

2. PPP 模式有利于实现环境服务专业化、规模化发展，推动技术革新，提高环境治理效率

无论是垃圾卫生填埋场、垃圾焚烧厂，还是污水处理厂等，其投资相对一般市政项目较大，建设、维护所需技术含量高，单纯依靠政府财政很难实现高技术含量的建造和市场化的经营。由专业化公司统一提供环境服务，一方面能够得到更好的治理效果，另一方面，由于规模效应，治理成本、引进技术的成本相对较低，为获得盈利取得竞争优势，专业化环境服务公司有动力寻求更好的技术，从而推动了技术革新。

目前我国的污染治理，基本实行"谁污染、谁治理"的污染者分散治理方式。以排污企业为责任主体，开展污染治理。政府的监管以排污企业为责任对象，通过"三同时"等制度督促企业完成污染治理设施的配套建设，通过重点企业污染设施运行状况排查、排污口监测等形式对企业排污状况进行监督管理。这一体系下，排污企业全程负责污染治理设施的建设、运营，是污染治理的最终责任方，承担本企业出现超标排放、污染事故等情况时的法律及相关经济责任。

通过分析成本效率，传统治理模式（分散治理）增加了设备建设和使用成本，在全社会造成固定资产的浪费。同时，分散治理不利于提高工艺流程的去除效率，由于单个企业需要防治的污染物量少，治污效率更低，成本更高。

相较于传统治理模式，实行第三方治理具有规模效应，降低了运营成本，提高了改造效率。随着市场化程度、运营规模的集中度提高，一个环保企业负责第三方运营的项目可以达到上百个甚至数百个，采购药剂、外包的一些服务成本还会进一步下降，而内部的监管手段会进一步信息化、现代化，还会有成本降低的空间，可靠性也会进一步提升。

专业环保公司以提供设备、药剂、建设工程承包等形式为企业污染治理提供设计、工程、技术等服务。污染第三方治理模式打破了"谁污染、谁治理"的传统模式，变为"谁污染、谁付费、专业化治理"。专业第三方的引入，将推进企业污染治理的专业化，提高污染治理设施的运营效率，提升突发污染事故的应急能力。第三方企业基于专业能力为业主提供更为有针对性的建设运营方案，从而提高业主方治污的投资效率。排污企业治理设施转由掌握专业技术及管理经验的环境服务公司进行运营，通过规模效应，减少了全社会固定资产投资，可以降低治污成本，提高治污效率。

3. 通过打包统建，PPP 模式有利于带动区域整体发展

由于各地环保设施规模小、位置分散，很可能造成"有实力者无兴趣，有兴趣者没实力"。地方政府牵头协调，通过打包统建方式，有利于引入资金实力雄厚、专业经验丰富，又具有高度社会责任感的投资企业，以发挥其资金、专业经验和管理团队等资源优势，积极引入国内外先进适用的技术工艺和设备，解决单个企业技术投入及储备不足的问题，保证治理效果，降低长期运行成本。同时，通过高利润项目与低利润项目打包，有利于带动地区的整体发展。

巨大的市场需求与优胜劣汰的市场法则将有力地推动环保企业服务能力的提升与产业的优化整合，从而实现环保产业整体的壮大与升级。环境服务公司在企业污染治理领域开拓新的市场，提供新的服务领域，将由过去单纯的设备制造、工程建设拓展到投资运营服务，为自身成长提供新动力。

同时，由于规模效应，负责第三方治理的专业机构能够汇聚更多的经验和资金进行技术升级与改造，相较于传统模式下各个需改造的企业

单独进行技术引进，成本更低、效果更好。同时第三方治理和 PPP 基金结合，可以产生更加显著地促进区域整体发展效果。

（1）PPP 基金可以形成稳定的现金流，为第三方治理项目提供资金支持。在第三方治理项目中，融资是重要一环。能否为第三方治理企业提供获取项目资金的途径是推动规模化第三方治理的关键。在传统的第三方治理模式中，治理企业融资途径有限，且耗时耗力。通过建立 PPP 基金，拓宽融资途径，基金管理机构可以综合运用多种金融工具，包括银行贷款、保险、私募股权以及包含可续期债券、项目收益债券等的债券工具；同时，作为产融一体化的综合性融资治理机构，也能在融资过程中提供更高层级的信用担保，获得更为集中的财政支持，相较于传统模式融资难度更低，可募集的资金更多。另外，通过建立 PPP 基金，实现产融一体化后，基金能直接为项目建设提供所需资金，融资更便捷。

通过提供更丰富更便捷的融资途径，实现产融一体化，为推动第三方治理奠定了坚实的资金基础。

（2）强化资金统一管理，增强资本集中效应，为技术发展提供基础。传统的第三方治理模式下，项目较为分散，社会资本参与度低，单个项目资本量小，难以盘活整个产业的资金链，也难以形成规模效应。通过建立 PPP 基金，推动产融一体化，原本分散的第三方治理的项目资金可以在一个体系中统一进行管理，一方面管理效率更高，另一方面由于资本量增大，基金使用更为灵活，在直接投入第三方治理项目之外，剩余资金可以用于进一步的投资，从而获得更多的资金积累。同时，在更多的资金支持下，更易实现技术研发，同时也为承担更大规模的第三方治理项目打下了基础。

（3）提高资金管理效率，避免重复引进。构建 PPP 基金可以有效吸纳社会资本，对污染处理技术设备进行统一管理，统一投资，提高资金的管理和利用效率，促进减排自主创新技术的开发。对于污染企业而言，只需与第三方治理机构进行大气污染减排交易，方便企业内部的资金管理和资金分配，同时有效避免企业分散投资导致的技术重复引进，进一步提高资源配置效率，增加大气污染治理行业产值，扩大项目包收益。

六、PPP 的融资模式

（一）PPP 融资模式的本质

1. PPP 模式的本质

PPP 模式不同于一般意义上的民营化，民营化意味着减少政府干预、增加私有程度。而 PPP 模式意味着合作各方的责任、风险和回报主要受制于合约的规定。政府把主要的精力和资源放在项目的规划、绩效的监督、契约的管理方面，而不是放在服务的直接管理和提供方面。企业负责发挥技术专长和运营优势，成为公共服务的长期提供者。因此，PPP 模式是应公共部门与私营部门合作需求而产生，并提供公共服务的方式。PPP 模式的本质是：（1）政府部门与私营部门通过合同服务的方式建立长期的合作关系；PPP 模式的运作以特许权协议签订为起点和核心，政府部门和私营部门依据特许权协议行使权利履行义务，建设运营基础设施。（2）政府部门确定服务规则，企业在特许期内有偿服务，确保公共利益实现；政府负责制定规则、进行监督，企业负责发挥技术专长提供更好的服务，这是公私合营模式的真正意义。因此，PPP 模式的本源是政府是投资的主体，企业是运营服务的主体。企业的资金只是辅助资金，若企业承担过多的融资成本，企业将集中精力考虑资金回报，这样不利于企业发挥技术优势、服务专长，不利于提供性价比更高的服务。

2. PPP 模式的具体形式

PPP 模式是一个完整的项目融资概念，但并不是对项目融资的彻底改变，而是对项目生命周期过程中的组织机构设置提出了一个新的模型。它是政府、私人营利性企业和非营利性企业基于某个项目而形成的以"双赢"或"多赢"为理念的相互合作形式。

随着 PPP 模式的不断发展，目前已拓展为一个融政府、商业企业、非政府组织、社会团体成员为一体的联动模式，在此合作基础上，具有可持续性的公私合作模式已经被发展中国家相继采用以应对城市环境基础设施建设的投融资问题。

PPP 模式中有许多不同的点代表了私人部门介入的不同程度，如图 8 - 20 所示，这一系列公私合作关系都是可以在环境基础设施建设和运营管理中选择的组织形式。对 PPP 最广义的定义包括所有形式的公共部门和私人部门之间的合作，相对的狭义定义仅仅是指对某一商业活动在所有权上的共同拥有。

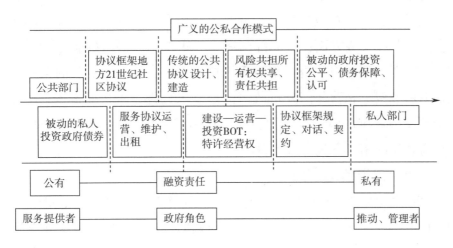

图 8 - 20　PPP 组织形式

在城市环境基础设施投资和运营过程中，政府必须发挥主导投资作用和监督管理作用，但设施的具体建设和管理运营完全可以实行市场化运作。政府具有提供城市环境基础设施服务的责任，但不一定要亲自生产这种设施和服务，相反，可以通过产权界定和收费机制，创建和规范一个市场，将建设和运营环节交给企业，这样既筹集了社会资金又提高了服务效率和质量。

3. PPP 模式的权利和义务分配

PPP 模式的运作以特许权协议签订为核心，政府部门和私营部门依据特许权协议行使权利履行义务，建设运营基础设施。从 PPP 模式的本质出发，PPP 实质上是政府部门向私营部门购买一整套服务，这套服务是政府部门有义务提供的公共服务，所以需要特许权协议授予私营部门特许权。因此，PPP 协议在权利义务配置上，政府保留了某些特别权力，如监督、指挥合同的实际履行，单方变更制裁对方的权力。政府部门和私营部门不仅是简单的合同关系，还存在监管和被监管的关系，政府部门在 PPP 协议中不仅是合同的履行者，还是合同的监管者。PPP 模式在运营服务中政府部门和私营部门的权利和义务配置为：一是在权利方面：政府部门可以要求私营部门报告经营状况，动态盈亏情况；有权对服务费调整的原因、范围和时间作出限制性规定；审核服务费调价申请等。私营部门可以申请对服务费进行调整，并请有资质的第三方介入确认服务费。二是在义务方面：政府部门有义务审核私营部门的服务费调价申请，与私营部门就服务费调整的争议进行协商，要求有资质的第三方介入确认服务费。私营部门要按政府部门要求报告经营状况报告，按照服务费调整的规定的时间、范围、原因提出服务费调整请求和计算依据，配合有资质的第三方确认服务费。

4. PPP 融资模式的结构

PPP 模式主要是指政府和一些企业对某个项目达成的一种相互合作的共识的形式。这种模式有利于达到预期的效果。政府通过对企业进行扶持实现合作双方的共同利益，在这种情况下 PPP 模式代表了完整的项目融资。

在进行项目合作时，需要把项目生产阶段工作转交给企业进行生产管理，这种转交不代表所有权全部在企业一方，而是由政府和企业共同承担自身需要承担的部分和其中的风险。PPP 融资模式形式呈现出多样化，其中不但有营利性企业、非营利性组织，而且还有公共组织。双方在合作期间会形成不同程度的责任和利益的分歧，一般政府和企业之间的合作出现的分歧会取向模糊化，进行求同存异，达成最后目标。典型融资结构是：政府通过采购形式和企业形成一种契约关系，双方对某个项目签订特许合同，项目的筹资、建设和管理经营都由企业一方来完成，政府在其中起扶持的作用。政府会和贷款机构签订一份协议，这份协议的内容是为项目企业支付相关费用的一种贷款行为，主要是用书面形式贷款给需要完成项目的企业，使企业能够顺利建设项目。

（二）国际 PPP 融资模式研究

1. 国际 PPP 模式概况

国际 PPP 项目的融资基本上采取股权＋债权的模式。从具体融资工具看，国际 PPP 项目可以通过股东提供股权融资，包括政府和私人部门出资，最新实践中 PPP 基金也逐步参与进来。PPP 项目具有高负债运营的特点，资本金比例一般在 10%～30%。PPP 基金的主要作用是通过撬动资源和运用专业技能寻找优质 PPP 项目，在培养市场过程中起到催化作用。从国际 PPP 基金的实际操作看，主要分为政府发起的 PPP 基金和市场发起的 PPP 基金两大类。政府发起的基金包括加拿大 P3 基金、印度基础设施建设金融有限公司（提供长期的商业贷款，最多可提供资本成本的 20% 贷款，还提供咨询服务和试点担保计划）、玛格丽特 2020 基金（为欧洲气候变化、能源安全等其他基础设施投资项目提供股本和准股本金）、Jessica 基金（为欧洲市政 PPP 项目提供贷款、股本和担保）等。市场发起的基金包括气候变化 PPP 基金（向亚洲开发银行成员气候与环境相关领域的项目提供股本、贷款及基金）、菲律宾基础设施投资联盟（为菲律宾核心基础设施融资提供股本和准股本）。

国际 PPP 项目也可以通过商业贷款（包括银团贷款）、资本市场、国家或区域性开发银行等方式获得债务融资。其中，资本市场的具体形式主要为地方政府债券、项目收益债券、公司债券以及资产证券化产品等。在最新的 PPP 项目实践中，为了隔离政府风险，政府一般不直接承担债券的偿还责任，但会通过提供政府补贴、帮助申请 PPP 基金等方式对 PPP 项目融资提供支持。

美国是运用收益证券最好的国家之一。项目收益债是美国公共基础设施债务融资的主要渠道，是仅次于国债和公司债券的第三大债券市场。通常有政府拨款、地方税收收入或者租赁付款做担保，可以免缴美国联邦收入所得税（和一些地方税），直接降低融资成本达 2 个百分点。

在 PPP 项目的债券融资中，由于债券存续期较长，可能会采用通货膨胀指数化债券来规避通货膨胀风险。通货膨胀指数债券是指债券的本金或利息根据某种物价变量定期进行调整的债券工具。如澳大利亚皇家妇女医院项目中，债务融资为 2.93 亿美元（穆迪评级为 Aa2），其中就包括 1.45 亿美元的 28 年期指数化年金债券（Indexed Annuity Bonds，IABs，通货膨胀指数化债券的一种）。

从资金来源看，目前国际 PPP 项目对银行渠道的资金来源依赖严重，银行资金占全部资金渠道的 70%~80%，甚至更高。各个国家都在研究探索降低对银行资金的依赖，包括通过债券融资提高资本市场的比重，以及推动股权投资者在股权投资领域发挥更重要的作用（如加拿大和澳大利亚的养老基金）。PPP 项目的利润率较低，因此追求高收益率的产业资金及高风险高回报的资金均不适合投资于 PPP 项目。而追求长期稳定回报的养老基金、保险资金则与 PPP 的收益回报特点具有高度的匹配性。以加拿大为例，加拿大养老基金是国内参与基础设施建设的重要力量，在 PPP 模式中也不乏养老基金的身影。养老基金的参与方式包括以股权形式参与 PPP 项目或持有 PPP 相关债券等。

2. 国际开展 PPP 模式的经验

（1）国家层面的政治支持和政策引导为顺利开展 PPP 提供了基础性保障

国际实践表明，私人资本参与基础设施项目成功运作和融资安全必须得到政府的强有力支持。20 世纪 70 年代末至 80 年代初，石油危机和经济滞胀令凯恩斯主义遭到广泛质疑。为了破解政府投资运营的基础设施存在投资浪费、效率低下、服务质量差等诸多弊病，英国、美国等倡导对公共企业实施私有化改革。其间曾出现"过度私有化"误区：将基础设施供给责任全部交给私人部门，政府怠于作为，一旦出现始料未及的问题和风险时极易引发亏损，融资难度增大，这使私人部门倾向于不断提高公共产品价格，却对增加投入越发谨慎，阻碍了基础设施发展。20 世纪 90 年代开始，英国、美国等开始纠正过度私有化弊端，推出一系列基础设施公私合作模式。一是政策层面给予强力支持，如美国提出"吸引私人资本参与重建美国""PPP 要后来居上"等战略目标，菲律宾总统阿基诺三世亲自为《地方政府开发 PPP 项目手册》撰写序言并提出

"通过 PPP，地方政府可以实现选民的愿望"。二是政府正确引导解决融资难问题，日本、美国加大政府增信支持或提供低息贷款，法国允许项目法人经过批准以承建设施向银行抵押融资，英国推出一系列短期担保计划，韩国提供税收优惠，这些措施较好地促进了基础设施投融资建设。

（2）完备系统的法律法规和技术规范为顺利开展 PPP 奠定了坚实的制度保障

PPP 是以长期合同的形式存在的，其持续期至少在 10 年以上。由于 PPP 项目的参与者包括利益完全不同的公共部门和私人部门，因此在存续期内有效保障公共部门和私人部门的合法权益是双方共同关注的问题。世界各国的实践证明，健全的、与 PPP 相关的法律法规是项目顺利启动、成功实施、平稳运营的基本保证，也是防止和减少风险的重要手段。英国政府发布的技术政策与指南最多、最成熟，包括《公私合作：政府的方式》《基础设施采购：提供长期价值》《公共部门与私营部门联合体操作指南》《PPP 的新方式》等，此外还先后发布了 4 个版本的 PFI 合同示范文本，其中 2007 版共 37 章、300 余页，内容详尽、便于操作，不仅节省谈判时间，而且减少了公私部门之间产生的法律纠纷。澳大利亚 2008—2011 年间连续发布一整套全国公私合作指南，共 9 卷，涉及 PPP 的方方面面，同时还专门发布了适用于社会基础设施和经济基础设施的标准合同范本，为 PPP 项目的成功实施提供了政策和技术上的保障。

（3）设立高效专业的管理咨询机构为顺利开展 PPP 提供了可靠的组织保障

从国际经验看，政府在履行 PPP 职能时，普遍存在招标采购动力不足、部门间协调不够、专业技能缺失、交易成本过高、相关信息不全等机制性失效问题，需要建立 PPP 专业组织予以弥补。凡是 PPP 市场较成熟的国家，都建立了国家 PPP 单位甚至地方 PPP 单位，如英国基础设施局（Infrastructure UK），PPP 加拿大中心（PPP Canada）、澳大利亚基础设施局（Infrastructure Australia）等。作为 PPP 专门管理机构，PPP 专门机构要利用自身专业人员和大量外围专家，为政府提供专业技术支持，有效解决政府在 PPP 管理上的机制性失效问题，在成功推行 PPP 中发挥着至关重要的作用。虽然各国 PPP 中心的职能依各自政治制度、法律框架、发展水平等不同而有所差异，但无论在发达国家还是发展中国家，其主要职能包括：一是提出政策建议，包括为 PPP 立法、筛选适用 PPP 的行业、选择合适的 PPP 模式、制定项目采购与实施程序、设计冲突解决机制等提出建议；二是参与项目审核，从 PPP 项目准备至合同签署，全过程参与审核，决定项目是否适用 PPP 模式；三是提供技术支持，在项目识别、评估、招标采购、合同管理等环节，为政府提供技术支持，与市场投资人沟通互动；四是提高政府能力，通过培训等提高政府部门对 PPP 的正确认识，开展相关能力建设；五是支持项目融资，通过直接投资项目，或代表政府发布项目信息以增强市场投资人信心，促进项目融资；六是建立信息平台，搭建 PPP 政策和项目信息平台，帮助政府推介 PPP 项目，保证信息公开透明，促进市场竞争。

（4）构建目标共同、利益共享、风险共担的运作机制是顺利开展 PPP 的关键环节

PPP 项目的全生命周期普遍偏长，经历规划、设计、投融资、建设、运营、维护等多个阶段，20~30 年的投资回收期颇为常见，所涉风险类型和表现形式复杂多样。因此，PPP 项目成功运行必然具备目标共同、利益共享、风险共担三个重要特征。一是目标共同。政府和私人资本之间构建伙伴关系是 PPP 题中应有之义。公共部门之所以与私人部门合作并形成伙伴关系，核心就是存在一个共同目标：在某一具体项目上，以最少的资源实现最多的产品或服务。私人部门以此目标实现自身利益的追求，公共部门以此目标实现公共福利和利益的追求。二是利益共享。PPP 中公共部门和私人部门并不是分享利润，而是要对私人部门可能的高额利润进行控制，即不允许私人部门在项目执行过程中形成超额利润。PPP 的利益共享是指，私人部门通过资金、技术和管理优势获得合理利润，提高基础设施供给质量与效率，政府在不增加财政负担的前提下，履行好公共服务职能，使大众共享 PPP 的社会成果。三是风险共担。在 PPP 中，公私部门合理分担风险这一特征，是其区别于公共部门与私人部门其他交易形式的显著标志。如在政府采购过程中，公私双方是让自

已尽可能少承担风险。而在 PPP 中，公共部门却尽可能大地承担自己有优势方面的伴生风险，让对方承担的风险尽可能小；私人部门实际会按其相对优势承担较多的甚至全部的具体管理职责，从而使公共部门规避易发"道德风险"的领域。因此，在 PPP 模式中，应更多地考虑双方风险的最优应对、最佳分担，将整体风险最小化，风险的合理分担成为项目成功的关键所在。PPP 项目风险分类与风险分担如表 8 - 11 所示。

表 8 - 11　　　　　　　　　PPP 项目分类与风险分担

风险类别	风险所处主要阶段	风险分组
土地征用	开发阶段	公共/私人
开发规模 设计风险 策划风险	开发阶段	私人
完工风险	建设阶段	私人
费用风险	建设阶段	私人
技术风险	建设阶段/运营阶段	私人
规制和行政管理风险	运营阶段	公共/私人
商业风险	运营阶段	私人
运行和维护风险	运营阶段	私人
财务风险 利率风险 汇率风险 税率变化风险 通货膨胀风险	运营阶段	私人
期满风险	运营阶段	私人
破产和外部债务风险	整个项目期	私人
不可抗拒的自然风险	整个项目期	公共/私人
环境风险	建设和运营期	公共/私人
政治与社会风险 战争 国有化和废止 社会风险	整个项目期	公共/私人

（三）我国 PPP 融资的一般模式

1. 构建 PPP 融资管理制度框架

学习借鉴欧美国家做法，在广泛调查研究的基础上，首先从应对现实问题的办法、制度、细则、条例开始，经过实践运行最终上升到专门法律。健全完善基金管理办法，按照《预算法》相关规定，探讨将基金收入纳入一般预算或政府性基金预算管理。建立 PPP 融资税收政策体系，在企业总税负基本不变的情况下，通过调整税收结构，建立健全 PPP 融资税收激励政策体系。

2. 成立 PPP 融资专门管理机构

结合新一轮国家机构改革，在国务院成立专门 PPP 融资管理机构，如 PPP 专业委员会或 PPP 推进办公室，形成在中央政府统一领导下，由地方政府、PPP 推进机构和行业组织共同构成的 PPP 项目运作管理模式。下设 PPP 融资项目采购、合同管理指导的经济咨询机构，利用改革后的行业部委属下的具有相应专业知识（比如交通、水利、住建、环保等）的技术咨询机构，满足 PPP 融资模式在各行业的应用需求，彻底改变当前融资缺乏统一归口管理的局面，清晰划分各部门职责，协调各方面行动，提高决策的效力和执行力。具体考虑在国务院下设专门的 PPP 融资领导和推广机构，隶属于财政部，如 PPP 管理委员会或 PPP 融资推进办公室，形成在中央政府统一领导下，由地方政府、PPP 融资推进机构和行业组织共同构成的 PPP 融资项目运作管理模式。

3. 设立 PPP 融资绿色种子基金

充裕的资金投入是有效应对现实问题的基本财力保障。建议在中央预算中安排一次性专项资金 30 亿元，在财政部设立一只 PPP 融资种子基金，由中国清洁机制发展基金管理中心经营。资金来源具体包括政府公共预算资金、CDM 基金、资本市场信贷资金、公私合作资金、国内外捐赠收入等。按照国家战略总体部署，以及国民经济和社会发展"十二五"规划确立的国家发展战略重点和目标，投入范围包括：经济和产业结构调整、节能减排、新能源发展、淘汰落后产能等活动的资金投入；农业、森林、水资源保护等领域的基础设施建设；技术研发方面的资金投入；与发达国家和发展中国家开展相关国际合作的资金投入。

4. 组建 PPP 融资的政策性银行

金融机构作为为相关发展领域提供资金的主力渠道，政府部门应该与其密切合作，激励金融机构向相关行业提供资金，促进社会资金向相关领域流入，主要工作内容包括：一是成立政策性银行，二是发展相关信贷业务，三是创新风险分担模式。

5. 完善 PPP 融资的相关交易市场（如碳交易市场）

据联合国开发计划署统计，2012 年中国提供的碳减排量已占到全球市场的 30% 以上，中国出售的碳排放指标将占全球市场的 40% 左右，未来二三十年中国低碳经济的市场交易规模有望达到 5 000 亿～10 000 亿美元。一是健全碳排放交易市场，二是完善碳市场总体结构，三是探索"配建"模式控制排放量。

6. 健全 PPP 融资绩效考评机制

在现行政府绩效评估机构基础上，逐步建立以财政为中心的融资评价体系，一是构建融资绩效评价体系，二是强化融资绩效评价管理，三是设立相关交易监督管理委员会。

（四）PPP 融资模式的风险分担机制

1. PPP 项目风险种类

（1）宏观水平风险

宏观水平风险主要有：一是公共政策风险。项目资产效率比较低，政府对此表示反对。二是整体经济风险。融资市场条件差和有很大经济影响的事件等。三是法律风险。法律有关内容的更改和税收政策的变化等。

（2）中观水平风险

中观水平风险主要包括：一是项目选择风险。对项目的选择和土地需求等风险。二是项目融资风险。融资过程中不确定性和高成本等风险。三是施工风险。施工中工期延期风险、施工质量风险和合同变更的风险等。

（3）微观水平风险

微观水平风险主要表现在：项目建设中经验不足导致的风险因素、组织之间的协调风险、责任承担不合理风险等，以及第三方风险，即第三方侵权赔偿责任、人事危机。

2. 风险分担机理

在PPP项目运行的同时，风险也随之产生，各个环节的风险因素都会对整个项目产生一定的负面影响，需要对各环节存在的潜在风险进行合理的把握和预测，采用有效的措施适时化解风险，以避免造成巨大的经济损失。比如可以提高项目的质量控制标准并进一步加强控制，能够在很大程度上避免工程的返工风险、采用施工保险来转移风险因素等。但这些规避风险的方法不能完全避免风险的发生，所以，需要把项目风险分配给参与者进行共同分担。如何使各分担者既进行风险分担又不产生分歧是问题的关键。有专家认为需要把风险分摊到三方身上：政府、企业和项目使用者，在项目发起人和私营企业之间进行分配。

风险因素同时分摊到政府和完成项目企业中。企业需要通过竞标来获得项目建设权，企业方通过对招标项目进行风险评估，并对项目风险管理中的费用进行评估，通过评估结果对项目进行报价，政府如果觉得企业报价风险高，就会要求企业适时降低风险费用，或者重新对风险进行合理分配，政府如果接受风险的重新分配结果，政府和企业需要签订风险承担合同。风险承担合同签订之后，政府和企业各自对项目风险进行管理并承担风险。

第九章　绿色 PPP 基金

一、绿色 PPP 基金功能

绿色 PPP 基金是指为了实现环境保护目标，通过公私合作的方式而设立的基金。绿色 PPP 基金通过撬动资源和运用专业技能，在培养环境类 PPP 市场过程中起到催化作用。绿色 PPP 基金在绿色 PPP 项目中，首先，承担中介的角色，代表潜在投资者，提供一个技术团队进行项目分类和考察；其次，培养关系和市场认知，根据投资者确立的标准开发项目投资组合；再次，实现投资者之间成本共担，相对单独投资，降低投资成本；最后，整合投资者的资金，避免受到高投标成本、漫长的项目准备过程、大量的投资要求以及绿色 PPP 交易的断断续续影响。

绿色 PPP 基金分为很多类型：（1）从政府介入的程度来说，包括政府主导的 PPP 模式环境保护基金、政府与市场共同经营运作的 PPP 模式环境保护基金、市场主导的 PPP 模式环境保护基金。（2）从与市场结合的方式来说，有 PPP 模式股权环境保护基金、PPP 模式债权环境保护基金、PPP 模式混合型环境保护基金等。（3）就投资而言，分为股权投资型基金和非股权投资基金。（4）从发起人的角度来说，可以分为政府投资型基金和市场发起型基金。

PPP 支持基金可以分为绿色 PPP 基金和项目开发基金。在绿色 PPP 基金运营中，项目开发基金主要帮助政府制定合理的 PPP 项目，可以帮助地方政府准备可通过竞争性招标、可获得融资的项目，同时向政府提供聘定合同的顾问专家团队支持，通过竞争性程序为项目选择专家；在实际操作中，项目开发基金往往会支付项目开发的前期成本，通常通过中标人来收回。项目开发基金通过政府指定的程序和示范合同，帮助建立市场规范，有很强的市场维护作用，它既可以是绿色 PPP 基金的一部分，也可以和绿色 PPP 基金分开，是 PPP 支持基金的重要部分。

目前，国际上绿色 PPP 基金已经形成一定的规模，其中的政府投资型基金包括目前国际上已有的范例——印度基础设施建设金融有限公司（为银行牵头的财团的成员，其中亚洲开发银行提供了 12 亿美元贷款），印度尼西亚基础设施金融机构（隶属印度尼西亚财政部，自主经营的私营非银行金融机构，亚洲开发银行提供贷款），玛格丽特 2020 基金（欧盟委员会、欧洲投资银行和其他公共金融机构联合发起），Jessica 基金（欧盟委员会和欧洲投资银行联合设立）；市场发起型基金则有加拿大 P3 气候变化基金（亚洲开发银行和两家独立基金公司管理，亚洲开发银行和英国政府为锚定投资者，亚洲开发银行投资 1 亿美元），PINAI – 菲律宾基础设施投资联盟（由菲律宾、荷兰的养老基金以及亚洲开发银行出资，为当地核心基础设施融资提供股本和准股本），另外，国内的大中华基础设施基金也是由市场（中国光大控股、麦格理银行合资成立）发起，面向非中国的、非散户投资者，投资标的为中国和其他国家的核心基础设施，资金来自养老基金和其他机构投资者。

二、绿色 PPP 基金风险控制工具

绿色 PPP 基金的融资方式类似于 PPP 项目融资，有多种资金来源。但不同的是，绿色 PPP 基金可以通过多种风险控制工具来降低 PPP 项目融资风险，并充分利用基金领域内的实践经验，为政府建立新型融资公司提供服务。

1. 寻找其他收入来源

第三方收入（Third Party Income）：这种风险控制工具在轨道交通项目中较常见，如站点的广告、商铺收入等。在医疗服务中也有采用，比

如在公立医院里建立私立医院，用私立医院的收入来补贴公立医院，公立医院与私立医院的资源共享带来效益，同时还可以通过向私立医院征收租金增加公立医院的收入。交叉补贴（Cross – subsidisation）：通过提供其他营利性项目的开发机会来激励开发商投资基础设施。如港铁模式，利用房地产租金和零售收入的受益来支持轨道交通的建设。项目组合（Bundling）：利用收益好的项目补贴受益弱的项目，投资者必须同时进行两个项目。关联收入（Related Income）：政府获得其他收入来支持基础设施的建设。比如，在迈阿密隧道的案例中，政府从更多的港口活动中获取的收入保证了项目融资。

2. 改变初始融资结构

政府提供贷款担保（Loan Guarantees）：金融危机之后，在西欧国家中流行起来。例如，英国有专门的基金向重大基础设施提供担保，但是通常只担保某些特定的风险。政府可能会担保收取一定费用，但政府担保导致融资成本的降低足以抵消政府收取的担保费用。夹层基金（Public Mezannie Funding）：澳大利亚一些大学的学生宿舍采用这种方式。为了保证项目的可行性，大学有一些基金来提供额外的资金支持。它们只有当项目业绩良好时才会获得投资收益，如入住率明显高于预期水平时。优惠贷款（Public Debt）：通过其他机构，如国际金融组织等延长贷款期限、调低利率。利用建设期的收入（Early Revenue）：这种方式并不常见，但当有可能使用的时候，会非常有效。如伦敦泰晤士河污水处理项目，计划建设一个管道，对环境有较大的好处，但对市民没有直接影响。在建设阶段，伦敦市民支付的水费包括一个额外部分，被用来投资水利项目。分期开发（Staged Development）：在房地产行业较为常见。如保障性住房，以前期项目收入来投资后期项目。但是这种模式降低了规模效益，可能会提高总体成本。可行性缺口资助（Grant Structure）：针对初始资金缺口，政府提供拨款进行补贴。这种方式在印度被广泛推行，并被引入其他国家，包括英国和印度尼西亚。中央和地方政府可以提供一部分资本金，跟银行一样按工程进度比例发放补贴，因此政府可利用银行对建设过程进行监控。出售现有资产（Churning）：通过出售现有资产的收益投资新建项目。因为已经建成的资产没有建设风险，对社会资本投资者有吸引力。

三、绿色 PPP 基金融资方式

（一）私募股权融资

1. 私募股权融资的分类

私募股权投资（Private Equity，PE），主要是指通过私募形式投资于非上市企业的权益性资本，或者上市企业非公开交易股权的一种投资方式。从投资方式角度来看，私募股权投资是指通过私募形式对私有企业，即非上市企业进行的权益性投资，在交易实施过程中附带考虑了将来的退出机制，即通过上市、并购或管理层回购等方式，出售持股获利。

国际上，广义的私募股权投资基金根据投资方式或操作风格一般可分为三种类型：一是风险创业投资基金（Venture Capital Fund），投资于创立初期的企业或者高科技企业；二是成长型基金（Growth – oriented Fund），即狭义的私募股权投资基金（Private Equity Fund），投资处于扩充阶段企业的未上市股权，一般不以控股为目标；三是收购基金（Buy-out Fund），主要投资于成熟企业上市或未上市的股权，意在获得成熟目标企业的控制权。

2. 私募股权融资的特点

私募股权融资最主要的特征是投资的高风险和专业性，具体表现为以下几点。

（1）流动性低

私募股权投资基金是一种进行投资的基金，是私募投资运作的载体。它具有一般基金的特点和属性，本质是一种信托关系的体现，但是它的投资期限长、流动性差，主要投资于非上市企业的股权，实现股权的价值增值需要时间，而且往往不存在公开的股权交易市场，投资者只能通过协议转让股份，投资缺乏流动性。

（2）非公开发行

不同于公募基金的公开销售，私募股权投资基金的出售是私下的，只有少数特定投资者参加。在美国，法律规定私募股权基金不得利用任何传媒做广告宣传。这样私募股权基金的参加者主要是通过获得所谓投资可靠消息，或者直接认识基金管理者的形式加入。同时，私募所受到的监管程度也比公募低得多，相关的信息披露较少，一般只需半年或一年私下对投资者公布投资组合和收益，投资更具有隐蔽性。

（3）发行对象仅限于满足相关条件的投资者

这些条件通常比较高，把投资者限定在一定范围的人群中，人数是有限的。但这并不妨碍私募股权投资基金的资金来源广泛，如富有的个人、风险基金、杠杆收购基金、战略投资者、养老基金、保险公司等。

（4）投资风险高

私募股权资本所投资的企业，不管是初创阶段的中小企业还是需要重组的大型企业，或是处于快速发展阶段急需资金的企业，都蕴含着较大的风险和不确定性。伴随着高风险的是私募股权投资的高回报率。在我国，私募股权基金的投资项目年平均回报率高于 20%，甚至超过了 30%。

（5）专业性强

私募股权基金发起人、管理人的素质要求较高，需对所投资企业所处行业有深入了解，而且还必须具备企业经营管理方面的经验。同时，基金管理者一般要持有私募股权投资基金 2%～5% 的股份，一旦发生亏损，管理者拥有的股份将优先被用来支付参与者，故私募基金管理者必须利用自身的专长、经验和资源实现所投资企业的价值增值，同其他投资者分享企业价值增值的收益。

3. 私募股权融资对基金融资的适用性分析

一般来说，由于私募股权投资期限长、流动性低，投资者为了控制风险通常对投资对象提出以下要求：一是优质的管理，对不参与企业管理的金融投资者来说尤其重要。二是至少有 2～3 年的经营记录、有巨大的潜在市场和潜在的成长性，并有令人信服的发展战略计划。投资者关心盈利的"增长"，高增长才有高回报，因此对企业的发展计划特别关心。投资者对行业和企业规模（如销售额）有要求，不同投资者对行业和规模的侧重各有不同。金融投资者会从投资组合分散风险的角度来考察一项投资对其投资组合的意义，多数私募股权投资者不会投资房地产等高风险的行业和不了解的行业。三是估值和预期投资回报的要求。由于不像在公开市场那么容易退出，私募股权投资者对预期投资回报的要求比较高，至少高于投资于其同行业上市公司的回报率，而且期望对中国等新兴市场的投资有"中国风险溢价"，要求25%～30%的投资回报率是很常见的。四是3～7年后有上市可能性，这是主要的退出机制。

从上述投资要求可以看出，私募股权投资筛选投资企业时很关注被投资企业的风险、预期收益率以及几年后退出是否顺畅。由于京津冀环保一体化政府信托基金有一部分政府资金作为支撑，且受到各种优惠政策支持，基金运行风险相对较低，符合私募股权融资低风险的要求。同时，根据对各子基金的分析，除了纯公益性项目收益率较低之外，其他项目包收益率基本都能满足20%的要求。并且，由于政府投入资金不需要投资回报，可以将这部分资金的收益转给私人资本上，提高私人资本的投资收益率。由此，在基金建立的初期，利用较高的投资回报率，可以吸引私募股权投资基金的投资。虽然京津冀环保一体化政府信托基金并不会上市，但投资者可以通过出让股权、公司股权回购等方式，将资金收回。由此可见，京津冀环保一体化政府信托基金基本上符合私募股权投资的要求。

4. 私募股权投资的优点

私募股权投资的门槛较低，与贷款相比不需要担保抵押，不需要偿还本金、支付利息费用，可以长期支持企业发展，与公开上市相比，不需要较大的资产规模及其他严格的限制。私募股权是以投资—发展—退出模式实现资本增值并获利的，其投资具有长期性。私募股权融资作为一种新兴的融资方式，除了具备为基金提供资金支持的作用外，还可为基金带来其他方面的益处：可以改善基金的股权结构，完善法人治理结构；私募股权进入基金后会关注基金的成长，对基金进行必要的帮助，提高基金的管理水平。总之，私募股权融资对基金发展的促进作用是多方面的，使得私募股权融资具有多种多样的优点。

（二）通过银行贷款吸纳私人资本

银行贷款是指银行根据国家政策以一定的利率将资金贷放给资金需要者，并约定期限归还的一种经济行为，适用于 PPP 模式子基金下的所有项目。

1. 适用性分析：PPP 项目风险较小，现金流稳定，符合银行贷款要求

绿色 PPP 基金通过具体的 PPP 项目申请银行贷款。目前商业银行是 PPP 项目最重要的资金供应方。PPP 贷款业务包括以商业银行信贷为核心的一系列贷款服务，包括并购贷款、银团贷款、项目融资等。在 PPP 模式下的银行贷款中，银行主要运用依靠项目自身现金流及项目资产、合同权益保障的有限追索项目融资，提供长期限债务融资。因此，项目的风险控制包括现金流是否稳定等，是银行审批贷款时予以极大关注的部分。项目风险越高，及时还贷可能性越低，对于银行的吸引力也就越弱，高风险行业申请银行贷款难度较大，申请成本也较高。而 PPP 项目大多得到各级政府的支持，并享有优惠政策，而且在项目还款和担保等问题上政府与银行间往往比较容易达成共识，同时，PPP 项目多为公共基础设施，所以其主要风险被社会资本、公共部门和商业银行合理分担，因此 PPP 项目贷款风险较低，项目贷款具有稳定的回报率和安全性，这在一定程度上保证了银行的贷款质量。另外，通过建立绿色 PPP 基金进行分散投资，通过组合投资的方式，在不同的资产类型或不同的行业、不同的公司进行投资，避免了单个项目的投资失败导致现金流的断裂，进一步降低了投资风险。从风险控制上，符合银行贷款的要求。

同时，大型基建投资项目能够带来相对稳定的现金流、较高收益率，最重要的是能够实现风险对冲，长期低风险可以对冲其他投资项目风险，也符合商业银行利益诉求。

2. 优势点分析：银行贷款可帮助商业银行与绿色 PPP 基金实现双赢

（1）商业银行业务多样，对于 PPP 项目投资风险能进行有效控制。PPP 项目风险总体来说较小，符合银行贷款的要求。对于任何一种融资方式，项目风险都是不可避免的。项目风险主要来源：一是由于 PPP 模式以特许经营权为核心，而公共设施收费并未实现市场化，项目市场化与收费未市场化的不匹配导致 PPP 项目存在无法盈利的风险；二是部分 PPP 项目需要政府予以补贴以覆盖成本，但由于项目建设时间、运营时间较长，不确定性较大，政府可能出现无力持续补贴的情形，导致项目投资收回困难；三是目前政府未出台针对 PPP 模式的法律，社会资本参与公共项目没有自保的有力法律武器。

由于商业银行对于风险识别具有丰富的经验，能够选择现金流较为稳定、政府财力较为充足支持的项目。同时，商业银行优秀的财务监管和资产运作能力也使得其具有较强的抵抗风险的能力，而且可充分利用综合金融服务平台优势，整合集团资源，为客户提供涵盖股权、债权等融资解决方案，并提供相应的顾问服务，减小风险。另外，商业银行强大的资金背景使其可通过选择具备 PPP 项目建设及运营经验的社会资本作为合作伙伴，通过一体化运营，进一步控制风险。因而相较于其他融资模式而言，商业银行应对风险的能力更强。

（2）PPP 项目贷款为商业银行转型提供途径与空间。当前，我国政府正大力推动 PPP 融资模式在基础设施领域应用，将对商业银行基础设施贷款形成冲击。而 PPP 的发展在满足了建设新型城镇化所需基础设施的同时，也避免了政府进一步加大债务，同时具有较大的资金需求。发放贷款使得商业银行成为 PPP 项目的债权人，投资银行资金的介入使得商业银行可成为 PPP 项目的股东，商业银行既获得利息收入，也可以获得股息收入，这有助于调节银行收入结构。同时贷款和投资银行资金联动可以降低商业银行大规模贷款带来的风险，投资银行资金的参与也为商业银行更好参与 PPP 项目的运作提供了良好的契机。这为商业银行提供了新的贷款投向，可预见的是，PPP 将成为城投债的替代和延伸。

（3）银行贷款相较于其他融资模式，资金量集中，融资更便捷，可作为融资的中坚力量，同时可为 PPP 项目搭建一体化金融平台。同时，商业银行，特别是大型国有商业银行，拥有充足的信贷资源，具有丰富的项目运作经验，拥有成熟的风险评估和调查体系。例如，中信银行、平安银行等具有强大的金控集团背景，拥有专业的服务团队，丰富的项目运作经验和资源，在集团联动下，成立 PPP 项目联合体，充分发挥协作效应，可以为 PPP 项目搭建一体化金融平台，成为 PPP 项目的牵头人。

（三）通过债券吸纳私人资本

债券（Bond）是政府、金融机构、工商企业等机构直接向社会借债筹措资金时，向投资者发行，并且承诺按一定利率支付利息、按约定条件偿还本金的债权债务凭证。债券的本质是债的证明书，具有法律效力。债券购买者与发行者之间是一种债券债务关系，债券发行人即债务人，投资者（或债券持有人）即债权人。在绿色 PPP 基金中，可以借助的债券种类有许多，包括可续期债券、项目收益债券、企业债券、新型城投债、私募债券等。通过发行债券吸纳私人资本适合 PPP 模式子基金下所有项目。

1. 适用性分析：PPP 项目特点与债券特点相匹配，符合发行债券的条件

PPP 项目一般具有建设期长、回收期长的特点，同时，PPP 项目的现金流、特许经营权或收费权等都可作为抵押以发行债券，与债券特点相匹配。对此，分不同债券类型进行说明。

（1）可续期债券

可续期债券是一种定向为重大市政基础建设项目融资，并可以将募集资金用于补充公司资本金的长期限融资工具，由 PPP 模式下项目公司发行。可续期债券首创了"续期选择权"，即债券期限由发行人自行决定，理论上可以永久存续，同时，可续期债券具有期限长、规模大、可用于项目资本金、成本可控、可降低资产负债率等特征。而 PPP 项目中经常涉及基础设施建设等建设周期长、回收周期长等项目，与可续期债券的特点相符合，可满足市政建设、能源、交通等重大基础设施建设的融资需要。

（2）项目收益债券

项目收益债券以项目为主体进行资金募集。它是以项目收益作为偿债来源的债券品种，项目收益债券是与特定项目相联系的，债券募集资金用于特定项目的投资与建设，债券的本息偿还资金完全或基本来源于项目建成后运营收益的债券。项目收益债券具有以下四个特征：一是募投项目具有公益性特征，发行主体为项目公司，期限可覆盖整个项目周期，通过设置不同的交易结构可控制交易风险。根据分析，PPP 项目一般来说可以在特许经营期逐渐收回成本，实现盈利，具有稳定偿债资金来源，因此，可以获得资金回转用于债券本息的偿还。二是绿色 PPP 基金所针对项目具有正外部性，符合公益性特征，项目收益债券期限可覆盖整个项目周期也解决了项目周期较长的问题，另外，可根据不同项目特征设置不同的交易结构，调节偿还周期等对项目风险进行控制。三是 PPP 项目与项目收益债券特征相符，符合发行项目收益债券的条件。具体来说，发行项目收益债券，可根据项目资产及收益，将其等额划分，每份资产根据项目收益情况给予在全运营期内等额偿还的方式。这类似于银行的按揭贷款。四是投资者购买到这种收益债券后，项目公司会以等额还其本金和利息的方式给予投资者回报。

（3）企业债券

企业债券以企业为主体进行资金募集，通常又称为公司债券，是企业依照法定程序发行，约定在一定期限内还本付息的有价证券，通常泛指企业发行的债券。企业债券的发行主体是股份公司，但也可以是非股份公司。企业债券具有灵活性，可由企业根据自身情况选择发行，从而实现社会资本的募集。其中，对于中小型环保企业，设立绿色 PPP 基金后，可由基金管理机构牵头，发行中小企业集合债券。

（4）新型城投债

新型城投债是指由地方政府发行的债券。但由于目前地方政府普遍负债较多，债务压力较大，通过发行城投债为基础设施建设等项目融资受到了阻碍。新型城投债则是由以 PPP 模式参与政府项目运作的融资平台发行的债券，新型城投债与城投债十分相似，不同之处在于是由参与政府项目运作的融资平台发行。绿色 PPP 基金便是通过融资，带动各企业以 PPP 模式参与到政府项目运作中来，绿色 PPP 基金的融资平台公司符合新型城投债发行方的要求。

（5）私募债券

私募债券是指向与发行者有特定关系的少数投资者募集的债券，其发行和转让均有一定的局限性。私募债券的发行手续简单，一般不能在证券市场上交易。私募的对象是有限数量的专业投资机构，如银行、信托公司、保险公司和各种基金会等。由于投资者对发行者情况较为了解，不需要采取公开方式进行募集。购买私募债券的目的一般不是为了转手倒卖，只是作为金融资产而保留。私募债券相较于公募债券发行成本较低，同时不需要提供担保，有利于建立与业内机构的战略合作。绿色 PPP 基金没有在证券市场上进行交易的需求，重点在于整体资金的保值和一定程度上的升值，有利于以风险更小、更加稳定的方式筹集项目资金。同时，采用私募债券有利于绿色 PPP 基金加强业内各机构的联系，也能推动 PPP 模式的规模化发展。

2. 优势点分析：债券募集资金量更大，且十分灵活

通过发行债券，募集私人资金的范围更广，有更大范围的受众，所能募集的资金量也更大。以可续期债券为例，可续期债券一般由高信用级别的大型国有企业在资本市场上公开发行，所以募集资金规模较银行贷款更大。同时，由于债券种类较多，针对于不同的 PPP 项目，可从中选择最为适合的债券种类，或者通过不同债券的组合，降低募集成本，提高募集效率。不同类型的债券的组合可覆盖到私人资本的方方面面，这种灵活性反过来也使得借助债券可募集到的资金量更大。

（四）社保基金与保险资金参与投资

1. 社保基金与保险资金的定义

社保基金是全国社会保障基金的简称，指全国社会保障基金理事会负责管理的由国有股减持划入资金及股权资产、中央财政拨入资金、经国务院批准以其他方式筹集的资金及其投资收益形成的由中央政府集中

的社会保障基金。

保险资金泛指保险集团（控股）公司、保险公司以本外币计价的资本金、公积金、未分配利润、各项准备金及其他资金。保险公司的资金来源于保单的销售。对于寿险公司来说，保障型保单的期限长、保费分期缴纳，因此保险资金具有负债久期长、规模较大的特点。同时，由于是保障型资金，保险资金要求投资对象与交易结构的安全性高。

2. 绿色 PPP 基金符合社保基金与保险资金的投资需求特点

社保基金与保险资金在投资特点上有明显的共同点，即在保证资产安全性的前提下，实现基金资产的增值，因此其资金投资的"三性"排序中都以安全性为主要前提，流动性与收益性在安全性之后，其中，社保基金一般要求流动性在收益性之前，而保险资金则要求收益性在流动性之前。总体来说，这两类资金对投资都要求有稳定收益。

绿色 PPP 基金下的项目包在相互整合联系后，由于项目包的多样化，风险得到分散，整体收益率也相对长期稳定。具体来说，由于基金下具有多种多样的项目包，包括农业、林业、养殖业、旅游业等，而不同的项目包从投入到收益的时间跨度往往不同，例如，农作物相对于林业项目包的收益周期就较短，旅游业投资期长，但一旦进入正轨后，后期的收益率也较为稳定。因此，通过将许多不同投资收益周期的项目包相互联系整合，从整体上来说，其长期的收益率就趋于稳定。同时，在这种情况下，进行产业链整合并进行整体管理后，项目包之间实现了风险分散，从而降低了整体的风险。综上所述，绿色 PPP 基金的总体投资需求资金量大，收益周期长，且相对稳定，风险也不高，符合社保与保险资金的投资需求。

3. 社保基金与保险资金融资的优点

总体来说，与银行、证券、信托等其他金融资金来源相比，社保基金与保险资金具有提供期限更长、供应更加稳定、资金成本较为合理、不受信贷政策调控影响、交易结构与使用较为灵活（无须委托支付）以及资金总额大等优势。

（五）通过环境服务产权吸纳私人资本

从财产权包含的内容来看，环境服务产权是一种抽象的产权形态，是环境服务的所有权、使用权、收益权和处置权的集合，具有一般产权的基本属性。环境服务融资可以采取以环境服务产权为抵押进行贷款。环境服务产权抵押贷款是指将环境服务的所有权（或使用权）作为抵押物向金融机构借款。

1. 适用性分析：绿色 PPP 基金项目符合环境服务产权抵押贷款的条件

在 PPP 项目中，通过原有环境物品产权所有人将环境服务产权使用权转让给相关治理或建设企业，或是直接建设防护林等，企业或政府可以获得环境服务产权，如林权等。这些林权等环境服务产权可以用于抵押贷款，吸纳私人资本进入绿色 PPP 基金。同时，国家政策给予 PPP 项目中林权抵押贷款的差异化信贷政策，包括：加强信贷规模的统筹调配，优先保障 PPP 项目的融资需求；对符合条件的 PPP 项目，贷款期限最长可达 30 年，贷款利率可适当优惠；建立绿色通道，加快 PPP 项目贷款审批；支持开展排污权、收费权、集体林权、特许经营权、购买服务协议预期收益、集体土地承包经营权质押贷款等担保创新类贷款业务，积极创新 PPP 项目的信贷服务。在政策支持下，PPP 项目可以使用林权抵押贷款，并且贷款更加便捷，所需费用更低。

2. 优势点分析：扩展了吸纳私人资本的途径，盘活资源

环境服务产权抵押使得环境资产可以作为抵押物的要素，使环境资源可以变现。绿色 PPP 基金除实现生态用途外，还能通过环境服务产权抵押贷款获得资金，进入绿色 PPP 基金体系。另外，环境服务产权抵押贷款模式的产生在一定程度上使银行将风险承担与收益平衡的信贷模式得以实现。

通过环境服务产权抵押贷款，盘活了环境资源，促使更多的绿色产业与大市场有效对接，环境资源被有效激活，吸纳私人资本，反过来又可以促进绿色产业得到更好的发展。

四、绿色 PPP 基金运行方式

绿色 PPP 基金运行方式和一般基金大致相同，从基金运营的资金来源方面看，基金的建立主要包括两类合伙人：一般合伙人和有限合伙人。一般合伙人对合伙企业债务承担无限连带责任，有限合伙人以其认缴的出资额为限对合伙企业债务承担有限责任。一般合伙人在合伙企业中担任基金管理人的角色，其出资一般只占基金总额的 1% ~2%，但拥有管理权和决策权，一旦投资失败，必须对基金的债务承担无限连带责任；投资者则作为有限合伙人，以出资额为限承担有限责任，但同时必须放弃对合伙企业管理的权利。商业银行则将其资金托管到绿色 PPP 基金中享受分红。

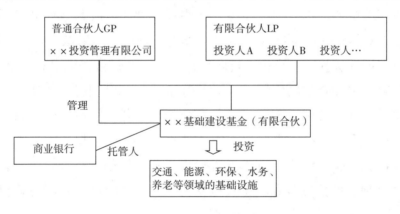

图 9 – 1　绿色 PPP 基金运行方式

绿色 PPP 基金（有限合伙）在市场中负责交通、能源、环保、水务、养老等领域的建设，以 PPP 项目为线索，由公共部门发起 PPP 项目，绿色 PPP 基金代表潜在投资者，提供技术团队进行项目分类和考察，培育市场关系和市场认知，根据投资者确立的标准开发项目投资组合，同时基金自身资金也参与到 PPP 项目，吸引多方社会资金，实现投资者之间成本共担，降低某些高成本 PPP 项目投资成本，同时基金对其投资的资金负责，监督 PPP 项目公司，绿色 PPP 基金可代替传统 PPP 项目中公共部门、私人投资者和项目公司的角色，同项目公司之间实现相互协调、共同决策、风险共担的责任，同时基金的一般合伙人、有限合伙人以及在基金内托管资金的商业银行享受利益共享的权利。

绿色 PPP 基金在运行中，政府型和市场型有着较明显不同。在这里分别举例说明其运作方式。

表 9 – 1 为政府投资型绿色 PPP 基金的运行范例。

表 9 – 1　　　　　国际上政府投资型绿色 PPP 基金简介

基金公司	印度基础设施建设金融有限公司	玛格丽特 2020 基金	Jessica 基金
运营状况	自 2006 年以来，已经为总价值 800 亿美元的 299 个项目提供 52 亿美元的资金支持	已经向总价超过 40 亿欧元的 10 个道路、机场、垃圾焚烧发电项目提供了 3.2 亿欧元的支持	2013 年欧盟注资 20 亿欧元，到 2020 年资金将达到 80 亿欧元
基金简介	由政府直接控制，作为"项目融资"机构而设立	为长期股权投资基金，投资于欧盟 27 个成员的交通和能源基础设施绿地项目	该基金是利用赠款基金投资 PPP 项目和其他项目的载体
参与 PPP 项目形式	与其他银行和金融机构合作，以财团的形式为项目提供最多 20% 的贷款	遵守市场规则，拥有项目发起、评估、执行、监督和资产管理的独立咨询团队	股权投资、贷款和/或担保通过城市发展基金或控股基金提供，这些基金投资于多种基金
投资方向	为银行和其他金融机构提供再融资、后续长期贷款融资（Take Out Financing）、部分信用担保和咨询服务	所有的投资和不投资决定由投资委员会负责，六大核心投资人（如德国复兴信贷银行）在管理委员会分别拥有一个代表席位，委员会还包含独立成员和员工	基金投资于城市基础设施、文化遗址、院校建筑、医疗设施和节能改造
其他	亚洲开发银行提供了大量的技术支持	监事会对基金实施监督	投资回报用于新的城市开发项目再投资

表9-2为国际上市场发起型绿色PPP基金的运行范例。

表9-2   国际上市场发起型绿色PPP基金简介

基金公司	菲律宾基础设施投资联盟	加拿大P3气候变化基金
规模	该基金共募资金6.25亿美元，其中亚洲开发银行出资1亿美元，于2012年募资完成	该基金资金总额4亿美元，预计2014年底投入运营
投资方向	投资于基础设施各领域的绿地项目和棕地项目	为包括中国在内的发展中成员方的气候和环境相关领域的项目提供股本、贷款和基金
出资人	出资人包括亚洲开发银行、菲律宾政府服务保险系统（GSIS，养老基金）、荷兰养老基金资产管理公司（APG）和澳大利亚麦格理集团	整合私人部门的投资机构和开发性金融机构
作用	亚洲开发银行表示，力图吸引更多的私募股权基金流入菲律宾市场，从而吸引其他外商投资和进一步开发菲律宾国内资本市场	亚洲开发银行投资占基金普通合伙人资金的25%，还提供广泛的服务，是基金的有限合伙人
运营	亚洲开发银行协助领导了基金的设计、孵化、资本调动、基金管理公司的筛选、条款的谈判和构建等工作	基金的日常运营与管理由通过竞争机制任命的基金经理人负责

绿色PPP基金组成的一般模式如图9-2所示。

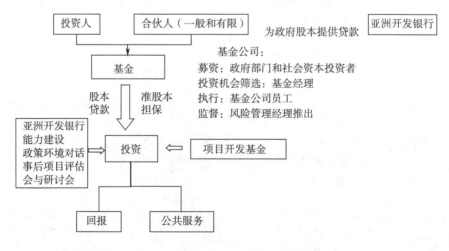

图9-2 PPP基金组成的一般模式

五、绿色 PPP 基金的创新模式：PPP 环保产业基金

（一）PPP 环保产业基金功能

环保产业基金可分为区域性环保产业基金和单一产业环保产业基金。区域性环保产业基金，例如建银城投环保基金，主要投资方向为上海市的可替代能源与清洁技术、高边际收益的生产型企业、环保新材料及新材料技术、环保运输、节能减排等服务、咨询、环保物流等。单一产业环保产业基金则是主要投资于某一环保产业的投资基金，例如土壤修复产业投资基金。这两种环保产业投资基金都可以自由选择项目，出于金融机构追逐利润的本性，它们挑选的项目都会是高利润项目。PPP 模式即 Public – Private – Partnership，是指政府与私人组织之间，为了提供某种公共物品和服务，以特许权协议为基础，彼此之间形成一种伙伴式的合作关系，并通过签署合同来明确双方的权利和义务，以确保合作的顺利完成，最终使合作各方达到比预期单独行动更为有利的结果。PPP 环保产业基金既具有典型 PPP 模式特征，又具有区域环保产业基金特征。

PPP 环保产业基金主要适合于在流域水环境保护领域、城市环境保护基础设施领域运用。与一般 PPP 项目不同，PPP 环保产业基金对应的不是单一项目，而是一个项目包，项目包内包含的项目来自多个产业，这些产业链可以互相衔接、互相呼应，从而使中低利润的环保项目可以通过产业链互相呼应的设计来降低风险，提高项目包整体收益。另外，PPP 模式环保产业基金与一般产业基金不同，它具有贯穿 PPP 模式的以项目为基础、以合同为核心、以特许经营权的让渡为手段，集项目融资、建设与运营为一体的特征。该基金的项目包是已经在合同中规定了的，通过特许经营权让渡和合同管理，为该项目包专门组建的项目公司不能只挑拣高利润项目，必须接受环境目标，以及为达到该环境目标所必须实施的所有项目，含中低利润项目和无利润项目。

环保产业投资基金是向环保产业的企业或项目提供投融资的一种新兴工具。通过发行基金份额或收益凭证，将投资者资金集中起来，为环保产品、技术研发及环保企业发展提供资金和管理支持，并在适当时机抽回资本，以获得资本增值。在该基金的构成中，财政资金的占比不高，所以，政府并不作为主要合伙人进入基金的管理机构，而只是作为有限合伙人。其原因在于，这种基金只能投资于未上市的企业，而且还是概念期的企业，这就极大地增加了投资风险。财政资金在其中主要发挥引导作用，扶持更多的风投资金投向环境保护相关产业。

中国很大部分的环保企业都属于没有上市的中小企业，特别是新型环保技术，很多都属于不成熟项目，对其投资具有较大的市场风险，银行等金融机构都不愿意提供贷款。启动资金缺乏经常是中国环保技术和环保产业无法发展的重要障碍。政府投入一些财政资金，引导市场建立更多的环境保护产业投资基金，就可以在一定程度上解决环保技术和环保企业启动资金缺乏的问题。但因为这种产业投资基金风险很大，财政资金进入后基本就要有被牺牲的准备，所以财政资金不适宜在基金中占较大份额，能达到引导作用就可以了。

目前，中国已经试点的 PPP 模式环保产业基金是土壤修复产业基金。土壤修复真正开展是起始于2012年环境保护部等部门联合出台了《关于保障工业企业场地再开发利用环境安全的通知》，规定未经治理修复或者治理修复不符合相关标准的，不得用于居民住宅、学校、幼儿园、医院、养老场所等项目开发。土壤修复任务重，国内技术还不成熟，国外技术是否适应中国有待验证。在这种情况下，银行对土壤修复企业提供贷款存在极大风险，缺乏积极性。为了激励绿色风投投资于土壤修复行业，财政资金与风投资金共同组建土壤修复环境保护产业基金，就成为解决启动资金的有效手段。

（二）设立环保产业基金的现实意义

1. 针对政府财政资金紧张状况，缓解环保事业有效投入不足，促进国民经济可持续发展战略目标的实现。设立环保产业基金的首要意义就在于能集合全社会的力量，吸聚社会闲散资金，通过市场化、规范化运作促使发达地区的地方政府腾出更多资金解决诸如交通、能源等其他制约城市发展的瓶颈问题，同时帮助农村以及中西部等欠发达地区缓解长期掠夺性开采带来的环境恶化，减轻地方财政环保投入压力，增强环保意识。总体上看就是，利用民间的力量促进"公平的环保"，为中央政府提出的"公平的社会"和"可持续发展"的战略目标作出贡献。

2. 提供新的融资方式和渠道，改善融资结构，减轻银行负担，控制银行风险。环保产业具有投资大，见效慢，周期长，现金流低，政策性、专业性较强，具有一定公共性等特点，属于资金密集型行业。商业性信贷融资大量进入，客观存在着较大的信贷风险，从国际经验来看，也基本不是由商业信贷承担。我国当前商业银行在抵御风险体系尚未健全，以逐利为目的的情况下，大量短期资金支持长期贷款，隐藏着严重的流动性风险，也在一定程度上导致了低水平重复建设现象的发生。

当前金融体制改革的重点就是改变以银行体系为主导地位的间接金融体系，扩大直接融资比例。环保产业基金以直接投资为主，主要投资环保行业的实业项目和非上市公司股权，通过对投资项目进行资本运营使基金资产增值。许多业内企业融资渠道单一，稍微运作不善就有可能陷入资金周转困境。若这些企业能够获得环保产业基金的投资，既可以大大减轻该企业对银行贷款资金的依赖性，增加新鲜血液，又能改善银行贷款结构，避免长时间、高风险的资金占用，化解金融风险。

3. 环保产业基金发挥专家理财优势，有利于环保资金使用效率的提高，强化了产权约束功能。环保产业基金的投资通常是环保企业的股权投资，规范的运作和严谨的程序能够对所参股公司的经营管理形成外部的压力。考虑到产业基金具有分散风险的基金特性的要求，一般来说，它不会对一个环保企业投入大量的资金从而获得控股的地位，按规定不会超过10％。处于小股东地位的环保产业基金必然会更加关注企业的规范化运作，强化其产权约束功能，从根本上杜绝管理混乱，资金使用不当，浪费极其严重的现象。而以往财政或银行的资金即使到位，也往往由于监管不力，易造成资金运营效率的低下甚至肆意挥霍。从市场影响来看，环保产业基金主要投向环保行业中的优秀企业，就必须有一系列评判公司经营战略、专业水平、财务状况、核心竞争力和投资项目优势的指标。基金实施专业的管理和独立的决策，这对于建立和完善公司治理结构、引导企业的行为十分有益。环保产业基金所具有的专家理财特征和积极股东主义的倾向有利于资本运用效率的提高，对目标公司在规范管理、合理使用资金等环节真正起到了监督和促进作用。

4. 环保产业基金的试点及推广有利于优化资本市场结构，提供了进行多样化资本运作的可能。具体来说，环保产业基金既可以直接投资于好的环保项目获得投资收益，又可以随时介入多个环保项目保证发起人及投资人收益的稳定增长性；既可以进行全程投资，又可以进行阶段性投资，获得阶段性运作的收益；既可以对项目进行整体收购，又可以进行杠杆收购，以高财务杠杆效益获取股权投资收益；既可以参与环保行业的一级市场，又可以适当介入二级市场的交易（此项须在国家法律、法规允许范围内），在资金空闲时期还可以投资于短期资金市场或进行国债投资，保证资金的安全性和流动性，从而体现资金的时间价值并实现收益的最大化。实际上，在不同的金融环境下，产业基金能够进行的资本运作方式也是不同的。美国的产业基金大多投资于高新技术产业和企业创业初期，有点类似于我国现阶段的风险投资基金。但日本的产业基金则是分散投资于各行业，体现了一种稳重的投资理念。利用环保产业基金进行试点，既弥补了政府投入严重不足，又可以在条件成熟后推广至其他行业领域，合理利用社会闲散资金，促进全社会资金良性循环，同时优化资本市场结构，实现多样化资本运作。

（三）环保产业基金的设立基础

1. 设立环保产业基金的现实基础

（1）环保事业的艰巨任务和相应的资金缺口为环保产业基金的设立提供了可能。环保产业是当今世界的朝阳产业。在我国，虽然20世纪70

年代就出现了环保企业，但环保意识的普及和环保产业的飞速发展是在20世纪90年代。目前全国已有1万多家企事业单位专营或兼营环保产业，其中企业8 500家、科研院所等单位1 500家，职工总数180多万人，固定资产总值800亿元。全国环境相关产业的总产值1 080亿元，其中，环保设备产值300亿元，占27.8%；资源综合利用产值约680亿元，占63%；环境服务产值100亿元，占9.2%。环保产业总产值占同期全国工业总产值的0.77%。近年来，我国环保投资力度不断增加，投资总额占国内生产总值（GDP）的比例节节攀升，从"七五"期间的0.7%上升到"八五"期间的0.8%，"九五"期间更首次突破1%，2005年这一比例将升至1.2%。10多年来我国经济保持高速增长，经济总量的盘子越来越大。"八五"期间我国环保投资约为2 000亿元，"九五"期间增至3 000亿元，"十五"期间这一数字猛增到7 000多亿元。

根据国际经验，环境投资在国民生产总值中的比例达到1.0%～1.5%时，可以基本控制污染，当该比例达到2%～3%时，环境才可得到逐步改善。因而，《国家环境保护"十五"计划》提出，"十五"期间，我国在污染治理和生态保护领域的投资应达到7 000亿元左右，约占同期GDP的1.3%。

在水污染治理方面，"十五"期间，需要通过工程措施削减化学需氧物排放量500万吨，加上水环境综合整治等，投资需求约为2 700亿元。在大气污染治理方面，"十五"期间，煤炭洗选加工、火电厂脱硫、城市清洁能源、工业废气治理及机动车污染防治等，投资需求约为2 800亿元。在固体废物治理方面需新增城市生活垃圾无害化处理能力18万吨/日、危险废物安全处置5 000吨/日、医疗废物安全处置1 650吨/日，以及工业固体废物处置等，投资需求约为900亿元。在生态保护投资方面，投资需求约为500亿元。在基础能力建设方面，为加强环境监测、生态状况与生物多样性调查和科学技术研究，投资需求约为100亿元。显而易见，政府的财政压力和资金缺口是巨大的，加上一些地方政府没有完全落实建设责任，未及时足额落实配套资金，问题就更为严重。

　　以长江上游地区为例，为使三峡蓄水后的长江水质不受污染，重庆全市各区县已建成 22 座城市污水处理厂并投入运行，日处理能力达到了 57.7 万立方米，但是，由于三峡库区内的一些地方大多是贫困地区，年人均国内生产总值还不到 4 000 元，有的甚至连交自来水费都很困难，环保设施运行维护的经费缺口很难在短时期内得到解决。重庆市水务集团承担着污水处理厂的投资和运行任务，据统计，在他们接收的全市 13 个区县 18 个污水处理厂里，每年的运行费用达到了 1.8 亿元，然而，由于多数区县污水处理费征收标准偏低，资金缺口竟达到了 1.6 亿元。

　　在环保产品研发上，更是资金奇缺。国内环保产品技术含量最高的是大气污染防治设备，但也大多为发达国家 20 世纪 80 年代的水平。全行业从事产品技术开发的研究人员不足行业职工总数的 0.5%，用于产品开发的经费不到产品销售收入的 0.6%。

　　在社会财富不断增加的今天，光靠政府的财力来投入环保无疑是不够的，这就需要集合社会闲散基金，在加强监管的基础上，通过市场化运作进入环保领域，在改善环境的同时缓解政府财政压力，同时也给投资人带来一定的回报，真正形成多赢的局面。

　　（2）促进环保领域的投融资改革，提高环保项目的投资效率，改善环保企业的经营管理水平，为环保产业基金的设立留下了发展的空间。我国环保领域的投融资体制通常是以政府为主导，以国债、银行为主要渠道，全社会的资金大都是通过购买国债或以银行贷款的形式进行投资，这在新形势下就显得相对单一。同时，政府投资体制滞后也影响了投资效率。一方面，由于经济发展中财政收入占 GDP 的比重将不断下降，而财政解决多方面的问题和矛盾的任务十分艰巨，虽然近年来政府基础设施投资规模不断扩大，但仍难以满足不断增长的资金需求。另一方面，政府投资没有与制度建设相结合，出现了一些国债项目重复安排、配置不合理、损失浪费等现象，加上在经营管理、规范运作等环节上监管不力，使政府投资无法实现最佳的效果。环保产业投资基金实质上就是一种投资模式，可以在不断提高投资决策的市场化程度和投资形式的多样化方面促进投融资体制的改革。通过参股的形式，可以改善目标企业的经营管理机制，提高资本的投资效率，追求更高的投资回报。

2. 西方国家的产业基金为我国环保产业基金的设立提供了借鉴

产业基金的出现起源于 19 世纪末一些私人和银行家将富余的资金投资于石油、铁路和钢铁等行业。第二次世界大战后，美国于 1946 年成立了第一个民间募集的创业投资 ARD。此后，在民间投资欲望的强烈推动下，1958 年，美国通过了《中小企业投资法案》，建立了中小企业投资的投资公司制度，使创业者能通过此项制度获得资金的提供，产业基金获得迅速发展。而日本的产业基金则较美国落后，始于 1963 年，当时日本政府为了协助中小企业和产业基金的发展，特别制定了《小型企业投资法》，日本的产业基金应运而生。1974 年，日本通产省又设立了创业投资企业中心，借以促进产业基金的发展。美国的产业基金是在充裕的社会资金背景下由投资者的投资需求自然引发的，而日本的产业基金是日本政府为顺应投资的政策性需求而产生的。

英国政府设立了一项减排基金，目前的金额是 2.5 亿英镑。企业可以参加政府的减排基金竞标，中标的话，就可以用基金的钱来搞减排项目。也就是说，企业只要有温室气体减排的意识，采用有效的减排技术，就有可能用政府的基金来搞本企业的环保项目，项目成功，达到了减排目标，还可以享受减税的优惠。据介绍，英国大约有 1 200 家企业和政府签了减排协议，多数企业达到了减排目标，2002 年，英国共减少了 1 350 万吨碳排量。英国政府还专门为中小企业设了一个碳基金，每年 5 000 万英镑，一个项目最多可以申请到 500 万英镑，用于咨询节能技术和购买节能设备。

中日小渊基金又称日中绿化交流基金，是 1996 年经日本已故首相小渊惠三提议，日本政府设立，经中日两国政府首脑批准运营的日本对华环保援助基金。中日小渊基金户县生态绿化项目是户县青年联合会接受资助的在渭河流域段营造永久性的生态示范林环保项目，于 2003 年 3 月立项，2003 年 8 月至 2004 年 3 月完成一期工程。一期工程共投资 85.1 万元，其中日方资助 70 万元植树 100 公顷，13.86 万株，目前，已经通过中日双方专家验收，产生了明显的生态效益和社会效益。二期工程计划植树 100 公顷，13.86 万株，总投资 97 万元，其中申请小渊基金 80.6 万元。

3. 我国对产业基金的探索与实践为设立真正意义上的环保产业基金积累了宝贵经验

目前我国尚未有一只真正意义上的产业基金，但在众多领域，包括环保领域，对产业基金这一新的金融工具都进行了有益的探索和尝试，积累了宝贵的经验。

最初是一些信托公司参照英国模式，推出了类似的信托计划，产业投资信托已经具备产业基金的雏形，在资金来源、管理方式和框架模式上都完全是基金模式的信托。金信信托是最早吃螃蟹者。早在 2003 年底，金信信托就推出一项金信房地产组合投资资金信托计划，该计划同以往集合资金信托计划最大区别是，信托资金并不是针对单一项目或企业，而是以提供抵（质）押或保证为前提，向房地产项目公司发放贷款并参与项目收益分成，暂时未发放出去的信托资金用于存放银行、购买国债及同业拆借，整个信托计划规模为 1.4 亿元。紧接着在广东销售的"粤财信托·珠江三角洲民营企业集合信托计划"在产业投资上更加详细。除此之外，云南国际信托投资有限公司推出公路建设项目集合资金信托计划，4 亿元信托募集资金将用于云南省固定资产投资计划内的地方公路建设；后来，云南国投又发售"中国龙资本市场绝对收益资金信托计划"，资金规模高达 20 亿元，单份信托合同最低 1 000 万元，信托资金将用于主题投资和动量投资。由全国工商联住宅产业商会发起的"中国住宅产业精瑞基金"于 2005 年 9 月 20 日正式面世。精瑞基金属于契约型上市房地产基金，作为国内首只房地产基金，打破了我国没有产业基金的局面。还有众多如电子、旅游产业的基金也在跃跃欲试。在环保方面，保护天然林、生物多样性以及水资源的流域治理问题也是国际上最为关注的问题。欧盟将在这两个环保合作项目中与中国合作，分别投资 3 000 万欧元（合人民币约 3 亿元）和 2 500 万欧元（合人民币约 2.5 亿元），拟采取设立环保产业基金的方式，解决长江和黄河流域从国家政策层面到提高农民生活和土地利用的问题。中科环保基金也非常希望在国际合作领域，为外国政府、关注环保的民间团体或投资者提供一个科学化、市场化、规范化的投资平台。

4. 设立环保产业基金的法律基础

我国的《公司法》早在 1997 年即已颁布实施，设立公司型基金可做到有法可依，规范操作。作为契约型基金设立依据的《信托法》2001 年也颁布实施了，加上 1998 年《证券法》、1999 年《合同法》颁布实施，产业投资基金的有关法律、法规及运行管理办法，以及投资顾问法、投资者权益保障法，相信不久也会正式颁布实施，这将为环保产业基金的设立打造完整的法律体系，提供法律上的保证。

证券投资基金在《证券投资基金法》的框架下，近几年得到了长足的发展，摸索出一整套行之有效的监管、发行、管理、运作模式。环保产业基金完全可以借鉴现有的证券投资基金的相关经验，设立的产业基金管理公司采取公司形式，由产业基金管理公司发起契约形式的环保产业基金。基金的募集方式有公募和私募之分。公募是指以公开的方式向法人和自然人发行基金凭证募集基金，而私募是指以非公开的形式向法人和自然人发出要约以募集资金，在西方国家，无论是对法人还是自然人均倾向于私募方式。从环保产业的实际出发，产业基金也以私募方式为好。因为以私募方式设立基金，投资者与基金经理之间的关系便主要是一种基于相互了解和信任而达成的委托—代理关系，基金运作压力要小一些，从而有利于基金实施长期投资战略，实现基金资金的收益和安全。当然，在国家法律、法规许可或产业基金上市实施细则等条件成熟后也可采用或转变为公募的方式来设立基金，利用社会闲散资金转化为投资，消化银行风险。

总之，环保产业基金无论从法理要求、现实操作还是规范运营上都有许多亟待解决的问题，从国计民生的百年大计和金融创新的客观要求等层面上来看，都迫切需要我们去探索、研究，并尽快付诸实践。

（四）我国各类环保产业投资基金的应用性分析

随着我国环保产业战略性新兴产业地位的确定，我国环保产业市场规模不断扩大，投资需求急剧增加。环保产业投资基金可分为风险投资基金、产业重组基金及环境基础设施投资资金，下文将对不同类型的投资基金在环保产业中的应用性作分析。

1. 风险投资基金的应用性

随着我国环保产业的市场前景被普遍看好，风险投资开始涉足环保产业领域。据中国风险投资研究院（CVCRI）调查，2002 年，我国环保产业风险投资的案例数占国内风险投资总额的 2.6%，并有持续上升的趋势，2009 年，该比例达到 14.4%。环保产业的发展潜力逐渐受到人们关注。

在 2001 年至 2011 年期间，我国环保产业已披露的风险投资案例总数为 41 例。从投资的环保企业类型来看，主要有水处理、固废处理、废气处理、清洁生产设备、噪声与振动治理和环保技术咨询及推广。其中，水处理领域的企业获得风险投资的数量最多，达 17 例，占总数量的 41.46%。其次为固废处理领域，达 11 例，占比为 26.83%。数量列第三的为环保技术咨询及推广业务，达 7 例，占比为 17.07%。从已披露的投资金额规模来看，水处理领域的资金规模最大，达 1.05 亿美元，占全部金额的 38.85%，其次为固废处理和清洁生产设备领域，分别达 0.88 亿美元和 0.44 亿美元。尽管环保技术咨询及推广业务获得风险投资达 7 例，但获得的资金规模仅占总资金规模的 2.22%。因此，我国环保产业中风险投资的主要领域有水处理、固废处理领域和环境服务领域，其中，水处理和固废处理属于传统的末端治理领域，环境服务则为新兴发展领域，但获得的风险投资金额规模却十分有限。

在我国环保产业的风险投资资本中，青云创投（原清华创投）是专注于节能环保产业的投资管理公司，该公司发起成立的中国环境基金（China Environment Fund），是国内第一只在清洁技术领域投资的海外系列创业投资基金，管理三只国际基金，基金规模约 3.5 亿美元，投资主

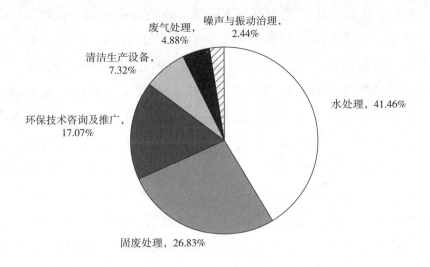

图 9-3 2001—2010 年环保产业风险投资类型

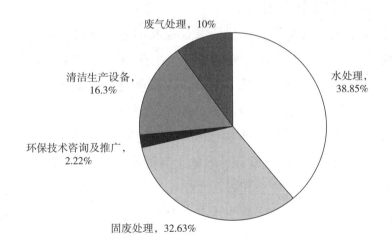

图 9-4 2001—2010 年环保产业风险投资规模

体包括国际著名开发银行、家族企业、跨国公司和机构投资人等，投资业务范围包括环保、可再生能源、资源综合利用、可持续交通和清洁生产的企业。发展至今，成功投资约 20 家企业，在环保产业领域成功投资5 家企业，对于环保产业风险投资基金的运作极具借鉴价值。

根据风险投资资本应用于我国环保产业的发展现状，主要存在以下几个问题：一是我国风险投资对于环保产业的范围界定不清晰，有环保产业、能源环保产业、节能环保产业、清洁环保产业等多种称谓。二是我国风险投资对于环保产业的传统认知局限于末端治理领域，忽略了环保产业在其生命周期发展进程中内涵的不断扩展。三是不应将能源产业和环保产业混为一谈，前者已单独发展成为一门重要产业，应从环保产业的范畴中剔除。为了推动环保产业发展，风险投资应注重投资环保产业中具有高成长性和高盈利性的领域，由于环保产业中清洁技术产品及环境服务业尚处于发展阶段，有潜力成为市场新的增长点。综合上述分析，我们认为在我国环保产业发展阶段，风险投资基金应注重投资非末端治理领域和小部分高新技术含量较高的末端治理领域。

2. 重组投资基金的应用性

根据发达国家的经验，大型环保企业基本上是通过并购方式完成企业规模扩张的。而我国环保产业尚处于发展阶段，其中中小企业占 80% 以上，行业内集中度低。可见，企业并购和重组等资本运作方式将成为我国环保产业整合的重要途径之一。首先，国外环保企业会通过并购行为进入中国市场。法国威立雅集团在中国的并购之路是个极好的例子，2002 年威立雅出资 2.66 亿欧元，收购上海浦东自来水公司约 50% 股权；2004 年，威立雅与其合资公司投资 4 亿美元收购深水集团 45% 股权；之后，陆续收购昆明自来水、柳州水务、兰州供水等集团，并积极参与我国水务市场的发展。其次，企业并购是我国环保产业提高行业集中度的重要手段，通常适用于环保产业内发展较为成熟的领域。在 2008 年至 2011 年期间，我国已披露的环保产业并购案例有 13 项，并购金额超过 30 亿元，其中，在相同领域进行的横向并购案例有 7 项，约占并购案例的一半；并购双方所涉及的业务领域主要为水处理，其次是固废处理，两者之和达 70% 以上，而被并购方中所占资金规模的比例最高的领域为水处理，占比超过 40%。

表 9 - 3   我国环保企业的并购案例

并购方	业务类型	被并购方	业务类型	涉及资金规模（亿元人民币）
万邦达	水处理	吉林固废	固废处理	1.5
桑德环境	固废、水处理	威宁兴源	资源综合利用	0.95
美国废物管理公司	固废处理	上海环境	固废处理	9.1
大连东泰	固废处理	瀚洋环保	固废处理	0.15
碧水源	水处理	北京久安	水处理	0.51
首创股份	水处理	新环保能源	固废处理	2.6
盛云股份	大气处理	中科通用	垃圾焚烧发电	0.44
大众环境	生态环保	源泉环保	水处理	0.92
日本丸红株式会社	大型综合商区	国桢环保	固废、水处理	—
桑德环境	固废、水处理	咸宁甘源水务	固废处理	0.15
中科成环保	水处理	华强创新投资	水处理	0.12
泰达股份	生态环保	蓝盾集团	石化产业	0.39
法国苏伊士、香港新创建集团	水处理（水务）	重庆水务	水处理（水务）	9.49

　　环保产业重组基金通过并购重组等方式，可以实现企业的跨区域业务拓展，延伸企业在上下游的产业链，并带来规模经济效应。中能绿色基金是我国首家节能环保产业并购基金，成立于 2011 年 7 月，基金规模为 20 亿元，主要在公共领域布局，重点投资公共照明、城市垃圾、污泥处理、配煤技术示范点建设和固废处理等项目。可见，对于我国环保产业中的基础设施和末端治理领域，基于其发展较成熟的现状，可以通过环保产业重组基金对关联领域的企业进行并购、重组，实现这些领域的可持续发展。综上所述，我们认为环保产业重组基金对于环保产业的行业整合具有重要作用，对于提高行业集中度和实现规模经济具有推动作用，主要可应用在末端治理领域。

　　3. 环境基础设施投资基金的应用性

　　随着我国城市化的迅速发展，环境基础设施建设资金需求日益增加，2001—2009 年，我国城市化率由 36.2% 提高到 46.59%，增长率为

28.7%；城市环境基础设施投资从595.7亿元增至2 512亿元，增长率为336%，远远超过我国城市化的速度。根据国务院发布的《国家"十二五"环境保护规划》，到2015年，我国污水处理设施负荷率需提高到80%以上，城市污水处理率达到85%，这些都预示了我国城市环境基础设施的投资需求增加。

在环境基础设施建设的领域中，对于公共物品属性较强的领域，例如供热、园林绿化等领域，投资渠道主要是政府财政资金，主要集中在燃气、集中供热、排水、园林绿化和市容环境卫生，其中排水和园林绿化是投资重点，见表9-4。对于公共物品属性较弱的领域，例如供水、污水处理等领域，政府积极引入市场机制，具有代表性的是BOT模式，即"建设—运营—移交"投资方式，政府在一定期限内授予某一经济实体建设、管理和维护某一基础设施，并在该期限后无偿转让给政府。据统计，2005年在200项企业参与的城市环境基础设施建设项目中，BOT项目占49%，具有良好的应用前景。可见，在环境基础设施建设方面，投融资模式已较为多样化。

表9-4　　　　　2001—2009年城市基础设施投资建设情况　　　　单位：亿元

年份	城市环境基础设施建设投资	燃气	集中供热	排水	园林绿化	市容环境卫生
2001	595.7	75.5	82	224.5	163.2	50.6
2002	789.1	88.4	121.4	275	239.5	64.8
2003	1 072.4	133.5	145.8	375.2	321.9	96
2004	1 141.2	148.3	173.4	352.5	359.5	107.8
2005	1 289.7	142.4	220.2	268	411.3	147.8
2006	1 314.9	155.1	223.6	331.5	429	175.8
2007	1 467.5	160.1	230	410	525.6	141.8
2008	1 801	163.5	269.7	496	649.8	222
2009	2 512	182.2	368.7	729.8	914.9	316.5

关于产业投资基金在环境基础设施领域中的应用性，首先，BOT投融资模式的引入已在一定程度上弥补了环境基础设施领域中市场机制的缺失。其次，环境基础设施建设的市场发展和盈利率均十分稳定，对于

追逐高风险高收益的产业投资基金而言，缺乏投资亮点。再次，环境基础设施建设对环保产业发展的推动作用不大，产业投资基金介入价值并不大。最后，环境基础设施属于基础设施项目，可以直接依托基础设施产业投资基金展开，而没有必要以环保产业投资基金的形式进行应用。

综上所述，我国环保产业投资基金在初期发展阶段应形成以风险投资为主、企业重组基金为辅的格局，其中，在清洁生产领域，以风险投资基金为主，而在末端治理领域，应以企业重组基金为主、风险投资为辅，其优先发展次序如表 9－5 所示。

表 9－5　　环保产业中各领域环保产业投资基金的优先发展次序

	风险投资基金	企业重组基金
末端治理领域	3	2
清洁生产领域	1	—

注：以 1 为最优先基准，数字递增，优先性递减。

（五）产业投资基金应用于我国环保产业各细分领域的发展前景分析

在上述分析的基础上，应进一步研究环保产业投资基金对环保产业各细分领域的投资，原因如下：首先，环保产业各细分领域所处发展水平不同，市场前景也各不相同；其次，环保产业不同领域的附加值不同，能满足不同类型产业投资基金的需求；最后，环保产业不同领域对于环保产业升级转型的作用不同，相应地，产业投资基金的介入程度也应有所不同。从我国环保产业各领域的发展程度来看，末端治理已基本趋于饱和，其中生活污水、固废处理等新的市场增长点已逐步形成；而清洁生产技术和环境服务尚处于起步阶段，在未来将有很大发展空间。因此，环保产业投资基金的投资重点领域分别为末端治理领域、清洁生产技术领域及环境服务领域。

1. 末端治理领域

20 世纪 70 年代以来，随着工业生产过程中的废水、废气和固体废弃物的增加，各国对环保投入逐渐加大，这不仅催生了环保产业的诞生，也使末端治理成为环保产业发展过程中初创期和发展期的主要内涵。末端治理是针对狭义的环保产业而言的，主要包括三废治理，即废水、废气、废渣治理。我国环保产业经过 30 年发展，传统污染治理的市场容量已日趋饱和。根据上文分析，环保产业投资基金在末端治理领域的运用形式应以企业重组基金为主、风险投资基金为辅。下文将通过分析环保产业末端治理领域的高新技术和潜在盈利领域，为环保产业投资基金的投资方向提供依据。

（1）整体发展前景分析

从环保产业的市场构成来看，主要有环保产品、资源综合利用、环保服务和洁净产品，其中涉及末端治理领域的主要有资源综合利用、环保产品和部分环境服务。

从 2004 年和 2008 年环保产业的市场构成来看，资源综合利用所占比重均最高，均为 50% 以上，环保产品所占比重为 8% 左右，见图 9 - 5。从利润率来看，2004 年环保产业中资源综合利用的利润率最低，为 8% 左右，预示该市场已经进入成熟期。同时环保产品的利润率为 10.8%，高于资源综合利用领域，见表 9 - 6，但和 2000 年环保产品利润率的 13.5% 相比，已有显著降低，可知以末端治理为主的资源综合利用领域和环保产品领域均进入成熟发展期，市场发展空间日趋减小。

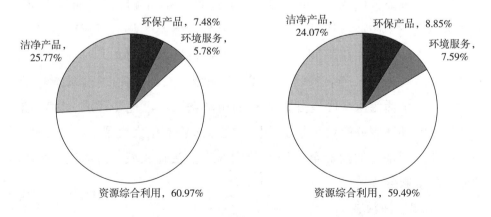

图 9 - 5　2004 年及 2008 年我国环保产业的构成

表 9-6   2004 年我国各环保产业利率

项目	环保产品	环境服务	资源综合利用	洁净产品
年收入总额（亿元）	341.9	264.1	2 787.4	1 178.7
年利润总额（亿元）	37	26.2	223.4	107.3
利润率（%）	10.8	9.9	8.0	9.1

资料来源：《2004 年环境保护相关产业状况公报》。

（2）子行业发展前景分析

从末端治理的主要内容"三废"治理来看，由于各行业所处发展时期不同，因此环保产业投资基金在各行业中的应用，应结合不同行业市场发展状况来进行分析。末端治理中"三废"主要包括污水处理、大气污染防治和固废处理。

一是污水处理行业：主要包括生活污水处理和工业污水处理两个子行业。目前，我国的污水处理行业已进入成熟发展期，从市场发展现状来看，主要有以下特点：首先，行业内集中度低。2009 年，我国污水处理行业共有 249 家，其中小型企业为 243 家，中型企业 6 家，无专营污水处理的大型企业。其次，行业内竞争较激烈，尤其在生活污水处理领域。这源于行业内企业数量多、规模小，产品同质性强，缺乏核心竞争力。最后，行业的进入壁垒较高，这源于污水处理设备的资产专用性强，尤其在工业污水处理领域，见表 9-7。

表 9-7   我国污水处理行业的市场分析

二级子行业	生活污水处理	工业污水处理
行业生命周期	成长期	成长期
行业壁垒	低	高
竞争度	激烈	一般

在该领域，高端污水处理设备、再生水利用具有潜在市场需求，尤其 MBR（膜生物反应器）是最具潜在成长性和盈利性的领域。据统计，2004 年至 2008 年期间，我国 MBR 市场需求从 0.4 亿元增加到 16 亿元，年均增长率达 2.5 倍，可用于市政污水深度处理、再生水生产和高浓度

有机废水处理，有潜力成为污水处理行业新的市场增长点。2010年，以MBR作为主营业务的碧水源公司成功上市，预示着未来该领域值得产业投资基金进行投资。

二是大气污染防治行业：主要包括除尘、脱硫和脱硝三个子行业。除尘和脱硫主要是对二氧化硫、烟尘和工业粉尘进行防治，是大气污染防治行业的重点子行业，依托2000年颁布的《中华人民共和国大气污染防治法》，开始飞速发展，目前大气污染防治行业中已培育了一批龙头企业，如龙净环保、菲达集团等。

表9-8　　　　　　　　我国大气污染防治行业的治理分析

二级子行业	除尘	脱硫	脱硝
行业生命周期	成熟期	成长期	初期
行业壁垒	低	低	高
竞争度	高	激烈	一般

就除尘行业而言，我国除尘业务主要应用于燃煤电厂、钢铁、水泥、煤炭等能耗大、灰尘产生量较多的行业，除尘器种类主要包括电除尘器、袋式除尘器和电袋复合除尘器三种外，我国在此行业的技术水平公认位居世界前列，尤其是在电除尘器领域，生产、加工能力远远超过市场需求，已进入产能过剩阶段，行业结构调整势在必行。

就脱硫行业而言，我国脱硫业务主要应用于火电行业。据统计，我国二氧化硫排放量总量失控的主要原因源于火电行业，2009年火电行业排放二氧化硫为932万吨，占全国二氧化硫排放总量的63%。经过政策扶持和国外技术引进，2004年和2005年我国火电脱硫获得大规模增长。"十一五"期间，随着火电脱硫行业迎来投资高峰，行业得到整合，市场集中度提高，截至2009年底，累计合同排名前20位的火电脱硫公司脱硫工程合同总容量已达到5.33亿千瓦，占全国火电脱硫工程合同总容量的90%。可见，火电脱硫行业已进入成熟期。就市场增长点而言，首先，火电脱硫设施运行效率低下，在该领域的运营管理可能成为新的增长点。其次，非电力脱硫领域仍有待发展，但由于非电力行业二氧化硫排放量占总排放量比重不高，且分散在各个行业中，难以集中治理，因此投入产出效率低，盈利前景不明朗。

就脱硝行业而言，我国火电行业是氮氧化物的第一大排放源，排放量占全国总量的 40% 以上。但目前，我国火电脱硝机组只有 4 000 万千瓦左右，占火电装机容量仅 6%，火电脱硝处于起步阶段。据瑞银预计，"十二五"期间，我国火电脱硝市场容量将达到 1 300 亿千瓦，其中 SCR（选择性催化还原法）由于效率高，被广泛应用，预计市场容量达 900 亿千瓦，而催化剂是 SCR 脱硝的关键，占脱硝装置总成本的 30%～40%，随着 2011 年《火电厂大气污染物排放标准》的出台，火电脱硝和 SCR 催化剂领域必将成为未来新的市场盈利点。

三是固废处理行业：主要包括生活垃圾处理、工业垃圾处理和危险废弃物处理三个领域。由于后两者具有数量小、品种多、专业性强的特点，通常由各行业专业公司处理，难以形成规模经营，因此，生活垃圾处理是我国固废处理的主要发展领域。

我国固废处理行业仍处于起步阶段，"十一五"期间投资金额仅占环保投资的 15%。随着我国城市化的进程加快，生活垃圾处理面临很大的发展空间，被称为"下一个污水治理行业"。从行业发展来看，首先，固废处理行业的产业化和市场集中度仍十分低，行业内具有核心竞争力的企业数量有限；其次，固废处理行业的进入壁垒较高，由于固废处置工业的复杂和难以标准化、前期设备投资的金额数量大（仅设备投资额就超出亿元）以及回收期长的特点，固废处理行业的主要投融资模式为政府财政投资和 BOT 模式。因此，在固废处理行业的经济增长点还不明晰的情况下，环保产业投资基金不应贸然进入，应持观望态度。

表 9－9　　　　　　　　　我国固废行业处理的市场分析

二级子行业	生活垃圾处理	工业垃圾处理	固废处理
行业生命周期	初期	初期	初期
行业壁垒	高	高	高
竞争度	一般	一般	一般

综上所述，在行业集中度低、竞争激烈的领域，例如生活污水处理行业、大气除尘行业等，可以应用环保产业重组基金，进行行业整合；而在技术水平高且有市场盈利点的领域，例如 MBR 污水处理、SCR 火电脱硝及垃圾焚烧发电等领域，可以适当引入环保产业风险投资基金。但总体上，末端治理领域已趋于饱和，所以环保产业投资基金在该领域的应用范围并不广泛，存在一定的局限性。

2. 清洁生产技术领域

（1）整体发展前景分析

我国在 2002 年颁布的《清洁生产促进法》中将清洁生产界定为不断采取改进设计、使用清洁的能源和原料、采用先进的工业技术与设备、改善管理、综合利用等措施，从源头削减污染，提高资源利用效率，减少或者避免生产服务和产品使用过程中污染物的产生和排放，以减轻或者消除对人类健康和环境的危害。

目前，我国环保产业正处在以末端治理为主、清洁生产为辅的发展期，环保产业中的清洁生产领域尚处于起步阶段，在政策推动和节能减排的背景下，未来极有可能成为我国环保产业中新的增长点。对于环保产业投资基金而言，应将清洁生产技术作为环保产业中的重点投资领域，其经济方面的盈利点主要体现在以下几个方面：

首先，清洁生产技术降低了末端治理费用。由于末端治理是在生产末端对废弃物进行治理，需要处理的废弃物数量多，导致对末端治理设备的投资和运行费用的需求较高。据统计，根据基础设施和处理工艺流程的不同，处理 1 吨化工废水需要 1～4 元，而去除 1 公斤 COD 则需要 2～6 元，按照一家化工企业一年产生几亿吨废水的规模来看，废水处理费就达上亿元，对企业造成了较重的经济负担。若能在生产环节降低污染物的排放，不仅减少了末端治理的成本，还能控制环境污染。从我国大型工业企业数量超过 2 000 家、中小型工业企业数量超过 40 万家的现状来看，清洁生产技术潜在需求旺盛。

其次，清洁生产技术降低了生产成本。通过实施清洁生产技术，可以减少产品的原料、能量、水等项目的消耗，直接降低产品的生产成本，使企业效益获得大幅度提高，对企业增加核心竞争力具有重要意义。而清洁生产具有的长期性、持续性特点，使未来企业也能受益。

可见，清洁生产不仅具有环境效益，其产生的经济效益也颇为可观，在节省末端污染物的治理成本的同时，在生产过程中能节能降耗，减少产品成本。在目前节能减排的背景下，对于清洁生产技术的需求必将快速增长，应成为未来环保产业投资基金的重点投资领域。

（2）子行业发展前景分析

清洁生产技术的渗透性极强，能融合到各个行业的生产和消费过程中。基于行业间的差异性和行业内各生产环节的差异性，清洁生产技术在各领域的应用潜力也各不相同。我国环保产业投资基金的目的在于，通过对环保产业中具有高成长性和高盈利性的领域投资，推动环保产业的结构优化。因此，在环保产业投资基金对清洁生产领域进行投资时，应综合考量行业本身和行业内各生产环节的投资前景。

第一，应基于不同行业之间的差异性。根据清洁生产的界定，其核心理念是节能、降耗、减排，从这点来说，高能耗、高排污的行业具有更大的节能减排空间。根据国家环保总局发布的《关于对申请上市的企业和申请再融资的上市企业进行环境保护核查的通知》和《关于进一步规范污染行业生产经营公司申请上市或再融资环境保护核查工作的通知》，重污染行业有冶金、化工、石化、煤炭、火电、建材、造纸、酸造、制药、发酵、纺织、制革和采矿业 13 类行业。可见，这类行业对于清洁生产的需求尤为旺盛。

第二，应基于行业内不同生产环节之间的差异性。对于各行业来说，实现清洁生产的关键环节不同，例如，强化镀液维护是实现电镀清洁生产的重要环节。根据《国家重点行业清洁生产技术导向目录》，国家对 17 个重点行业的清洁生产技术予以支持肯定。由于清洁生产技术具有政策导向型的特点，目录中所列清洁生产技术，可以作为未来环保产业投资基金进行投资的依据。

需要注意的是，对于环保产业投资基金而言，获得资本增值是其重要目的之一。在发达国家，清洁生产技术的应用和普及是以经济效益作为主要衡量基准的。因此，在投资某项清洁生产技术前，需对其进行经济效益分析，以具有显著经济效益的指标作为依据（包括节能、降耗、生产效率的提高等），同时，以投资金额、投资回收期及收益率为评判标准。

3. 环境服务领域

根据发达国家经验，环境服务是环保产业中收入最大的领域，2007年，美国环境服务占环保产业总收入的比例达到 52%，收入达 1 600 亿美元，而我国同年的这一比例仅为 5.7%，尚存在很大发展空间。对于环保产业的转型升级而言，环境服务的发展将是重要推动因素之一，也是环保产业投资基金的重点投资领域。

环境服务业在我国起步较晚，在 20 世纪 90 年代后期才形成多元化发展格局。我国对于环境服务领域的分类包括环境技术与产品研发、环境工程设计与施工、污染治理设施运营服务、环境监测服务、环境咨询服务、环境贸易与金融服务六类。2004 年我国环境服务业各领域的构成见表 9 - 10，从表 9 - 10 可知，我国环境服务领域的构成以环境工程设计施工服务和环境监测为主，这两个领域的年收入之和占环境服务年收入总额的 72%。

表 9 - 10　　　　2005—2006 年我国各环境服务业人员构成

项目	从业单位数 （个）	从业人数 （万人）	年收入总额 （亿元）	年利润总额 （亿元）
环境技术与产品研发	456	1.6	13	2.7
环境工程设计与施工	1 201	5.3	143.7	15.8
污染治理设施运营服务	665	5.2	72.7	4.7
环境监测服务	1 258	2.7	16.9	0.5
环境咨询服务	734	1.5	17.8	2.5
总计	4 314	16.3	264.1	26.2

根据环境服务业的发展现状和市场需求，未来发展的重点领域主要有三个方面，下面将针对每个领域探讨环保产业基金的应用性。

（1）环境工程设计

从环境服务业构成来看，环境工程设计与施工年收入比重最高，2004 年占环境服务年收入的比重达到 50% 以上，其中，工程设计在环境服务业中发展迅速，2004 年收入为 25.7 亿元，和 2000 年相比增长近 1.3 倍。由于工程设计的技术含量较高，其利润率也远高于环境工程施工。尤其是水污染治理和大气污染防治领域，2004 年对外服务合同额之和达 2 661 万美元，值得环保产业基金介入。

（2）环境咨询服务

环境咨询是为各类组织（政府和企业等）提供环境决策服务的治理活动，包括环境影响评价、环境培训、环境管理体系与产品认证咨询等与环境相关的咨询服务。由于环境咨询的起步较晚，现有市场份额较小，大多为各类环境科研所和高校机构兼业经营，目前国内尚未出现规模较大的综合性环境咨询服务业，这为环保产业基金中企业重组基金的应用提供了依据。

（3）污染治理设施运营服务

为解决环保设施运行有效低下问题，20 世纪 90 年代末，我国开始推行污染治理设施的市场化经营。目前，设施运营服务尚处于起步阶段，且行业各领域发展不平衡，未来必将成为环境服务发展的重点领域。但该领域整体利润率较低，所以并不值得环保产业基金的大规模介入。

上述环境服务业的重点发展领域均属于末端治理范畴，随着环保产业内涵的进一步拓展，环境服务的内涵也相应扩大，已不再局限于 2004 年的分类。其中，合同能源管理作为新生力量，将清洁生产技术和环境服务有机结合，在近两年发展迅速。合同能源管理是一种新型的市场化节能机制，实质就是以减少的能源费用来支付节能项目全部成本的节能业务方式。作为节能改善的设备、技术、资金等综合性服务手段，合同能源管理是未来环境服务业的主流发展趋势，也是环保产业投资基金应大力介入的领域。据中国节能协会节能服务产业委员会（EMCA）对该领域的估算，预计我国未来该市场的总规模可达到 4 000 亿元，发展空间巨大。而从我国合同能源管理的发展现状来看，企业数量多、规模小、融资困难是其主要特点，融资问题也成为制约合同能源管理进一步发展的主要原因。针对合同能源管理中具有核心技术的领域，环保产业基金应加大投入力度。

（六）我国环保产业投资基金的运作模式

1. 设立模式

（1）基金发起人

产业投资基金发起人指设立产业基金的机构，通常为法人或自然人。根据《产业投资基金管理暂行办法》，发起人可以是投资机构或者非银行金融机构。环保产业投资基金的发起和设立，首先，应有政府介入参与和支持。根据我国历年环保产业投融资渠道来看，政府投资对于环保产业的推动作用功不可没。政府支持不仅能为环保产业基金的资金来源起到可靠保障作用，而且可以在其中起到引导作用，引导社会资本进入风险较高的环保产业投资基金。其次，环保产业投资基金涵盖了金融业和环保产业两个领域，若有环保企业和金融机构同时参与，必将发挥双方专业优势，更高效地运行环保产业投资基金。

（2）组织形式

按照基金组织形式的不同，基金可以分为公司型基金和契约型基金。公司型基金依据《公司法》成立，具备完整的法人资格，通过发行股票或受益凭证的方式筹集资金。投资者作为股东，拥有基金公司资产的所有权；基金管理公司由基金公司董事会选择，负责基金的管理业务。契约型基金依据《信托法》成立，不具备法人资格，是依据信托契约，通过发行受益凭证而成立的投资基金。基金契约的当事人包括投资者、管理公司和保管公司，投资者通过购买契约凭证进行基金投资。

根据我国环保产业的特点及发展现状，公司型基金具有更好的应用价值，原因如下：首先，环保产业投资基金在发展起步阶段，机构投资者所占比例会相对较高，而投资对象多为未上市的中小型环保企业，投资周期长、风险性高、收益不稳定、资产透明性较差，机构投资者参与基金的管理和决策就具有十分重要的作用，而只有公司型基金才能满足这些要求。其次，我国环保产业的市场运作环境不完善，相关法律法规缺失，市场信用较差。契约型基金以信任为基础建立契约关系，只有良好的社会信用环境下才能顺利运作。因此，在我国环保产业发展初期，公司型环保产业投资基金更有利于其发展。

（3）设立方式

按照基金是否能赎回的方式，分为封闭式基金和开放式基金。封闭式基金是指基金资本总额和发行份额在发行前确定，并在规定期限内保持不变的投资基金，在发行后不能追加认购或赎回。开放式基金指基金的资本总额随时能够变动，可根据市场供求状况发行新份额，投资者也随时能赎回股份的投资基金。

对环保产业投资基金而言，本书认为应选择封闭式基金，原因如下：首先，环保产业在发展初期，需要大量、稳定的资金来源，而非随时能撤走的游资，若设立开放式基金，投资者能够任意追加或赎回份额，会造成资金来源的不稳定性，这对环保产业的投融资十分不利。其次，我国缺乏开放式基金的操作经验。在我国资本市场不完善的情况下，若在环保产业投资基金领域采取开放式，将面对赎回份额的风险，极不利于基金的稳定发展。封闭式基金在发行前能确定目标，风险较小，操作也相对简单。因此，为保障我国环保产业的稳定资金来源，应采取封闭式基金。

（4）基金募集及规模

按照基金募集方式，可以分为公募和私募。根据我国 2005 年出台的《公司法》和《证券法》，对私募定义为"向特定对象募集资金，且特定对象在 200 人以内的称为私募"；"募集对象超过 200 人或非特定对象募集为公募"。由于我国环保产业在发展初期，具有较大的风险性，募集对象应以机构投资者为主，企业投资及民间资本为辅，因此，现阶段我国环保产业投资基金更适合私募形式，在发展成熟后，可以采取公募方式吸引更多民间资本进行投资。

在基金规模方面，首先，政府参与环保产业投资基金的引导，具有较强杠杆效应；其次，环保产业在成长阶段资金规模需求大；最后，从我国已成立的各类环保投资基金的资金规模来看，环保产业投资基金在发展初期阶段资金规模总额在30亿元比较合适。综上所述，我国在发展环保产业投资基金的起步阶段，应建立政府引导型的环保产业投资基金，并以公司型封闭式私募基金为主要形式。

2. 运作机制

环保产业投资基金运作过程和通常的产业投资基金类似，分为资金筹集、投资和资金退出三个过程，投资过程可分为项目筛选、项目评估、谈判和交易设计及投资后管理四个阶段。在获得资本增值后，资金退出并开始新一轮投资，具体见图9-6。

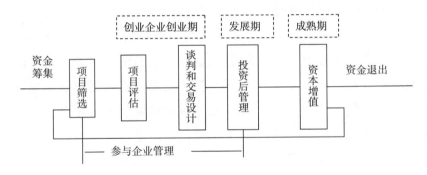

图9-6 环保产业投资基金运作过程

（1）项目筛选

① 投资策略。在环保产业投资基金的运作过程中，资金投资过程极其重要和关键，为了分散产业投资基金的投资风险，应遵循以下投资策略：一是组合投资策略。为了分散投资风险，首先，可以在环保产业投资基金中按比例分配风险投资基金、企业重组基金和环境基础设施基金。其次，可以适当投资于债券、国债等金融产品。最后，在环保产业的实业投资中，按比例将资金投资于处在不同生命周期的企业或项目。二是联合投资策略。联合其他类别的产业投资基金或投资机构对环保企业或项目进行共同投资，不仅可以弥补单个投资基金资金规模不足的缺点，还能吸取各基金管理经验，为企业提供更佳增值服务。三是分期投资策

略。按企业或项目进展情况、市场发展状况等，分阶段投入资金，有利于环保产业投资基金在投资过程中降低风险、减少投资成本。

② 项目筛选。环保产业投资基金中的各类基金具有不同的收益性和风险性，其中风险投资基金具有高风险性和高收益性，而环境基础设施基金则具有低风险性和低收益性。为了实现我国环保产业的结构优化，应着重发展风险投资基金，尤其是对具有高成长性和潜在盈利性的企业或项目进行投资。依托产业发展基金这一平台，寻找洽谈合作的环保企业及项目。

（2）项目评估

在对环保产业中的企业或项目进行投资时，需要对投资对象进行综合评估，主要衡量方法可采用德尔菲法确定，根据环保产业的特点，一级衡量指标应包括技术水平、运营能力和市场潜力。环保产业在国外属于高新技术产业，技术水平是环保产业获得可持续发展动力的关键因素；运营能力是决定环保企业长期发展和盈利水平的重要因素；市场潜力是环保企业成长能力的体现，对整个环保产业发展具有推动作用。在此基础上，可以根据环保产业各子行业的具体情况制定权重和二级衡量指标。在项目评估阶段，应对投资企业或项目做全面的风险评估，包括技术风险、市场风险、管理风险、财务风险、政策风险和成长性风险等方面。

（3）谈判和交易设计

在经过一系列评估后，产业投资基金和作为投资对象的环保企业将进行融资谈判，内容包括投资总量、投资方式、参与经营管理的方式、利益分配机制等各方面。由于投资基金和环保企业是两个独立的利益主体，两者目标都为追求自身利益的最大化，存在博弈关系。谈判和交易设计的过程，实质上是利益权衡的过程，通过谈判使双方共担风险、共享收益。

（4）投资后管理

参与企业管理和经营是产业投资基金的一个重要特点。环保产业投资基金能全方位参与到环保企业的战略管理中，包括日常监督、经营战略及组织架构调整等各方面，并依托专业资源，为企业提供技术、法律和财务等支持，通过专家化和规范化的管理模式，促进环保企业新技术的发展和推广，协助环保企业进一步发展，为公开上市做准备。

3. 退出机制

环保产业投资基金作为环保产业的新兴投融资模式，目的不在于拥有企业，而在于通过培育环保企业获得资本增值，获取利润的同时，推动环保产业发展。因此，环保产业投资基金会在适当时机实现资本退出。结合我国国情，环保产业投资基金的退出可以通过以下几种方式实现。

（1）公开上市（IPO）

公开上市（Initial Public Offering，IPO）又称首次公开发行股票，指企业第一次向社会公开发行股票。环保产业投资基金在所投资的环保企业发展到一定阶段后，通过公开上市转让所持股份，实现资本退出。理论上，公开上市是环保产业投资基金从投资企业中退出的最理想方式，以公开上市方式退出企业投资主要有以下三个好处：一是对环保企业发展前景的认可，也是对环保产业投资基金管理人的认可；二是保持了环保企业的独立性，因此受企业管理层的青睐；三是使环保企业获得在证券市场上持续筹资的渠道，对环保企业扩大规模具有重要意义。

（2）股权回购

当环保产业投资基金所投资的企业无法在证券市场上市，或企业管理层不愿其上市时，可以让环保企业回购基金所持股份，通常包括管理层收购（MBO）和全体员工收购（EMBO）。

（3）股权转让

股权转让主要有两种方式：一是将所持股份转让给战略投资者，其实质是基金公司通过非公开市场出售其所持股权，从而实现资本退出；二是将所持股份转让给其他公司，对于接手公司而言，可以达到资产重组的目的，主要形式有卖股换现金、以股换股和以股权换票据。目前，我国许多地方已成立了产权交易所，其中上海、北京和天津产权交易所已获得国家审批，为企业的股权转让创造了条件，极有可能成为未来环保产业投资基金资本退出的主要途径。

（4）清算

清算退出是环保产业投资基金的无奈之举，一方面，若不及时撤资，会使企业带来更大损失；另一方面，基金管理人通过资本退出，以便进行下一轮的投资。通常，这种可能性源于企业处于初创期或者环保高新技术扩散过程中的风险。因此，应采取组合投资策略来规避该风险。环保产业投资基金的退出渠道具体见图9-7。

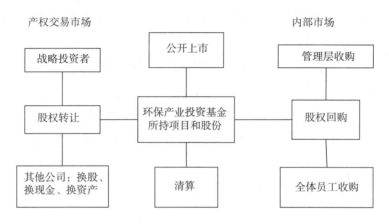

图9-7　环保产业投资基金退出渠道模型

（七）PPP 环保产业基金的特征

1. PPP 环保产业基金的最大特色是可以解决中低利润环保项目的融资困境

目前，我国财政状况面临着阶段性困难，受经济增长放缓、地价下行的影响，我国国家财政增速放缓。在环境领域，中低利润项目对财政资金支持的严重需求和目前国家由于宏观调控政策的转型而出现的暂时性财政困难之间将会产生资金需求与供给之间的严重矛盾，特别是在地方政府这一层级。2014年国务院下发了《国务院关于加强地方政府性债务管理的意见》，该文件的首要目标是治理地方债务，锁定存量，纳入预算管理，拟定偿债顺序，分类管理，不兜底。对于公益性、商业性做了比较彻底的划分，城投债一分为二，商业性的必须要引入 BOT、PPP 等方式处理——这也意味着如果没有私营企业参与就必须压缩相关投入，这样才更能接近市场定价。但是，对很多中低利润环保项目来说，它不像纯公益那样没有任何收入，但也未达到市场平均利润。在地方财政压力较大的情况下，在公益的归公益、市场的归市场的清理归类中，这种中低利润的环保项目面临着极大的挑战，融资难度进一步加大，但这些环保项目往往又是环境保护极为需要的。

PPP 环保产业基金最大的特色就是可以解决中低利润环保项目的融资困境，而且这种创新的 PPP 环保产业基金可以实现政府资本、社会资本和环保企业三方的利益共赢。

从政府的角度来说，大部分关键环境问题的解决还无法转化为高利润的市场项目，更多的处于低利润无利润的状态。以前，这部分的项目主要靠财政投入来保障，但是，随着环境问题的深入和复杂化，要处理的环境问题越来越广泛，数量越来越大，低利润项目也越来越多，需要资金支持的力度更大，要财政全部承担十分困难，在这种情况下，必须引入社会资本。但社会资本是必须要有盈利的，所以在财政支撑力度不足的情况下，必须进行绿色金融手段创新，通过商业模式、金融手段的整合，延伸产业链，降低融资成本，利用 PPP 模式集融资、建设与运营为一体的利润整合优势，提高中低利润环保项目的收益率，提高国家财政资金撬动社会资本的力度。因此，对环保企业也是具有较强吸引力的。

2. 将融资、建设与运营结合在一起

一般来说，产业基金只是做融资，不涉及项目的建设与运营，只是获得融资利润。而 PPP 模式则是将项目融资、建设与运营结合在一起。例如，当一个环保企业获得一个污水处理厂建设运营的特许许可，它需要专门为该特许经营的项目设立一个项目公司，然后，这个项目公司既作为融资平台，又作为建设与运营的机构。当然，项目公司可以以多种方式吸纳各种资金，但项目公司是融资主体，它本身就是一个融资平台。PPP 环保产业基金承接了 PPP 模式的所有核心特征，区别于一般产业基金，该产业基金存在的基础是来自于对一个流域、一个地区环境目标的实现，以及为实现环境目标所需要的各类项目所形成的项目包。PPP 环保产业基金发挥着为该项目包的建设和运营进行融资的平台作用，同时，所建立的基金投资公司还承担着融资和建设运营项目为一体的职责，打破了基金不参与项目建设运营的惯例，因此，是一种非典型的创新的产业基金模式。

对环保企业来说，这种打捆项目包集项目包的融资、建设与运营为一体的模式符合环保企业集融资、建设与运营为一体的经营模式趋势，例如中节能、东方园林等大型环保企业，都是既具有融资能力，又具有环保项目的建设和运营能力，而传统的项目融资与项目建设运营相分离的模式，无法发挥这些大型环保企业的全面配套运作优势。这种集融资、建设与运营为一体的 PPP 环保产业基金，即使整体项目包利润偏低，但由于大型环保公司在这种打包服务中可以同时获得融资利润、建设利润和运营利润，这种三层利润的叠加大大降低了环保公司运作低利润环保项目的风险，这些利润可以互相呼应、互相互补，充分发挥大型环保企业在中低利润项目中由融资、建设和运营三者结合所带来的优势。

3. 可实现环保产业从游牧狩猎时代向定居农耕时代转换

环保产业，特别是环境污染治理和环保设施建设、运营，与一般产业特点不同，就是必须到污染发生的当地去治理运营。比如钢铁行业，可以在唐山生产，然后把产品卖到全国。但环保产业，如果把污染治理作为它的产品，必须到污染的当地去生产供给。很多污染治理的项目，比如流域的污染治理、地下水的污染治理、土壤的污染治理，往往是环保企业在一个地方拿到项目后，花费几个月或者一年的时间治理好，就必须换一个地方去拿项目。一些环保企业家形象地称之为环保产业的"游牧时代"，打一枪换一个地方。这种游牧经营的方式对环保企业的资源是一种较大的消耗，也影响环保企业的稳定长期的发展，很多环保企业家希望可以结束环保企业的"游牧时代"，转入"定居农耕时代"。

这种将一个区域的所有环保项目中高、中、低利润项目打捆打包的PPP 环保产业基金，虽然整体项目包的利润可能不如挑拣的高利润环保项目，但因为可以集融资、建设与运营为一体，而且还可以在一个地区拿下整个项目包内的许多个项目，可以在一个地区长期做项目，避免了做一个项目换一个地方的资源损耗，实现从游牧狩猎向定居农耕的转换，对大型环保企业来说是一种利益增进方式。

环保企业不再是被动接受项目，而是主动参与设计产业链，可以通过产业链的延伸设计和引进现代商业模式提高项目包的整体收益率。

在 PPP 环保产业基金中，政府以环境目标的考核指标为合同考核内容，要求环保企业无论采取何种手段，都必须达到考核的环境指标。在这种情况下，环保企业可以参与为达到该环境目标的项目群和产业链的设计。环保企业具有长期从事环保实战的经验，将这些经验运用于各种产业链的互补和延伸设计，可以大大减少为达到环境目标而需要耗费的成本，甚至还能实现盈利。而且与被动接受某种环境项目相比，环保企业还可以发挥更大的主观能动性，并选择达到环保考核目标的最低成本和最高盈利模式，政府只需要严格把关环境目标考核，这在一定程度上扩大了环保企业可能盈利的空间。

（八）PPP 环保产业基金设计要点

1. 责权明晰、风险分担、利益共享的 PPP 契约是 PPP 环保产业基金设计的基础

PPP 的核心在于合同双方的契约精神。一般在运作 PPP 项目时，会需要一个特殊目的载体（Special Purpose Vehicle，SPV），SPV 中包含投资、管理、建设、运营到维护的完整体系，而且这个 SPV 会作为与政府签约的主体。在 PPP 环保产业基金中，出资的政府有时也参与 SPV 的构成，从而通过政府资本和社会资本在 SPV 中的融合，伴随其投资、管理、建设、运营和维护的全过程，实现全生命周期的风险分担和利益共享。所以，第一层次的契约，就体现在政府与 SPV 之间签署的合约。首先，合约要明确 SPV 主体；其次，要明确 SPV 的环境责任和目标；再次，明确出让的特许经营权范围；然后，确定具体可操作的考核指标；最后，明确政府与 SPV 之间的责权利规定。

2. 项目包内各产业链的设计是提升环保项目利润从而吸引社会资本的关键

区域或流域 PPP 环境保护基金，实际上是把整个区域或者流域的环

境保护作为一个大项目，里面分布的各种产业链作为子项目，各个产业链互相呼应，使原来并不盈利的环保项目，通过财政的加入，复合产业链的设计，达到整个项目包的总利润可以吸引社会资本的水平。

3. 基金的融资方案设计是降低融资成本、获得广泛社会资本投入的重点

PPP 模式的引入，首先就是要解决环保的资金瓶颈问题。项目包内延伸产业链和各产业链互相呼应的设计，是提升整个项目包商业利润的关键。但是，好的融资方案的设计可以降低融资成本、扩大融资范围、降低融资风险。

（九）PPP 环保产业基金建设范例

1. 天津生态城建设

天津生态城建设是做得比较好的区域打捆式项目包并集融资、建设与运营于一体的区域环保 PPP 模式产业基金。

天津生态城以天津市政府令的方式确立了契约的法律定位。作为区域环保 PPP 模式，因为涉及地域范围较广，资金投入较大，参与组成 SPV 的机构也必然较多。所以整合各利益相关机构，形成 SPV 特殊载体是契约签订的基础。在天津生态城的修复和建设中，其 SPV 是由中方企业和新加坡方企业共同构成。中方联合体构成主体及股权结构为天津泰达投资控股有限公司（35%）、国家开发银行（20%）、天津市房地产开发经营有限公司（15%）、天津市汉宾投资有限公司（10%）、天津市塘沽城市建设投资公司（10%）、津联集团（天津）资产管理有限公司（10%）；新方联合体构成主体及股权结构为吉宝集团（50%）、卡塔尔投资顾问公司（10%）、其他投资者（40%）。这些机构共同组成了天津生态城投资开发有限公司。

在《中新天津生态城管理规定》这个以天津市政府令颁布的法律文件中，规定天津生态城投资开发有限公司是生态城土地整理储备的主体，负责对生态城内的土地进行收购、整理和储备；天津生态城投资开发有限公司是生态城基础设施和公共设施的投资、建设、运营、维护主体，

按照生态城管理委员会的计划要求，负责相关设施的建设、运营和维护，并享有相应的投资权、经营权和收益权。该规定还明确了市政公用设施的配套费和土地出让金政府净收益，应当用于前述设施的建设与维护。这就从法律上分担了天津生态城建设经营的风险，因为该规定明确了市政公用设施配套费和土地出让金政府净收益都属于 SPV——天津生态城投资开发有限公司。

政府之所以出让特许经营权，并与社会资本分担风险，是为了获得公共利益。为了保证真正实现利益共享，为了实现政府的公共利益，政府需要对 SPV 执行环境责任和目标进行考核。只有执行可考核、可监管、可操作的考核指标体系，并在契约中规定清楚，才能保证政府公共利益的实现。在天津生态城案例中，就是按照科学性与操作性、前瞻性与可达性、定性与定量、共性与特性相结合的原则，学习国际经验和参考发达国家有关标准，根据我国实际，制定了一套指标体系，包括生态环境健康、区域协调融合等22条控制性指标和4条引导性指标，这些关键指标在国内外都处于领先水平。天津生态城的考核指标体系包括中新天津生态城绿色建筑设计标准、绿色建筑评价细则、污染水体沉积物修复限值、指标体系分解及实施指南、促进南部片区生活性商业发展暂行办法、公屋管理暂行办法、绿色施工技术管理规程、水务管理导则、新城市居民绿色生活手册等。这些可考核、可监控的指标体系，保证了政府公共利益的实现。

天津生态城投资开发有限公司的融资方案设计也值得借鉴。公司目前的融资渠道包括短期保证贷款、长期保证贷款、长期信用贷款、长期抵押贷款、全球环境基金赠款、公司债、技术创新和新能源使用方面项目政府补贴以及跨境人民币贷款等。天津生态城公司债券的设计为：债券总额是12亿元；发行期限7年，自第3年开始每年返还20%本金；债券利率采取固定利率，票面年利率6.76%（基准利率4.45% + 基本利差2.31%），单利按年计息。该债券由渤海管理证券以无担保方式发行，因为发行对象也包括泰达公司，它是控股股东。债券资金用途为，用于中新天津生态城污水库处理项目、营城河道综合整治项目、生态工程项目和管网工程项目。以上项目均经有关部门批准，项目总投资为 80.5 亿元，属于盈利和无盈利项目整体打包，对项目包进行公司债券融资。污水库项目经济效益：按照中新双方签署的《商业协议》约定，中方须将汉沽污水库改建成有吸引力的水体景观，妥善处理处置积淀的污泥和沉淀物并改善水质。同时，生态城管理委员会在土地"招拍挂"环节已按照"不取不予、自我平衡"原则，将全部土地出让金政府收益部分返还投资公司，用于污水库治理和环境改善项目。因此，投资公司已将对污水库项目的投入纳入土地成本，污水库项目的收入通过投资公司将土地注入合资公司时获得的土地转让收入来实现。河道整治和生态工程项目经济效益：与财政局签署了《营城河道综合整治项目和生态工程项目回购协议》，协议约定财政局对 2 个项目进行回购，回购价款包括工程合同结算款、每年 5% 的财务费用、3% 的代建管理费及以上合计金额的 5.65% 的税费（营业税金及附加）。管网工程项目经济效益：收入来源分为市政公用设施大配套费、供热工程费和小区工程费三部分。预计总收入 64 亿元。可见，融资方案操作性强、融资成本低对获得广泛社会资本投入至关重要。

2. 云蒙湖产业链设计

云蒙湖位于山东省临沂市蒙阴县，是临沂市饮用水水源地，日供水能力达到 38 万立方米。其污染主要来自农业面源污染，总磷、总氮为主要污染物。为了净化水质，并获得收益，基于污染源特性，项目组设计了多条产业链，通过产业链的延伸、互相配合和现代商业模式的引入，在净化水质的同时实现商业利润的增加。

① 产业链 1：建设大规模生态循环产业园区

蒙阴县的长毛兔、水蜜桃、石榴等产物都具有地域优势，因此，设计了复合生态循环产业园区。一是在云蒙湖的二线地区运用现代化集合模式饲养长毛兔，集合收集长毛兔的粪便进行沼气化处理，沼气可做再生能源，沼肥作为有机肥用来种水蜜桃、石榴等水果，还可减少化肥农药的使用。二是沿云蒙湖建湿地，即使生态园区仍然有少量农业污染进入一线湿地，湿地中栽种的各种净水植物，如芦苇、芦竹、莲藕、杞柳、茭白、慈姑、眼子菜、凤眼莲、黑叶轮藻等，可以进一步净化水质。生态湿地系统可以促进废水中植物营养素的循环，使废水中所含的有用物质以作物形式再利用，能绿化土地，改善区域气候，促进生态环境的良性循环。利用生态湿地，COD、氨氮和总磷的平均去除率可达60%以上。

引进现代商业模式建设大规模生态循环产业园区，不仅可以用产业结构调整的方式减少和去除水污染，还可以提高商业利润。在生态循环产业园区可以开展生态养殖、生态果品培育、生态旅游、生态教育等项目。另外，生态湿地里可以养泥鳅和净水鱼类，生态湿地种植的植物，如莲藕、茭白、慈姑等都可以云蒙湖生态产品系列来开拓市场，形成生态产品品牌。

这种大规模生态循环产业园区，不仅可以通过减少化肥、农药的使用来降低总磷、总氨，还因为大型现代生态循环产业园区的建设，将农民转变成了农业工人。为了获得更多的土地进行商业经营，也为了美化园区的景观以适应生态旅游和教育的需要，园区的经营者有很强的动力通过免费为农民提供园区内的现代楼房实现农民的集中居住，农民的集中居住为生活污水和其他各种废弃物的集中处理提供了条件，这样就减少了农村生活污水和废弃物任意排放对云蒙湖带来的污染。

大规模生态循环产业园区集生态园林、生态旅游、生态教育、生态养生于一体，这种产业链的衔接和延伸，在降低总磷、总氨的同时，还大大提高了项目群的收益，实现了环保效益和经济效益的双赢。

② 产业链2：发展系列水产业

水产业对水质有较高需求，在这种情况下，从事水产业的企业会主动保护水源地水质，从而实现水源地保护和经济商业利益的统一。蒙阴县联城镇天然麦饭石矿泉水富含麦饭石矿溶出的众多微量元素和无机盐，是一种极其珍贵、稀缺的资源。该地交通便利、水（电）源充足、环境优美，可建设集生产、生活、生态保护为一体的天然矿泉水生产基地。亦可以建设一处集矿泉水、纯净水为一体的饮用水生产基地。结合生态复合园林区产品，可以开发出更加多样的系列水产品。

③ 产业链3：保水型生态渔业

保水型生态渔业建设，增殖放流"净水鱼类"，"以渔保水"，形成良性生物净化链，通过鱼类滤食水体浮游生物，降低水体富营养化程度，进而建立饮用水水源地水质保护长效机制和自然生态保护区。采取向大水体增殖放流鲢鱼、鳙鱼、匙吻鲟、细鳞斜颌鲴、大银鱼等滤食性鱼类，"以渔保水，以水养鱼"，把水中过多的浮游生物和营养因子转化为有机商品鱼，既能减轻水体的富营养化程度，净化水质，保持良性生态平衡，又能科学合理地利用水体资源，增加经济收入。

（十）构建以 PPP 环保产业基金为基础的绿色金融创新体系

1. 新常态下环保产业将成为新经济增长点

中国目前的"新常态"在本质上是一个从传统的稳态增长向新的稳态增长迈进的一个"大转化时期"，是在全面结构改革进程中重构新的增长模式和新的发展源泉的过渡过程，中国"新常态"的主题是"改革"和"结构调整"，培育新增长点是亟需突破的任务。培育新的经济增长点是一个系统工程，需要国家在中长期战略中明确未来产业发展的战略方向，为下一轮经济增长的发展奠定良好的基础设施和各种良好的政策环境。而在改革和结构调整中，金融和环境的关系将更加密切，并将成为中国"新常态"改革的主要内容，以有效推进国家的产业结构调整，使其成功完成绿色经济转型。

（1）实现环境与经济双赢的环境保护模式是今后环保面临的重大任务

环保部部长陈吉宁在答记者问中指出，我国的环境形势十分严峻，污染物排放量已经接近或者超过环境容量。虽然世界各国在发展进程中都曾经面临环境污染问题，但自工业革命以来，仅仅从人口密度和工业化带来的单位土地面积排放量这一环境排污强度指标来看，我国已经达到了世界历史上的最高水平，已经超过了历史上最高的两个国家德国和日本的 2~3 倍，所以，中国正面临着人类历史上前所未有的发展与环境之间的矛盾。中国特殊的国情决定了中国的环境问题无法等待经济达到发达国家水平之后再开始治理，环境阈值一旦被突破，其对经济社会带来的影响将会是不可估量的。但中国现在经济发展"新常态"的特征，以及目前全球经济一体化的现状，决定了我们同样不能放松经济增长而单方面强调环境保护。中国进入"新常态"决定了中国面临着更加严峻的如何推动经济增长的问题。目前，改革、结构调整、培育新的经济增长点、促进绿色经济发展已成为中国宏观经济政策的重要目标，中国的环境保护必须走经济与环境双赢的道路，将环境保护行动和资金投入，转化为促进产业结构调整、培育新的经济增长点的动力，力争将绿色产业培育成中国经济新的增长点。

（2）发展环保产业是中国经济结构调整的重要内容

绿色产业包括环境污染治理、环境保护服务、资源循环利用、环境友好产业等。目前，我国在环境污染治理的基础设施建设方面欠账很多，大气污染治理工程、水污染治理工程、土壤污染治理工程、垃圾处理工程、生态维护工程等方面，资金投入都严重不足。另外，我国现在各种污染治理工程都主要体现在末端治理，节约和资源循环利用的技术和工程建设严重滞后，比如节能、节电、节水、截污的技术，清洁生产的技术，提高生产效率的技术，这些技术在国际上已经得到了迅猛的发展，但在国内还没有普及建设，这一方面是因为环保政策没有和国家宏观经济政策相融合；另一方面，则是这些技术的普及和运用需要环保治理的普及化、规模化和现代化，也就是说，真正的环保，不仅需要末端治理，更需要所有产业在其整个工艺流程中进行节能、节电、节水、截污、循环利用资源的工艺改造，这是一个极大的投资市场、极大的内需，而且也是中国经济结构调整的重要内容。

作为一个正处在工业化进程中的国家，以完全取消污染产业进行经济结构调整是不现实的，是与经济发展需求背道而驰的。例如，虽然我们实施了绿色信贷政策以限制高能耗、高污染行业的发展，但是近年来在经济增长需求的带动下，2006—2011年发展最快的十大行业基本都是高污染、高能耗行业，如煤炭开采和洗选业、非金属矿物制造业、有色金属冶炼及压延加工业、化学原料及化学制品制造业、黑色金属矿采选业等。这些行业是现阶段我们经济增长需要的，而中国人均环境容量的极端有限性又无法再容忍这种高污染、高排放，否则突破环境阈值后不仅将影响人们的身体健康，还可能截断经济增长亟须的资源，导致经济增长无所依托。比如，目前各种工艺流程和机器设备，只能允许不低于四类水质的水进入，否则机器会严重损害，产品质量受到严重影响，甚至会使整个生产流程无法运转。目前，水污染和水稀缺并存，而水等自然资源又是生产中必需的投入要素。在这种环境与经济增长尖锐的矛盾中，应该要求对这些高污染、高能耗行业实施绿色生产，要求其采取先进的清洁生产技术、资源循环利用技术等，严格降低污染物排放，争取通过源头治理来实现环境与经济的双赢。

很多人担心对污染产业的高环境指标要求会影响经济增长。但实际上，经济结构调整中所必须支付的环境成本，可以成为投资机遇，并创造就业岗位，进而带动经济增长。从当前的实践来看，市场对这些行业产品的需求是极具刚性的，否则不会在绿色信贷政策、产业限制政策的高压下仍然迅猛发展，因此提高环境标准，那些具有节能、节水、资源循环利用的清洁生产技术就会在市场机制的作用下普及运用，中国才能实现绿色经济转型。

（3）环保投资需求正不断扩大

环保部部长陈吉宁表示，中国在未来几年的环保投资需求非常大，有 8 万亿～10 万亿元，而且这个投资没有重复建设，可以让中国长期受益。2015 年 4 月 16 日发布的"水十条"更清晰明确地指出，到 2020 年，中国的水污染治理的资金需求将达到 4 万亿～5 万亿元。回想当年，我们为了应对 2008—2009 年的国际金融危机冲击，实施 4 万亿元投资计划拉动经济增长，而现在对环保产业来说，还没有计算大气、土壤的投资需求，5 年内仅仅治理水污染的资金需求就要达到 4 万亿～5 万亿元，所以，从资金需求总量来说，环保产业是可以成为我国新常态下的新经济增长点。另外，环保产业，特别是水污染治理和大气污染治理，其发展趋势体现出高技术创新需求、高资金密集投入需求，以及规模化、集约化和现代化的发展趋势，这也符合中央在新常态下要实现经济增长动力从自然资源、环境资源密集投入转换为依靠技术创新拉动新经济增长点的选择需求。

2. 新常态下环保产业发展特点需要绿色金融创新

如何筹集 8 万亿～10 万亿元资金，既满足环境保护的资金需求，又可以将其转化为新增长点，这是绿色金融必须解决的问题。所以，在新常态下，中国环境与金融的关系更加密切，也更为复杂。这就要求绿色金融实现复合立体模式，包括技术、商业模式、金融运作模式三层创新的共同发展。

（1）以金融创新满足环保产业的发展需求

中国环保产业的发展趋势和投资需求特点，决定了金融必须创新才能满足其需求。特别是以第三方治理模式推动环境治理的集约化、专业化、现代化、规模化，这必然要求实现金融模式和金融制度的全面创新。

过去，工业污染按照"谁污染、谁治理"的思路，由排污企业自行解决。但由于企业更加注重经济利益，减排意识淡薄，往往使得污染得不到良好治理。如果实行第三方治理模式，排污企业与环境服务公司可以相互监督、相互制约，就可避免超标排污现象的发生。环保部门也只需要监管环境服务公司，监管对象大为减少，执法成本也大幅降低。同时，治理设施转由专业的环境服务公司运营，也可以降低治污成本、提高效率。环境第三方治理是环境治理走向专业化、现代化、规模化的重要标志，实现了由原来的分散治理走向集约式治理。

（2）环境第三方治理为金融业带来巨大商机

环境第三方治理模式为金融业带来了巨大商机，也要求其加快创新。这是因为第三方治理具有环保产业集约化、专业化、规模化的特征，从而使其融资特点和其他产业有很大不同。第一，融资额度十分巨大，比如，一个污水处理厂群，往往需要几十个亿甚至上百亿元的资金规模。在江苏、四川、安徽、湖南、福建、河南等省公布的计划以 PPP 模式融资的项目中，环保项目占 162 个，总融资需求是 523 亿元，其中 16 个污水处理项目，总投资需求超过 315 亿元；安徽省安庆市的石塘湖综合治理项目，融资需求就高达 62 亿元。这样大的融资额度，没有一家公司可以通过贷款方式予以解决，一般是通过组建一家全新的项目公司来运作。第二，融资主体是全新的项目公司，由于新成立，没有良好的财务报表、没有抵押担保。第三，融资采取环境第三方治理，由于买单者是排污企业，在污染者付费的法律规定和环境合同的保障下，只要渡过建设期，项目未来的运营收益才能长期稳定。

（3）环保产业未来收益稳定

目前，因为各种污染治理费的收取，新兴环保产业具有未来收益稳定的优势，因为环保产业天然垄断的特性，一旦进入营运期，收益就很稳定，市场风险较小。例如一个污水处理厂群，一旦通过招投标拿到政府的特许经营，就基本不存在市场竞争风险。所以，对于金融机构来说，从未来收益角度分析，新型环保企业的风险反而比有市场竞争性的其他产业风险小，其风险主要集中在最初的建设期，在这一阶段，环保企业除了未来营运的长期合同之外一无所有，却要求巨额资金的融通。这就要求政府和金融机构共同创新融资模式和金融风险的评估和管理，注重环保产业未来收益的长期稳定性，并开发出新的风险管理方式以有效管理其在建设期的风险。

总之，新常态下环境保护的特殊性，要求环境保护必须与市场结合，注重盈利性，这就给金融的进入提供了机遇。另外，新常态下环境保护的巨额资金需求，也绝对不是国家财政可以负担的，必须通过金融运作引入社会资本。在这种背景下，催生了环境保护对金融的迫切需求，不仅是对传统金融模式，而且对包括绿色银行、绿色证券、绿色保险产生了强烈需求，也要求创新金融模式，以建构更大的融资平台，采取更加多样的融资方式，例如 PPP 模式、项目收益债等，形成全面立体的绿色金融政策和融资体系，促进环保产业发展，将环保产业培育成为新常态下的新经济增长点。

3. PPP 环保产业基金是新常态下绿色金融的创新模式

2014 年，国家发改委印发的《关于开展政府和社会资本合作的指导意见》（发改投资〔2014〕2724 号）首次明确给出 PPP 模式的定义，指出"政府和社会资本合作（PPP）模式是指政府为增强公共产品和服务供给能力、提高供给效率，通过特许经营、购买服务、股权合作等方式，与社会资本建立的利益共享、风险分担及长期合作关系。"2014年以来，PPP模式已经成为政府及各方关注的热点，2014年5月财政部正式成立了PPP工作领导小组，此后中央及有关部委也密集出台了有关PPP的文件。

（1）环保产业必须运用PPP模式才能把握时机、获得飞跃式发展

第一，中国大力推进PPP与财政体制改革和地方债务管理改革相配套。2011年审计结论是地方政府债务为10.7万亿元；2013年达到17.9万亿元，约为国内生产总值的1/3。为此，新《预算法》和《关于加强地方政府性债务管理的意见》（国发〔2014〕43号）规定，未来规范的地方政府举债融资机制仅限于政府举债、PPP以及规范的或有债务。中国环境保护财政来源由中央财政和地方财政共同承担，但毫无疑问，地方政府是承担环境保护投资的主要财政来源。因此，在目前地方政府债务已经十分沉重的形势下，环保产业要获得地方政府财政支持，必须走PPP模式。

第二，在新常态下，中国环保产业正在聚合发展，水污染治理、大气污染治理已经基本处于相对成熟阶段，在第三方治理带动下，以更加迅猛的规模和速度迈向集约化、专业化、现代化和规模化。例如，2014年国家开发投资公司、北京排水集团、中国工商银行等五家机构共同发起设立首期100亿元水环境投资基金，这些资金筹集都是采取股权方式，而且还可以以此100亿元股本金，吸纳近1 000亿元的社会资本加入。另外，环保产业发展已经使环境服务界面升级上移，即从设备到工程，到单位要素的投资运营，再到环境一级开发商代替政府负责环境要素的识别、规划和集成，并以政府购买公共服务的方式约定环境效果为考核标准，集成环境的综合服务，例如在城市水污染处理方面，集成污水处理、管网、水体修复等服务内容为一体，在流域水污染控制方面，集成流域所有水污染治理项目为一个整体项目包，还有各种环境医院等。环保产业的集约化、综合化、规模化发展趋势，需要融通的资金含量巨大，且体现为建设、运营、销售、融资为一体，这就决定了只有运用PPP模式

才能集合各类融资机构和融资工具筹集到巨额资金，并将各类环境治理项目以某一环境目标为聚焦进行集约整合和打包。

PPP 运行成功的关键是能否成功实现融资，因为 PPP 项目所需资金巨大。因此，环保产业在运用 PPP 模式时，必须建构可以集合各种融资手段和工具的融资平台，而且这个融资平台专门为 PPP 项目服务并伴随其整个项目生命周期。根据环保产业的特点，构建 PPP 环保产业基金就是环保产业运用 PPP 模式的基础。PPP 环保产业基金是为满足环保产业集约化、规模化、现代化发展而构建的创新型金融工具，是集产、融、销一体化的环保产业发展平台，因为其融资所依托的是基于某一环保目标和任务所形成的项目包。对金融创新而言，首先就是如何通过技术创新、产业链延伸和产业整合来提高项目包的整体收益率，并基于该项目包的整体收益率，选择多种融资途径、方法和手段。

（2）PPP 环保产业基金与纯金融性基金的差异

一是项目包内项目的选取标准和选取范围不同。纯金融性基金项目的选取范围十分广泛，所以只需要在汪洋般的项目中选择盈利水平较高的项目，它们的项目包只是为了对冲风险的需要而设定的不同类型的投资项目的集合，因此，纯金融性基金只关注项目市场收益的识别和选择，不参与项目的管理和运营，更不会考虑如何通过技术创新、产业链延伸和产业整合来提高项目收益率。而 PPP 环保产业基金，是为实现特定环境目标而产生的项目包，它的建设运营需要建构的融资平台，所以，它投资的项目，只能是为实现特定环境目标而产生的项目包，其投资收益主要就依托这些项目包。例如流域水污染管理项目包内的项目，就只能来源于特定流域因为水污染综合防治所产生的项目，在分析和选择项目时，既要分析项目的利润回报，更要分析项目对流域污染综合治理的作用。因为环保现在已经进入了环境绩效管理时代，政府在与特定目的公司（SPV）签署的合同中，要明确特定的环境目标和考核指标，而项目包的设计规划则交给了 SPV 和基金管理机构，这样，SPV 和基金管理机构就可以发挥其长期市场运作所形成的规划、集约、整合产业链优势，提高项目包的整体收益率，从而可以以该项目包的收益为抵押发行项目收益债，或者以增资扩股的方式吸纳更多的私人资本。

二是基金的收益来源不同。纯金融性基金的收益来源主要是资本盈利，而 PPP 环保产业基金，因为其集规划、建设、运营、销售、融资为一体，是环保产业集约化发展的产物，所以，其收益的来源包括整个项目各个生命周期和各个领域的整体收益，这就使其具有较强的抗风险能力，能接受收益相对较低的项目，虽然项目收益不高，但因为集合了各个产业链环节全生命周期的所有盈利，总收益还是可以的。项目包的高中低收入打包整体设计、产业链各个环节收益的整合，就为中低收入环保项目的融资开辟了道路。所以，PPP 环保产业基金的一个很大优势就是中低收入环保项目可以通过打捆项目包和整合各产业链环节收益的方式获得广泛的融资机会。

三是基金的管理和运营目标不同。纯金融性基金的目标主要是追逐利润，而 PPP 环保产业基金，因为管理基金的 SPV 机构是由政府和私人部门共同组成，政府往往通过出资成为基金董事会的重要成员，与私人部门共同经营，深度合作，发挥各自优势，真正在基金内部的管理中实现优势互补、风险分担、利益共享。因为有政府资金和政府代表参与基金管理，基金的运营目标就必须是要综合政府的环境公共服务需求和私人部门的盈利需求，不能完全以追逐利润为目标。而且，PPP 环保产业基金，其 SPV 已经与政府签署了合作合同，合同里有绩效标准考核办法，因此，PPP 环保产业基金必须使环境公共服务和市场盈利的共同实现，当二者有矛盾时，必须通过技术创新、商业模式创新，找寻共赢途径。如果反复设计和实践都无法实现环境公共服务目标和私人资本盈利目标的共赢，那就说明这个环境公共服务领域，无法通过 PPP 模式运作来实现市场化。我们必须承认，不是所有环境公共服务目标都可以设计出盈利模式，所以不是所有的环境公共服务都可以用 PPP 模式解决。

四是基金的管理模式不同。PPP 环保产业基金是一种由下而上产生的创新的绿色金融模式，虽然目前政府文件中的 PPP 项目主要是单项项目，但在生态城建设、流域综合治理方面，很多 PPP 招标项目实际是一个项目包，就是把整个生态城建设、整个流域水污染综合治理作为一个大的项目，通过环境绩效管理合同外包给 SPV 机构。例如，天津生态城建设就是把整个生态城的治污改造和建设运营作为一个项目包打包给了 SPV 联合体。武汉市江夏区"清水入江"PPP 项目招标，也是将投融资、规划、设计、建设、运营结合为一体，这体现了 PPP 项目综合系统运作的需求特点；另外，从项目内容来看，包括 5 座污水处理厂、湿地建设、雨水和污水市政管网、湖泊水利工程及绿地市政景观配套工程等，也是以"清水入江"这一环境目标为绩效考核标准规划设计的打捆项目包，体现了 PPP 项目内容走向系统化的特点。系统化的项目管理和系统化的项目内容、巨额的融资需求，都是传统的融资工具无法满足的，这说明 PPP 环保产业基金就是针对 PPP 项目管理和内容系统化发展趋势而产生的新型绿色金融融资工具。

4. PPP 模式在环保领域的推广需要绿色金融体系的全面创新

第一，PPP 环保产业基金本身就是对传统产业基金的创新，它是将项目全生命周期的经营管理和金融市场管理结合在一起的产融结合典范，突破了纯金融性基金不参与项目经营管理的规则。PPP 环保产业基金的建立实现了全生命周期的项目包融资管理功能，其风险分担、利益共享的方式之一是组建 SPV，一般是由政府、善于项目建设运营管理的企业实体、具有管理金融风险特长的金融机构"三驾马车"组成，有利于规避不同类型的风险，并放大各自领域的最佳资源配置收益。政府主要承担规避政策风险的责任，善于项目建设运营管理的社会资本实体负责通过技术创新、商业模式的设计、产业链的延伸来提高项目包的收益率，并化解市场风险；金融机构负责规避融资风险，保障项目在长期的建设运营中，不会因金融市场的风险而导致失败。从这里我们可以看到，不仅 PPP 环保产业基金是产融结合的产物，而且就基金本身的内部构成，也是"政府＋有资质有真正行业实力的实体＋善于化解金融风险的金融机构"的政产融联合体，金融机构在这种模式下深度介入 PPP 环保产业基金，并且参与项目的运营与管理。在项目运营管理的各项决策中，金融机构作为董事会成员，参与表决。金融机构是否参与项目的运营管理，在某种程度上，是纯金融性基金和 PPP 环保产业基金之间重大区别之一，也是 PPP 模式在环保产业运用中产生的重大创新。

第二，PPP 项目的融资特点之一是股本金少，需要融通的资金几倍于自有资金。而传统融资手段，如银行贷款，需要较高的抵押担保条件，无法满足 PPP 项目的融资需求，因此，必须进行突破创新。例如，一个污水处理厂加管网的投资需求是 6 亿元，按照现在比较普遍的做法，SPV 将注入 30% 的股本金，即 1.8 亿元，形成种子基金，然后依托种子基金和项目包的未来收益，从外部通过贷款、债券、招募有限合伙人等方式融通 4.2 亿元资金。而传统的银行贷款、债券等融资方式需要较高的抵押，一般贷款额度要求不超过公司自身资产的 70%，如果按照这种模式，PPP 项目向外界融通资金，无论是采取贷款还是债券融资的方式，最多就只能融到其自有资产 1.8 亿元的 70%，即 1.26 亿元，总资金量为 3.06 亿元，无法达到需要的融资额度。所以，传统的融资手段并不能满足 PPP 项目的融资需求，必须进行创新。

在银行贷款审核时，必须要考虑 PPP 项目包长期的稳定收益所形成的未来资金流。例如上文的污水处理厂加管网的 PPP 项目案例，虽然 SPV 自有资产只有 1.8 亿元，但未来收益稳定，政府通过签署合同的方式将污水处理厂和管网建设运营的权利交给 SPV，政府以租赁补贴购买的方式向 SPV 付费，例如管网的租赁费用为 66 万元/（公里·年），管网维护补贴是 13 万元/（公里·年），污水处理服务购买定价为 1.15 元/吨，而且是长达 20 年的合同。银行在做信贷审核和风险审核时，需要考虑长期合同收益的稳定性。要以项目未来收益为评估的主要标准，而不是以 SPV 现有资金量为贷款评估标准。例如，再次以上述污水处理厂加管网案例说明，如果以 SPV 现有资产确定可贷款额度，最多只能贷款 1.26 亿元，但是根据合同，SPV 每年收入为 4 000 万元，20 年合同总收益为 8 亿元，如果以未来资金收益 8 亿元再加上 1.8 亿元自有资金作为贷款评估的依据，那么可贷款额度就可大大提升。

目前 PPP 项目在中国已成燎原之势，其需求占金融市场的份额越来越大，银行等金融机构要拓展业务，必须要改变传统的风险评估和信贷审核标准。现在已经有银行尝试以未来收益为评估标准发放贷款的方式介入 PPP 融资。因为 PPP 项目较之传统融资，其风险控制技术更为复杂，所以需要人民银行和银监会从法律上进行规范，并组织专家研发这种金融创新风险的控制技术，以支持和推动商业银行等金融机构更好地参与 PPP 环保产业基金，将环保产业培育成为新型经济增长点。

第三，PPP 项目周期一般长达 20～30 年，但一般基金投资者投入资金的封闭期为 5～10 年，如何既满足基金投资者的退出需求，又保持基金 20～30 年的持续运作以支撑 PPP 项目包的持续资金供给，也亟须进行金融创新。

总之，PPP 模式在环保产业领域的运用，以及 PPP 模式环保产业基金的建立，不仅为环保产业融通巨额资金建构了融资平台，而且还构建了信息平台、技术创新和商业模式创新平台，它给环保产业的腾飞奠定了基础。同时，也对传统金融工具和模式提出了挑战，因此，PPP 模式在环保产业的运用亟需绿色金融创新，以构建新常态下的新型绿色金融。